TEPS BY STEP

GRAMMAR + READING

3

장보금

현) 이익훈 어학원(강남본원) TEPS 강사

토마토 TEPS 〈청해〉_능률교육

It's TEPS Basic 〈문법/독해〉_에듀조선

How To TEPS 1000제 〈문법〉_넥서스

http://cafe.daum.net/tepswinners 운영자

써니박

현) EaT 영어발전소 대표

현) 에듀조선 TEPS 대표강사

토마토 TEPS 〈청해〉_능률교육

How To TEPS 1000제 〈문법〉_넥서스

http://cafe.naver.com/jumboteps 운영자

TEPS BY STEP

Grammar + Reading

3 Level

지은이	장보금, 써니박
선임연구원	김동숙
연구원	송지영, 이현주, 김지현, 최은정, 김지은, 김민혜, 이지희, 박정용
영문 교열	Patrick Ferraro, Rebecca J. Cant
표지 · 내지 디자인	BASELINE www.baseline.co.kr
맥 편집	김재민
영업	이강석, 윤태철, 조훈희, 노승근
마케팅	박수언, 원선경
제작	류제양, 김민중

Preface

TEPS 수험생 여러분께

순(純) 토종 실용영어 검정 시험인 TEPS는 1999년 처음 실시된 이래, 한국인들의 살아 있는 영어 실력을 효과적이고 정확하게 측정하는 영어능력 평가 시험으로 인정받고 있습니다. TEPS의 용도가 점차 다양해지면서 많은 수험생들이 고득점을 목표로 시험을 준비하고 있는 실정입니다.

TEPS는 청해, 문법, 어휘, 독해 영역별로 고유한 유형과 문제 패턴을 가지고 있습니다. TEPS에서 고득점을 받기 위해서는 단계별로 체계적인 학습이 선행되어야 합니다. 또한 최근 시험 경향을 잘 반영한 유형과 패턴을 잘 익혀두어 실전에 완벽하게 대비해야 합니다.

하지만 시중에 출간되어 있는 대부분의 교재들은 TEPS 각 영역의 유기적인 학습과 연속성이 보장되지 않아 고득점을 목표로 하는 학습자들이 기본에서 실전까지 단계별로 사용하기에 적합한 난이도와 구성을 갖추지 못하고 있는 경우가 많습니다. TEPS BY STEP은 수험생의 사용 편의에 적합한 영역별 및 단계별 시리즈 구성으로 학습자들이 TEPS의 기본기를 쌓을 수 있도록 하였습니다. 또한 최신 시험 경향을 반영한 문제들을 수록하여 실제 시험에서 고득점을 받을 수 있도록 구성하였습니다.

수험생 여러분들이 이 책을 통해 TEPS의 기본기를 다지고 실전에서 고득점을 받을 수 있기를 바랍니다. TEPS BY STEP이 제시하는 영역별 학습방법, 고득점 비결, 그리고 최신 기출 응용 문제들이 여러분이 원하시는 목표점수에 닿을 수 있도록 도와줄 것입니다. TEPS 성적이 단기간에 향상되지 않는다고 해서 조급해하거나 포기하지 않고 TEPS BY STEP과 함께 순차적으로 꾸준히 학습해 나간다면 분명 좋은 결과가 있을 것이라고 확신합니다.

이 책을 출간하는 데 큰 힘이 되어준 김동숙 팀장님 이하 편집부 모든 분들께 감사의 마음을 전합니다. 또한 무사히 원고를 마칠 수 있도록 힘이 되어준 가족에게 사랑한다고 말하고 싶습니다. 모두 수고 많으셨습니다.

그럼 수험생 여러분, 건투를 빕니다!

저자 일동

Contents

Grammar

Reading Comprehension

이 책의 구성과 특징

Grammar

유형 탐구

해당 유형에 대한 소개, 출제 경향 및 문제 해결 전략을 확인하고 기출 응용 문제를 풀어보면서 유형에 대한 감을 잡을 수 있습니다.

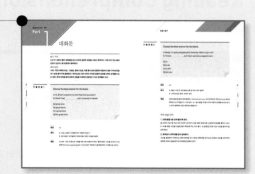

Practice Test

해당 유형의 연습 문제를 풀어봄으로써 유형 탐구에서 학습한 내용을 효과적으로 적용하는 연습을 할 수 있습니다.

Mini Test

최신 기출 경향과 실전 유형이 철저하게 반영된 미니 테스트를 통해 앞에서 학습한 내용을 확인하는 것은 물론 실전에 효과적으로 대비할 수 있습니다.

Actual Test

실제 시험과 동일한 형태로 구성된 실전 모의고사를 풀어봄으로써 최종 실력을 점검하고 실전에 대비한 감각을 기를 수 있습니다.

Reading Comprehension

유형 탐구

해당 유형에 대한 소개, 출제 경향 및 문제 해결 전략을 확인하고 기출 응용 문제를 풀어보면서 유형에 대한 감을 잡을 수 있습니다.

Practice Test

해당 유형의 연습 문제를 풀어봄으로써 유형 탐구에서 학습한 내용을 효과적으로 적용하는 연습을 할 수 있습니다.

Mini Test

최신 기출 경향과 실전 유형이 철저하게 반영된 미니 테스트를 통해 앞에서 학습한 내용을 확인하는 것은 물론 실전에 효과적으로 대비할 수 있습니다.

Actual Test

실제 시험과 동일한 형태로 구성된 실전 모의고사를 풀어봄으로써 최종 실력을 점검하고 실전에 대비한 감각을 기를 수 있습니다.

TEPS란?

TEPS(Test of English Proficiency developed by Seoul National University)는 서울대학교 언어교육원에서 개발되어 1999년에 처음으로 시행된 국가공인 영어시험이다. 언어 테스팅 분야의 세계적인 권위자인 Bachman 교수(미국 UCLA)와 Oller 교수(미국 뉴멕시코대)의 검증을 받아 그 신뢰도와 타당성이 입증된 TEPS는 국내외의 영어 관련 전문 인력 100여명에 의해 출제된다.

TEPS는 청해, 문법, 어휘, 독해의 4개 영역으로 이루어져 있으며 각 영역은 문제 유형에 따라 총 13개의 파트로 구성되어 있다. 문항 수는 총 200개이며 140분간 진행된다. 문항별 난이도와 변별도를 근거로 성적을 산출하는 문항반응이론(IRT: Item Response Theory)에 따라 채점이 이루어져 회차 별로 만점의 최종 점수가 달라질 수 있다.

TEPS는 다음과 같은 특징이 있다.

- TEPS는 TOEFL이나 TOEIC과 같이 비즈니스 또는 학문 등 특정 분야의 영어능력에 초점을 맞추기보다 생활 영어와 학문적 영어에 대한 활용 능력을 골고루 측정하는 종합적인 시험이다.
- TEPS는 각 영역의 영어 실력을 정확하게 변별할 수 있는 시험으로서 이러한 점이 성적표에도 반영이 되어 영역별 실력을 세분화하여 분석해주므로 각 수험자가 보완해야 할 취약점을 정확히 제시한다.
- TEPS는 한국인 영어사용자들이 흔히 범하는 오류를 개선하기 위해 시험에서도 이를 반영한다.
- TEPS는 짧은 시간 내에 많은 지문이 주어지므로 암기 위주의 영어가 아닌 완전히 체화된 영어능력을 측정한다.
- TEPS는 맞은 개수를 기계적으로 합산하여 총점을 내는 방식이 아닌 각 문항의 난이도와 변별도에 대한 수험자의 반응 패턴을 근거로 하여 채점하는 최첨단 어학능력 검증기법인 문항반응이론을 도입한 시험이다.
- TEPS는 1지문당 1문항을 출제함으로써 한 문제의 답을 알게 되면 연결된 문제의 답도 유추가 가능하게 되는 편법이 통하지 않는 시험이다.

TEPS 영역별 구성

영역	파트별 내용	문항수	시간/ 배점
청해 Listening Comprehension	Part I : 문장 하나를 듣고 이어질 대화 고르기	15	55분/400점
	Part II : 3문장의 대화를 듣고 이어질 대화 고르기	15	
	Part III : 6-8문장의 대화를 듣고 질문에 해당하는 답 고르기	15	
	Part IV : 담화문의 내용을 듣고 질문에 해당하는 답 고르기	15	
문법 Grammar	Part I : 대화문의 빈칸에 적절한 표현 고르기	20	25분/100점
	Part II : 문장의 빈칸에 적절한 표현 고르기	20	
	Part III : 대화에서 어법상 틀리거나 어색한 부분 고르기	5	
	Part IV : 문단에서 문법상 틀리거나 어색한 부분 고르기	5	
어휘 Vocabulary	Part I : 대화문의 빈칸에 적절한 단어 고르기	25	15분/100점
	Part II : 단문의 빈칸에 적절한 단어 고르기	25	
독해 Reading Comprehension	Part I : 지문의 빈칸에 들어갈 내용 고르기	16	45분/400점
	Part II : 지문을 읽고 질문에 가장 적절한 내용 고르기	21	
	Part III : 지문을 읽고 문맥상 어색한 내용 고르기	3	
총계	13개 파트	200	140분/990점

• 문항반응이론(IRT: Item Response Theory)에 의해 최고점이 990점, 최저점이 10점으로 조정됨

TEPS 등급표

등급	점수	영역	능력검정기준
1⁺급 Level 1⁺	901-990	전반 Holistic	외국인으로서 최상급 수준의 의사소통능력: 교양있는 원어민에 버금가는 정도로 의사소통이 가능하고 전문분야 업무에 대처할 수 있음 (Native Level of Communicative Competence)
	361-400	청해 독해	교양있는 원어민에 버금가는 수준의 청해력 교양있는 원어민에 버금가는 수준의 독해력
	91-100	문법 어휘	교양있는 원어민에 버금가는 수준으로 내재화된 문법능력 교양있는 원어민에 버금가는 수준으로 내재화된 어휘력
1급 Level 1	801-900	전반 Holistic	외국인으로서 거의 최상급 수준의 의사소통능력: 단기간 집중 교육을 받으면 대부분의 의사소통이 가능하고 전문분야 업무에 별 무리 없이 대처할 수 있음 (Near-Native Level of Communicative Competence)
	321-360	청해 독해	다양한 상황의 수준 높은 내용을 별 무리 없이 이해할 수 있는 정도의 청해력 다양한 소재의 수준 높은 내용을 별 무리 없이 이해할 수 있는 정도의 독해력
	81-90	문법 어휘	다양한 구문을 별 무리 없이 신속하게 이해할 수 있을 정도로 내재화된 문법능력 다양한 표현을 별 무리 없이 신속하게 이해할 수 있을 정도로 내재화된 어휘력

등급	점수	영역	능력검정기준
2⁺급 Level 2⁺	701-800	전반 Holistic	외국인으로서 상급 수준의 의사소통능력: 단기간 집중 교육을 받으면 일반분야 업무를 큰 어려움 없이 수행할 수 있음 (Advanced Level of Communicative Competence)
	281-320	청해 독해	일반적 상황에 보통수준의 내용을 별 무리 없이 이해하는 정도의 청해력 일반적 소재에 보통수준의 내용을 별 무리 없이 이해하는 정도의 독해력
	71-80	문법 어휘	일반적인 구문을 별 무리 없이 이해하는 정도의 문법능력 일반적인 표현을 별 무리 없이 이해하는 정도의 어휘력
2급 Level 2	601-700	전반 Holistic	외국인으로서 중상급 수준의 의사소통능력: 중장기간 집중 교육을 받으면 일반분야 업무를 큰 어려움 없이 수행할 수 있음 (High Intermediate Level of Communicative Competence)
	241-280	청해 독해	일반적 상황에 보통수준의 내용을 대체로 이해하는 정도의 청해력 일반적 소재에 보통수준의 내용을 대체로 이해하는 정도의 독해력
	61-70	문법 어휘	일반적인 구문을 대체로 이해하는 정도의 문법능력 일반적인 구문을 대체로 이해하는 정도의 어휘력
3⁺급 Level 3⁺	501-600	전반 Holistic	외국인으로서 중급 수준의 의사소통능력: 중장기간 집중 교육을 받으면 한정된 분야의 업무를 큰 어려움 없이 수행할 수 있음 (Mid Intermediate Level of Communicative Competence)
	201-240	청해 독해	일반적 상황에 보통수준의 내용을 다소 이해하는 정도의 청해력 일반적 소재에 보통수준의 내용을 다소 이해하는 정도의 독해력
	51-60	문법 어휘	일반적인 구문에 대한 의미파악이 어느 정도 가능한 문법능력 일반적인 표현에 대한 의미파악이 어느 정도 가능한 어휘력
3급 Level 3	401-500	전반 Holistic	외국인으로서 중하급 수준의 의사소통능력: 중장기간 집중 교육을 받으면 한정된 분야의 업무를 다소 미흡하지만 큰 지장 없이 수행할 수 있음 (Low Intermediate Level of Communicative Competence)
	161-200	청해 독해	일반적 상황에 보통수준의 내용을 이해하기 다소 어려운 정도의 청해력 일반적 소재에 보통수준의 내용을 이해하기 다소 어려운 정도의 독해력
	41-50	문법 어휘	일반적 구문에 대한 신속한 의미 파악이 다소 어려운 정도의 문법능력 일반적인 표현에 대한 신속한 의미 파악이 다소 어려운 정도의 어휘력
4⁺급 4급	301-400 201-300	전반 Holistic	외국인으로서 하급수준의 의사소통능력: 장기간의 집중 교육을 받으면 한정된 분야의 업무를 대체로 어렵게 수행할 수 있음 (Novice Level of Communicative Competence)
5⁺급 5급	101-200 10-100	전반 Holistic	외국인으로서 최하급 수준의 의사소통능력: 단편적인 지식만을 갖추고 있어 의사소통이 거의 불가능함 (Near-Zero Level of Communicative Competence)

TEPS 활용처

전국 30여개의 주요 특목고에서 정기적으로 TEPS에 단체 응시하고 있으며 일부 특목고에서는 입시 및 졸업 요건으로 TEPS 성적을 요구하고 있다. 또한 80여개의 주요 대학교에서 입학 전형 시 TEPS 성적을 반영하고 있다. (2009학년도 입시 기준)

* 아래 사항은 변경될 수 있으므로 반드시 해당 학교의 입시요강을 확인하시기 바랍니다.

특목고

경남외고, 광양제철고, 김해외고, 대원외고, 명덕외고, 민족사관고, 부산 부일외고, 부산국제고, 서울외고, 안양외고, 울산과고, 인천과학고, 전남외고, 전주상산고, 충남외고, 해운대고

대학

가톨릭대학교, 건국대학교(서울), 경북대학교, 경상대학교, 경성대학교, 경인교육대학교, 계명대학교, 고려대학교, 국민대학교, 군산대학교, 단국대학교(죽전, 천안), 대구대학교, 대진대학교, 덕성여자대학교, 동덕여자대학교, 동아대학교, 동의대학교, 목포대학교, 목포해양대학교, 부경대학교, 부산외국어대학교, 삼육대학교, 상명대학교(서울, 천안), 서경대학교, 서울기독대학교, 서울대학교, 서울시립대학교, 서울신학대학교, 서울여자대학교, 선문대학교, 성결대학교, 성공회대학교, 성균관대학교, 성신여자대학교, 세종대학교, 순천대학교, 신라대학교, 아세아연합신학대학교, 아주대학교, 안양대학교, 연세대학교, 영산대학교, 우송대학교, 울산대학교, 을지대학교(대전, 성남), 이화여자대학교, 장로회신학대학교, 전북대학교, 전주대학교, 제주대학교, 중앙대학교(서울, 안성), 청원대학교, 청주대학교, 총신대학교, 충남대학교, 충주대학교, 카이스트, 한경대학교, 한국해양대학교, 한동대학교, 한림대학교, 한성대학교, 한신대학교, 한양대학교

GR유형소개

문법 (Grammar) 영역의 유형과 학습 전략	• 문법 영역은 총 50문항이며 4개의 파트로 구성되어 있다. 파트 1, 2는 각 20문항, 파트 3,4는 각 5문항이 출제되며 시험 시간은 25분이다. • 밑줄 친 부분 중에서 틀린 것을 골라내는 유형 등과 같이 단편적인 문법적인 지식을 기계적으로 적용하는 것을 지양하고, 문맥을 통해 문법적 오류를 판단하는 능력을 평가한다. • 하나의 문법적 포인트보다 두 가지 정도의 문법 포인트를 동시에 적용할 수 있어야 풀 수 있는 문제들이 출제되므로 종합적 문법 능력을 문맥 내에서 활용하는 능력을 배양해야 한다. • 구어체 문법의 출제 비중이 문어체 문법과 동일하므로 실제 상황에서 쓰이는 구어체 문법도 충분히 익혀두어야 한다. • 주어와 동사의 수의 일치, 시제, 태 등 동사와 관련된 문제의 출제 비중이 30%를 차지하므로 동사를 중심으로 학습해야 한다. • 한국인들이 빈번하게 틀리는 문법 사항들을 반영하고 있으므로 우리말과 영어의 차이에서 비롯되는 혼동되는 점들을 꼼꼼히 숙지해야 한다.

Part I 구어체 (20문항)

Part I은 짧은 대화 형식으로 되어 있으며 주로 후자의 대화 중에 있는 빈칸에 적절한 말을 고르는 문제이다. 전치사 표현력, 구문 이해력, 품사 이해도, 시제, 접속사 등에 관한 문법 능력을 측정한다.

> **Choose the best answer for the blank.**
> A: May I speak to Mr. Jackson?
> B: Sorry, he _____ for the day.
>
> (a) goes
> (b) has gone
> (c) will go
> (d) was going
>
> **정답** (b)

Part II 문어체 (20문항)

Part II는 한 두 문장으로 구성된 짧은 글에 빈칸을 채우는 문제이다. 개별 문법 포인트를 전체적인 구문에 대한 이해를 바탕으로 적용할 수 있어야 한다.

Choose the best answer for the blank.

The jet can fly at _____ of sound.

(a) speed of twice
(b) the twice of speed
(c) twice the speed
(d) twice speed

정답 (c)

Part III 대화문 (5문항)

Part III는 A-B-A-B 형식의 대화문에서 어법상 틀린 문장을 고르는 문제이다. 대화의 흐름에 대한 이해도 및 구문 이해도, 개별 문법에 대한 적용 능력 전반을 측정한다.

Identify the option that contains an awkward expression or an error in grammar.

(a) A: Have you heard that Mike won first place in the speech contest?
(b) B: That's really great.
(c) A: I'm proud of he is my friend.
(d) B: At the same time, I envy him.

정답 (c)

Part IV 담화문 (5문항)

Part IV는 네 문장으로 구성된 하나의 단락에서 어색한 문장을 고르는 문제이다. 글의 흐름에 대한 이해도 및 구문 이해도, 개별 문법에 대한 적용 능력 전반을 측정한다.

Identify the option that contains an awkward expression or an error in grammar.

(a) The annual number of deaths caused by automobile accidents has increased over the years. (b) This is largely due to drivers and passengers are careless about using seat belts. (c) So make sure you and your children buckle up. (d) It just might save your lives.

정답 (b)

- 독해 영역은 총 40문항이며 3개의 파트로 구성되어 있다. 파트 1에서 16문항, 파트2에서 21문항, 파트3에서 3문항이 출제되며 시험 시간은 45분이다.

- 실용문(서신, 광고, 홍보, 공고, 신문 기사 등)과 여러 분야의 비전문적인 학술문을 골고루 다룸으로써 다양한 글에 대한 독해력을 측정한다.

- 지엽적인 정보에 대한 이해 수준에서 벗어나 글 전체의 의미와 구조에 대해 빠른 시간 내에 정확하게 이해할 수 있는 독해력을 길러야 한다.

Part I 빈칸 채우기 (16문항)

Part I은 빈칸 채우기 유형이다. 한 단락으로 이루어진 글의 전체적인 흐름을 이해하여 문맥상 빈칸에 들어갈 알맞은 말을 골라야 한다. 주제문이나 부연 설명을 고르는 유형과 연결어를 고르는 유형이 있다.

Choose the option that best completes the passage.

Even if you have little experience with children, you probably have a sense that older children are better able to pay attention to a given task than younger children. Parents read brief stories to their two-year-olds but expect their adolescent children to read novels. Preschool teachers give their small students only brief tasks, like painting or coloring; high school teachers expect their students to follow their lessons for an hour or more at a time. Clearly, children's _____ undergo recognizable changes with development.

(a) physical condition
(b) power of concentration
(c) school records
(d) tastes for amusement

정답 (b)

Part II 내용 이해하기 (21문항)

Part II는 글의 주제, 세부 정보, 추론 내용 등을 묻는 질문에 대한 올바른 답을 찾는 문제이다. 질문이 요구하는 정보가 무엇인지 먼저 확인하고 지문을 빠르게 훑어 읽어야 한다.

Choose the option that best answers the question.

University education should aim at teaching a few general principles, along with the ability to apply them to a variety of concrete details. Your learning is useless to you until you have lost your textbooks, burned your lecture notes, and forgotten the petty details you memorized for the examination. The ideal of a university is not so much knowledge as power. Its business is to convert the knowledge of a youth into the power of an adult human being.

Q. Which of the following is the best topic of the above passage?
(a) Changing knowledge into actual power
(b) The meaning of useful learning
(c) The real purpose of university education
(d) The ability to apply general ideas to details

정답 (c)

Part III 흐름 찾기 (3문항)

Part III는 한 문단으로 이루어진 글에서 흐름상 어색한 문장을 고르는 문제이다. 글의 주제와 전체적인 흐름을 파악하여 불필요한 문장을 골라야 한다.

Identify the option that does NOT belong.

Many of the difficulties we experience in relationships are caused by unrealistic expectations we have of each other. Think about it. (a) Women are supposed to stay beautiful and forever 22, while doing double duty in the home and in the workplace. (b) Many women are appreciated in the workplace not for their ability but for their appearance. (c) The burden on men is no easier; they should be tall, handsome, supportive and loving. (d) Let's be more reasonable in our relationships from now on, and develop a new sensitivity toward each other that is based on realistic expectations.

정답 (b)

Grammar

Section I

TEPS 유형 점검

Part 1

대화문

출제 유형

A-B 두 사람의 짧은 대화문을 읽고 빈칸에 알맞은 표현을 고르는 문제이다. 주로 B가 하는 말에 빈칸이 있으며, 총 20문항이 출제된다.

출제 경향

시제, 구문 이해력(어순), 가정법, 준동사 표현, 각종 품사 등과 관련된 복잡하지 않은 구어체 문법 이나 표현 등이 주로 출제된다. 해석으로는 의미 파악이 어려운 관용적 표현을 다루는 문제들이 있 는 반면, 문맥 파악을 통해 대화의 상황을 이해해야 답을 할 수 있는 문제들도 있다.

기 출 응 용 1

Choose the best answer for the blank.

A: Hi, Brad! Long time no see! How have you been?
B: Good! I had _____ with my family in Hawaii.

(a) great time
(b) great times
(c) a great time
(d) the great time

정답　　(c)

해석　　A: 안녕, 브래드! 오랜만이야! 어떻게 지냈니?

　　　　　B: 잘 지냈어! 식구들하고 하와이에서 멋진 시간을 보냈어.

해설　　time은 '시간'의 뜻으로 사용될 때는 불가산명사이지만 '좋은(멋진) 시간을 보내다'의 표 현에서는 have a good(great) time과 같이 부정관사 a를 동반하는 가산명사로 쓰인다.

기 출 응 용 2

Choose the best answer for the blank.

A: Molly, I'm going shopping this Saturday. Want to join me?

B: I'd love _____, but I have a previous appointment.

(a) to

(b) to do

(c) to join

(d) join you

정답 (a)

해석 A: 몰리, 이번 주 토요일에 쇼핑 갈 건데. 같이 갈래?

B: 그러고 싶긴 한데, 선약이 있어.

해설 빈칸에 들어갈 말의 원래 형태는 I'd love to join you.인데 반복되는 부분(join you)을 생략하면 (a)가 정답이다. 이와 같이 'to + 동사원형'의 동사 이하 부분이 반복될 때 to만 남기고 모두 생략하는 것이 대부정사 용법이다.

문제 해결 전략

1. 20문항을 5분 안에 풀도록 한다.

총 4개의 Part 중 Part I은 비교적 난이도가 낮은 편에 속하므로 신속하게 문제를 풀어서 Part II~IV을 위한 시간을 가능한 많이 확보해 두는 것이 좋다. 한 문항당 20초 이상 시간을 들이지 않도록 한다.

2. 문제보다 선택지를 먼저 살펴본다.

시간을 절약하기 위해서는 문제 해석을 하기 전에 선택지를 먼저 읽고 문제의 의도를 파악하여 정확한 해석이 필요한지의 여부를 판단해야 한다.

Choose the best answer for the blank.

1. A: Haven't you washed the dishes yet?
   B: I _____ do it in the morning, but I didn't have time.
   (a) have been going to
   (b) will be going to
   (c) was going to
   (d) am going to

2. A: You seem to know a lot about Jeju Island.
   B: Yeah. I _____ there for three years because of my job.
   (a) used to live
   (b) was used to
   (c) used to living
   (d) am used to living

3. A: Is it true that you happened to see the famous singer?
   B: Yes, and what's better, she was _____ in front of me.
   (a) very
   (b) right
   (c) quite
   (d) so

4. A: Can I have ice cream for dessert?
   B: Yes. I bought _____ on the way home.
   (a) some
   (b) ones
   (c) few
   (d) any

5. A: Do you think Sam can drive us to the airport?
   B: I think he's _____.
   (a) old enough to do that
   (b) enough old to do that
   (c) old to do that enough
   (d) to do that old enough

6. A: I don't want to watch this stupid drama any more. How about you?
   B: _____. What channel is the news on?
   (a) So do I
   (b) So I do
   (c) Neither I do
   (d) Neither do I

7. A: I heard you like going to saunas. How often do you go?

   B: Well, these days I'm so busy that I can only go _____ three weeks or so.

   (a) all
   (b) each
   (c) some
   (d) every

8. A: Who told you that I got an F in physics?

   B: Paul _____, but I'm sure that he had no intention to speak ill of you.

   (a) did
   (b) did it
   (c) would
   (d) would do

9. A: Ted, I need to get going to my class now. See you later.

   B: OK. Thank you for sparing me some time. _____ to you.

   (a) Nice it's been to talk
   (b) Talking it's been nice
   (c) It's been nice talking
   (d) To talk has been nice for me

10. A: Did you remember _____ the airline to confirm our flight?

    B: Gosh! I completely forgot. I'll do it right now.

    (a) call
    (b) calling
    (c) to call
    (d) having called

11. A: Wow! You have so many books.

    B: Yes, the total number of books in my library _____ more than two thousand.

    (a) is
    (b) are
    (c) is being
    (d) have been

12. A: Does anybody have an English dictionary? I need to look up an expression.

    B: I've got one. _____.

    (a) You here are
    (b) Here you are
    (c) Here are you
    (d) You are here

Part 2

단문

출제 유형

서술문을 읽고 빈칸에 알맞은 표현을 고르는 문제로, 문어체를 다루는 유형이다. 총 20문항이 출제된다.

출제 경향

동사어법(시제/태/수 일치)과 연결사(접속사/관계사), 분사구문, 가정법, 어순 등의 문제가 집중적으로 출제된다. 문어체 문장이기 때문에 문법규칙 자체에 대한 이해력 뿐 아니라 구문 파악 능력 또한 요구된다. 단편적인 문법 지식보다는 복합적인 문법 사항을 묻는 문제가 주를 이룬다.

기출응용 1

Choose the best answer for the blank.

His achievement is acclaimed not just because it is the outcome of his persistent efforts but also because it is _____ was once believed impossible.

(a) that
(b) who
(c) what
(d) which

정답 (c)

해석 그의 업적이 갈채를 받는 이유는 그것이 단지 그의 끈질긴 노력의 결과 덕분이라는 것 뿐만 아니라 예전에는 그것이 불가능하다고 여겨졌기 때문이기도 하다.

해설 빈칸이 이끌고 있는 절이 '~하는 것'의 의미가 있는 명사절인 것을 파악한다면 접속사 that과 관계대명사 what 중에 답이 있음을 알 수 있다. 주어진 문장의 경우 빈칸 이하의 문장이 주어가 없는 불완전한 구조이므로 선행사를 포함한 관계대명사 what이 정답이다.

기 출 응 용 2

Choose the best answer for the blank.

The government decided to extend the existing subway line _____ people living in the suburbs would no longer waste so much time commuting downtown.

(a) as

(b) since

(c) only

(d) so that

정답　　(d)

해석　　정부는 외곽에 살고 있는 사람들이 도심으로 출퇴근하는 데 너무 많은 시간을 허비하지 않게 하기 위해 현재의 지하철 노선을 연장하기로 결정했다.

해설　　절과 절을 이어주는 부사절 접속사를 고르는 문제이다. 문맥상 빈칸 이하의 내용이 '더 이상 ~하지 않기 위해서'의 의미여야 하므로 '목적'을 나타내는 부사절 접속사 so that을 쓰는 것이 적절하다.

문제 해결 전략

1. 선택지를 먼저 확인하여 문제의 의도를 파악한다.

Part II의 20문항은 약 7분 내에 푸는 것이 적절하다. 따라서 선택지를 먼저 읽고 무엇을 묻는 문제인지를 파악한 후, 해석이 필요한 경우에는 문장을 몇 개의 덩어리로 나누어 전반적인 의미만 이해하는 수준으로 살펴보도록 한다. 해석을 너무 꼼꼼히 하다 보면 시간이 많이 지체될 뿐 아니라 문제 풀이에 크게 도움이 되지 않을 수도 있다.

2. 빈칸의 앞 · 뒤를 살펴본다.

빈칸의 앞 · 뒤에는 문제 풀이의 단서가 제공되는 경우가 많다. 가령, 관계사 문제의 경우에는 빈칸 앞의 선행사 유무, 수동태 문제의 경우에는 빈칸 뒤의 목적어 유무 등을 통해 문제 해결의 단서를 찾을 수 있다.

Practice TEST

Choose the best answer for the blank.

1. Alex's parents _____ for 50 years next week, so he is very busy preparing for their golden anniversary party.
   (a) have married
   (b) had been married
   (c) will have married
   (d) will have been married

2. Located within a stone's throw _____ Susan's house, the park is an ideal place for her family to take a walk, jog or just relax.
   (a) from
   (b) above
   (c) beside
   (d) through

3. I _____ for only thirty minutes when the delivery man rang the doorbell and after that, the telephone rang every five minutes.
   (a) sleep
   (b) have slept
   (c) will have slept
   (d) had been sleeping

4. Had it not been for his family's devoted assistance, Nick _____ a world-famous pianist.
   (a) would not become
   (b) did not become
   (c) has not become
   (d) would not have become

5. His attitude towards his fans _____ how indifferent he is to other people and the world around him.
   (a) reveal
   (b) reveals
   (c) is revealed
   (d) are revealed

6. There are so many candidates to choose from, but I will pick the person _____ I believe is most qualified for this award.
   (a) which
   (b) who
   (c) whom
   (d) what

7. This novel is said to be different from his previous works _____ all the characters die a tragic death in the end.
   (a) in that
   (b) in case
   (c) whereas
   (d) whenever

8. It is the applicant's potential for growth, not his or her present position, that the screening committee _____.
   (a) values most of all
   (b) most values of all
   (c) of most all values
   (d) of all most values

9. A great many people think _____
   source of information, even though it doesn't
   always provide them with accurate facts.
   (a) as the Internet a reliable
   (b) of the Internet as a reliable
   (c) of the Internet reliable as
   (d) reliable the Internet that are

10. _____ expected that Mr. Miller would
    be ahead in the polls after the televised
    debate between the two candidates.
    (a) Two thirds more than of television
        viewers
    (b) Of television viewers more than two
        thirds
    (c) Television viewers of more than two
        thirds
    (d) More than two thirds of television viewers

11. Women now excel at various examinations
    _____, such as certification exams
    for lawyers and CPAs.
    (a) men once dominated
    (b) men who once dominated
    (c) once men dominated them
    (d) that men once who dominated

12. _____ such an embarrassing
    experience before, I didn't know what to do.
    (a) Never had
    (b) Having never
    (c) Never having had
    (d) Having had never

13. In this class, we will review how the election
    campaign strategies _____ by
    presidential candidates have changed over
    the last fifty years.
    (a) uses
    (b) used
    (c) using
    (d) to use

14. No sooner _____ the computer than
    it occurred to him that he had to send an
    important email.
    (a) he turned off
    (b) did he turn off
    (c) has he turned off
    (d) had he turned off

Part 3

긴 대화문

출제 유형

A-B-A-B 형식의 대화에서 어법상 틀리거나 어색한 부분이 있는 문장을 고르는 문제로, 총 5문항이 출제된다.

출제 경향

대화간의 시제의 일치(직설법/가정법)와 동사의 태와 같은 동사 위주의 어법을 중심으로, 품사(전치사/관사/형용사 등)별 어휘의 용례가 주요 출제 대상이다. 대화의 전개상 의문문이 자주 등장하기 때문에 의문문의 어순(직접-간접 의문문) 및 의문사의 품사 등도 자주 다루어진다.

기출응용 1

Identify the option that contains an awkward expression or an error in grammar.

(a) A: Did your presentation go well yesterday?

(b) B: Well, the professor seemed a little disappointed.

(c) A: Why? I thought he would be impressed by it.

(d) B: I think so too. I'm really worried about my score.

정답   (d)

해석   (a) A: 어제 발표 잘 했니?

(b) B: 글쎄, 교수님께서 좀 실망하신 것 같았어.

(c) A: 왜? 나는 그 분이 네 발표를 인상적으로 보실 거라고 생각했어.

(d) B: 나도 그렇게 생각했었지. 점수가 어떨지 정말 걱정이 돼.

해설   시제 일치를 묻는 문제이다. (d)에서 '나도 그렇게 생각했었다'라는 뜻의 B의 답변 I think so too.는 A가 말한 'I thought ~'와 동일한 시점의 내용이므로 현재가 아닌 과거시제를 써서 I thought so too.로 나타내야 한다.

기 출 응 용 2

Identify the option that contains an awkward expression or an error in grammar.

(a) A: Alex! Why the long face?

(b) B: I received my report card this morning, but I failed history.

(c) A: Don't be too disappointed. You'll pass the next time.

(d) B: I'm afraid not. This is not the first time I've failed.

정답　　(c)

해석　　(a) A: 알렉스! 왜 그렇게 우울하니?

(b) B: 오늘 아침에 성적표를 받았는데 역사과목에서 낙제를 했어.

(c) A: 너무 실망하지 마. 다음 번에는 통과할 수 있을 거야.

(d) B: 못할까 봐 걱정이야. 이번이 처음 낙제한 게 아니거든.

해설　　시간을 나타내는 명사 앞에 this, next, last 등의 수식어가 있으면 관사를 쓰지 않는다. 따라서 (c)의 the next time을 next time으로 고쳐야 한다.

문제 해결 전략

1. 해석에 전적으로 의존하기보다는 대화의 흐름을 쫓는다.

간단한 구어체 대화이므로 우리말 해석에만 치중하면 문법적 오류를 놓칠 수 있다. 따라서 전반적인 의미 파악과 동시에 논리 전개에 유의하며 대화를 읽어 내려가야 한다. 총 5개의 문항을 약 4분 내에 푸는 것이 적절하다.

2. 문장의 동사 및 동사 이외 품사의 용례와 형태에 주목한다.

동사 관련 어법(시제/태/수 일치)은 주요 출제 대상이므로 해당 항목들을 점검하며 대화를 읽어야 한다. 또한 우리말 해석으로는 오류를 찾아내기 어려운 항목들, 즉 형용사/부사 비교, 명사/관사/대명사의 사용, 전치사의 활용 등을 살피는 것도 중요하다.

3. 의문문과 관련된 문제 유형을 예측한다.

Part III는 대화형식의 문제이므로 의문문이 자주 등장한다. 따라서 의문문이 있을 경우 그 어순 및 의문사의 품사 등을 확인하면서 읽도록 한다.

Identify the option that contains an awkward expression or an error in grammar.

1. (a) A: I'm going to the hamburger stand. Would you like something?
   (b) B: Yeah, could you get me a cheeseburger and a coke?
   (c) A: No problem. Anything else?
   (d) B: Yes, one more thing. I want French fries, either.

2. (a) A: Nancy, what's eating you? You look worried.
   (b) B: Well, it's my roommate. She never cleans up, so my apartment is always messy.
   (c) A: You must be very annoyed. You like to keep your place neat and tidy.
   (d) B: Yeah. I am hard to live with her. I'd better talk to her about this problem.

3. (a) A: Tony, you said you needed some bricks. What do you need them for?
   (b) B: To support my washing machine.
   (c) A: OK, here are some. But how many you do want?
   (d) B: Just four will do.

4. (a) A: That was the tastiest pasta that I've ever had! What did you think?
   (b) B: I couldn't agree with you more! The cream sauce was fantastic.
   (c) A: I also enjoyed rye bread served as an appetizer.
   (d) B: Me too. Despite the high price, I was completely satisfied with today's dinner.

5. (a) A: Dr. Carry, I have a stuffy nose and a sore throat.
   (b) B: How long have you been feeling like this?
   (c) A: Since over a week. I thought I would get better soon, but I haven't.
   (d) B: Do you have any other symptoms?

6. (a) A: Judy, what was the most interesting experience during your trip?
   (b) B: When I visited to the Science Museum in New York, I was very impressed.
   (c) A: Really? I didn't know that you were interested in science.
   (d) B: I used to think it was very boring and difficult, but since my trip I've come to like it.

7. (a) A: How is the weather like today, Mom?
    (b) B: There are a lot of dark clouds in the sky and it looks like it's going to rain soon.
    (c) A: I'd like to go for a drive somewhere.
    (d) B: That's not a good idea. Look! Now it's pouring outside.

8. (a) A: Mr. Thomson, do you happen to know who lived in my apartment before I moved in?
    (b) B: Yeah. It was my friend, Ted. What's the problem?
    (c) A: He left something here when he moved out. Do you know where does he live now?
    (d) B: Yes. Please give it to me, and I'll take it to him.

9. (a) A: James, do you remember me telling you that you have to pay back my money by today?
    (b) B: No. That's news to me.
    (c) A: I did told you over the phone last Sunday. You must be kidding.
    (d) B: I'm serious. I don't remember. Besides, I'm broke these days.

10. (a) A: Michelle, what do you say to eating out tonight?
    (b) B: Sounds good to me. I'm tired of making food at home every day.
    (c) A: Do you know any good restaurant around here?
    (d) B: I'm not familiar with this town yet. Let's search the Web.

11. (a) A: This movie is not my cup of tea. It's quite bad, actually.
    (b) B: You're telling me! It's even more disappointing than I expected.
    (c) A: How come this terrible movie got a wonderful review from the film critics?
    (d) B: I wish we rented a comedy instead.

12. (a) A: Melanie, you know what? Lindsey has been driven me crazy!
    (b) B: What's wrong? I thought you were good friends.
    (c) A: We used to be, but I've been on bad terms with her since she talked about me behind my back.
    (d) B: Why don't you tell her how you feel?

Part 4 / 담화문

출제 유형

4개의 문장으로 구성된 한 문단의 글 속에서 문법적으로 틀리거나 어색한 문장을 찾아내는 유형으로, 총 5문항이 출제된다.

출제 경향

동사 관련 문제(시제/태/수 일치)와 연결사(접속사/관계사), 분사 및 분사구문, 문장의 어순 및 각종 품사의 용례 등을 다루는 문제가 주로 출제된다. 긴 서술 지문을 정확하고 신속하게 읽어야 하므로 다른 Part에 비해 난이도가 높고 시간도 많이 소요되는 유형이다.

기출응용 1

Identify the option that contains an awkward expression or an error in grammar.

(a) It is strange that although there are abundant sperm whales, they have hardly been researched. (b) The reason is probably that they stay in the deep sea where we have little chance to see them. (c) They can hold their breath for a long time and go down toward the bottom of the sea to feed on their prey. (d) Only rarely these whales rise to the surface to take a breath.

정답 (d)

해석 (a) 항유고래는 개체수가 풍부함에도 불구하고 거의 연구된 적이 없다는 점이 이상하다. (b) 아마도 그 고래가 바다 깊이 머무는데 그곳에서는 우리가 그 고래를 볼 기회가 많지 않기 때문일 것이다. (c) 항유고래는 장시간 동안 숨을 참고 먹이를 잡아먹기 위해 바다 밑바닥까지 내려갈 수 있다. (d) 이 고래가 숨을 쉬기 위해서 바다 표면으로 올라오는 일은 거의 드물다.

해설 (d)에서 부정어구인 only rarely가 문두에 위치하면 뒤따르는 주어와 동사는 도치되어야 한다. 이때 주절의 동사가 일반동사(rise)이므로 해당시제와 수를 반영한 do 동사가 도치되는 본동사를 대신하는 do these whales rise의 형태가 되어야 한다.

기출응용 2

Identify the option that contains an awkward expression or an error in grammar.

(a) One of the most controversial arguments among scientists are related to genetic research. (b) Some scientists say that genetic research will be of great benefit to humans in many fields, especially in medical science. (c) Others claim that genetic research is like a forbidden fruit to humans and will end in tragedy. (d) The saddest thing is that no one knows who is right.

정답 (a)

해석 (a) 과학자들 사이에 가장 논란이 되고 있는 주장들 중의 하나는 유전학 연구와 관련 있다. (b) 어떤 과학자들은 유전학 연구가 여러 분야, 특히 의학과 같은 분야에서 인류에게 상당한 도움이 될 것이라고 말한다. (c) 다른 과학자들은 유전학 연구가 인류에게 금단의 열매와 같아서, 그것은 비극으로 끝나게 될 것이라고 한다. (d) 가장 슬픈 현실은 누구의 말이 옳은지 아무도 모른다는 것이다.

해설 (a)에서 주어는 arguments나 scientists가 아니라 One이기 때문에 동사도 단수동사인 is로 일치시켜야 한다.

문제 해결 전략

1. 속독을 하면서 필요한 부분을 점검한다.

Part IV에서는 속독을 하면서도 점검이 필요한 부분은 수시로 확인하면서 읽어야 한다. 총 5개의 문항을 5~6분 안에 해결할 수 있도록 속독 능력을 키우도록 한다.

2. 동사 및 각종 품사 관련 사항을 꼼꼼히 확인한다.

모든 문장에 반드시 포함되어 있는 동사는 시제, 태, 수 일치 면에서 우선적으로 확인하고, 동사 이외의 다른 품사들도 그 용례와 형태에 주의하여 살펴본다.

3. 절과 절을 이어주는 연결사 및 분사구문에 주목한다.

단문이나 생략된 형태의 절이 많은 Part III에 비해 Part IV의 문장들은 절과 절이 이어진 형태로 제시되는 경우가 많다. 따라서 연결사(접속사/관계사)의 유무와 그 형태, 그리고 절의 축약형인 분사구문의 형태도 반드시 점검해볼 필요가 있다.

Identify the option that contains an awkward expression or an error in grammar.

1. (a) In regard to the growing AIDS epidemic in China, the measure that the Chinese government took this week was not enough. (b) The only thing the government did was to ask for international help by urging developed countries to reduce the price of AIDS medicine. (c) In fact, nothing has yet been done by the government to treat the large number of Chinese people suffered from AIDS. (d) This is clear evidence that the government doesn't have the will to handle this crisis, which is threatening Chinese people's health.

2. (a) According to economists, although Korean banks' profits have considerably improved, they have to give priority to removing all potential bad loans. (b) If a bank has too much potential bad loans, it means that it doesn't have enough capital and lacks the ability to absorb financial shocks. (c) These are very important factors in assessing the credit rating of banks, and they must be made public on a regular basis. (d) Therefore, Korean banks should try to eliminate potential bad loans and enhance their own capital for long-term profits.

3. (a) The three major nutrients for humans are proteins, carbohydrates and fats. (b) We need them to provide the components necessary for our tissues and to keep our bodies in good condition. (c) For this reason, all people, regardless of their age or gender, should try to eat a well-balanced diet to stay healthy. (d) However, compared with grown-ups, children are required more nutrients and calories because they are growing.

4. (a) Have you ever heard of Diogenes, a Greek philosopher, and his ideas? (b) He claimed that the greatest happiness could be attained only by being free from ostentation and living with the minimum necessities. (c) In order to put his idea into practice, he gave away what possessions he has. (d) A coat and a cup were all that he had left and he led an ascetic life until his death.

5. (a) It was the first day for us to leave our familiar, beloved house and sleep in the dormitory. (b) When I heard the bell signaling bedtime, I lay down on my bed beside Kelly, my roommate. (c) I had been exhausted all day long, so I quickly fell into a sound sleep. (d) In the middle of the night, I heard somebody crying hardly, woke up, and was surprised to find Kelly sobbing on her bed.

6. (a) It is difficult to diagnose cancer, partly because every type of cancer is different. (b) The places where cancer cells are found in the human body are far more varied than we can imagine, the kinds of tumors are also numerous. (c) Even when it is diagnosed, cancer is not easy to treat in that all the different types of cancer require different treatments. (d) In fact, cancer is not the specific name of a single disease, but refers to a general name for more than a hundred different illnesses related to DNA mutations.

7. (a) In the early period of the Industrial Revolution, thanks to the machinery, factory owners could produce sufficient amounts of goods more easily than ever. (b) This caused a large number of factory workers to lose their jobs. (c) Those who were abruptly laid off ganged up and attacked the factories, destroying the very machines that had taken their jobs. (d) If they succeeded in their revolt at that time, we could not enjoy the kinds of modern conveniences we have now.

8. (a) In order to find out why two girls had quarreled, the teacher had them stay after class. (b) Neither of the girls were willing to talk and kept silent for some time. (c) The teacher separated them and asked each girl some questions. (d) Anxiously, each girl laid the blame on the other.

9. (a) Unlike other monarchs of Russia, Alexander II had an interest in improving the general situation of his empire. (b) Thanks to his efforts, press censorship was loosened and Russians were allowed to travel to any place which they wanted to go. (c) Most importantly, in addition, a lot of minority groups in his empire benefited greatly from his generous rule. (d) For example, poor people who had been serfs were emancipated during his reign.

10. (a) The mayor has announced that the city's recycling program will be suspended from next month due to the city's tight budget. (b) According to the analysis, most of the sorted and collected glass and plastic hasn't actually been recycled. (c) Lacked adequate recycling facilities, the city has been having to bury it all in landfill sites along with regular trash. (d) Therefore, the city concluded that it would be more cost-efficient to stop the recycling program.

TEPS BY STEP

Grammar

Section II

실전 Mini Test

Mini
TEST　1

제한시간
9분

◢ Part 1

Choose the best answer for the blank.

1. A: May I speak to Tim? Is he home?
   B: No. Didn't you hear that he began working for a bank last week? He's _____ work right now.
   (a) at
   (b) in
   (c) on
   (d) by

2. A: Did you keep a record of how much you spent during your trip?
   B: No. I didn't know that I _____.
   (a) had
   (b) had it
   (c) had to
   (d) had to do

3. A: Wow! This laptop is really cheap! What do you think of this price?
   B: Well, in my opinion, the quality _____ in the price.
   (a) reflects
   (b) is reflected
   (c) is reflecting
   (d) have been reflected

4. A: I saw your son walking on crutches this morning. What happened?
   B: He fractured his leg while _____ soccer.
   (a) he plays
   (b) played
   (c) he was played
   (d) playing

5. A: Oh, no. I put my ring here in my desk drawer yesterday, but I can't find it now.
   B: You must have _____ when you went home.
   (a) unlocked the drawer left
   (b) left unlocked the drawer
   (c) left the drawer unlocked
   (d) unlocked left the drawer

6. A: Emily, I hope you enjoyed the sandwich. This is the first time I've ever made one.
   B: It was _____ the best I've ever eaten. Please let me know your secret.
   (a) as ever
   (b) by far
   (c) such
   (d) quite

7. A: Mom! I don't remember where I put my glasses. Please help me.
   B: I think you put _____ in the bathroom before you went to bed last night.
   (a) ones
   (b) those
   (c) it
   (d) them

8. A: It's too noisy! Do you know what is happening?
   B: The children living next door must _____ a game with their friends.
   (a) play
   (b) be playing
   (c) have played
   (d) have been playing

✦ Part 2

Choose the best answer for the blank.

9. Many parents are so busy that they have trouble _____ time to play with their children.
(a) find
(b) to find
(c) finding
(d) to be finding

10. If minority students were given more opportunities while growing up, they _____ much more successful later in life.
(a) become
(b) had become
(c) will become
(d) would become

11. This pill will relieve your headache quickly, but it _____ cause a feeling of nausea.
(a) may
(b) has to
(c) would
(d) ought to

12. Solar power is an alternative _____ many people in the world turn for a source of clean and inexpensive energy.
(a) which
(b) that
(c) to that
(d) to which

13. Although the artist's skills were not good at first, as the decade _____, so did his ability to paint beautiful portraits.
(a) progresses
(b) progressed
(c) has progressed
(d) will have progressed

14. The only suggestion of the Secretary-General of the UN that would play a valuable role in settling the border dispute _____ a summit conference between the two presidents.
(a) is
(b) have
(c) are
(d) has

15. The newly-reformed laws will make _____ in public places such as airports, hospitals and parks.
(a) anyone illegal to smoke
(b) illegal for anyone to smoke
(c) to smoke illegal for anyone
(d) it illegal for anyone to smoke

16. What _____ when buying a good English dictionary is whether it includes a wide variety of detailed explanations of each word.
(a) in mind need to keep
(b) needs to be kept in mind
(c) is needed to keep in mind
(d) to be kept in mind is needed

Part 3

Identify the option that contains an awkward expression or an error in grammar.

17. (a) A: Are there any instructions on how to use this digital camera?
    (b) B: Yes, but they are written in Japanese. They're useless to me.
    (c) A: I can read Japanese because I have lived in Japan for a few years when I was young.
    (d) B: Really? I didn't know that. Here you are.

18. (a) A: Tony, sorry to bother you, but I'm just wondering if you could spare me an hour sometime this week.
    (b) B: Sure, but I'm only available on Thursday or Friday.
    (c) A: Well, how about 10 o'clock on this Thursday at your office?
    (d) B: I have an appointment on Thursday morning, but Thursday afternoon would be OK.

Part 4

Identify the option that contains an awkward expression or an error in grammar.

19. (a) How beneficial do you think laughter is for your health? (b) An old saying – laughter is the best medicine – could answer that question. (c) Many people, including health experts, used to think that it was just a proverb, and didn't take it very serious. (d) However, these days doctors have found evidence that laughter has a lot of positive effects on our health.

20. (a) Have you ever wondered what kind of music the people in the American colonies enjoyed? (b) In fact, the only music at that time was church music; even the first book published in this period was a hymn book. (c) Church music was the sole focus of composers in the colonies. (d) Most of the hymns brought over from Europe by the colonists, and some can still be heard today even though they were not often written down at that time.

Mini TEST 2

제한시간
9분

Part 1

Choose the best answer for the blank.

1. A: I'm tired of my job. I'm thinking about quitting.
   B: Your job may be _____, but as you know, there's no stress and you're paid well.
   (a) bore
   (b) bored
   (c) boring
   (d) to be boring

2. A: Where is Mr. Miller's room? I'd like to see him for a while.
   B: No visitors are allowed _____ him.
   (a) not to disturb so as
   (b) as not to so disturb
   (c) to disturb not so as
   (d) so as not to disturb

3. A: I've finally completed all of my application essays!
   B: Good for you. I still _____.
   (a) more two essays have to write
   (b) have to two more essays write
   (c) have to write more two essays
   (d) have two more essays to write

4. A: Your young daughter was so patient in the hospital.
   B: Yes. _____ about her pain.
   (a) Once she not complain
   (b) Not she once complained
   (c) Not once did she complain
   (d) She once not complain

5. A: Are there _____ changes to the schedule I should know about?
   B: Yes. Our departure time has been changed from 7 a.m. to 9 a.m.
   (a) any
   (b) those
   (c) much
   (d) whatever

6. A: I'm sick and tired of one of my colleagues. His work has been so poor recently.
   B: Don't be too hard on him. There's nobody _____ doesn't make mistakes.
   (a) that
   (b) what
   (c) whom
   (d) whose

7. A: Didn't you say you were interested in Sarah before?
   B: Yes, but I haven't yet decided whether _____ her out or not.
   (a) ask
   (b) asked
   (c) to ask
   (d) asking

8. A: Morris, how about Season Park for our wedding?
   B: Sure. I think that's _____ any.
   (a) as good a place as
   (b) as a good place as
   (c) good as a place as
   (d) as good as a place

Part 2

Choose the best answer for the blank.

9. If I had been asked the same question, I probably _____ it differently.
   (a) answer
   (b) will answer
   (c) have answered
   (d) would have answered

10. Thanks to the increase of semiconductor exports, last quarter's sales _____ by 30 %, allowing us to meet our goal.
    (a) grew
    (b) has grown
    (c) will be growing
    (d) will have grown

11. Since Nicole wouldn't leave without an explanation, I think she _____ us a note in her office.
    (a) must leave
    (b) might leave
    (c) should have left
    (d) must have left

12. There are _____ cars in front of the stately mansion, all of which belong to the millionaire.
    (a) big five red
    (b) five big red
    (c) red big five
    (d) five red big

13. The statistics shown in this report _____ that the birth rate of our country has drastically decreased over the past five decades.
    (a) suggest
    (b) suggests
    (c) are suggested
    (d) is suggested

14. When he heard about the company's bankruptcy on TV, he came close _____ out because he had bought a lot of the company's stock.
    (a) to pass
    (b) passing
    (c) being passed
    (d) to passing

15. Judging from her recent remarkable performances, the table tennis player is _____ likely to win the gold medal in the Olympic Games than any other.
    (a) more
    (b) much
    (c) better
    (d) best

16. _____, Jackie could go on a trip to Europe as scheduled; otherwise, she would have had to cancel all of her reservations.
    (a) Finished her work
    (b) Her work finished
    (c) Her work finishing
    (d) Being her work finished

Part 3

Identify the option that contains an awkward expression or an error in grammar.

17. (a) A: Tina, who will you invite to your wedding?
    (b) B: I'll invite whomever I think would be interested in attending the ceremony.
    (c) A: How many people do you expect to come?
    (d) B: Well, more than 200 people.

18. (a) A: I've just placed an order for a treadmill at an online shopping mall.
    (b) B: A treadmill? Why do you need that for?
    (c) A: I'm planning on running on it every morning to lose weight.
    (d) B: Can you really lose weight that way? Anyway, good luck!

Part 4

Identify the option that contains an awkward expression or an error in grammar.

19. (a) During the 2008-2009 academic year, the number of foreign students studying in American colleges and universities increased to a record high of 671,616. (b) This is an increase of 7.7 % from the previous year. (c) Forty percent of the students were from Asia, with Korean students trailing only those from India and China. (d) The number of Korean students were 75,065, which is up 8 % compared to the previous year.

20. (a) Unfortunately, there are portions of the population without sufficient access to government family planning services. (b) This is because some people may live too far away from family planning services. (c) As a result, they don't receive a necessary information about how to control their family size. (d) On the other hand, for people living in urban areas, if they need any tips or help about family planning, they can easily access it.

Mini TEST 3

Part 1

Choose the best answer for the blank.

1. A: I'd like to have some leftover pizza. Do you
    know where it is?
   B: Sorry. There's _____ left.
   (a) any
   (b) none
   (c) some
   (d) neither

2. A: Jane, you look very nervous. You don't have
    to worry about your performance.
   B: I'm not worried about my performance.
    The weather is _____ concerns me
    most.
   (a) that
   (b) what
   (c) where
   (d) which

3. A: Is this your first visit to Japan?
   B: No. I _____ here for almost three
    years since my daughter came here to
    study.
   (a) came
   (b) was coming
   (c) have been coming
   (d) had been coming

4. A: What do you think of Brad? I think you two
    would be a perfect match.
   B: I don't think so. I have _____.
   (a) in common little with him
   (b) little with him in common
   (c) with him little in common
   (d) little in common with him

5. A: Emma, is it true that you will get married
    next month?
   B: Yeah. Tony _____ three months
    after we met.
   (a) proposed only to me
   (b) only to me proposed
   (c) proposed to me only
   (d) to me only proposed

6. A: Hello, may I speak to Janet, please? This is
    Joe from the marketing department.
   B: I'm sorry, but she is _____. She's in
    a meeting.
   (a) at the unavailable moment
   (b) the unavailable at moment
   (c) available not at the moment
   (d) not available at the moment

7. A: I'm beginning to wonder if I missed a good
    opportunity.
   B: I told you before. You _____ let it
    pass.
   (a) didn't
   (b) shouldn't have
   (c) shouldn't have to
   (d) shouldn't had

8. A: What's the students' opinion on this revision
    of the school regulations?
   B: _____, I can't say a word on behalf
    of the students.
   (a) Not having consulted them
   (b) Being not consulting them
   (c) Not consulting them
   (d) To not consult them

Part 2

Choose the best answer for the blank.

9. Although there are so many jobless people nowadays, _____ a qualified worker for some kinds of jobs.
   (a) finding is difficult
   (b) it is difficult to find
   (c) difficult is to find
   (d) you are difficult to find

10. _____ to be the manager of the newly-opened store turned out to be incompetent.
    (a) We selected the person
    (b) Selecting the person
    (c) Being selected as the person
    (d) The person we selected

11. Travelling by a private plane is _____ though they want to.
    (a) most people cannot do anything
    (b) anything most people not do
    (c) not something most people can do
    (d) nothing what most people can do

12. Broccoli is said _____ a valuable role in preventing gastric cancer.
    (a) play
    (b) playing
    (c) to play
    (d) played

13. Over the last six months, volunteering to help the homeless _____ a very rewarding experience for me.
    (a) is
    (b) are
    (c) has been
    (d) have been

14. I think you have had enough time to think it over, so it is high time that you _____ whether to accept the offer or not.
    (a) made up your mind
    (b) have made up your mind
    (c) are making up your mind
    (d) will make up your mind

15. That he completed his doctoral dissertation and got a Ph. D by the age of twenty shows _____.
    (a) how he is exceptionally bright
    (b) he is how bright exceptionally
    (c) how exceptionally bright he is
    (d) how exceptionally he is bright

16. Our company provides a service for students who want to study abroad, which _____ them considerable time and effort.
    (a) save
    (b) saves
    (c) is saved
    (d) have saved

Part 3

Identify the option that contains an awkward expression or an error in grammar.

17. (a) A: Mr. Parker? I'm sorry to have kept you waiting so long. I had an important meeting.
    (b) B: That's OK. I was just having an interesting conversation with your secretary.
    (c) A: Come into my office. I'd like you to explain me your suggestion in detail.
    (d) B: Oh, sure. That's exactly why I'm here.

18. (a) A: What noisy a dog! It has been barking like that for almost 30 minutes. Whose dog is it?
    (b) B: Well, the man who moved next door last week seems to own it.
    (c) A: Really? I need to talk to him about this problem. I can't stand it anymore!
    (d) B: Me neither. Let's go together.

Part 4

Identify the option that contains an awkward expression or an error in grammar.

19. (a) Surprisingly, children are more likely to be injured in their own home than outside. (b) Cuts, burns and bruises are three kinds of injuries which mostly happen to kids at home. (c) As it takes only a few seconds for a child to have an accident, caregivers always should pay attention to a child's behavior. (d) Also, in case of such an emergency, they should know some first aid skills.

20. (a) Unlike in a communist economy, consumers themselves decide what to buy in a free market system. (b) If they choose to enjoy foreign goods, they can do so without any control or interference. (c) Such choices can lead to the improvement of domestic products as they attempt to compete with their imported counterparts. (d) Therefore, it is important that every individual consumer has the right to enjoy whatever he or she chooses unless the choice violates others' rights.

Mini TEST 4

Part 1

Choose the best answer for the blank.

1. A: How do you like it here in London?
   B: _____ far, so good. I'm getting used to living here faster than I expected.
   (a) So
   (b) Such
   (c) Even
   (d) Much

2. A: Did you explain how to operate this machine to the customer?
   B: No, I didn't. Jake _____.
   (a) was
   (b) did
   (c) explain
   (d) did explain

3. A: What made you move to this town?
   B: It's my young son. His school is near here. It takes _____ there on foot.
   (a) five minutes of him to get
   (b) five minutes for him getting
   (c) him five minutes for getting
   (d) him five minutes to get

4. A: _____ the first coffee of the day. Would you like some?
   B: Of course! You know that's why I came here at this early hour!
   (a) I'm just brewed
   (b) I've just brewed
   (c) I'd just brewed
   (d) I'll just brew

5. A: Judy, would you please help me carry this box upstairs? It's too heavy.
   B: Sure, I'd _____. Wait a second, and I'll be right with you.
   (a) been glad to
   (b) been glad
   (c) be glad to
   (d) be glad

6. A: Mom, my headache is getting worse. Would you give _____?
   B: No way. You took a painkiller an hour ago. You should wait for it to work.
   (a) me something to stop it
   (b) something stopping it to me
   (c) me it to stop something
   (d) it something to stop me

7. A: How come you go _____ these days? You always look tired.
   B: It's because I've got to finish the annual report by Wednesday.
   (a) so late to bed
   (b) so lately to bed
   (c) to bed so lately
   (d) to bed so late

8. A: Kevin has been deeply depressed since he lost his job.
   B: Sorry to hear that, but there's _____ to say except that he should cheer up.
   (a) anything
   (b) something
   (c) everything
   (d) nothing

◢ Part 2

Choose the best answer for the blank.

9. Ted and his brother are in intensive care in the hospital because they were severely injured when they got run over by _____.
   (a) dump truck
   (b) a dump truck
   (c) the dump truck
   (d) the dump trucks

10. _____ any questions about the products advertised in this brochure, please call 090-7179-0597 or visit our website, www.biohealthforyou.co.kr.
    (a) If you had
    (b) Should you have
    (c) If you have had
    (d) Would you have

11. This report says that an obvious sign of his having entered the prohibited area without permission _____ the investigators.
    (a) have detected
    (b) were detected from
    (c) was detected by
    (d) has detected

12. The committee will devise a new plan to improve traffic conditions in the city, _____ it intends to replace the one the mayor suggested.
    (a) of which
    (b) to which
    (c) in which
    (d) with which

13. Health experts have claimed that the best way to lose weight and prevent all kinds of adult diseases _____ to eat a balanced diet and work out regularly.
    (a) is
    (b) are
    (c) has
    (d) have

14. _____ second thought, I don't think it's a good idea for you to travel through India by yourself at the moment.
    (a) In
    (b) On
    (c) For
    (d) Under

15. _____ the proposal that it build child care facilities for employees who are working mothers.
    (a) No circumstances under the company will approve
    (b) No circumstances will the company approve under
    (c) Under no circumstances will the company approve
    (d) Under no circumstances the company will approve

16. _____ Mike grew more produce in his vegetable garden this year than his family could eat, he decided to share it with his neighbors.
    (a) Since
    (b) When
    (c) While
    (d) For

◢ Part 3

Identify the option that contains an awkward expression or an error in grammar.

17. (a) A: Did you receive your TEPS score today?
    (b) B: Yeah. I received a text message some time ago, but I'm pretty disappointed. How about you?
    (c) A: Fortunately I got a higher score than I had expected, so I can apply to graduate school now.
    (d) B: Wow, good for you! I would prepare for the test much better next time.

18. (a) A: Hey, Lisa! Are you done with the novel you borrowed from me the other day?
    (b) B: Not yet, Bill. Do I have to give back it to you right now?
    (c) A: No, that's okay. But my brother wants to read it, so I just wanted to know whether you were finished.
    (d) B: As soon as I finish reading it, I'll let you know.

◢ Part 4

Identify the option that contains an awkward expression or an error in grammar.

19. (a) Those who love jogging have to bear in mind that they should drink a lot of water while running. (b) If they don't, it can have a negative effect on their health because they may become dehydrated. (c) Dehydration can lead to various symptoms ranging from such minor ones as thirst, headaches, or dizziness to such serious ones as decreased blood pressure, unconsciousness or even death. (d) Therefore, drinking a large amount of water is must for runners.

20. (a) Over the last 200 years, humans have been burning a great amount of fossil fuels such as coal, oil and natural gas. (b) This burning has resulted in the increase of greenhouse gases such as carbon dioxide in the atmosphere. (c) Most scientists believe what these gases are the main culprit that causes the earth's temperature to rise gradually. (d) Unless humans stop using such fossil fuels and develop alternative clean energy sources, the future of the earth is uncertain.

Mini TEST 5

✎ Part 1

Choose the best answer for the blank.

1. A: I think your new apartment is very cozy and comfortable.
   B: Yes, it already ＿＿＿＿＿＿ home.
   (a) is felt like
   (b) is feeling like
   (c) feels like
   (d) felt like

2. A: Sam, have you finished writing your report? It's time for bed.
   B: Not yet, but it ＿＿＿＿＿＿ in five minutes.
   (a) is doing
   (b) will do
   (c) will be done
   (d) will have been done

3. A: Mr. Cooper, is there something wrong with this safe?
   B: Well, I'm not sure. The combination is correct, but it still ＿＿＿＿＿＿ open.
   (a) won't
   (b) shouldn't
   (c) couldn't
   (d) wouldn't

4. A: Jessica, tell me how you spent your vacation.
   B: I ＿＿＿＿＿＿ figure skating lessons and visited my grandparents in America.
   (a) take
   (b) took
   (c) have taken
   (d) had taken

5. A: All you have to do this vacation is study TEPS.
   B: It is ＿＿＿＿＿＿ something like that. I have lots of things to do other than study TEPS.
   (a) easy to say of you
   (b) easy of you to say
   (c) easy to say for you
   (d) easy for you to say

6. A: Have you ever taken an express train here in Korea?
   B: Yeah, I took the express train to Busan last month and it was ＿＿＿＿＿＿ as any.
   (a) more impressive
   (b) most impressive
   (c) as impressive
   (d) as impressively

7. A: I wish I ＿＿＿＿＿＿ a detective novel from the library instead of this love story.
   B: What makes you say that? That's one of the most moving stories in the world.
   (a) borrow
   (b) borrowed
   (c) will borrow
   (d) had borrowed

8. A: Do you know why Tina looks so upset this morning?
   B: She's mad about ＿＿＿＿＿＿ to Michael's housewarming party last night.
   (a) not being inviting
   (b) being not having invited
   (c) having not been invited
   (d) not having been invited

Part 2

Choose the best answer for the blank.

9. The teacher intends to give all the students small prizes _____ they keep their word and finish their essays on time.
   (a) because
   (b) as long as
   (c) even though
   (d) by the time

10. _____ too much weight over the last two years, Michael has trouble finding clothes that fit him well.
   (a) To gain
   (b) Being gained
   (c) Having gained
   (d) Having been gained

11. Never have I punished my students, _____.
   (a) even not once
   (b) not even once
   (c) not once even
   (d) once not even

12. His collection of works _____ well despite the recent economic downturn.
   (a) is sold
   (b) are sold
   (c) is selling
   (d) are selling

13. I cannot forget the day I climbed the mountain _____ with snow in the early morning.
   (a) has been covered
   (b) covered
   (c) covering
   (d) is covered

14. It was reported that the war prisoner had suffered from _____ while being held captive by the enemy.
   (a) the imaginable most terrible abuse
   (b) the most imaginable terrible abuse
   (c) the most terrible imaginable abuse
   (d) the most terrible abuse imaginable

15. The reason I recommended this novel to you is that it's _____ of the two choices because it's an adventure story.
   (a) more interesting
   (b) most interesting
   (c) the most interesting
   (d) the more interesting

16. According to the survey, more than half of Koreans believe that our country's economic situation _____ better now had we selected other candidates in the last general election.
   (a) will be
   (b) would be
   (c) will have been
   (d) would have been

Part 3

Identify the option that contains an awkward expression or an error in grammar.

17. (a) A: What does that sentence mean?
(b) B: Its meaning doesn't come easily to me. How about asking Kate?
(c) A: That's a good idea! I think she's enough wise to catch it.
(d) B: Do you know where she is now?

18. (a) A: Brian, how's it going?
(b) B: Hi, Martin. I'm still looking for a job, but it's hard to even get an interview.
(c) A: If you're ready for change, why don't we work in a foreign country together for a year?
(d) B: That sounds interesting! And we wouldn't be lonely if we went together!

Part 4

Identify the option that contains an awkward expression or an error in grammar.

19. (a) Every year on February 14th, Americans give each other tokens of their love, such as cards, flowers or other gifts. (b) That day is called St. Valentine's Day and there are several stories related to its origin. (c) Among them is a story which says that St. Valentine's Day originated from a Roman festival held on February 15th. (d) According to the story, it is a custom of the festival for single men to pick out the names of women as their would-be lovers and give them some gifts.

20. (a) The world's forests are being destroyed for fuel and other purposes by humans. (b) This deforestation is happening everywhere in the world, it is occurring most seriously in tropical countries. (c) There, forests are disappearing at the rate of sixty-four acres per minute, which is an alarming number. (d) As a result, there may be appalling environmental catastrophes in the not-too-distant future.

mini TEST 6

제한시간
9분

Part 1

Choose the best answer for the blank.

1. A: Here you are. I've finished typing the report.
   B: I didn't know that you could type
   _____ fast. It's very impressive.
   (a) as
   (b) all
   (c) that
   (d) such

2. A: _____ me last night?
   B: I think it was Harry. He said he would call
   you sometime.
   (a) Do you think who called
   (b) Who do you think called
   (c) Who do you call thought
   (d) Do you think called who

3. A: You are the only one I can trust.
   B: _____.
   (a) It's flattered
   (b) I'm flattering
   (c) I'm flattered
   (d) You flattered

4. A: It seems that most people from our club
   have already arrived here.
   B: Then let me count _____.
   (a) the presented members
   (b) the members present
   (c) presently the members
   (d) the members presently

5. A: I'm afraid we cannot start the meeting
   without the CEO.
   B: We'd better _____.
   (a) to put off it
   (b) put it off
   (c) to put it off
   (d) put off it

6. A: Lisa, do you still play tennis these days?
   B: No, I'm too busy. I _____ on
   Saturdays, but then I got a part-time job.
   (a) used to playing
   (b) am used to playing
   (c) used to play
   (d) am used to play

7. A: Do you think Mr. Parker will be a good
   mayor if he _____?
   B: Absolutely! He is said to be as qualified as
   any.
   (a) will elect
   (b) will be elected
   (c) elects
   (d) is elected

8. A: Sally, have you found an apartment to live in
   yet?
   B: Fortunately, yes. I moved into a new house
   last week, but I certainly had a lot of trouble
   _____ it.
   (a) find
   (b) to find
   (c) finding
   (d) to have found

Part 2

Choose the best answer for the blank.

9. _____ the car you recommended to me was to my taste, the price was too high for me.
   (a) Because
   (b) Unless
   (c) As long as
   (d) Although

10. _____ to remember her employee's birthday during such a busy week.
    (a) She was considerate it
    (b) It was she considerate
    (c) It was considerate of her
    (d) It was considerate for her

11. Anyone _____ should not only go on a diet but also work out on a regular basis.
    (a) wants to lose weight
    (b) wanting to lose weight
    (c) want losing weight
    (d) wanted to lose weight

12. When I saw the famous poet last year, he was in _____ because he had been smoking and drinking too much.
    (a) very poor condition
    (b) very poor conditions
    (c) the very poor condition
    (d) the very poor conditions

13. The CEO of the company tried to improve productivity, _____ an extra bonus to employees with the best evaluation results.
    (a) offering
    (b) offer
    (c) offered
    (d) that offered

14. The man _____ car collided with my own as I was driving to my boyfriend's house was his father.
    (a) who
    (b) whom
    (c) that
    (d) whose

15. My grandmother has been complaining of aches and pains _____ a couple of weeks.
    (a) in
    (b) for
    (c) during
    (d) within

16. _____ there was nothing left on the once beautiful tropical island except for ruins.
    (a) That the hurricane was so powerful
    (b) The hurricane was powerful so that
    (c) So that the hurricane was powerful
    (d) So powerful was the hurricane that

Part 3

Identify the option that contains an awkward expression or an error in grammar.

17. (a) A: I'm considering joining a fitness club.
    (b) B: How come? I don't think you need to lose weight.
    (c) A: Actually, I just want to stay fit and healthy.
    (d) B: In that case, I recommend that you will walk an hour every morning. Walking is the best form of exercise.

18. (a) A: Jenny, what do you usually do in your spare time?
    (b) B: Well, nothing special. I just like sitting back read some books.
    (c) A: I love reading, too. What are you reading these days?
    (d) B: I've been reading *Gone with the Wind* since last week.

Part 4

Identify the option that contains an awkward expression or an error in grammar.

19. (a) A highly prestigious English teaching seminar will be launched next week. (b) The four-week program is designed to inform current and would-be English teachers of the latest and most effective teaching methods. (c) This program is open to anyone has a university degree and passion for English education. (d) Applicants must pass an oral test in order to take part in this program.

20. (a) Before you decide to become a vegetarian, there are some things to think over. (b) According to experts, the only health benefits of vegetarianism are related to eat a lot of fruit and vegetables, not giving up meat or fish. (c) Meat or fish should be included in a balanced diet since they contain essential nutrients. (d) You should bear in mind that excluding meat from your diet will not guarantee good health and that eating a balanced diet is the best choice.

Mini TEST 7

Part 1

Choose the best answer for the blank.

1. A: Do you have many chances to go on business trips?
   B: Not really. _____ on business.
   (a) I seldom travel
   (b) Do I seldom travel
   (c) I do travel seldom
   (d) Travel I seldom

2. A: Did you hear that Tim's son died of a brain tumor last month?
   B: Really? What _____!
   (a) the shame
   (b) shame
   (c) shames
   (d) a shame

3. A: Do you know who the man standing next to the window is?
   B: If my memory serves me _____, he's the president of our company.
   (a) correct
   (b) correctly
   (c) to be correct
   (d) to be correctly

4. A: I feel sorry for _____ in poor countries.
   B: As far as I know, there are various ways to help them.
   (a) who live
   (b) who lives
   (c) those who live
   (d) those who lives

5. A: Mike, why don't we take a ski trip this weekend?
   B: I'd rather we _____. According to the weather forecast, it's going to be very cold. And as you know, I hate being outside in cold weather.
   (a) shouldn't
   (b) didn't
   (c) don't
   (d) won't

6. A: Nancy's fiancé just proposed to her. Did your husband propose to you romantically before you got married?
   B: _____ like that, but it was so long ago I can't remember the details.
   (a) Something
   (b) Anything
   (c) Nothing
   (d) Everything

7. A: What's your secret for having _____?
   B: I try to drink as much water as possible.
   (a) so a good figure
   (b) such good figure
   (c) such a good figure
   (d) such good a figure

8. A: Amy! I haven't seen you for ages, but you haven't changed a bit.
   B: _____. How's it going?
   (a) So have you
   (b) Neither do you
   (c) So do you
   (d) Neither have you

Part 2

Choose the best answer for the blank.

9. _____ you choose the red card or the blue card doesn't matter because the same thing is written on the back of each.
   (a) If
   (b) Whether
   (c) Either
   (d) As if

10. _____ Julie went to England and now I'm used to living alone.
    (a) Since three years
    (b) Since it is three years
    (c) It has been three years since
    (d) It is since three years

11. _____ for his seat belt, Morrison would have been seriously injured or even killed in the traffic accident.
    (a) If it had been
    (b) If had it not been
    (c) Had it not
    (d) Had it not been

12. _____ surveyed said that if they were to live again, they would choose another career path.
    (a) Most of people
    (b) Most of the people
    (c) The most of people
    (d) Most the people

13. When _____ tough, people usually try to reduce their spending on nonessential goods and luxuries.
    (a) the time is
    (b) a time is
    (c) times are
    (d) timing is

14. Many people think that students who major in engineering tend to speak _____ languages than others, but that's not always the case.
    (a) little
    (b) less
    (c) few
    (d) fewer

15. _____ in easy English and featuring captivating illustrations, this book is the perfect introductory guide to English grammar.
    (a) Writing
    (b) Having written
    (c) Written
    (d) To be written

16. Much _____ about the necessity of working out over the last three years, but no one in my family has actually started an exercise regimen.
    (a) is said
    (b) says
    (c) has been said
    (d) said

Part 3

Identify the option that contains an awkward expression or an error in grammar.

17. (a) A: Are you hungry, Jack? I skipped lunch and I'm starving!
    (b) B: Really? Then would you like to go out to grab a bite?
    (c) A: Sounds great! How about getting burgers and fries seeing as we don't have much time?
    (d) B: However you want.

18. (a) A: Bill, what do you think of capital punishment?
    (b) B: Well, I'm personally in favor of it. Why?
    (c) A: It says here in this newspaper that more than two thirds of the people surveyed has the same opinion as you.
    (d) B: Wow. That's a surprising figure.

Part 4

Identify the option that contains an awkward expression or an error in grammar.

19. (a) Pollution is caused by dioxins has become one of the most serious environmental issues. (b) In addition to causing air pollution, dioxins can penetrate deep into the soil, causing crops and farm animals to become contaminated. (c) The reason there are more dioxins than ever in our environment is related to the burning of trash. (d) Dioxins are primarily released when plastics and other waste containing chlorine compounds are burned.

20. (a) Toilet training is an important developmental stage, so parents should not be impatient and try to rush it. (b) Most pediatricians advise that toilet training be started around the age of 24 months, when the children show signs that they are ready. (c) Once it has been started, parents should give their children plenty of praise and encouragement whenever they succeed in using their potties. (d) Parents are important to help children think of toilet training not as harsh training but as fun play.

Mini
TEST 8

제한시간
9분

Part 1

Choose the best answer for the blank.

1. A: Could you please close the door behind you?
   B: Oh, I didn't know I'd left it _____.
      Sorry about that.
   (a) open
   (b) opens
   (c) opening
   (d) to be opened

2. A: I've spoiled everything. _____ now?
   B: It's not your fault. Just forget it.
   (a) What's going to do
   (b) How's going to do
   (c) What am I going to do
   (d) How am I going to do

3. A: I _____ going now. It's time for my class.
   B: Okay. I enjoyed talking with you. Let's keep in touch.
   (a) will be
   (b) must be
   (c) used to be
   (d) should have been

4. A: I was wondering if you could do me a favor, Mr. Harper?
   B: Well, it _____.
   (a) depends
   (b) depends on
   (c) is depended
   (d) is depended on

5. A: All the tickets for the rock festival are sold _____. What should I do?
   B: Don't worry. I've already bought two tickets for us.
   (a) up
   (b) off
   (c) away
   (d) out

6. A: What would you like to eat for lunch?
   B: Anything is fine. I'm _____.
   (a) please to easy
   (b) easy to please
   (c) to please easy
   (d) please easy to

7. A: Don't even think about going out or watching TV _____ you've finished your homework.
   B: I won't, but promise me that I can do whatever I want after doing my homework.
   (a) if
   (b) unless
   (c) even though
   (d) by the time

8. A: Why are you always talking back when I _____?
   B: Sorry. I promise that it will never happen again.
   (a) tell you to talk not
   (b) tell you not to
   (c) tell you not to do
   (d) talk you not to tell

55

mini test 8

Section II

◢ Part 2

Choose the best answer for the blank.

9. The questionnaire you gave me this morning has so many questions to answer that I _____.

   (a) haven't finished it yet
   (b) haven't finished it still
   (c) yet haven't finished it
   (d) haven't still finished it

10. I think this novel is _____ that he has ever published.
    (a) the best by far one
    (b) the by far best one
    (c) the one by far best
    (d) by far the best one

11. A seven-course dinner cost me $30 at the famous Italian restaurant, but I would have gladly paid _____ for it.
    (a) more twice than
    (b) as twice much
    (c) as much twice
    (d) twice as much

12. No sooner _____ at the airport than he was surrounded by countless reporters and fans.
    (a) the famous actor had arrived
    (b) had arrived the famous actor
    (c) had the famous actor arrived
    (d) did the famous actor have arrived

13. Such were his achievements in psychology _____ we cannot think of any psychological theory without being reminded of his name.
    (a) as
    (b) which
    (c) in that
    (d) that

14. In the past, schools didn't have _____ for scientific experiments, but nowadays students can perform various kinds of experiments at school.
    (a) many equipment
    (b) many equipments
    (c) much equipment
    (d) much equipments

15. My parents always dreamed of their own house with a backyard _____ they could grow all kinds of vegetables, but their dream never came true.
    (a) which
    (b) where
    (c) to which
    (d) for which

16. I think that much severer punishment is needed for those _____ against children such as kidnapping and sexual assault.
    (a) who convict of committing crimes
    (b) to convict of committing crimes
    (c) convicting of committing crimes
    (d) convicted of committing crimes

Section I

TEPS 유형 점검

빈칸 채우기

1. 내용 완성하기

출제 유형

TEPS 독해 영역 Part I의 총 16문항 중 1번~14번에 해당되는 유형으로서, 지문 중의 빈칸에 들어갈 알맞은 내용을 네 개의 선택지 중에서 고르는 문제이다. 지문의 주제를 정확히 파악해야만 그 주제와 논리적 연관성이 있는 정답을 고를 수 있다.

출제 경향

빈칸이 지문의 앞부분에 있을 때에는 그 문장이 주제문인 경우가 많으며, 이 경우 빈칸 뒤의 부연 설명을 통해 주제를 도출할 수 있으므로 난이도가 쉬운 편이다. 반면, 빈칸이 지문의 중간이나 끝부분에 있을 때에는 주제의 반전 등에도 신경을 쓰면서 전체 흐름을 봐야 하므로 난이도가 어려운 편이다. 최근에는 빈칸이 지문의 뒷부분에 배치된 문제가 훨씬 많이 출제되고 있다.

기 출 응 용

Read the passage. Then choose the option that best completes the passage.

High cholesterol is a major risk factor for heart disease and hardening of the arteries, conditions that can lead to a heart attack or stroke. If your diet plan and exercise haven't been successful in lowering your cholesterol, ask your doctor about J-Col. This medication works by blocking the production of potentially harmful cholesterol in the body, reducing its level in the bloodstream. Many studies have shown dramatic results for J-Col: fewer heart attacks and 42% fewer deaths from cardiac disease. As J-Col is _____, you must consult your doctor to determine if you should take it.

(a) a medication with no side effects
(b) a drug with proven results
(c) a drug sold over the counter
(d) a prescription medication

정답   (d)

해석   높은 콜레스테롤은 심장마비와 뇌졸중으로 이어질 수 있는 질환인 심장병과 동맥경화를 유발하는 주요 위험 인자입니다. 만일 식단 조절이나 운동으로 콜레스테롤을 낮추는 데 실패했다면, 의사에게 제이콜에 대해 문의하십시오. 이 의약품은 체내에서 잠재적으로 유해한 콜레스테롤이 생성되는 것을 막아 혈류의 콜레스테롤 수치를 낮춤으로써 작용합니다. 여러 연구가 제이콜의 놀라운 결과를 보여주는데, 심장마비가 더 적게 발생하였고 심장 질환으로 인한 사망이 42퍼센트 감소되었습니다. 제이콜은 <u>처방용 의약품</u>이므로 복용 여부를 의사와 상의하셔야 합니다.

어휘   hardening 경화 / artery 동맥 / stroke 뇌졸중 / medication 약 / potentially 잠재적으로 / bloodstream 혈류 / cardiac 심장의 / over the counter (약 구입 시) 처방전 없이 / prescription 처방전

해설   콜레스테롤 수치를 낮추어 심장병의 위험을 줄이는 의약품에 대해 설명하는 지문으로, 빈칸이 있는 마지막 문장에서 복용 여부를 의사와 상의하라고 했으므로 의사의 처방전이 필요한 약임을 알 수 있다.

문제 해결 전략

1. 한 문항당 적절한 문제 풀이 속도는 평균 40초 내외이다.

시간을 많이 쓰지 말고 정독보다는 속독으로 지문을 빨리 훑어 읽으면서 지문의 주제와 그 주제가 어떤 논리적 흐름으로 전개되고 있는지 파악한다.

2. 빈칸이 첫 문장이나 두 번째 문장에 있을 경우

빈칸이 있는 문장이 주제문일 가능성이 높으며, 이 경우에는 지문의 나머지 부분을 빠르게 읽고 정답을 고른다.

3. 빈칸이 지문의 중간에 있을 경우

빈칸 앞의 내용을 요약해서 정답이 나오는 경우도 있지만 대부분의 경우에는 빈칸 뒤에 정답의 근거가 있으므로 빈칸 뒤의 내용을 중점적으로 읽는다.

4. 빈칸이 지문의 끝부분에 있을 경우

빈칸을 포함한 문장이 지문 전체의 내용에 대한 요약이거나 결론일 가능성이 크다. 또한 빈칸의 바로 앞부분이나 뒷부분에 결정적인 단서가 있는 경우가 많으므로 빈칸 주변을 특히 주의해서 읽는다.

2. 연결어 넣기

출제 유형

TEPS 독해 영역 Part I의 15번과 16번에 출제되는 유형으로서, 빈칸에 들어갈 적절한 연결사를 네 개의 선택지 중에서 고르는 문제이다. 지문의 주제를 파악한 후, 빈칸 앞뒤의 내용을 논리적으로 연결할 수 있는 연결사를 골라야 한다.

출제 경향

빈칸이 지문의 중간이나 마지막 문장에 위치하는 경우가 많으며 대조/반전과 첨가의 연결어 문제가 많이 출제된다. 보통 빈칸 앞뒤의 내용만 보아도 쉽게 답을 고를 수 있는 경우가 많으나, 경우에 따라서는 지문 전체의 흐름을 파악해야만 정답을 고를 수 있는 문제도 있다.

기 출 응 용

Read the passage. Then choose the option that best completes the passage.

Venezuela's increasing popularity as a destination for tourists has placed the country's diverse and precious environment under great risk. _____, the government has begun encouraging "eco-tourism" to reduce tourism's impact on the environment. Along the coast, in the virgin forests of the Amazon Basin, and in the Andes Mountains, special campsites designed to ensure visitors do not threaten the fragile ecosystem can now be found. Whether this initiative will stand up to the large companies seeking to fully exploit Venezuela's attractions is yet to be seen.

(a) For this reason
(b) What is more
(c) Instead
(d) In other words

정답   (a)

해석   관광지로서의 베네수엘라의 인기가 높아지면서 이 나라의 다양하고 귀중한 환경이 큰 위기에 처하게 되었다. 이러한 이유로, 정부는 관광 사업이 환경에 미치는 영향을 줄이기 위해

'생태 관광'을 장려하기 시작했다. 해안을 따라 위치한 아마존 분지의 원시림과 안데스 산맥에서는 관광객들이 파괴되기 쉬운 생태계를 위협하지 않도록 설계된 특수 캠핑장을 이제 찾아볼 수 있다. 이러한 시작이 베네수엘라의 매력을 철저히 개발하고자 하는 대기업들에 대항할 수 있을지는 아직 알 수 없다.

어휘   virgin forest 원시림 / basin 분지 / fragile 파괴되기 쉬운, 연약한 / initiative 시작, 창의 / stand up to ~에 대항하다 / exploit 개발하다, 활용하다

해설   첫 문장에서 베네수엘라가 관광지로서 인기를 얻으면서 자연 환경에 부정적인 영향을 미치게 되었다고 했고, 빈칸이 있는 문장은 정부가 환경에 해를 미치지 않는 관광 방식을 장려하고 있다는 내용이므로 두 내용은 인과 관계로 연결되는 것이 자연스럽다.

문제 해결 전략

1. 한 문항당 적절한 문제 풀이 속도는 평균 40초 내외이다.

지문을 빠르게 훑어 읽으며 주제를 먼저 파악한 후, 빈칸 앞뒤의 내용이 어떤 논리로 연결되어야 할 것인지 확인한다.

2. 각 연결사의 기능을 확실하게 파악해 둔다.

▼ 인과관계

therefore 그러므로
as a result 그 결과
in consequence 그 결과
thus 따라서
accordingly 따라서
consequently 결과적으로
because of ~때문에
on account of ~때문에

▼ 첨가

as well 또한, 역시
in addition to ~외에도
along with ~외에도
besides ~외에도/게다가
in addition 게다가
moreover 게다가
what is more 게다가

▼ 대조/반전

yet 그러나
although ~에도 불구하고
even though ~에도 불구하고
while/whereas 반면에
nevertheless 그럼에도 불구하고
in spite of ~에도 불구하고
despite ~에도 불구하고
in contrast 대조적으로
on the contrary 반대로
instead 대신에
in place of ~대신에

▼ 강조/부연

in fact 사실상
indeed 실제로
in other words 다시 말해

▼ 예시

for example 예를 들면
for instance 예를 들면
to illustrate 예를 들면

Practice TEST

Read the passage. Then choose the option that best completes the passage.

1. Impressionist paintings are typically characterized by the bold use of unmixed colors on the canvas. Short, thick lines of paint are applied to capture the "impression" of a subject rather than accurate details of it. The Impressionists often painted outdoors, since the reflection of colors from one object onto another through natural light was the ideal base of "impression." Layers of wet paint were placed beside and on top of one another on an opaque surface which created softer edges than the traditional method of laying colors successively only after the previous applications had dried. The shadows of objects were generally represented in blue rather than black or gray. In fact, _____.

   (a) gray was a good alternative to blue in describing the colors of water
   (b) black and gray created a sense of openness in the paintings
   (c) the use of black was entirely avoided by many Impressionists
   (d) black was one of the favorite colors of many true Impressionists

2. The ancient Egyptians mastered the art of preserving corpses through mummification, a process that consisted of two main steps, embalming and wrapping. They would first cleanse the body of the deceased individual with sweet-smelling palm wine, before removing the internal organs and stuffing the body with a natural preservative called natron. Finally, the body was wrapped in successive layers of bandages. Mummification was an extremely effective process, and mummified individuals have been discovered _____ thousands of years after their death. Their bodies were so well-preserved, in fact, that scientists were able to diagnose the diseases from which they suffered in life and determine the exact cause of their death.

   (a) beyond recognition
   (b) free of preservatives
   (c) nearly intact
   (d) fully clothed

3. Heroes in American crime stories have very different personas from those in Europe. While such detectives as Sherlock Holmes and Hercule Poirot demonstrate sophisticated codes of conduct based on traditional chivalry in their activities, their American counterparts often implement more colorful approaches and tactics to solve crimes. Differences also are found in their motivation. European detectives get themselves involved in a case for various reasons: a sense of duty, intellectual curiosity, and, of course, by pure accident. In the case of pragmatic American detectives, on the other hand, especially those who became household names during the cash-strapped Depression era, _____.

(a) protecting justice always comes first
(b) they work tirelessly to help the powerless
(c) they often hunt bad guys to make a living
(d) chivalry is most important

4. The term "loss leader" refers to a product or service that, despite being unprofitable, creates _____ that can lead to future revenue. The ice cream counters at Thrifty's variety stores are a classic example of a loss leader, as ice cream cones are sold for less than the cost of the stand, supplies and labor. But the ice cream counter helps lure customers into the store; once inside, they generally purchase other items as well, resulting in an overall profit. The loss-leader principle is also used in many other applications, such as when television broadcasting stations take a loss on special events like the Olympic Games in the hope that the viewers they attract will then "stay tuned" for their following programs.

(a) customer interest
(b) innovative ideas
(c) a reduction of expenditures
(d) controversy over policies

5. Modern-day hot air balloons do not differ fundamentally from the prototypes built in the 18th century. Typically, they consist of a basket for passengers and a large fabric bag, referred to as the "envelope," which is constructed so it is able to hold the hot gas used to lift the craft. The bag has an opening at the bottom, referred to as the "mouth" or "throat" of the balloon, where a propane-fueled burner that shoots hot air into the balloon is suspended. A crucial feature of the balloon is its venting system. For example, the pilot can use vents in the envelope to release air and regulate the balloon's rate of descent _____.

(a) to establish a horizontal flight pattern
(b) when it is time to get ready for landing
(c) when the balloon starts to make its ascent
(d) to make sure that the balloon stays vertical

6. Adam Smith outlined the framework of the modern tax system in his 1776 book, *The Wealth of Nations*. He identified the four criteria that should exist in a good tax system: equality, certainty, convenience of payment, and economy in collection. Among them, however, arguably the most important attribute identified by Smith was equality. According to Smith, a tax system should be built on an individual or corporation's ability to pay. In addition, the burden of tax should correspond to the benefits received from government expenditures. Therefore, to Smith, taxation proportionate to income was the fairest solution. In the same vein, Smith was not against inheritance taxation, but _____.

(a) summarized the virtue of value-added taxes
(b) again stressed the principle of apportionment
(c) insisted certainty be regarded as the most important element
(d) emphasized the role of effective tax law

7. Extreme sports involving a high level of danger have been gaining tremendous popularity over the past few years, attracting daredevils who are seemingly willing to try anything, from organized windsurfing to illegally jumping off buildings. Why, then, are some people dominated by a need to seek out the "thrill factor," while others are perfectly content to sit at home reading a book? David Lewis, a psychologist, believes that many modern people crave adventure because our culture, in an attempt to guarantee safety, has effectively eliminated risk, making the world a bland place. In consequence, people turn to extreme sports and embrace greater risks _____.

   (a) for business purposes
   (b) in order to be healthy
   (c) as a means of escape
   (d) to achieve self-dependence

8. Literary characters from classical literature who have stereotypical personalities that stand for various examples of the human condition could be useful referential tools for relationships, organizational behavior, and even business strategies. What's more, there are an unlimited number of ways in which such characters could be applicable in various kinds of training. However, there are challenges in utilizing literary character examples. In order to appreciate the context, students must first have a sophisticated understanding of classical works. _____, an instructor should use real world situations to help easily explain certain characters or storylines from masterpieces.

   (a) First of all
   (b) In addition
   (c) As a result
   (d) On the contrary

Part 2

내용 이해하기

1. 주제 찾기

출제 유형

TEPS 독해 영역의 Part II의 총 21문항 중, 17번부터 5~6문항이 '주제 찾기' 유형으로 출제되며, 질문에 따라 topic, title, main idea나 purpose를 묻는 문제로 나뉘게 된다.

출제 경향

최근 이 유형의 문제는 대체로 쉽게 출제되고 있다. 지문의 구조가 [주제문 – 부연 설명 – (주제의 반복)]이거나 [가주제 – 반전의 연결사 + 진주제 – 부연 설명], [도입 – 설명 – 결론(주제)] 등 명확하게 나타나므로 연결사를 중심으로 전체적인 지문의 구조를 파악하는 것이 중요하다.

기 출 응 용

Read the passage and the question. Then choose the option that best answers the question.

Amanda Daddona, a graduate student at the University of Delaware, was going through more than 200 boxes of old documents as part of a research project when she stumbled upon a letter with a signature she thought she recognized. In fact, it belonged to Thomas Jefferson, who was president of the United States between 1801 and 1809. The letter had been tucked away in an unmarked folder, part of a collection of papers from the Bringhurst family that had been donated to the university. In the letter, written to Joseph Bringhurst, Jefferson expressed his sorrow over the death of a mutual friend, John Dickinson.

Q. What would be the best title for the passage?

(a) The Sorrows of Thomas Jefferson

(b) The Case of the Mixed-up Documents

(c) The Authenticity of a Signature in a Letter

(d) A Piece of History Discovered by Accident

정답 (d)

해석 델라웨어 대학의 대학원생인 아만다 다도나는 연구 프로젝트의 과정으로 2백 상자 이상의 옛 문서들을 조사하다가 누구의 것인지 알아볼 수 있는 서명이 있는 편지 한 통을 우연히 발견했다. 사실, 그 편지는 1801년에서 1809년까지 미국의 대통령이었던 토머스 제퍼슨의 것이었다. 그 편지는 표시가 되어 있지 않은 문서철 속에 넣어져 있었는데, 그 대학으로 기증된 브링허스트 가문의 문서 소장품에 포함된 것이었다. 조셉 브링허스트에게 쓰여진 그 편지에서 제퍼슨은 두 사람의 친구였던 존 디킨슨의 죽음에 대한 슬픔을 나타냈다.

어휘 stumble upon 우연히 발견하다 / signature 서명 / tuck away 감춰두다, 보관하다 / unmarked 표시가 되어 있지 않은 / folder 문서철 / mutual 공통의 / authenticity 진짜 여부 / by accident 우연히

해설 한 대학원생이 과제를 위해 옛 문서들을 조사하던 도중, 미국의 대통령이었던 토머스 제퍼슨이 실제로 서명을 한 사적인 편지를 우연히 발견하였다는 내용의 지문이다. 따라서 정답은 (d)이다.

문제 해결 전략

1. 한 문항당 적절한 문제 풀이 속도는 평균 40초 내외이다.

지문의 중심 내용만 파악하면 되므로 훑어 읽기(skimming)를 통한 속독이 요구된다. 첫 문장이 주제문이고 나머지 문장들이 예시, 나열, 비교인 구조로 지문이 전개된다면 20초 이내에 빨리 정답을 골라야 한다.

2. 전체적인 흐름을 파악하면서 주제문을 찾는다.

보통 주장이 담긴 논설문에서는 'I think~'나 'I believe~' 등으로 시작되는 문장이, 연구 내용을 설명하는 지문에서는 '연구의 목적 및 결과'가 주제문이고, 광고문에서는 '광고의 대상과 그 특징'이 주제이다.

3. 선택지를 고를 때에는 신중해야 한다.

지문에 사용된 표현이 선택지에 그대로 사용되기보다는 다른 표현으로 바뀌어 제시되는 경우가 많으므로 '바꿔 쓰기(paraphrasing)'에 주의하며, 구체적인 내용의 선택지와 포괄적인 내용의 선택지가 함께 있을 때에는 특히 신중하게 정답을 고른다.

2. 사실 확인하기

출제 유형

TEPS 독해 영역의 Part II 중, 8~10문항 정도가 '사실 확인하기' 유형으로 출제된다. 지문 전체에 대한 사실 확인과 특정 내용에 대한 사실 확인 유형이 있다. 정확한 해석 능력이 요구되는 유형으로 각 선택지를 모두 본문의 내용과 비교해봐야만 정답을 고를 수 있다.

출제 경향

본문의 내용과 선택지의 내용의 일치 여부를 묻는 유형이기 때문에 일일이 내용을 확인할 필요가 있어 시간이 많이 걸리는 유형이다. 이 유형에서도 본문의 주제를 파악하고 있는지의 여부가 정답을 고르는 데 크게 영향을 주기 때문에 해석을 할 때 주제를 파악하는 것에도 신경을 써야 한다.

기 출 응 용

Read the passage and the question. Then choose the option that best answers the question.

The global trend against capital punishment has picked up momentum in recent decades. By 1977, 16 countries had either abolished or severely limited the death penalty, and that number jumped to nearly 140 over the next 30 years. As of today, 94 countries no longer utilize capital punishment for any offense. Ten apply it only under extraordinary circumstances and 35 have not practiced it for more than a decade although they still recognize it as a legal option. China, Saudi Arabia and Singapore are some of the familiar names among the 58 countries that still have capital punishment, and the United States has one of the world's highest execution rates.

Q. Which of the following is correct according to the passage?

(a) The United States abolished capital punishment 30 years ago.

(b) Saudi Arabia has the highest number of executions in the world.

(c) The number of nations that practice the death penalty has considerably decreased.

(d) About 140 countries don't apply capital punishment for any type of offense.

정답   (c)

해석   사형에 반대하는 세계적 추세가 최근 몇십 년간 추진력을 얻어 왔다. 1977년경 16개국이 사형 제도를 폐지했거나 엄격히 제한했고, 그 숫자는 이후 30년간 거의 140개국으로 증가했다. 오늘날 94개국이 어떤 범죄에 대해서도 더 이상 사형을 시행하지 않는다. 10개국은 특수한 상황에서만 사형을 적용하며, 35개국은 여전히 사형을 (가능한) 법적 선택이라고 여기나 10년 이상 실시한 적이 없다. 여전히 사형제를 유지하는 58개국 가운데 중국, 사우디 아라비아와 싱가포르가 잘 알려진 국가이며, 미국은 세계에서 가장 높은 사형 집행률을 보이는 국가 중 하나이다.

어휘   capital punishment 사형(=death penalty) / momentum 여세, 추진력 / abolish 폐지하다 / offense 범죄 / extraordinary 특수한 / circumstances 상황, 환경 / execution 사형 집행, 처형

해설   사형 제도를 폐지하거나 사형 집행을 엄격하게 제한하고 있는 나라가 1977년 16개국에서 몇십 년 사이에 약 140개국으로 증가했다고 했으므로 사형을 시행하는 국가의 수가 상당히 줄어들었음을 알 수 있다. 따라서 (c)가 정답이다.

문제 해결 전략

1. 한 문항당 적절한 문제 풀이 속도는 1분~1분 30초 정도이다.

본문의 내용과 선택지의 내용을 비교해서 정답을 골라야 하기 때문에 가장 시간이 많이 걸리는 유형이다.

2. 자신에게 적합한 문제 풀이 방식을 이용한다.

(1) 본문을 속독한 후 선택지와 본문을 비교하는 방법: 본문을 두 번 읽기 때문에 정답률을 높일 수 있으나 시간이 많이 소요되는 단점이 있다. 많은 문제를 풀기보다는 푼 문제의 정답률을 높여야 하는 중급 이하의 수험자들에게 적절하다.

(2) 선택지의 내용을 본문에서 찾아가면서 읽는 방법: (1)의 방법보다는 문제를 푸는 속도가 단축될 수 있으나 자칫 정답률이 낮아질 수 있으므로 주의한다. 모든 문제를 다 풀어야 하는 고득점 수험자들에게 적합한 방식이다.

3. 전형적인 오답의 함정을 파악하자.

must 또는 may와 같은 조동사, 숫자, 비교급, all/every/never 등이 사용된 선택지에 주의한다. 또한 선택지의 시제가 본문에 사용된 시제와 일치하는지도 정확하게 확인할 필요가 있다.

3. 특정 정보 찾기

출제 유형

TEPS 독해 영역 Part II에서 1~2문항이 출제되는 유형이며, 질문에 who, what, which, how 등의 구체적인 의문사가 제시되어 있고 본문 내용에서 질문에 해당하는 특정 정보를 찾아내야 하는 유형의 문제이다.

출제 경향

질문에 제시된 의문사와 key words를 바탕으로 해당 정보를 찾는 것이므로 전체 지문 내용을 모두 이해할 필요가 없고, 따라서 비교적 신속하게 정답을 고를 수 있다. 단, 질문과 본문, 그리고 선택지 사이에서 똑같은 단어나 표현이 제시되기보다는 다른 단어나 표현으로 바뀌어 제시될 가능성이 크기 때문에 주의해야 한다.

기 출 응 용

Read the passage and the question. Then choose the option that best answers the question.

Lopez, Perez & Company is seeking a few bright and enthusiastic law school students and graduates to serve as interns in our class action department. You will be assigned to work with our lawyers and paralegals on ongoing class action cases. You will learn how to find information on key legal issues from various reference sources, how to work with clients, how to prepare documentation for actual lawsuits, and finally how to devise courtroom strategies before the session begins. This is a great chance to get hands-on experience with a reputable firm. All internships are three months in duration and the compensation is competitive. Sign up for an interview through our website, LoPeLaw.com.

Q. What kind of experience will one gain through the internship according to the passage?

(a) Sales skills

(b) Debate skills

(c) Negotiation skills

(d) Research skills

정답	(d)

해석   로페즈, 페레즈&컴퍼니는 집단 소송 부서에서 인턴으로 근무할 명석하고 열의 있는 로스쿨 재학생 및 졸업생을 찾고 있습니다. 우리 회사의 변호사 및 변호사 보조들과 함께 진행 중인 집단 소송 사건에 배정될 것입니다. 인턴은 다양한 참고 자료들로부터 주요 법적 쟁점에 대한 정보를 찾는 방법, 고객들과 일하는 방법, 실제 소송 건에 대한 증거 서류 준비 방법, 그리고 마지막으로 개정 전 법정 전략을 고안하는 방법 등을 배울 것입니다. 이것은 이름 있는 회사에서 실전 경험을 얻을 수 있는 좋은 기회입니다. 모든 인턴십의 기간은 3개월이며 보수도 경쟁력 있는 액수입니다. 저희 웹사이트 LoPeLaw.com에서 면접을 위한 등록을 해주시기 바랍니다.

어휘   enthusiastic 열의 있는 / class action 집단 소송 / paralegal 변호사 보조원 / ongoing 진행 중인 / documentation 증거 서류 제출 / lawsuit 소송 / courtroom 법정 / session (법정이) 개정 중임 / hands-on 실제의 / reputable 평판이 좋은 / compensation 보수

해설   로페즈, 페레즈&컴퍼니의 인턴십을 통해서 배울 수 있는 여러 가지 것들에 대해 how to를 사용하여 나열하고 있는데, 그중 하나로 다양한 참고 자료들로부터 정보를 찾는 법을 배울 수 있다고 언급했으므로 정답은 (d)이다.

문제 해결 전략

1. 한 문항당 적절한 문제 풀이 속도는 20초~30초 정도이다.

TEPS 독해 유형 중 가장 쉽고 빠르게 풀 수 있는 문제이므로 제한 시간 안에 모든 문제를 푸는 데 어려움이 있는 수험자의 경우 이 유형의 문제는 반드시 푸는 것이 좋다.

2. 질문에 제시된 의문사와 key words를 파악하라.

본문을 먼저 읽고 주제를 파악한 후에 문제를 푸는 것이 아니라, 질문에 제시된 key words를 먼저 확보한 후 본문을 빠르게 훑어 읽어 내려가면서 해당 정보의 위치를 파악해야 한다.

3. 해당 문장을 정독하면서 정답을 고른다.

key words를 중심으로 해당 문장을 꼼꼼히 읽으면서 네 개의 선택지에서 정답을 고른다.

4. 추론하기

출제 유형

TEPS 독해 영역 Part II에서 4~5문항이 '추론하기' 유형으로 출제된다. 질문에 'infer'라는 단어가 포함되어 있으며, 주로 Part II의 후반부(33번 이후)에 위치하고 있다. 지문 전체를 대상으로 한 추론과 지문 중의 특정 정보에 대한 추론 유형으로 나눌 수 있다.

출제 경향

TEPS 독해 영역에 등장하는 모든 추론 문제의 근거는 지문 안에 제시되어 있기 때문에 상식이나 경험에 근거한 전형적인 오답 함정에 빠지지 않도록 주의해야 한다.

기 출 응 용

Read the passage and the question. Then choose the option that best answers the question.

The Anglo-Saxon invasion of Britain during the early fifth century was an extension of the great Germanic tribal migration from the northeast into the other areas of the European continent formerly ruled by the Roman Empire. The Anglo-Saxons were actually three interrelated tribes, the Angles, the Saxons and the Jutes, which shared the same prehistoric ancestors, the same basic language, and similar customs. The Celtic inhabitants whose land was seized by the Anglo-Saxons were Christians. The Celtic regions in Britain that came under Roman rule during the time of Claudius later accepted Christianity and it eventually became the empire's official religion in the late third century. The Anglo-Saxon invaders also adopted this belief system.

Q. What can be inferred from the passage?

(a) Romans converted to Christianity under the rule of Claudius.

(b) The Anglo-Saxon tribes originally came from the Italian Peninsula.

(c) The Celtic language and the Anglo-Saxon language were almost identical.

(d) The Anglo-Saxons were not Christians before they invaded Britain.

정답　(d)

해석　5세기 초에 있었던 앵글로 색슨족의 영국 침략은 유럽 대륙의 북동부로부터 이전에 로마 제국의 지배하에 있었던 기타 지역으로의 게르만족 대이동의 연장선상에 있었다. 앵글로 색슨족은 실제로는 밀접한 관계에 있었던 세 부족, 즉 앵글족, 색슨족과 주트족이었는데, 그들은 같은 선사시대의 조상과 동일한 기초 언어와 유사한 관습을 공유했다. 앵글로 색슨족에게 영토를 강탈당한 켈트족 거주자들은 기독교도였다. 클라우디우스 시대에 로마 통치하에 있게 된 영국 내 켈트족 지역은 이후 기독교를 받아들였고 결국 3세기 말에는 제국의 공식 종교가 되었다. 앵글로 색슨족 침략자들 역시 이 신앙 체제를 받아들였다.

어휘　invasion 침략 (invader 침략자) / tribal 종족의 / migration 이주, 이동 / formerly 이전에 / interrelated 밀접한 관계의 / prehistoric 선사시대의 / inhabitant 주민, 거주자 / seize 강탈하다 / Christianity 기독교 / convert 개종하다 / identical 동일한

해설　앵글로 색슨족이 영국을 침략한 후, 그곳에 거주하던 켈트족의 영향을 받아 기독교 신앙을 받아들였다고 했다. 따라서 앵글로 색슨족은 영국 침략 이전에는 기독교도가 아니었음을 유추할 수 있으므로 정답은 (d)이다.

문제 해결 전략

1. 한 문항당 적절한 문제 풀이 속도는 1분~1분 30초 정도이다.

'추론하기' 유형도 '사실 확인하기' 유형과 마찬가지로 각 선택지의 근거가 본문 안에 나타나 있는지를 일일이 판단해야 하기 때문에 문제를 푸는 데 시간이 걸리는 유형이다. 또한 독해 영역의 후반부에 출제되기 때문에 시간 부족으로 정답률이 낮은 경향이 있으므로 효율적인 시간 배분이 필요하다.

2. 지문의 주제를 파악한다.

추론 문제의 절반 정도는 지문의 주제에서 크게 벗어나지 않는 범위에서 정답을 고를 수 있으므로 주제를 정확히 파악한다.

3. 각 선택지의 추론 내용이 본문에서 유추될 수 있는지를 판단하며 소거해 나간다.

대부분의 오답 선택지들은 본문의 내용과 무관하거나 너무 비약된 내용을 포함하고 있는 경우가 많다. 모든 추론의 근거는 지문에 나타나 있다는 사실을 염두에 두고 선택지를 하나씩 소거해 가면서 정답을 고른다.

Read the passage and the question. Then choose the option that best answers the question.

1. While credited for laying the foundation for a democratic republic rather than another monarchy, the Founding Fathers of the United States of America were not completely free from aristocratic and even authoritarian tastes. As president, George Washington wanted to be called, "His Mightiness, the President." John Adams, his successor, went so far as to believe that he should be called, "His Highness, the President of the United States and Protector of their Liberties." Fortunately, their contemporaries, including their close aides, persuaded them not to pursue those titles. It was also recorded that Washington and Adams never shook hands with ordinary people.

Q. What would be the best title for the passage?
(a) The Origin of the American Monarchy
(b) The Arrogant Sides of the Founding Fathers
(c) The Struggle for Political Hegemony among the Founding Fathers
(d) The Glory, Vanity and Secrets of George Washington

2. People who move to a foreign country often go through an adjustment process similar to that which newlyweds experience. The first few weeks are the "honeymoon stage," characterized by a rosy fascination with all aspects of the foreign culture. The newcomer feels euphoric, as the architecture, food and people all seem enchanting. However, reality sets in over the next few months, during the "disillusionment stage." As the person encounters real conditions of daily life, he or she may feel discontent or even hostile toward the host country. Eventually, of course, the adjustment is made, and foreigners, like newlyweds, can live within their new parameters without any lingering unhapiness.

Q. What is the main topic of the passage?
(a) Three stages commonly experienced by newlyweds
(b) Adjusting to the new conditions of married life
(c) The frailty of happiness in the honeymoon stage
(d) Foreigners and newlyweds' common adjustment experiences

3. The ultimate effectiveness of advertising is debatable, but skyrocketing advertising budgets make it clear that businesses believe it works. Although the direct purpose is obviously to sell products and services, the celebrities and powerful images used in these ads also have the effect of "selling" a certain lifestyle. In particular, advertisements for luxury items such as expensive cars and designer perfumes seem to focus more on status and success than on the features of the products themselves. By presenting these items as being favored by wealthy, well-respected people, the advertisers create an image that appeals to certain consumers, who then respond by purchasing the products.

Q. What is the main idea of the passage?
(a) Advertisers shouldn't use celebrities to sell products.
(b) Advertisements often represent an appealing lifestyle.
(c) It costs businesses a lot of money to make advertisements.
(d) Businesses are searching for new ways to advertise.

4. To All Employees:
Stardust Hotel's annual employee survey begins today and runs through October 2nd on our corporate intranet. We believe only happy employees can make our guests happy, and your feedback will play an important role in helping us deliver on Stardust Hotel's mission of providing a high-quality service at an affordable price and being the best place to work. To complete the survey, please log on to the company intranet from any computer with Internet access. All survey responses will be kept completely confidential and sent to a third-party firm for processing and analysis. No one at Stardust will have information about individual survey responses. Take the survey and let your voice be heard.
Best regards,
Robin Edwards, Executive Director, Human Resources

Q. Which is correct according to the communication?
(a) Customer satisfaction can only be achieved through sacrifice by the employees.
(b) The survey results will be thoroughly reviewed by the senior management.
(c) Employees should visit a website provided by a third-party company for the survey.
(d) Privacy and confidentiality are guaranteed for the survey participants.

5. Filmmakers often employ symbols to add to the emotional impact of their work. In the Orson Welles classic *Citizen Kane*, for example, a journalist searches for the meaning behind the final word uttered by a dying millionaire named Kane: "Rosebud." His search ends in vain, but at the conclusion of the film, the audience is shown a child's sled with the name "Rosebud" painted on it being burned in a fire. Earlier in the film, a flashback had shown Kane playing with the sled as a child, shortly before he was sent away from his poor parents to be brought up by wealthy relatives. A masterful director, Welles used the sled as a symbol of Kane's lost innocence and the simple life he was denied.

Q. Which is correct according to the passage?
(a) Kane made a reference to his childhood shortly before he died.
(b) Kane left home after his parents burned his favorite toy.
(c) A kind journalist helped Kane find his childhood sled.
(d) Orson Welles never explained the meaning of "Rosebud."

6. A sonnet is a type of poem employing a particular verse form. A classic sonnet has 14 lines that follow a specific rhyming scheme. Internally, it has a structure that illustrates a stream of consciousness or event in a logical manner. Sonnets are generally thought to have developed out of earlier medieval songs and the first sonnets were written in Italy in the 13th century. The consensus among scholars is that a poet by the name of Giacomo da Lentini wrote the first sonnets. Petrarcha also contributed to the style of sonnet. One of the most accomplished Italian sonnet writers of later times was Michelangelo, who is of course more famous for his sculptures and paintings than for his literary work.

Q. Which is correct according to the passage?
(a) An Italian scholar wrote the first sonnet.
(b) Sonnets were influenced by medieval verses.
(c) Michelangelo was more talented in literature than the visual arts.
(d) The first sonnet was written in the 14th century.

7. Overfishing of native species has finally reached an alarming point. There is a global consensus forming among advanced nations that the pace of fishing should be controlled. As a result, the demand for farmed salmon is gaining momentum as an alternative marine food source. More than a million tons of farmed Atlantic salmon is produced by Chile and Norway annually, equal to 65% of the world's farmed salmon consumption. Although its world market share is less than 1%, New Zealand has successfully established itself as a salmon exporter, due to the relative rarity of farmed chinook salmon and its reputation for having better quality fish. New Zealand farmed salmon is particularly popular in Japan and much is also sold throughout Oceania.

Q. What is one of the factors contributing to popularity of New Zealand farmed salmon?
(a) Competitive price
(b) Government subsidy
(c) Scarcity of the product
(d) Technological advancement

8. Marcus Porcius Cato, better known as Cato Minor, was a Roman statesman famous for his efforts to preserve the republican system. Cato's name was brought back to life in 1720 as the pseudonym for British writers John Trenchard and Thomas Gordon, when they started writing political essays called *Cato's Letters*. The essays, heavily influenced by John Locke, vehemently advocated the principles of freedom of conscience and freedom of speech and condemned tyranny. More than 200 years later, in 1977, the name Cato was brought back again as the name of an American think-tank, the Cato Institute.

Q. What can be inferred from the passage?
(a) The Cato Institute was financed by the descendants of Cato.
(b) *Cato's Letters* represented the interests of the British monarchy.
(c) The successors of Cato advocate for dictatorship and criticize capitalism.
(d) John Locke supported the ideals of individual freedom and democracy.

Part 3

글의 흐름 파악하기

어색한 문장 찾기

출제 유형

TEPS 독해 영역 Part III에서 3문항이 출제된다. 도입문에 이어지는 4개의 문장 중에서 전체 지문의 흐름에 비추어 어색한 문장을 찾아내는 문제 유형이다. 문항당 배점이 독해 영역에서 가장 높은 유형이므로 3문제를 모두 맞힐 수 있도록 신중하게 정답을 골라야 한다.

출제 경향

첫 문장이 주제문인 경우가 가장 많지만, 첫 문장이 도입문이고 두 번째 문장이 주제문인 경우도 있기 때문에 주의한다. 그리고 문장과 문장 사이의 흐름만을 보는 것이 아니라 전체의 맥락을 우선 고려해야 한다는 것도 유의해야 할 사항이다.

기출응용

Read the passage. Then identify the option that does NOT belong.

In 1982, oceanographer Robert Ballard approached the US Navy about his interest in finding the wreckage of the *Titanic*, the giant ocean liner that sank in 1912. (a) The navy was more interested in using his expertise to locate the *USS Scorpion* and *USS Thresher*, two submarines that sank in the 1960s. (b) Eventually, a deal was struck whereby Ballard was given financing in 1985 to find the *Titanic* if he first found the submarines. (c) Ballard had been interested in shipwrecks and their exploration since discovering the joys of scuba diving at an early age. (d) He was not allowed to disclose that he was on a secret mission for the navy, and he only had 12 days to complete the mission.

정답   (c)

해석   1982년 해양학자인 로버트 발라드는 1912년 침몰한 대형 여객선 타이타닉호의 잔해를 찾는 것에 대한 관심을 미 해군에 피력했다. (a) 해군은 1960년대에 침몰한 두 대의 잠수함 USS 스콜피온호와 USS 스레셔호의 위치를 찾는 일에 그의 전문성을 활용하는 것에 더 관심을 보였다. (b) 결국 먼저 잠수함들을 찾으면 타이타닉호를 찾도록 발라드에게 자금이 제공되는 거래가 1985년에 성사되었다. (c) 발라드는 어렸을 때 스쿠버 다이빙의 즐거움을 발견한 이후부터 난파선과 그것의 탐사에 관심을 가져왔었다. (d) 그는 해군을 위한 비밀 임무를 수행 중이라는 사실을 공개하는 것을 금지당했으며 임무를 완수하는 데 오직 12일의 기한이 주어졌다.

어휘   oceanographer 해양학자 / wreckage (난파선의) 잔해 / liner 여객선 / expertise 전문성, 전문 지식 / submarine 잠수함 / strike (계약이) 성사되다 / shipwreck 난파선 / exploration 탐사, 탐험 / disclose 드러내다, 발표하다

해설   해양학자 로버트 발라드가 타이타닉호의 잔해를 찾는 일을 두고 미 해군과 거래하게 된 과정을 설명하고 있는 지문이다. (c)는 발라드가 난파선과 그 탐사에 대해 관심을 갖게 된 동기에 대한 내용이므로 전체 흐름과 어울리지 않는다.

문제 해결 전략

1. 한 문항당 적절한 문제 풀이 속도는 평균 1분이다.
문제 수는 적지만 문항당 배점이 높기 때문에 세 문제 모두 반드시 정답을 맞혀야 한다.

2. 첫 문장의 key words를 통해 중심 내용과 지문의 전개 방향을 예측한다.
만약 첫 문장이 너무 일반적인 내용을 담고 있다면 주제로 연결되기 위한 도입 부분임을 파악하고 다음 문장에서 주제를 파악한다.

3. 각 선택지와 주제와의 연관성을 점검하며 읽어 내려간다.
가장 주의해야 할 점은 한 문장에서 다음 문장으로 연결되는 문맥이 자연스러운지를 보는 것이 아니라 전체적인 문맥의 일관성이 지켜지고 있는가를 확인하는 것이다. 각 선택지마다 첫 문장(또는 두 번째 문장)에서 제시된 key words에 대한 글쓴이의 논조(긍정적, 부정적, 혹은 객관적)가 일관되게 유지되고 있는지, 각 선택지의 논리 전개 순서가 올바른지 등을 확인하면서 읽어 내려간다.

4. 지문을 끝까지 읽기 전에 섣불리 정답을 고르지 않는다.
이 유형의 문제는 지문 전체의 흐름을 제대로 파악할 수 있는지를 측정하는 것이므로 선택지를 모두 읽은 후 정답을 결정하는 것이 안전하다.

Read the passage. Then identify the option that does NOT belong.

1. Recently, a financial magazine, together with Webster College, conducted a survey of hundreds of American finance executives employed by large companies. (a) The survey results show that more than half of the executives expressed optimism about both the global and domestic economy despite the recent recession. (b) Increasingly, American businesses are expanding internationally, with many enterprises opening branches in the Middle East and Africa. (c) When asked about the overall financial prospects of the companies they work for, three quarters of the executives rated them as either good or excellent. (d) On the other hand, approximately 50% stated that they don't anticipate hiring to return to pre-recession levels in the next three years.

2. The stapler in its modern form was invented by George W. McGill, who received a patent for his Single-Stroke Staple Press in 1879. (a) This device used wire staples that were inserted into the machine one at a time. (b) Staplers may differ in outward appearance, but all use the same type of staples and fasten paper in much the same way. (c) The "Single-Stroke" part of the name derives not from the one-at-a-time loading of the staples, but from the fact that the machine inserted and clinched a wire staple in a single operation of the plunger. (d) This set it apart from most other paper fasteners of the time, which required multiple operations.

3. Studies have shown that one difference in men and women's speech is that men interrupt other speakers much more frequently than women do. (a) This is evident in business meetings, where men compete for the right to speak, and don't hesitate to interrupt each other. (b) On the other hand, women will usually wait for others to finish before speaking, as they have been conditioned to believe since childhood that it's impolite to interrupt. (c) Women have also been shown to be more talkative than men, and they tend to be more comfortable expressing their feelings. (d) This behavior not only illustrates a gender difference in discourse, it also helps explain why men and women sometimes have difficulty understanding each other.

4. Foie gras is one of the most popular French delicacies, and its name can be translated into "fatty liver" in English. (a) Although ingredients and dishes in French cuisine vary by region, cheese and wine are almost always an accompaniment with any dish. (b) Foie gras is in fact the product of a very artificial and brutal technique. (c) Selected geese or ducks are first caged in a narrow space designed to minimize their movements, and they are then force-fed corn two or three times a day for about three weeks until their livers accumulate enough fat to qualify as "fatty liver." (d) Known as a royal dish because of its popularity among French royals and aristocrats, because of this controversial technique, foie gras has also been nicknamed the "delicacy of despair."

5. Researchers have shown that maternal alcohol intake can interfere with the ability of an unborn child to get enough oxygen and nourishment. (a) Oxygen and nourishment are indispensable to sustain normal development of the brain and cells in other organs. (b) Based on a variety of similar results, the U.S. Surgeon General issued a warning in 2005 that all pregnant women and those at risk of pregnancy should not use alcohol. (c) Researchers have found that it is not only women but also men that suffer from depression after childbirth. (d) Although the level of alcohol intake necessary to cause these problems has been the subject of debate, most physicians recommend pregnant women completely eliminate alcohol from their diet.

6. Advocates of "political correctness," or PC for short, insist that words deemed offensive must not be used. (a) According to them, black people must be called "African-Americans" because the word "black" has a negative connotation, and "police officer" must be used rather than "policeman" to promote equality of the sexes. (b) Critics, however, contend that PC goes too far in avoiding offending anyone, pointing to the way it has restricted the acceptable boundaries of humor and entertainment in everything from movies to comic strips. (c) They assert that all books and periodicals should be inspected to some degree for the public good. (d) For example, PC supporters even condemn the popular comic strip *Beetle Bailey* for making fun of fat people, bald men and less-than-beautiful secretaries.

TEPS

TEPS BY STEP

Reading
Comprehension

Section II

실전 Mini Test

Part 1

(1~4) Read the passage. Then choose the option that best completes the passage.

1. Agricultural productivity increases in the United States averaged a growth rate of 3.5 percent annually from 1830 to 1840. The increases were _____ _____. New technological breakthroughs such as farming machines, mass-produced steel plows, and reapers all contributed to the increase in agricultural output during this period. By the 1860s, steam-powered farm equipment was being utilized for harvesting crops. Towns were growing and steam-powered locomotives distributed produce and livestock to them. Following the Civil War, new innovations such as barbed wire and crop breeding further enhanced agricultural efficiency.

(a) mostly sustained by the migration of labor from cities to rural agricultural sites
(b) mainly made possible by technological innovations applied to cultivating the land
(c) subsequently neutralized by natural disasters and limited technologies
(d) followed by the growth in the fishing industry through improved sailing techniques

2. There are two basic kinds of exercise: anaerobic and aerobic. Anaerobic exercise, which literally means "exercise without air," involves quick, high-intensity motions that rely on metabolism occurring in the muscles without the transport of oxygen. Athletes use it to build strength. Practically all weight-lifting routines fall into this category. Aerobic exercise _____. In aerobic exercise, oxygen is used in the muscles to convert fat and glucose into adenosine triphosphate, which in turn distributes energy throughout the body. Aerobic exercise is usually performed at moderate intensity for an extended time. Examples include jogging, swimming and bicycling.

(a) is more popular among women than men
(b) works in a different manner
(c) helps people maintain their health better than anaerobic exercise
(d) is less sustainable than anaerobic exercise

3. Peter Ackroyd was a British novelist fascinated by London literary and artistic figures. He explored his fascination through a series of biographies on literary greats. One of these biographies, *Dickens*, brilliantly examines the genius of one of the greatest novelists, Charles Dickens. As portrayed in Ackroyd's work, Charles Dickens is a man teetering on the brink of madness: both a living mass of contradictions and a workaholic driven by a desperate, self-destructive energy. Why did he _____ in his fiction, but banish his wife when she was exhausted from child-bearing, instead becoming infatuated with a young woman? Ackroyd blends fantasy with fact to reach his conclusions, a formula which is bound to stir up controversy.

(a) ignore the sublimity of family
(b) criticize literary reviewers
(c) fear about turning into a useless person
(d) admire the virtues of hearth and home

4. Some individuals face special obstacles in competing for employment and are therefore underrepresented in the workforce. They are called "disadvantaged." The category of "disadvantaged" individuals can include, _____, women, minorities, the handicapped, undereducated laborers, senior citizens, immigrants and welfare recipients. Providing career preparation to allow these individuals to realize their dreams is the main goal of the field of workforce education. It is unique in that often the curriculum, content, settings, schedule, supportive services, and methods of instruction for these individuals must be different than for "non-disadvantaged" people.

(a) for instance
(b) however
(c) therefore
(d) indeed

▰ Part 2

(5~9) Read the passage and the question. Then choose the option that best answers the question.

5. As the strike by the Waste Disposal Service Workers Union enters its fourth consecutive week, Wendy Bisset, senior council member of the city of Stockville, said that the council had to recommend that all Stockville residents begin removing their own waste from their residences for health and safety reasons. "While we are seeking a rapid resolution with the union, we cannot risk having the city overrun by vermin," said Bisset. Union representative Bruce Sutter, however, said that the residents' attempts to move their own trash could jeopardize their cause. "We want the council to appreciate just how much we do for this city and that won't happen if you do our job during this action," said Sutter.

Q. What is the main topic of the passage?
(a) Speculation of the duration of a strike
(b) Background and root causes of a strike
(c) Internal debate among union members on a strike
(d) Appropriate actions of residents during a strike

6. In the early 20th century, a school of psychology called behaviorism challenged the field of psychiatry, taking a radically different approach. Behaviorists rejected the importance of both the conscious and unconscious mind that had been emphasized by psychiatrists like Sigmund Freud. They took a more scientific and methodological approach focused on observable behaviors and employed techniques to measure those behaviors. Ivan Pavlov conducted his famous research with dogs that led him to recognize the process of classical conditioning. B. F. Skinner introduced the concept of operant conditioning, later to be known as the Skinner Box. To behaviorists, minds are a structure that can be adjusted, controlled and even manipulated to generate calculated outcomes.

Q. What would be the best title for the passage?
(a) A New School of Psychology — Behaviorism
(b) The Vigorous Debate between Freud and Pavlov
(c) The Importance of the Skinner Box
(d) The Profiles of Major Psychiatrists

7. The tradition of tea consumption in Europe began in the early 16th century with the Portuguese and Dutch, who imported tea from India through their active shipping industries. Before the arrival of tea, England had heavily consumed coffee, since coffee beans were imported from the Middle East in large quantities. Coffee houses became very popular in London as hangouts for famous writers, artists and the gentry. It was actually not until 1717 that the first teahouse was established in England. Tea consumption in England rose rapidly as it became more available to the general population through the East India Company, chartered by Elizabeth I, which for many years held a monopoly in the tea trade.

Q. Which is correct according to the passage?
(a) England imported tea in 1717 through Portuguese and Dutch traders.
(b) Portugal did not have a well-developed shipping industry until the 16th century.
(c) The East India Company had exclusive rights over tea imported to England.
(d) England had heavily consumed tea before coffee gained popularity in the 1700s.

8. Yoga was originally developed as a system of philosophy back in 15th century India. What Westerners usually refer to as yoga is actually hatha yoga, which is just the physical aspect of yoga philosophy. The word "hatha" originated from two Sanskrit words meaning sun and moon. It refers to the two main energy channels in the body described by yogis, or yoga masters. Traditionally, hatha yoga was practiced as a preparation to equip the body with the optimum physical condition for deep meditation. Hatha yoga is comprised of different asanas. "Asana" essentially means a posture, originally discovered by yogis while in meditation.

Q. Which is correct about yoga according to the passage?
(a) Hatha yoga refers to the spiritual aspect of yoga philosophy.
(b) The word "asana" comes from two Sanskrit words meaning man and woman.
(c) What Westerners perceive as yoga is only one part of the whole yoga system of philosophy.
(d) Hatha yoga was traditionally practiced after lengthy meditation.

9. In the 1930s Picasso painted a picture of an Algerian woman "with the door open and sunlight streaming in." What Picasso wanted to show on canvas was that Muslim women of Algeria were experiencing a life of prosperity and well-being. Unfortunately, the picture does not reflect the current reality. That is why the Algerian writer Assia Djebar hopes that the view of Picasso will become the future reality of Muslim women: the sunlight being education, freedom of speech, and choice; the open door being a changed social order and a more realistic legal structure. One can only wish that Djebar's hope be fulfilled in the not-too-distant future.

Q. What can be inferred from the passage?
(a) Picasso intended to portray the miserable reality of Algeria's Muslim women.
(b) The social status of Algerian women is relatively high in Muslim society.
(c) Assia Djebar dislikes Picasso's painting of a Muslim woman.
(d) Assia Djebar hopes the position of Algerian women will soon improve.

Part 3

Read the passage. Then identify the option that does NOT belong.

10. Mentoring, or one-on-one coaching, is adopted by most organizations as a professional development vehicle. (a) The mentor-mentee relationship, however, is a two-way street and both parties should be of value to the other. (b) The word "mentor" originated from the name of an Ithacan noble who acted as a guardian of Telemachus, the son of Odysseus, during his father's absence. (c) Mentees can show their appreciation by sending a thank you note, helping with extracurricular activities, or buying their mentor lunch or dinner. (d) If utilized correctly, mentoring programs can be a valuable resource for your organization, as it can help breed future stars and open the lines of communication between employees.

Mini TEST 2

제한시간
10분

Part 1

(1~4) Read the passage. Then choose the option that best completes the passage.

1. Adult penguins are white on their abdominal areas and dark on their backs, which provides a camouflaging effect from predators on land as well as in the sea. The penguin's body is spindle-shaped and streamlined, _____. In fact, certain penguin species have been reported to spend as much as 75 percent of their lives in the water. They have relatively large heads, short necks and extended bodies with wedge-shaped tails. Penguins' legs and webbed feet positioned far back on the body enable them to stand upright on land. Penguins walk in short steps and use their bills or tails for assistance when coping with steep climbs.

   (a) which helps it endure cold weather
   (b) which makes it ineffective in hunting
   (c) which makes it particularly well-suited for swimming
   (d) which makes it unfit for traveling

2. Like fingerprints, each person's ears _____. Therefore, "ear print" analysis is widely used as a means of forensic identification nowadays. For example, when a criminal robbed a bank near London while wearing a mask, security cameras filming the scene captured images of his ears. Using a computer at the Facial Identification Center based at Westminster Medical School, investigators compared the images from the security cameras with photographs of the suspect. Since the contours of the ears in both images matched perfectly, it was submitted as evidence in court, convicting him of the robbery.

   (a) are easily identified by cameras
   (b) do not change with time
   (c) can be changed by plastic surgery
   (d) have unique anatomical features

3. In the 19th century, Florence Nightingale left her well-to-do home to become a nurse, despite the fact that her parents were against her taking up a nursing career. The reason her parents objected was that nursing was not a respected profession for women at that time. However, today Nightingale is remembered not only as an "angel in white" but also as a pioneer. After she took a group of women nurses into war front hospitals during the Crimean War, she tried to persuade the doctors of _____ _____ for the injured soldiers, and continuously fought to improve medical conditions. As a result, the hospital facilities became more hygienic and the mortality rate decreased, dropping at one hospital from 42% to 2%.

(a) the necessity of increasing the number of nurses
(b) the importance of building expertise
(c) the values of creating a cleaner setting
(d) the significance of improving medical treatment

4. Moore's Law is arguably the most famous phrase among the general public to have originated from the semiconductor industry. However, Gordon Moore did not originally intended for his concept to be called a "law" in the classic scientific sense like the law of gravity. Instead, it was a supposition proposed as a part of Moore's analysis of the rapid growth of the semiconductor industry. _____, his original focus was the economic realities of semiconductor manufacturing rather than the technological potential of a semiconductor. A close reading of his 1965 article in which he introduced the basic concept of his so-called "law" reveals that his analysis addressed the costs involving the number of transistors to be integrated into a single circuit.

(a) Indeed
(b) Unfortunately
(c) Consequently
(d) On the contrary

Part 2

(5~9) Read the passage and the question. Then choose the option that best answers
the question.

5. Australia is both the smallest of the world's continents and also the world's sixth
largest country. Covering an area of approximately 7.7 million km², including the island
state of Tasmania, Australia has about the same area as the continental United States
excluding Alaska. The country encompasses a low plateau in the west, central deserts,
and mountain ranges running north to south on the east coast. Australia is located in the
middle of a tectonic plate, so it has not been altered significantly by any recent volcanic or
seismic activity. Australia's volcanoes have been dormant for the past 5,000 years.

Q. What is the main topic of the passage?
(a) The biodiversity of Australia
(b) The geographical characteristics of Australia
(c) The volcanic and seismic activity in Australia
(d) The similarity between Australia and the United States

6. "Melting pot" is the term often used to describe ethnic diversity in the United States. It
originally came from *The Melting Pot*, a play written by the British writer Israel Zangwill in
1908. The play is a story about David, who came to America from Russia in the aftermath
of the massacre of Jews that occurred in 1903. David falls in love with Vera, a Russian
Christian immigrant, only to find out that her father was the Russian officer responsible
for the death of his family. However, he forgives Vera's father and decides to build a happy
life with her. In the play, David proclaims, "America is God's crucible, the great Melting-
Pot where all the races of Europe are melting and re-forming!"

Q. What is the main topic of the passage?
(a) The life of Israel Zangwill
(b) Crime and forgiveness
(c) The history of Russian immigrants
(d) The origin of a popular expression

7. When businesses purchase slot machines, they can request that the machine always retain a certain winning percentage, whether it should be "tight" or "generous." There is a recent trend toward generous machines because hard-core slot machine players can ascertain which machines are generous by watching their payouts over a certain period of time. Once players know which machine is tight, the word spreads and the casino loses gamblers to its competitors. The slot machines in Las Vegas and Reno are said to be among the most generous anywhere in the world, but the generous amount the machines return is compensated by the high volume of gamblers attracted to the machines in those cities.

Q. Which statement is correct according to the passage?
(a) To purchase a slot machine, one needs to have a license.
(b) Even an experienced player cannot easily tell which slot machine is generous.
(c) The slot machines in Reno have tighter winning rates than those in Las Vegas.
(d) Slot machines with a high winning percentage are still profitable for casinos.

8. In recent decades, opera hasn't achieved the same fame as it did in the past. These days, however, opera is enjoying a popular renaissance, reaching a wider audience and extending its fame beyond opera buffs. The collaboration between Pavarotti, Domingo and Carreras did much to increase the popularity of this style of music. Through numerous recordings and astonishing performances, these three tenors attracted crowds in incredible numbers. With their great operatic performances, they initiated a new era of music that retains the appeal of important composers of the past. Every generation is free to interpret these works of art, which deal with so much human emotion, in their own way.

Q. Which of the following is NOT correct according to the passage?
(a) Many classic operas portray people's feelings.
(b) Nowadays, operas are appreciated not only by experts, but also by ordinary people.
(c) Opera has gained popularity thanks to developments in music recording.
(d) Three notable tenors contributed to the opera renaissance by releasing many albums.

9. Hello Everyone,

   I'm pleased to welcome Jessica Weis to our team today, as the purchasing manager of information technology hardware and software. Jessica brings to the company over eight years of diverse experience with IT products, including strategic purchasing and infrastructure management. As a purchasing specialist, Jessica brings to her job a deep appreciation for the importance of service quality. Jessica holds a Bachelor of Science in computer engineering from the University of Arizona and an MBA from the University of Denver. She will be located in the company's Technology Center in Pleasantville.
   David Dowd, Executive Vice President, Caesar Communication Corp.

   Q. What can be inferred about Jessica Weis according to the passage?
   (a) She was required to get a master's degree to qualify for the position.
   (b) Her former work was establishing marketing strategies for new services.
   (c) She will be in charge of customer service.
   (d) Her job will probably involve price negotiation with IT companies.

◢ Part 3

Read the passage. Then identify the option that does NOT belong.

10. Baroque Hardwood has been doing business in the city of San Rafael for over 35 years. (a) Choosing the right flooring is one of the most important elements when considering remodeling your house. (b) Baroque Hardwood's resources include more than 35 million acres in the western United States, and we supply customers with a wide array of the finest hardwood species. (c) We also provide hardwood flooring services at competitive prices, while maintaining a high level of customer service satisfaction. (d) You can visit the store, see the various materials on display, including hickory, oak, bamboo, and maple, and then choose your favorite.

Part 1

(1~4) Read the passage. Then choose the option that best completes the passage.

1. Nearly all of photosynthesis on earth occurs in plants. A green pigment called chlorophyll found in plant leaves acts as a photoreceptor; it absorbs sunlight, which in turn is used to synthesize a simple form of sugar from carbon dioxide (CO_2) and water (H_2O). And as a result of this process, oxygen is released into the air. Plants produce more sugar than they need and store the excess as more complicated food substances such as cellulose, starches, proteins and even fats. In fact, animals, including humans, live on the byproducts of photosynthesis by eating plants and inhaling oxygen. In other words, animals depend on plants _____.

   (a) to reproduce faster
   (b) to lengthen their life span
   (c) for a variety of their energy sources
   (d) for their respiration and metabolism processes

2. An increasing number of companies are hiring firms specializing in electronic communication analysis. These firms comb through the emails of their client's employees and other electronic communication trails to determine an individual's work efficiency and loyalty to his or her employer. While examining every step in an employee's electronic trail is somewhat Big Brother-like, the use of such detective services is gaining momentum in the business world, because it could actually provide _____. However, it is also important for managers to note that electronic communication analysis should not outrank their own interpersonal observations regarding a worker's efficiency, as it doesn't tell the whole story.

   (a) efficient ways to improve communication skills among employees
   (b) effective methods of saving time and money
   (c) useful supplemental data to evaluate staff members
   (d) various means of communication between employees

3. Billie Holiday was one of the greatest jazz singers of all-time, possessing the remarkable ability to transform a simple sentimental song into a moody number full of emotional depth. She was noted for her expressive, melancholy voice and unorthodox vocal style characterized by exceptional phrasing and unique intonation. In spite of her talent, Billie was faced with _____ throughout her career. When she traveled with Artie Shaw's all-white band, she was segregated from the other musicians and barred from the "whites only" restaurants and hotels. Show promoters objected to Billie for her ethnic background. Suffering many indignities, she became addicted to alcohol and drugs, which would eventually lead to her premature death at the age of 44.

(a) prejudice against musicians
(b) racial discrimination
(c) the upper-classes' contempt
(d) financial difficulties

4. Petroleum has been with human civilization since the Mesopotamians gathered crude oil and tar that they found in their water. Before the mid-19th century, when the first oil well was developed, waterproofing and lighting were the primary uses of petroleum oil. _____, it has been used for an endless variety of purposes since then. Kerosene has been extracted from crude oil to be used in lamps for some time. In the past, the gasoline left over from the kerosene isolation process was merely discarded, but today it is a very valuable fuel for cars. In addition, modern examples of petroleum uses range from detergents and synthetic fabrics to plastics, agricultural pesticides, and explosives.

(a) Likewise
(b) However
(c) As a result
(d) For example

Part 2

(5~9) Read the passage and the question. Then choose the option that best answers
the question.

5. In one of the climactic scenes from *Ivanhoe*, a novel by Sir Walter Scott written during
the British Romantic period, the Black Knight reveals his true identity to Cedric, Ivanhoe's
estranged father, saying "As yet you have known me but as the Black Knight of the
Fetterlock — know me now as Richard Plantagenet." In other words, it turned out that
the Black Night was Richard the Lionheart. However, to be more realistic, Sir Walter
Scott should have added one more character right beside King Richard — an interpreter.
Although he was born in Oxford as the legitimate third son of Henry II, he grew up rarely
speaking English, eventually making him a king of England who did not speak his country's
language.

Q. What is the main topic of the passage?
(a) The fact that King Richard needed an interpreter
(b) Historical inaccuracy in *Ivanhoe*
(c) The military tactics described in *Ivanhoe*
(d) The life and works of Sir Walter Scott

6. The simple action of gripping an object can be hard for individuals who have neurological
diseases or who have had a stroke. Such actions can be fatiguing for these individuals and
detract from their quality of life. It is now thought that physical therapy may be useful in
overcoming these deficiencies in some cases. For example, researchers studying motor
control report that some people can regain coordination simply by using a finger of the
unaffected hand to gently touch the affected hand. Results in adults with multiple sclerosis
using this technique have been promising, and future studies are planned to investigate its use
with other neurological conditions.

Q. What is the passage mainly about?
(a) Application of a new medical finding
(b) Difficulties faced by patients with neurological diseases
(c) Training for physical therapists
(d) Various research in the field of neurology

7. When a train ran off the tracks near the North River, it soon became clear that a toxic spill caused by the wreck was going to contaminate the water. Within hours, strange green foam had begun to accumulate downstream along the river's banks, and boaters were reporting a large number of dead fish floating on the surface of the water. By the next day, dozens of local residents had been admitted to the hospital, complaining of dizziness and stomach cramps. Chemical spill specialists were called in from out of state and they soon got to work, deploying a large barge with a machine that sucked most of the chemicals from the river's waters.

Q. Which of the following is correct according to the article?
(a) Many local residents were forced to evacuate the area.
(b) The contamination was caused by a train derailment.
(c) The spill was stopped before it could reach the river.
(d) A group of local professionals addressed the problem.

8. It is a well-known fact that having remote employees can save companies money by helping reduce the need for office space, utilities and other resources. In addition, according to a recent survey, among the employees who worked remotely for a major computer manufacturer, almost 70 percent felt more productive when working outside the office. However, there are downsides to having virtual employees, such as a potential drop in productivity due to the lack of supervisory presence. Another challenge with having remote employees is a lack of visibility both to senior management and to rank-and-file employees. Posting regular project and work status updates on the corporate intranet and sharing employee profiles are good strategies to enhance the visiblity of remote employees.

Q. Which is correct according to the passage?
(a) Telecommuting does not improve productivity in general.
(b) Employees are generally familiar with what remote employees do in their company.
(c) Telecommuting policies have become a viable cost-saving strategy.
(d) Remote workers tend to be disadvantaged in promotion and compensation.

9. The word "fondue" came from the French word *fonder*, which means 'melt' in English. Fondue originated with Swiss shepherds who came up with the idea of heating up cheese to dip their hard bread pieces into during the winter. There are a few traditional protocols you can choose to follow when you eat fondue. For instance, if a woman drops her bread or meat into the cheese by accident, she has to give a light kiss to the man sitting next to her. If a man drops his piece into the cheese, he has to buy a bottle of wine and share it with everyone. The person who doesn't drop anything acquires the right to taste the crunchy cheese pieces left in the pot at the end.

Q. What can be inferred from the passage?
(a) Traditional etiquette for eating fondue was devised by the Swiss.
(b) Dropping bread into the cheese is considered rude.
(c) Not everyone is eligible to eat the crunchy cheese at the bottom of the pot.
(d) Traditionally, men and women weren't supposed to eat fondue together.

◢ Part 3

Read the passage. Then identify the option that does NOT belong.

10. During the 19th century and the early part of the 20th, commerce on the Mississippi River relied on paddle-wheel steamboats, which had replaced sailing ships. (a) By the mid-20th century, Mississippi steamboats had been replaced by more powerful diesel-driven boats. (b) Steamboats are often viewed with a certain degree of nostalgia, but the hard truth is that their heavy use over more than a century had a variety of adverse effects on much of the Mississippi River environment. (c) For example, steamboats depended on wood for fuel, resulting in the deforestation of vast areas, which in turn led to unstable riverbanks and flooding. (d) Therefore, environmentalists repeatedly urged the government and the shipping industry to cease using them as a primary mode of transportation.

Mini TEST 4

제한시간 10분

✏ Part 1

(1~4) Read the passage. Then choose the option that best completes the passage.

1. Solar energy is often seen as an environmentally friendly power source that is an alternative to fossil fuels. However, _____. First of all, while sunlight appears to be abundant, its availability is not consistent around the world. In other words, the intensity of sunlight varies by region. In some places, clouds and air pollution undermine the intensity of light by diffusing it. The misalignment between the availability of sunlight and the times of greatest energy need is another problem. Naturally, sunlight is abundant in summer, while energy needs such as heating often peak in winter. Battery technology that can preserve solar energy has yet to be developed.

   (a) it can be more energy efficient than fossil fuels
   (b) the potential of solar technology is enormous
   (c) its applications are unlimited
   (d) the technology has many limitations

2. Perhaps the most famous piece of work by Michelangelo is his statue of David, which remains on display to the public in Florence, Italy. Over the centuries, since its creation around 1504, various restoration efforts have ensured that the integrity of the statue has been preserved. It appears today much as it did when it was originally presented. In 1991, a vandal used a concealed hammer to inflict damage on one foot of the statue. Fortunately, _____ this potentially disastrous event. Scientists were able to test samples from the broken part of the statue and use them to identify the quarry from which the marble used to make the statue was obtained.

   (a) there was a dark secret behind
   (b) there was a valuable moral lesson learned from
   (c) there was a silver lining to
   (d) there was a precautionary measure to

3. Nowadays, American presidents make their health records public so that citizens feel secure that their leader is in good health. It's a wise practice, considering what history has revealed about the health of some of America's most prominent presidents. For example, Franklin D. Roosevelt suffered from polio and other diseases. It is believed that he made too many concessions to Joseph Stalin at least in part because he could not handle lengthy negotiations due to poor health and pain. And documents disclosed in 2003 revealed that John F. Kennedy, who was assassinated during his presidency, was afflicted with various kinds of health problems from severe back pain to a hormone deficiency. He could have been one of the few presidents who died during his term, _____.

(a) not from natural causes, but by execution
(b) not from natural causes, but by assassination
(c) not by assassination, but by terrorist attack
(d) not by assassination, but from natural causes

4. We live in a fast-paced society, one that constantly challenges us to make one difficult decision after another. But when it comes to finding the optimal place to get a good night's sleep, you don't need to be confused or hesitant. The Excalibur Hotel chain isn't just committed to meeting the demands of our guests; we are committed to exceeding them. At each of our locations across the country, you will find our low-cost rooms to be excellent value. _____, you'll be treated with the attention and respect we feel all our guests deserve. Perhaps that's why we've almost doubled the number of our hotels since 2001.

(a) Also
(b) Hence
(c) For instance
(d) As a result

Part 2

(5~9) Read the passage and the question. Then choose the option that best answers the question.

5. Although the majority of professional players in the modern game of tennis use the two-handed backhand, there are many good reasons for using the traditional one-handed backhand. First, you have an increased reach in comparison to the two-handed approach. Second, it is easy to switch from a driving backhand to the slice variety. Finally, a one-handed backhand enables a player to easily switch to volley mode. Downsides to the one-handed backhand exist of course — for example, the timing on the one-handed backhand is a bit more critical — but these should not discourage anyone from adopting this stroke.

Q. What is the main topic of the passage?
(a) The two types of backhand in tennis
(b) The importance of timing in the one-handed backhand
(c) Advantages of the one-handed backhand
(d) The most difficult techniques in the game of tennis

6. Given the present level of high unemployment and the lack of economic stability, some people are concerned that increasing the minimum wage will only result in increased unemployment. Proponents of this view think that if the minimum wage is raised, some businesses will not be able to pay the higher rates and will therefore hire fewer people. On the other hand, others believe it is more important to focus on the plight of those who earn only the minimum wage and who are in need of a raise to meet the demands of the increased cost of living. They view this as a moral issue. In addition, they contend that the minimum wage is still low enough that any increase will not increase unemployment.

Q. What would be the best title for the passage?
(a) How to Ensure Economic Stability
(b) Who Is Responsible for the Increased Cost of Living?
(c) How to Solve the Current Unemployment Problem
(d) Should We Increase the Minimum Wage?

7. Opened on March 17, 1988, Tokyo Dome is the first dome baseball stadium ever built in Japan, accommodating up to 50,000 people. It's the home stadium of the Yomiuri Giants, a prestigious professional baseball team, and it is also where the Japanese Baseball Hall of Fame is located. Nicknamed the Big Egg, Tokyo Dome has hosted many memorable sporting events as well as Japanese professional baseball games. In 2000, Major League Baseball's opening game was held there, the first time it was played in Asia. In 2005, again for the first time in Asia, a National Football League (NFL) exhibition game was held there. Tokyo Dome is also where the boxing champion Mike Tyson was shockingly knocked out by James Douglas in 1990.

Q. Which is correct about Tokyo Dome according to the passage?
(a) It was built to exclusively hold baseball and football games.
(b) It was the first Asian stadium to hold Major League Baseball's opening game.
(c) Mike Tyson successfully defended his championship there.
(d) It can hold more people than any other dome stadium in Japan.

8. The inauguration of Charlemagne the Great as the emperor of the Holy Roman Empire in 800 AD signified a reunited Europe for the first time since the fall of Rome, at least symbolically if not practically. Charlemagne was known for his insatiable intellectual curiosity. He recruited the most brilliant and talented minds of the time to his court and established academic institutes across the empire. Interestingly, the man behind this endeavor, later labeled as the "Carolingian Renaissance," was illiterate. Although he made attempts throughout his life, the ruler of the whole of Europe never learned how to read and write. However, this intellectual oddity of Charlemagne's does not detract from his achievements; rather it makes them all the greater.

Q. Which is correct about Charlemagne the Great according to the passage?
(a) He conquered all of Europe for the first time in history.
(b) His achievements are undervalued because he wasn't highly educated.
(c) He had a great passion for learning.
(d) There was a rebellion against him by European nations.

9. An *Upanishad* is a section that comes at the end of a *Veda*, or Hindu scripture, and often summarizes the teachings of the *Veda* in which it belongs. The word came from three Sanskrit terms; *upa* means near, *ni* means down, and *shad* means sit. Therefore, the original meaning of *Upanishad* can be translated as "sitting down near," which refers to a disciple who sits near his spiritual guru in order to listen to his teachings. More than 200 *Upanishads* were composed over a few centuries, the oldest ones dating back to the eighth century BC. They are the apex of humanity's knowledge of that time and provide both spiritual and philosophical insights.

Q. What does the word *Upanishad* refer to according to the passage?
(a) The position of a disciple
(b) The faith of a disciple
(c) The wisdom of a guru
(d) The supernatural power of a guru

◢ Part 3

Read the passage. Then identify the option that does NOT belong.

10. Isabel Allende is recognized as one of Latin America's most influential writers. (a) In *The House of the Spirits*, her debut novel published in 1982, Allende unfolded a history of Chile reflected in the eyes of a female lineage. (b) In most Latin American societies, women have traditionally been seen as taking a passive role. (c) She started her career as a journalist, but she switched to writing novels after interviewing a notable Chilean poet, Pablo Neruda. (d) Allende's writings ventured to alter that notion and described women characters as actively participating in historical events.

Mini TEST 5

◢ Part 1

(1~4) Read the passage. Then choose the option that best completes the passage.

1. After World War II, Sweden became the only country in continental Europe still maintaining a left-side driving rule. This unintended deviation caused problems, since the traditionally loose border control among Scandinavian nations made travel to neighboring states such as Norway and Finland risky. A lot of small roads around the borders did not have a central line, which _____. However, it was not until 1963 that the Swedish parliament passed legislation to convert to right-side driving; to be exact, the law officially became effective at 5 a.m. on Sept. 3, 1967.

   (a) forced the Swedish border patrol to increase their workforce
   (b) led the Swedish government to temporarily stop automobile traffic
   (c) confused Swedish travelers as to which side of the street they should drive on
   (d) caused the decline of the Swedish auto industry by eroding its competitive advantage

2. The explosive growth of online shopping has naturally been accompanied by a growth in fraud. On the one hand, sellers are susceptible to stolen credit cards and counterfeit cashier's checks. On the other hand, auction sites such as Ebay expose buyers to unknown sellers, some of whom commit fraud. A well-known scenario is an auction in which the seller has nothing to sell in the first place. These sellers appear to be located in the United States, but actually reside in Eastern Europe or Southeast Asia. The buyer is asked to transfer payment via transaction services even before the goods are shipped. Alternatively, a buyer may be instructed to use an online escrow service set up by the perpetrator. In either case, as soon as funds are transferred, _____.

   (a) the buyer can trace the movement of the goods
   (b) the seller evaporates along with the money
   (c) the buyer's computer gets infected with a virus
   (d) the seller ships the goods immediately

3. When people seek to explain the concept of synchronicity, they often define it as the opposite of coincidence. The implication is that while coincidences occur randomly, synchronicity is orchestrated by some sort of divine force. Most people have experienced this type of event at some point in their life. Perhaps you avoided a deadly highway accident because you left for work later than usual; or maybe you met your future spouse after changing your plans unexpectedly. When this sort of thing occurs, we naturally find ourselves wondering about the exact nature of _____.
However, experiences like these don't have to occur outside of the realm of our control. You can make your life into the kind of life where this kind of fortuitous event is more likely to occur.

   (a) living a happy life
   (b) free will and destiny
   (c) our friends and family
   (d) attraction and repulsion

4. Hans Christian Andersen was one of the greatest fairy tale writers and poets of 19th-century Europe. Although he also wrote travelogues, poetry collections and other forms of literature, his main focus was writing fairy tales. _____ fairy tale authors such as the Brothers Grimm in Germany and Charles Perrault in France, who mainly compiled or adapted existing oral folklore or legends, Andersen wrote original fairy tales that distinguish themselves in their creativity and literary value. He was an especially devoted fan of Charles Dickens, a contemporary of his, and it is said that when he first met with Dickens he wore clothes and accessories that made him look like a character from *Oliver Twist*, making Dickens absolutely speechless.

   (a) Unlike
   (b) Due to
   (c) Along with
   (d) In addition to

Part 2

(5~9) Read the passage and the question. Then choose the option that best answers the question.

5. Scientists have been observing Enceladus, Saturn's moon, with the assistance of data transmitted from the Casini spacecraft. In the early 2000s, they identified Yellowstone-like geysers on the moon's surface, which was initially hailed as the most important planetary discovery in a quarter of a century because geysers are usually fueled by water vapor. If there is water in Enceladus, the theory goes, there is also a probability that life forms exist. However, subsequent analysis concluded that the geysers were not caused by liquid water, but by buried ice in clathrates, lattice-like structures that trap ice and particles from gas and other elements in a much lower freezing point than that of liquid water.

Q. What is the main topic of the passage?
(a) The true source of the geysers on Enceladus
(b) Chances of extraterrestrial life on Saturn
(c) The satellites of planets in the solar system
(d) The journey of a spacecraft from Casini to Enceladus

6. One classic philosophical argument centers on the relative value of the good versus the beneficial. In this case, it is first and foremost important to define what we mean by "good" and "beneficial." We can say that good is defined as something we like or enjoy or otherwise give our approval to. On the other hand, that which is beneficial is something that we may or may not actually like, but that is helpful or of value to us. Thus, the philosopher is looking not at what we assume to be good, but what can be considered good by more objective standards.

Q. What is the passage mainly about?
(a) The difference between two similar words
(b) The importance of good behavior
(c) "Good" and "beneficial" in philosophy
(d) Why philosophy is beneficial to society

7. Nocturnes are a kind of single movement piano piece that were particularly popular during the Romantic era. Irish pianist and composer John Field is generally credited as being the first musician who used the term nocturne for his piano pieces that featured relatively simple melodic themes accompanied by arpeggio techniques. His work greatly influenced Frederic Chopin, who mastered the genre through his 21 nocturnes that highlight both lyrical delicacy and technical sophistication. His nocturne in *E-flat Major Op. 9, No. 2* is a classic illustration of the quintessential elements of a nocturne. Some composers later expanded the nocturne's lyrical quality into orchestral pieces. The influence of nocturnes can be easily noticed in orchestral works by Alexander Borodin and Claude Debussy.

Q. Which of the following statements is correct according to the passage?
(a) Nocturnes were a very short-lived musical style.
(b) Nocturnes were originally composed for small-scale orchestras.
(c) Frederic Chopin showed his prominent talent by composing his own nocturnes.
(d) John Field's nocturnes were arranged for orchestras by Alexander Borodin.

8. There are three types of community organizing. Grassroots organizing involves building a community group from the ground up. The goal of this approach is to create an organization in whatever way is most appropriate for the task at hand. Coalition-building is another community organizing strategy. In this type of approach, community organizers seek to either unite or build a network through existing community groups such as religious organizations, associations and social groups. Through a coalition, they gain collective bargaining power and resources, in order to pursue a common agenda more effectively. Coalitions may dissolve once the collective intention has been achieved. Finally, faith-based community organizing, also known as FBCO, is usually focused on local charitable activities as well as religious missions.

Q. Which is correct about community organizing according to the passage?
(a) Grassroots community organizing often takes a top-down approach.
(b) Coalition-building is the most permanent form of community organizing.
(c) Coalitions gather other social groups to achieve their goals more effectively.
(d) Faith-based community organizations often dissolve once their work is over.

9. According to physicist Stephen Hawking, one factor that may explain the possible paucity of intelligent life within our galaxy is the likelihood of an asteroid striking an inhabited planet. In fact, a collision of this nature is believed to have caused the extinction of the dinosaurs on Earth. So, what are the odds for a repeat occurrence of this magnitude? Scientists have been assessing the situation and making calculations. They figure that as many as seven million objects have at least some degree of potential to strike the planet. Still, the probability of a direct hit is close to nil for any given object. The Apophis asteroid is one object scientists have had their eyes on; however, they recently downgraded the risk from Apophis from one-in-45,000 to about four-in-a million.

Q. What is likely to happen to Apophis according to the passage?
(a) It probably will not collide with Earth.
(b) It probably will strike another asteroid.
(c) It probably will strike Earth within a million years.
(d) It probably will cause the extinction of all living things on earth.

◢ Part 3

Read the passage. Then identify the option that does NOT belong.

10. Tsunamis are oceanic waves created by seismic activity, typically by sub-marine earthquakes. (a) When seismic activity causes the sea floor to rise or fall, this disrupts the normal wave pattern and the wavelength in the ocean is compressed, doubling up both the size and force of the waves. (b) There have been many examples in which such massive waves did lots of damage to resorts along the seashore of Hawaii. (c) Hawaii's resorts offer guests a wide range of beach activities, including watersports and dining. (d) Predicting tsunamis accurately is virtually impossible, due to their random causes as well as the complex influences of weather, tides and ocean floor geography.

Mini TEST 6

 **Part 1**

(1~4) Read the passage. Then choose the option that best completes the passage.

1. Darwin obtained most of his core ideas on evolution in 1835 while observing plants and animals in the Galapagos Archipelago, a place where wildlife shows very distinct evolutionary trails even today. He _____ that inhabited the main island and surrounding islands. For instance, while the shapes and sizes of the beaks of finches were found to be diverse throughout the islands, Darwin posited a hypothesis that all finches actually were direct descendents of one original pair and that the process of natural selection was responsible for the variances in the 13 different species of finches that now occupied the islands.

   (a) was warmly welcomed by local tribes
   (b) was pleased to see the plants and animals
   (c) was able to identify differences and similarities in animals
   (d) focused on a handful of animals due to the lack of a variety of species

2. After Mikhail Gorbachev launched a series of reforms within the Communist Party in the 1980s, Soviet citizens began to demand more political and economic freedom. Kazakhs, an ethnic group that endured historical intervention and even occupation of their land by the Russians, seized the opportunity to voice their demands as well. In December 1986, young Kazakhs in Alma-Ata, the capital of the Kazakhstan Republic, which was a member of the Soviet Union at the time, took to the streets to protest the communist system. As the Soviet Union continued to disintegrate, rallies for self-rule intensified. In October 1991, the Kazakhs finally declared independence from the Union of Soviet Socialist Republics (USSR) and a year later they elected their first president. It was _____.

   (a) the culmination of several centuries of fighting for autonomy
   (b) an example of the Cold War tensions between America and Russia
   (c) the result of relentless aid and support from Western nations
   (d) the result of a heroic political decision by the Soviet leadership of the time

3. William Golding's classic novel *Lord of the Flies*, though its characters are children, is not a book written for children. Rather, it is an allegory that uses children to promote a thesis about the manner in which adult society governs itself. Golding writes about a group of school boys who become stranded on a desert island and are forced to take care of themselves in the absence of any adult supervision. Quickly reduced to the level of barbaric behavior, the boys murder two of their own before being rescued by an adult. Golding's message about the inevitable loss of innocence has been criticized by those who are unwilling to accept his view that human nature is inherently _____ _____.

(a) more evil than good
(b) more good than evil
(c) both good and evil
(d) neither evil nor good

4. As of today, parliamentary systems appear to be more popular in democratic nations than presidential systems. Approximately 50 nations have adopted a parliamentary system worldwide, while there are fewer than 20 presidential systems. Most European nations have adopted a parliamentary system of government with the exception of France, which has evolved into a semi-presidential system, combining a powerful president with an executive accountable to the parliament. Presidential governments are often found in the Americas, most notably in the United States and Mexico. In a presidential system, the president is elected for a fixed term, during which he or she can only be removed from office by impeachment. _____, the prime minister of a parliamentary system remains in the executive branch as long as his or her party maintains the majority status in the parliament.

(a) As a result
(b) In addition
(c) By contrast
(d) As a matter of fact

Part 2

(5~9) Read the passage and the question. Then choose the option that best answers the question.

5. Thank you for granting me the interview on Thursday, March 2. I was very impressed with all of the Garrison & Phillips team members whom I met during the interviews. The more I learn about Garrison & Phillips and the client relationship manager position, the stronger I feel that I am a good match. The skills for success that you mentioned, such as creativity and communication, definitely match my work experience and my personality. I feel that I could add significant value to the team and the company. I would like to reiterate my strong interest in Garrison & Phillips. I would also like to remind you that I am very flexible as to a starting date and work location. Please feel free to contact me at 277-8123. Thank you again for the interviews and for your consideration.

Sincerely, Tony Bretford

Q. What is the purpose of the letter?
(a) To set up a job interview
(b) To follow up on a job interview
(c) To obtain a job interview opportunity
(d) To inquire about a job opportunity

6. Community organizing is designed to bring the residents of a neighborhood together to work toward something that will benefit them all. It is different from other types of community activities in that it tends to proactively cause conflict in the interest of giving a voice to the powerless. A primary goal of such organizing efforts is to establish a lasting structure that can be used to ensure that the needs and concerns of community members are recognized by local politicians and other decision-makers. Community organizers work with leaders and attempt to develop coalitions with like-minded groups. Ideally, these organizers will eventually be given a direct say in the policies that affect the people they seek to represent.

Q. What is the main focus of the passage?
(a) Describing how to organize a community
(b) The process used by community organizers
(c) The issues discussed in local communities
(d) An overview of community organizing

7. Introduced to Japan by Portuguese merchants in the early 16th century, the musket was initially regarded by the Japanese warlords as a cumbersome weapon that required too much time and effort in order to fire a bullet. Oda Nobunaga, the ruler of Owari province, had a different idea. He intensely trained his musketeers until they could perform the shooting preparation sequence with relative ease. In addition, he came up with the idea of multiple shooting rows so that once one line of musketeers fired their guns, the next line could quickly replaced them to fire, while the other group again prepared for the next round of shooting, practically creating the same effect as that of the semi-automatic machine gun. With this innovation, he literally destroyed the legendary cavalry of the powerful Takeda clan in 1582.

Q. Which of the following statements is correct according to the passage?
(a) The musket was invented by Portuguese craftsmen.
(b) Oda Nobunaga innovated his battle strategy by using muskets.
(c) The Takeda clan was famous for their well-trained infantry.
(d) Takeda clan eventually defeated Oda Nobunaga's army.

8. Hearst Castle is located in San Simeon, California. It stands on a hill in the center of the Hearst family ranch. As the name indicates, it was built by William Randolph Hearst, a legendary American newspaper mogul of the early 20th century. Hearst, always fascinated by castles, buildings and other structures he saw during his childhood trip to Europe, decided to turn his architectural vision into reality inside the Hearst ranch, another place of which he had fond childhood memories. Construction began in 1915 and continued until 1947. The castle features residential buildings that have a total of 56 bedrooms, large-scale indoor and outdoor swimming pools that adopted themes of Greco-Roman mythology, tennis courts, a movie theater, and a church. At one point it had the world's largest private zoo.

Q. Which is correct about Hearst Castle according to the passage?
(a) It was built by Hearst to commemorate his mother.
(b) Hearst modeled it after European architecture.
(c) Its construction did not begin until 1947.
(d) It currently features the world's largest private zoo.

9. "I think Bette Davis would probably have been burned as a witch if she had lived two or three hundred years ago. She gives you the curious feeling of being charged with power which can find no ordinary outlet," wrote film critic Arnot Robertson when the film *Dangerous*, starring Bette Davis, was released in 1935. Her role in the film, a femme fatale who destroys the lives of people around her, netted her her first Oscar for best actress. While top billing actresses shunned away from "evil" character roles that could potentially taint their image as a goddess or an innocent beauty, Bette Davis seized the opportunity and developed her niche. Her second Oscar came three years later for her role as a strong-willed southern girl in *Jezebel* directed by William Wyler.

Q. How did Bette Davis position herself as an actress according to the passage?
(a) by directing her own films
(b) by performing strong roles
(c) by starring in musical films
(d) by giving up the Oscars

◢ Part 3

Read the passage. Then identify the option that does NOT belong.

10. Girls in the village of Igloolik in the Arctic Circle are still performing the fascinatingly complex art of Inuit throat singing. (a) Upon closing your eyes while listening to two girls sing the "dog team" song, you imagine you are hearing a full vocal chorus. (b) In this song, it seems one girl might be singing a base line, one a harmony and perhaps both are singing the main melody. (c) This type of throat singing is different from the more commonly known throat singing of such places as Tibet and Tuva in that while the Inuit method employs similar inhaling and exhaling techniques, they do not voice two distinct notes simultaneously. (d) In fact, the Inuit continue to celebrate their unique cultural traditions even today.

Mini TEST 7

제한시간
10분

Part 1

(1~4) Read the passage. Then choose the option that best completes the passage.

1. There are two types of diabetes: type 1 and type 2. While type 1 patients need to have daily shots of insulin for survival, type 2 is a less serious form. In fact, some patients show no visible symptoms. About 90% of the population with diabetes falls into the type 2 category. However, type 2 _____ than type 1 mainly due to its lack of immediate visibility, which ironically often allows patients to lose the discipline required for managing the disease. While immediate medical treatment such as an insulin injection is not required, type 2 diabetes can potentially bring devastating consequences such as blindness, cardiovascular disease, stroke, kidney failure and amputation. Type 2 diabetes is more prevalent among the older population, especially those who are obese.

(a) is less common
(b) is easier to diagnose
(c) is potentially more dangerous
(d) costs more money and resources

2. Civic bodies are facing increasing social pressure to demonstrate "green" principles in their activities. Local governments must not only behave in an environmentally aware manner, but also encourage the community to improve their environmental impact. One recent addition to the "green government" toolbox is the idea of zero waste events. The goal is for event organizers to have no need to provide trash receptacles. This means that food vendors must allow customers to use their own containers, or provide compostable plates and utensils. Families attending the events are encouraged to pack out anything disposable that they bring with them. The core idea is to encourage all participants in public events, such as fairs or parades, to attempt _____.

(a) to permit waste producing activities
(b) to create no trash during the gathering
(c) to design new types of trash receptacles
(d) to dispose of waste in the traditional manner

3. In response to public outcry over inhumane chicken farming practices, England's major grocery store chains are striving to outdo each other in ethical chicken products. While legislation against keeping chickens in small cages is underway, grocery stores are also voluntarily eliminating the less expensive mass-produced chickens and eggs from their shelves. On the street interviews reveal that this trend, which is driving chicken and egg prices skyward, is wholeheartedly supported, even by the lowest socioeconomic classes. It proves that the English are willing to pay more for poultry products that _____.

(a) are cheap and safe
(b) have nutritional information on them
(c) they can eat without guilt
(d) they can buy from local stores

4. People who think they know the story of *The Iliad* but who never read the actual text may be surprised to learn that it does not cover the entire 10-year Trojan War, from the abduction of Helen to the fall of the city. Rather, the author's energy and focus are concentrated on the incidents that occurred during 45 days in the last year of the war. The epic remains one of the greatest in-depth records of the outburst of human emotions and the clash of titanic characters in a war despite being written almost 3,000 years ago. _____ the story begins with the quarrel between Agamemnon and Achilles and ends as Achilles decides to return the body of Hector to King Priam, Hector's father.

(a) Ironically
(b) Unfortunately
(c) Typically
(d) Specifically

◢ Part 2

(5~9) Read the passage and the question. Then choose the option that best answers the question.

5. Dear Mr. Curtis,

It is my pleasure to inform you that Packer Industries has selected your company, CompuNet Inc., as our main provider of computers and peripherals. The contract shall be awarded on September 1st. and will last for three years. The team that evaluated your proposal was impressed by the capabilities of your management and staff, particularly by your technical knowledge of the computer models that we plan to acquire. Another strong point of your proposal was your history of prompt delivery and shipping. Congratulations, and please feel free to call me at 405-6540 if you have any questions.

Jenny Merloy, Vice President of Operations, Packer Industries, Inc.

Q. What is the topic of the communication?

(a) Making an offer to acquire a business
(b) Marketing products to a customer
(c) Granting a contract to a supplier
(b) Requesting a proposal in a bid

6. Although the term D-Day is often taken to refer to a particular historical event, it is actually a more generic military term meaning the day that an operation begins. It comes from the simple repetition of the first letter in the word "day," used as a form of emphasis. Similarly, the exact hour an operation is supposed to start might be known as "H-Hour." Every military operation has its D-Day. In the case of the invasion by the Allied Forces in Normandy during World War II, the event known as Operation Overlord began on June 6, 1944. However, this day is commonly known as D-Day because it had such historical significance in terms of the outcome of the war.

Q. What would be the best title for the passage?

(a) D-Day, the End of the War
(b) The Meaning of the Term D-Day
(c) D-Day, the Beginning of the War
(d) Operation Overlord, the Beginning of D-Day

7. The panopticon is an architectural structure designed by English philosopher and social theorist Jeremy Bentham in 1785. Based on the plans of a French military school and intended to house prisoners, the panopticon is designed to make it easier to supervise large groups of people. Rows of brightly lit cells arranged in a circular manner and facing inward toward a central guard tower create what has been described as the "sentiment of an invisible omniscience," allowing a small group of guards to observe large numbers of prisoners without being observed themselves. Bentham hoped that this unique characteristic of his structure would eventually make it easier to control the behavior of inmates without direct interaction.

Q. Which is correct about the panopticon according to the passage?
(a) It was used to convert military schools into prisons.
(b) It made it easier for prisoners and guards to communicate.
(c) It was designed to make life more comfortable for prisoners.
(d) It made prisoners feel like they were always being watched.

8. A "rockumentary" released in 2003, *Festival Express* covers a 1970 train tour across Canada taken by some of the most popular rock acts of the time, including the Grateful Dead and Janis Joplin. The trip included concert stops at major cities, with cameras recording the whole thing. A dispute between the event's promoter and the film's producer, unfortunately, prevented completion of the film. Much of the footage was archived, however, by a member of the production crew. Years later, this footage was uncovered by a film researcher, and the project resumed, this time with the original producer's son taking his father's place. Of the 75 hours of footage originally shot, about 46 hours were salvaged and used to make the film.

Q. Which of the following statements is correct according to the passage?
(a) The name *Festival Express* refers to a train.
(b) The concert was held to benefit needy Canadians.
(c) The movie documents musicians' performances.
(d) The original producer took part in making the film.

9. Quantum electrodynamics or QED, developed by scientists such as Richard Feynman, Julian Schwinger and Sinichiro Tomonaga, is an advancement of the classical electromagnetic theory pioneered by Max Planck and Albert Einstein as a part of quantum physics. According to classical electromagnetic theory, the force of two electrons arises from the electric fields generated by each electron. However, QED explains this force as the exchange of virtual photons. In QED, the strength of this force is measured through multiple steps using Feynman diagrams, a model Feynman developed for calculating and tracking the interactions between particles.

Q. What can be inferred about quantum electrodynamics from the passage?
(a) It was pioneered by Max Planck and Albert Einstein.
(b) Electromagnetic theory was developed from it.
(c) It calculates the strength of force between particles.
(d) It rejected the notion of classical electromagnetic theory.

Part 3
Read the passage. Then identify the option that does NOT belong.

10. Teen Life Tours is a new company founded by acclaimed adolescent psychologist Edie Bickle. (a) Adolescents are generally considered by psychologists to tend toward reckless and compulsive acts, which can lead to self-destructive behavior and even criminal activities. (b) One of its trips will take you on the adventure of a lifetime, climbing the slopes of an active volcano, where you will hear rumblings from deep in the bowels of the earth and see a bubbling magma pool in the crater itself. (c) Because it is partially dormant, the mountain is relatively safe to climb; only very rarely does Kohuhu send explosive plumes of lava and ash into the air. (d) For more information, or to book your tour, visit the Teen Life Tours website.

 **Part 1**

Read the passage. Then choose the option that best completes the passage.

1. More people than ever are hopping aboard cruise ships, _____ _____. Some cruises go for less than $600 for three or four days in the Caribbean while you can also cross the Atlantic in three to four weeks on a long, upscale trip. Influenced by movies and popular TV series such as "The Love Boat," which depicted romantic episodes among passengers on a cruise, many Americans view cruises as adventurous, relaxing and romantic. In addition to offering world cuisine and guest rooms with the comfort of a five-star hotel, cruise ships organize various activities to keep customers entertained, such as singles clubs, lectures on current events and intellectual topics, exercise sessions, wine-tasting classes and gambling lessons.

(a) attracted by big discounts during limited periods
(b) lured by luxury offered at various prices
(c) frustrated with the inconvenience of air travel
(d) persuaded by their friends and relatives

2. Long seen as a symbol of human self-destruction, the exclusion zone surrounding the Chernobyl reactor facility in Ukraine is now a "nuclear tour" destination. The experience is educational, but it is also partly voyeurism, as groups of up to 18 at a time enter the 16-mile radius quarantine area, vacated in 1986. This is a new area in adventure tourism: disaster zones. Because the exclusion zone where the reactor is located, and the surrounding villages are still radioactive, even potentially lethal in areas, a guide must always accompany visitors. To reduce contamination, tourists are required to wear long pants and are asked to avoid touching anything or setting any of their belongings on the ground. At the end of the day, the group passes through a government checkpoint and _____.

(a) is asked whether they had a good time during the trip
(b) has to show their passports or ID cards to prove their identities
(c) is scanned to ensure that no one has become radioactive
(d) has a group photo taken to prove that they have been there

3. On behalf of management here at Duncan Motors, I would like to thank everyone for the extra effort expended this past month. We have once again exceeded our sales goals, and our top performers will be rewarded with a whitewater rafting trip. They put in long hours without any holidays, and it certainly paid off — congratulations. As a special incentive this month, the top three sellers will additionally win a chance to fly. As you may know, Jet Star is a local company making real the science-fiction dream of individual flight. We have purchased a demonstration of their jet pack, which will involve actually lifting off in the machine in their indoor test facility. I am assured that this is perfectly safe, and will _____.

(a) provide an opportunity to present our new vehicle models to them
(b) allow you to gain a valuable perspective on work
(c) be an afternoon you will be telling your grandchildren about
(d) raise money for several valuable local charities

4. "Group of death" is a term commonly used in sports tournaments that group teams into divisions. It refers to a group which include many highly regarded teams with the potential to advance to the next stage. In this situation, all of the teams within the group are believed to have a roughly equivalent level of skill. _____, any team in the group of death could end up qualifying to move on, and any team in the group could be eliminated. As a result, at least one team will not advance, even though it is strong enough to do so. Typically, this type of situation arises as a result of a quirk in the team seeding process.

(a) In addition
(b) In other words
(c) For instance
(d) On the other hand

Part 2

(5~9) Read the passage and the question. Then choose the option that best answers
   the question.

5. *Achilles and Penthesilea* is one of the most famous images painted on a black-figure
   amphora, or wine jar, by Exekias, arguably the greatest potter-painter in ancient Greece.
   The painting shows Greek warrior Achilles placing his spear on the neck of Penthesilea,
   the Amazon queen. According to legend, at the moment Achilles penetrated the queen's
   neck with his spear, he fell in love with her. The image is filled with contrasts: Achilles'
   spear and that of Penthesilea, his eyes glowing inside his dark helmet and her white face,
   and his pressing stance versus her kneeling pose. The painting is a masterpiece in that it
   contains so much emotion, action and beauty in such a small space.

   Q. What is this passage mainly about?
   (a) The contrasting images painted by Exekias
   (b) The tragic love of a potter-painter
   (c) The life of a great potter-painter in ancient Greece
   (d) A masterpiece painted on a wine container

6. This email is intended to address the overuse and abuse of confidential emails in recent
   weeks. While I would like to remind everyone of the importance of keeping certain information
   confidential, I also need to stress that sending confidential emails to an increasingly large
   circle of people defeats the purpose of the stated confidentiality. I believe what has led to this
   breach is the assumption that marking an email "confidential" will increase the likelihood
   that recipients pay attention. This need to get people's attention is understandable given
   the large volume of communication each of us receives every day. However, please avoid
   using confidential in the subject line for all emails unless they specifically involve confidential
   information.

   Q. What is the main topic of the passage?
   (a) Instructing staff members how to write an effective email
   (b) Making sure staff members are confidential with other staff members
   (c) Asking staff members not to mark emails as confidential inappropriately
   (d) Chastising staff members about their breaches of confidentiality

7. The possibility of a plant closing at IDT Industries is a shock to the community. With 200 workers, it is considered a major employer in the city and has a reputation as one of the best. Its financial contribution to the local economy is measured at somewhere near $220 million. Yet, the company is faced with a series of fiscal challenges. These include increased costs because of environmental legislation, reduced demand due to the economic downturn and an unfavorable exchange rate. The Japanese-owned company is facing significant losses in the current fiscal year and needs to consider every option for achieving profitability. The management team is already in the process of reducing its staff by 60 people as announced earlier in the year, but this might not be enough to save the plant.

Q. Which of the following statements is correct according to the passage?
(a) Additional layoffs of IDT Industries might be on the way.
(b) Foreign ownership has minimized the financial impact.
(c) The proposed closing will have minimal impact on the region.
(d) IDT Industries has just become aware of their financial situation.

8. The aging American population is increasingly turning to mobility scooters as a means of extending their independence. For an elderly person not confined to a wheelchair but no longer able to drive and experiencing difficulty walking distances, these electric vehicles provide an appealing alternative. While they do not provide protection from the weather, they are typically legal to drive on roadways, allowing access to shopping and events away from home. These scooters, however, can potentially place their drivers and others at risk. Because they are not typical road-use vehicles, other drivers or pedestrians do not necessarily watch for their presence on roads or walkways. Police report statistics show an increase in pedestrian and vehicle collisions with mobility scooters over the past five years.

Q. Which of the following statements is correct according to the passage?
(a) Mobility scooters are mainly used by elderly people who use wheelchairs.
(b) Riding a mobility scooter on roadways has been illegal for five years.
(c) Mobility scooters are the safest form of transportation for the elderly.
(d) Mobility scooters are a potential cause of pedestrian accidents.

9. NEW YORK Vivre Publications is ending publication of "Cheers," the nation's oldest food and wine magazine, and two other titles as the company tries to escape a deep advertising slump. In addition to Cheers, the publisher is closing "Kitchen & Design," a culinary interior periodical and "Forever Wedding," a wedding-related magazine. Earlier this year the publisher halted publication of "Cuffs," a men's fashion magazine, and "Don Giovani," a male lifestyle title. In an internal memo to staff last Thursday, Vivre CEO Juile Orwen said the decision was difficult but necessary to navigate the company through challenging times and to position it to take advantage of future opportunities. A consulting firm has been helping the publisher identify areas in which to cut costs and form a strategy to prepare it for upcoming trends.

Q. What kind of content does Vivre Publication specialize in according to the news clip?
(a) Global business
(b) Lifestyle
(c) Health and science
(d) Content management

◢ Part 3

Read the passage. Then identify the option that does NOT belong.

10. While I enjoy the convenience of using MovieMail, I am finding myself more and more frustrated by the service. (a) Approximately one third of the movies I receive either stall or skip, so I have to wait for a replacement disk to be sent to me. (b) However, sometimes I'm very satisfied with the special services offered only to regular customers. (c) Last night, when I clicked on the bonus features to watch a documentary on the making of the movie I just saw, I was instructed to insert the second DVD disk, but there was none. (d) I am worried that you discard bonus disks rather than include them with the rentals. What in fact is your policy regarding these disks?

제한시간
10분

Part 1

(1~4) Read the passage. Then choose the option that best completes the passage.

1. As the population grows increasingly old, scientists have begun to direct their attention to _____. Studies have shown that mnemonic devices that involve creating links between the information to be remembered and other more familiar information — especially personal information — can be used to increase recall ability. These tools are designed based on the notion that the mind is more likely to conserve meaningful data than information it sees either as random or without any specific context. However, the most urgent and crucial challenges of our time for the aging population regarding memory are to find ways to fight pathologies such as Alzheimer's disease, which is known to obstruct and even destroy human memory.

   (a) treatment of the diseases of the aged
   (b) laws protecting the welfare of the aged
   (c) techniques to improve memory
   (d) techniques to prolong the human life span

2. The term Parkinson's Law originated from an essay by Cyril Northcote Parkinson, British historian and management theorist, in which he wrote, "Work expands so as to fill the time available for its completion." Moreover, he said that the number of officials increases out of need for officials to have subordinates in order to become senior officials, regardless of actual work volume. Parkinson reached this conclusion while he was studying the British Royal Navy, where the number of officials increased to 3,569 in 1928 from 2,000 in 1914. Ironically, the number of battleships during that time period decreased by two thirds. Parkinson's Law is often quoted by politicians to ridicule bureaucracy and not surprisingly, when those politicians ascend to power, they also tend to _____.

   (a) apply Parkinson's Law to criticize their predecessors
   (b) recognize certain exceptions to Parkinson's Law
   (c) revise Parkinson's Law to help bureaucrats
   (d) enhance the very bureaucracy themselves

3. Left Field Engineering (LFE) began in a shed behind the cow barn on Jersey Dairy. John Summerfeld had just been certified as a journeyman welder specializing in hygienic stainless steel, and he had plans to _____. Within nine months, he and his business partner John Bishop had begun manufacturing automatic milking machines, installing the first ten at Jersey. Their innovative milking arms rapidly sense the location of the teats, attach the teat-cups, initiate milking and then retract and disinfect themselves prior to the arrival of the next cow. The reliability and rapid turnaround meant that the machines paid for themselves inside of two years. Soon inquiries were coming in from throughout the state. Now of course, LFE has its own manufacturing complex here in Prestwick, as well as sales offices in every major dairy country in the world.

(a) revolutionize the dairy industry
(b) import automatic milking machines
(c) sell all his cows and become a welder
(d) break up with his partner and set up his own business

4. I just wanted to take a moment to let everyone know that Ray Jackson has just been promoted to senior manager, effective from October 1st. For the last six months, I have repeatedly mentioned to our senior management how glad I am that we put Ray in charge of the process team. I recognized his strengths from the start. _____, we could never have expected the degree of impact he made with his team on the company's operations. We were also impressed by the kudos he recently received from prickly characters like Judd Larson down in San Diego for totally redesigning their quality assurance program from scratch. For these reasons, we felt now was the right time to reward him with a more strategic role. I hope you all agree that Ray has earned that honor. Please congratulate Ray and assist him as he settles into his new role.

(a) Thus
(b) Nevertheless
(c) Namely
(d) Besides

◢ Part 2

(5~9) Read the passage and the question. Then choose the option that best answers the question.

5. Greek philosopher Plato's famous analogy of the cave, introduced in his landmark work *The Republic*, illustrates the nature of human beliefs. While, like many of his other analogies and hypotheses, the setup is quite complex and elaborate, the message is straightforward. In the analogy, people imprisoned and placed inside a cave can only see the images of objects reflected on the cave wall by the fire burning in a walkway. Those people live within what they consider their frame of reality. Therefore even if someone tells these life-long prisoners that there is a whole different world outside the cave and what they see inside it is just a one-dimensional reflected image of reality, they would not have the ability or experience to understand or believe it.

Q. What is the passage mainly about?
(a) Life in a cave
(b) The perception of reality
(c) Survival in the wilderness
(d) The danger of miscommunication

6. To OnLink Project Team and All Related Parties
Stardust Hotel's senior management decided to implement a new accounting and purchasing system called Stardust OnLink. As the Stardust Hotel Chain strives to deliver a Total Hospitality Experience to our guests, it is imperative that we build a strong foundation to achieve a seamless integration between our operational data and transaction activities through our business systems. For example, OnLink will provide comprehensive cost information on food supplies and facility materials to the billing systems. The implementation is scheduled to be completed by the end of year. Thank you for your support and cooperation.
Simon Baxter, Chief Operating & Information Officer, Stardust Hotel & Resort

Q. What is the main topic of the passage?
(a) The benefits of the new operating system
(b) Brainstorming fresh ideas for operational improvement
(c) The implementation problems of the new system
(d) Senior management's commitment to continuous improvement

7. Maurice Merleau-Ponty, an early phenomenological philosopher, was a contemporary of Husserl and Sartre. His contribution to phenomenology was his focus on science and scientific research. One of the central tenets of phenomenology is that of subjective experience. The experience will become abstract or incomplete if this subjective consciousness is reduced into smaller pieces. Merleau-Ponty felt that despite science's attempts to be objective, at best, researchers were describing collective reality filtered through the experience of an individual, not any objective truth. He felt that the failure of science to acknowledge this fact was detrimental to its cause. Merleau-Ponty published his most two influential manuscripts in the 1940s, with one, *Phenomenology of Perception*, earning him a doctorate degree.

Q. Which of the following statements is correct according to the passage?
(a) Objectivity was neglected in phenomenology.
(b) Husserl and Sartre were Merleau-Ponty's most famous pupils.
(c) Merleau-Ponty believed that science was not objective.
(d) Phenomenology was most influential in the 1940's

8. The optical qualities of glass are related to many factors. These include the chemical composition of the material, clarity, shape and polish. Modern glass manufacture incorporates techniques to control all of these factors, and more. Glass-making actually dates back to the Phoenicians. But it wasn't until the 17th century that systematic research developed ways of eliminating chromatic aberrations and deformities across larger pieces of glass. The introduction of materials such as lead and boron produced glass suitable in use for medical and scientific instrumentation. Systematic investigation also improved annealing, the controlled cooling of liquid glass to insure homogeneity of refractive index. When these new lead and boron glasses were annealed in a slow, controlled manner, many barriers to creating high quality glass were removed.

Q. Which of the following statements is correct according to the passage?
(a) Lead is used as a polish to achieve high clarity.
(b) The Phoenicians created high quality glass.
(c) The creation of optical glass is an ancient art.
(d) Early glass wasn't suitable for scientific uses.

9. Clean any surface with our revolutionary Miracle Lemon Cleaner! This patent-pending new formula works on kitchen sinks without leaving scratches, mirrors without darkening the surface, wood without discoloring it, and floors without making them slippery. You no longer need to buy three different kinds of cleaners for the different surfaces in your house. Because our formula uses all natural ingredients in lemons and other fruit as a base, our cleaner isn't harmful to your children or pets. This wonderful product can be yours for a mere $19.95 per 25 ounce. container. Our cleaner comes with a full money-back guarantee. If you don't like it for any reason just send it back to us and we'll refund the full purchase price! This revolutionary new cleaner is only available by calling us direct at 888-625-4653. Call today and receive a free set of sponges as a gift.

Q. What can be inferred about Miracle Lemon Cleaner from the passage?
(a) It uses a patented formula.
(b) It is particularly effective for washing cars.
(c) It does not use any chemical ingredients.
(d) It should be kept away from children and animals.

◢ Part 3

Read the passage. Then identify the option that does NOT belong.

10. The Greenland shark lives in the cold Arctic waters and is similar in size to the great white shark and can weigh as much as a ton. (a) Each year, thousands of these sharks are caught by fishermen in their nets, and die. (b) Hoping to turn this colossal waste of life into something more useful, researchers at the Arctic Technology Center in Sisimiut, Greenland are investigating how they might use the sharks' oily flesh to produce bio-gas. (c) The shark's meat is toxic to humans and has caused outbreaks of food poisoning when exported to South America. (d) The researchers estimate that biofuel derived from bio-gas taken from Greenland sharks could supply as much as 13% of the energy needed by local villages.

Mini TEST 10

제한시간
10분

Part 1

(1~4) Read the passage. Then choose the option that best completes the passage.

1. Located in geopolitically critical region, the Canary Islands _____ _____ throughout history. After they were originally discovered by the Romans in the first century AD, they became the arena of competition in northern Africa between the Portuguese, Italians and Arabs from the tenth through thirteenth centuries. The Spanish conquest began in 1402 and continued against resistance for nearly 100 years. At one point, the Spanish Castilian conqueror Bethencourt decided to capitalize on the value of the islands and attempted a sale to Portugal. With continued resistance from locals as well as the repudiation of the deal by the Castilian government, the Portuguese ultimately relinquished control in 1479.

   (a) have become one of the most famous vacation resorts
   (b) have been occupied and colonized by many nations
   (c) have been major trading hub between Europe and Africa
   (d) have been isolated from the powerful countries of Europe

2. John Harrington, director of operations of Mapua Pine Industries, cut the ribbon today for the new Three Rivers Pellet Facility. This is a joint venture between Mapua Pine Industries, a local company, and Hoffmann of Denmark. The plant is the culmination of five years of work, and is the first of its kind in Australia. Its state-of-the-art technology will convert waste from tree processing into fuel pellets for sale in Europe. According to Mr. Harrington, the plant is the beginning of a long-term partnership between the two companies and when fully operational late next year, it is expected to employ 150 workers, which will bring millions of dollars into the local economy. He also emphasized that the key to this project is turning Mapua's waste into high margin products that satisfy Europe's hunger for _____.

   (a) safe and affordable tree processing methods
   (b) a joint corporation with local Mapua Pine Industries
   (c) sustainable, environmentally friendly energy
   (d) the employment of local residents to cut down costs

3. Not only does sleep provide the body with much-needed rest and help the immune system, it also plays a significant role in mental alertness. An optimum amount of high-quality deep sleep will improve your memory, concentration and reaction time. However, people who suffer chronic sleep deprivation have been reported to show _____ _____. A 1999 Stanford Sleep Disorders Clinic study led by Dr. Nelson Powell found that lack of sleep affects reaction time in a manner similar to drinking too much alcohol. While a decrease in the ability to react would not be a serious issue in certain cases, for people in occupations that require a high level of concentration such as truck drivers, pilots and doctors, even a minor change in reaction time could bring disastrous consequences.

(a) a notable decrease in coordination
(b) considerable failure of their memory
(c) a variety of serious health problems
(d) strong addiction to drinking alcohol

4. There are many reasons to drink coffee, but here's one you probably didn't know — it may reduce your risk of having a stroke. A recent study has shown that drinking four or more cups of coffee each day decreases the chance of a stroke by approximately 20 percent. It is interesting to note that the source of this benefit, along with many others enjoyed by coffee drinkers, seem to be coffee as a whole, rather than any of its individual components; the reason for this is that coffee contains unique antioxidants which improve blood vessel function, thereby increasing the flow of blood to the brain and preventing the risk of stroke. _____, you wouldn't receive the same health advantages from other caffeine-containing products, such as cola or tea.

(a) That is
(b) However
(c) For example
(d) Rather

Part 2

(5~9) Read the passage and the question. Then choose the option that best answers the question.

5. The Council of Fashion Designers of America was forced to respond to an outcry about the health standards for models appearing on fashion runways. In recent years, the modeling industry has increasingly featured extremely thin models. However, the illness and even death of some young underweight models brought attention to the medical implications of this trend. In addition to threatening the lives of the models, it was feared that the likelihood of health issues among the broader population could be increased. The Council responded by creating a health plan that sets new weight requirements for models and promoting education about eating disorders in order to protect young models.

Q. What is the main topic of the passage?
(a) Why young models are underweight
(b) The importance of looking healthy on the runway
(c) Fears of the Council for Fashion Designers of America
(d) The necessity of health standards for fashion models

6. In recent years, an increasing variety of nonalcoholic beers (i.e., near beer) and wines have come to market. They are made by a process that is essentially the reverse of making alcohol. This can be done through two methods that do not require a high temperature: vacuum distillation and reverse osmosis. Instead of saving the alcohol content and discarding the other ingredients, the alcohol itself is eliminated. Nevertheless, so-called nonalcoholic drinks do retain some alcohol. According to federal law, they are permitted to contain less than 0.5% of alcohol by volume. Therefore, anyone forbidden for legal or religious reasons from drinking alcohol also cannot consume these beverages.

Q. What is the best title of the passage?
(a) The Difference between Alcohol Drinks and Nonalcoholic Beverages
(b) The Misunderstanding Related to Nonalcoholic Drinks
(c) The Necessity of Laws Prohibiting the Drinking of Liquor
(d) The Alcohol Content of Nonalcoholic Beverages

7. Margaret Atwood, born in Ottawa Canada in 1939, began her writing career as a poet. Her very first published volume of poetry, which was called *The Circle of the Game*, received national recognition and won a prestigious literary award. She has continued writing poetry and has published several more volumes, but has also made a great mark in literature as a writer of short stories and novels. In her unique mastery of the craft, she uses profound insight into human motivation to create amazingly realistic characters. Furthermore, her observations of human nature and society in such novels as the *Handmaiden's Tale* challenge conventional wisdom and societal norms. Her collected works have generated storms of controversy and debate, and have placed her firmly in the ranks of the greatest writers of the 20th century.

Q. According to the passage, which of the following is correct about Margaret Atwood?
(a) Her work has been met with both respect and controversy.
(b) Her work hasn't received commercial success or critical acclaim.
(c) She was never able to break out of her role as a poet.
(d) She devoted herself to writing and publishing novels.

8. The United States Department of Agriculture created the "Food Guide Pyramid" as a means to educate the public about how to eat healthily on a daily basis. The guiding principle behind this tool is the classification of food substances into groups based on comparable nutrient content. The USDA's original guidelines featured three basic food groups: carbohydrates, vegetables and proteins. These were divided in 1956 into the Basic Four Food Groups: meat products (including poultry, fish, legumes, eggs and nuts); dairy products; grains; and fruits and vegetables. In the 1980s, the USDA replaced the four food groups with five groups; however, the revised system was not widely used until 1992, when the USDA introduced the Food Guide Pyramid, a graphic representation showing the hierarchy of food groups.

Q. Which of the following statements is correct according to the passage?
(a) Meat products and proteins refer to the same food group.
(b) The USDA originally grouped food into four categories.
(c) The Food Guide Pyramid was introduced in 1980.
(d) The Food Guide Pyramid includes five food groups today.

9. Parents interested in staying up to date with their children's school life are invited to make use of the information found on the school's website. After completing a short registration form available on the site, parents and legal guardians can access a number of useful records, including grades, schedules, class assignments, and attendance history. Some of the information, such as class assignments and attendance records, is updated continually on a daily basis. By using this information, parents can assure that their children are attending class regularly and completing all of their assignments on time, two critical components in receiving a proper education.

Q. What can't parents find on the school's website?
(a) A registration form
(b) A record of attendance
(c) Class assignments
(d) Legal information

Part 3

Read the passage. Then identify the option that does NOT belong.

10. One important aspect of publishing a new fiction or nonfiction book involves selecting the most marketable title for that book. (a) Experts who have experience in this area are able to employ well-tested formulas to select the best title. (b) Examples of formulas they use include the one-word title, the two-word title, the sentence title, the prepositional title, and the idiomatic title. (c) Generally speaking, idiomatic usage can be harder for non-native speakers to understand. (d) Different types of titles are appropriate for certain types of books; for instance, idiomatic titles may be especially suitable for self-help books.

Part 1

(1~4) Read the passage. Then choose the option that best completes the passage.

1. When Dutch explorer Abel Tasman sighted the place now known as Golden Bay on the south island of New Zealand in 1642, he and his crew were relieved to see signs of native settlement. As a contingent of *wakas*, or native canoes, launched by native Maori from the shore neared the European vessels, the ship's crew was anxious but hopeful. The wakas grouped at a respectful distance and the feathered natives blew a conch shell. Tasman determined that _____, and engaged in attempts of communication. Unfortunately, the Maori misinterpreted the response to their ceremonial challenge, and launched an attack from the wakas. Four members of Tasman's crew were killed in the incident before his ships managed to leave the bay.

(a) this was a peaceful greeting
(b) the natives were hungry and seeking food
(c) the natives would be able to understand Dutch
(d) his crew were ready to depart

2. Dear Dr. Garcia,

This letter is to inform you that I might not be attending the November conference and making a presentation after all. As we discussed, I investigated airfares to Buenos Aires, with the hope of being able to book a ticket within my budget. However, I discovered that airfares for the week of the conference are much higher than I thought when you and I spoke last month. I greatly appreciate your interest in my research findings, so it is with regret that I must decline your invitation to participate unless _____. If I have the ticket with your help, I will do my best to make last-minute arrangements to be there.

(a) you postpone the conference until December
(b) the conference venue is changed to a much closer place
(c) the airfares are fairly lowered before my departure
(d) your organization is able to cover my travel expenses

3. You may regard drawing as an activity for young children and talented artists, but not as something you are likely to do yourself during your spare time. In fact, researchers have found that, although most small children draw freely without inhibition, children tend to stop drawing with such freedom when they reach the age of about eight. You might be surprised to learn that one of the reasons children are less inclined to pick up a pencil and draw is simply that they don't see many adults doing so. In other words, our cultural fear about creating art becomes _____. You can do something about this by making the conscious effort to draw or even just doodle whenever you feel the urge.

(a) a continuous cycle
(b) the recycling of old ideas
(c) a rewarding pastime
(d) a fulfillment of our fears

4. While both Cubism and Surrealism were major departures from mainstream artistic styles of the late 19th century, they were also very different from one another. Although the movement of Cubism was short-lived, its influence and inspiration have survived even until today. Surrealism continued as an art movement after the premature extinction of "true" Cubist artists. It broadened its frontier to literature, music and even movies for more than 30 years and many surrealists pursued multiple art forms. A number of renowned modern artists still produce surrealist style paintings. Historically speaking, Cubism was a reaction to prior art movements of realistic and impressionistic painting, _____ Surrealism was a reaction to the haunting memory of destruction and societal upheavals brought about by World War I.

(a) if
(b) while
(c) because
(d) even though

Reading

Level 3

Part 2

(5~9) Read the passage and the question. Then choose the option that best answers the question.

5. In 1992, computer software giant Microsoft decided to get into the encyclopedia business, which had been dominated by Britannica, the publisher of Encyclopedia Britannica, for decades. Microsoft purchased a second-tier encyclopedia publisher and used its content to develop a CD with multimedia features. Encarta, Microsoft's CD version of the encyclopedia, was introduced to consumers at $49.95. A hardback set of Encyclopedia Britannica was priced at $1,600 by then. Britannica responded to it first by introducing online access on a subscription basis and finally its own version of a CD encyclopedia in 1996. However, Britannica continued to lose market share to digital CD encyclopedias led by Encarta. By 1996, it is estimated that its sales were only around $320 million, about half of 1990's sales.

Q. What is this passage mainly about?
(a) The end of paper encyclopedias and the advent of CD versions
(b) The difficulties faced by Microsoft as a late starter
(c) The future prospects of Britannica's market share
(d) How Britannica was defeated by Microsoft

6. The equipment and techniques used to make present-day films represent a dramatic evolution from early movie cameras. For the first several decades of film history, cameras were not designed to record sound. As a result, all movies were silent. To make up for this, their screening was often accompanied by live musicians or words spoken by the projectionist. Moreover, early cameras were designed to be fixed, and the impression of movement could only be achieved by placing the camera on a moving vehicle. Some early films shot in this manner were done by a cameraman riding on a train and aiming the camera at the passing scenery. At the end of the 19th century, cameras began to be made so they could rotate on a tripod. However, sound was not introduced until the late 1920s.

Q. What is the main topic of the passage?
(a) The history of ad techniques of silent films
(b) The longing for old silent movies and projectionists
(c) The poor equipment and techniques of early movies
(d) A comparison between early movies and modern ones

7. The U.S. Congress considers impeachment to be a measure that it should only resort to in extreme cases. Since 1789, impeachment proceedings have been initiated on 62 occasions by the House of Representatives. As a result of these, 17 actual impeachments have taken place, including the impeachment of a senator and 13 federal judges. Two presidents were impeached: Andrew Johnson in 1867 and Bill Clinton in 1998. Both were acquitted. Although Richard Nixon is sometimes thought to have been impeached, he resigned at the point when he was facing almost certain impeachment. At the state level, legislatures also have the authority to impeach government officials. Eight U.S. governors have been impeached, of which all but one were removed from office.

Q. Which of the following statements is correct according to the passage?
(a) More presidents than governors have been impeached since 1789.
(b) Only the federal judges have the right to impeach government officials.
(c) Bill Clinton was the first president to be impeached in American history.
(d) Neither of the two impeached presidents was removed from office.

8. Companies have different notions about what constitutes good customer service. Some follow the approach that the customer is always right, while others place acknowledging the customer relatively low on their list of priorities. However, most consultants agree that companies that make an effort to improve their customer service are likely to be more profitable than companies that ignore this aspect. This is because customers appreciate being treated with respect while they go about purchasing goods and services. Given the choice between making a comparable purchase in a customer-friendly or a customer-unfriendly environment, most people will readily choose the former. Companies may be able to ignore this principle when the economy is flourishing. During tough economic times, however, the importance of customer service is highlighted because companies are competing to attract a smaller pool of customers.

Q. Which of the following statements is correct according to the passage?
(a) People who get good customer services make more purchases.
(b) Customer service can be important for a company's profit.
(c) Even during down periods, customers are not important.
(d) All profitable companies have good customer service.

9. The Treaty of Guadalupe Hidalgo marked the end of the Mexican-American War and was signed on February 2, 1848. Following the decisive defeat of the Mexican army by US forces and the fall of the capital of Mexico City, the Mexican government surrendered. Nicholas Trist of the U.S. State Department negotiated the treaty, whereby Mexico ceded to the United States the regions of Upper California and New Mexico. This settlement included areas that are now Arizona and New Mexico as well as portions of Nevada, Utah, and Colorado. Mexico agreed to recognize the Rio Grande as its northern boundary. In return, the US paid Mexico $15 million. Also in the treaty was protection for all Mexican nationals living within the ceded lands.

Q. What can be inferred about the Treaty of Guadalupe Hidalgo from the passage?
(a) It was an unfair treaty for U.S.
(b) After the treaty, there was no dispute between U.S. and Mexico.
(c) Mexican people living in the ceded lands were exiled under the treaty.
(d) Mexico didn't acquire any land under the treaty.

◢ Part 3

Read the passage. Then identify the option that does NOT belong.

10. Legislation in six states now outlaws the use of hand-held cell phones while driving; in addition, texting while driving is banned in 18 states. (a) Driving without a seatbelt has been shown in numerous research studies to be the cause of accidents. (b) The wireless communications device law that went into effect in California in 2009 carries a fine of $20 for the first offense and $50 for subsequent offences. (c) However, some have argued that laws regulating hand-held devices are difficult to enforce. (d) They question how a police officer stationed at the side of the road can determine whether a driver whizzing past was actually typing a message rather than merely reading the screen.

제한시간
10분

✚ Part 1

(1~4) Read the passage. Then choose the option that best completes the passage.

1. Scientists have been studying people and animals with a history of exposure to radiation fallout. Data collected during and after such incidents as the meltdown in Chernobyl, USSR in the 1980s has yielded controversial findings. Based on new evidence, some experts are convinced that _____. Although the danger associated with exposure is still thought to increase with higher doses of radiation, some researchers examining the recent data have posited the existence of a safety threshold. If such a threshold could be identified and proven, any exposure below it would be considered safe. This would have clear implications for public health policy.

   (a) the more radiation people are exposed to, the more dangerous it is
   (b) exposure to radiation fallout has no effect on people
   (c) the health risks of radiation are less than previously believed
   (d) the accident in Chernobyl could have been avoided

2. Traditionally, institutions of higher education have not followed the same business model commonly applied to corporations and other for-profit organizations. The argument for a fundamental difference between academia and the business world assumes that the economic motives at the heart of the latter are less significant for the success of the former. Some observers go so far as to say that the business model presents a threat to academic freedom and an atmosphere of open inquiry. However, the financial challenges faced by many college and universities in recent years have put this perspective in question. In fact, an increasing number of institutions of higher learning _____ _____. If this privatization of education continues, those who have argued against it will be forced to take note.

   (a) are skeptical about the possibility of privatization
   (b) are considering filing for bankruptcy
   (c) are ignoring the business model of education
   (d) are being established based on a profit-making model

3. At a time when the amount of wilderness around the globe appears to be shrinking, more people are taking an interest in studying and preserving parts of the world threatened by change. In fact, new areas of scholarship are emerging, among which is the field of psychoecology, also known as ecopsychology. This multidisciplinary approach, as its name suggests, represents a combination of the more traditional fields of ecology and psychology. Its premise is that healing for the environment must begin with a personal investment on the part of each individual. Scholars in this new field view themselves as both philosophers and activists who _____ to transform the world around them.

(a) act out but do not reflect on what would be required
(b) do not think about or take actions that are designed
(c) act against organizing a new field of study
(d) reflect upon as well as engage in practical means

4. The event called the "Jingkang Incident" or the "Humiliation of Jingkang" took place in 1127 when the troops of the Jerkin (Manchurian) Dynasty of Jin from the north besieged and sacked Kaifeng, the capital of Song. After the fall of the city, the Jin soldiers destroyed the palaces, looted imperial treasures and scrolls, killed imperial family members as well as the bureaucrats and servants, and even succeeded in capturing the ruling emperor Qinjong and his father Emperor Emeritus Huijong, who was more famous for his artistic talents than his governing skills. The humiliation stemmed from many years of neglecting to prepare the military and a series of diplomatic failures, and was unprecedentedly shocking in that that level of destruction by foreign invaders had never been seen by the Chinese before. _____, the incident left a lasting impact on the Chinese national psyche.

(a) Also
(b) Nevertheless
(c) As a result
(d) In the meantime

◢ Part 2

(5~9) Read the passage and the question. Then choose the option that best answers the question.

5. The theory of defense mechanism was developed by Freud and his daughter Anna Freud, a pioneer in child development and psychoanalysis. Defense mechanisms are strategies "unconsciously" adopted by the ego to reduce conflict between the id and superego, thereby protecting it from anxiety and even offering a psychological sanctuary. Some notable defense mechanisms include denial, displacement, projection and sublimation. Denial is an unconscious refusal to perceive the undesirable aspects of external reality. Displacement is the redirection of emotion from a "dangerous" object to a "safe" one. Projection is attributing one's own unwanted thoughts or emotions to other people. Finally, sublimation is the mind's attempt to transform unwanted impulses into something less destructive.

Q. What is the passage mainly about?
(a) The founders of the concept of defense mechanism
(b) The different definitions of defense mechanism
(c) A variety of strategies of defense mechanism
(d) The relationship of denial, displacement, projection and sublimation

6. Today, a valued member of the marketing group and a friend to many of us, Rajib Dhillon, was notified of a tragic loss in his family. His mother, who resided in India, has lost her battle with cancer. Each one of you has benefited perhaps in one way or another from the work that Rajib has done, even though you may not have interacted directly with him. He is the man behind the scenes for our Online Contracts Catalog, client database, the marketing section of our corporate website updates, monthly sales reporting, and various other reports. I think I speak on behalf of all of us in saying that our hearts and prayers are with him.

Q. What is the main purpose of the message?
(a) To express a deep gratitude toward Rajib Dhillon and his mother
(b) To announce that Rajib Dhillon will be transferred to India
(c) To raise money for Rajib Dhillon, who lost his mother
(d) To inform employees of the bad news concerning Rajib Dhillon

7. The native language spoken by the Maori people of New Zealand is considered an endangered language. Until the Second World War, most Maoris spoke their native language. However, since then, a decreasing number of people have learned to speak it fluently. Recognizing the threat to their heritage, Maori educators have instituted programs in which Maori children can learn their language from a very young age. Experts also warn that any language spoken by relatively few people runs the risk of not updating its vocabulary to match changing times. Therefore, Maoris began to hold sessions in which they generate new vocabulary to refer to such present-day items as computers and cell phones. In these ways, they hope to preserve their language into the new century.

Q. Which of the following statements is correct according to the passage?
(a) Maori children tend to have a limited vocabulary.
(b) Maoris have a word in their language for computer.
(c) These days the majority of Maoris are bilingual.
(d) Maoris settled in New Zealand after World War II.

8. During most of his time at Microsoft, Bill Gates assumed primarily a management and executive role, although he initially worked as a software developer. As an executive, Gates held meetings regularly with the company's senior managers. Reportedly, he often took a combative stance and did not shy away from strongly confronting managers if he felt they were not acting with the company's best interests in mind. He has been quoted as responding to an idea proposed by a member of his staff at a team meeting by saying, "That's the stupidest thing I've ever heard!" However, despite his reputation for being tough, many who worked with Gates did not take offense. Rather, they learned to set aside their personal feelings and concentrate on working harder to achieve success.

Q. Which statement is correct about Bill Gates according to the passage?
(a) He did not design any software himself.
(b) He did not meet with senior managers.
(c) He had a confrontational management style.
(d) He maintained close friendships among his staff.

9. Basket weaving is one of the most universal crafts, practiced by a wide variety of civilizations over many centuries and dating back as far as 12,000 years or more. Some of the oldest known baskets were woven by the Egyptians, according to evidence unearthed by archeologists. Nevertheless, information about weaving techniques is sketchy due to the nature of the materials typically used. For example, materials such as grass and wood, which were readily available to the weavers, also decayed rapidly. Weavers in different areas used different materials, depending on what was most available. Thus, Native American weavers in New England made baskets from swamp ash and sweet grass. Tribes in the Pacific Northwest, on the other hand, used spruce root, cedar bark, and swamp grass.

Q. In general, what was used in basket weaving according to the passage?
(a) Decaying trees
(b) Material found locally
(c) Sketches from nature
(d) Material found in swamps

▰ Part 3

Read the passage. Then identify the option that does NOT belong.

10. If you are a senior citizen, and you own your own home, there may be some financial options available to you that you have not heard about. (a) The purpose of this letter is to inform you about one such possibility, which is becoming increasingly popular: the reverse mortgage. (b) A reverse mortgage is a loan that allows you turn the equity in your home into cash. (c) With a reverse mortgage, you can use the equity you have built up over many years of mortgage payments and have that sum of money gradually paid back to you. (d) A traditional second mortgage requires that you have sufficient income, and you must be able to make the monthly mortgage payments.

TEPS BY STEP

Actual Test

TEPS BY STEP

Grammar

Directions

This part of the exam tests your grammar skills. You will have 25 minutes to complete the 50 questions. Be sure to follow the directions given by the proctor.

Part I   Questions 1-20

Choose the best answer for the blank.

1. A: Are you waiting to see someone?
   B: Yes, I have some urgent business to
      _____ Mr. Baldwin.
   (a) discuss
   (b) discuss with
   (c) discuss to
   (d) discuss over

2. A: Tickets for the ballet are cheap
      _____ you reserve them in
      advance.
   B: In that case, let's reserve two tickets for
      Friday night's performance.
   (a) considering
   (b) so that
   (c) providing
   (d) in that

3. A: I wish Korea could quickly get out of its
      current economic recession.
   B: I _____, too. We Koreans have
      already suffered too much.
   (a) hope it
   (b) hope for it
   (c) hope that does
   (d) hope so

4. A: I liked this movie better when I saw it
      with Scott last year.
   B: Why didn't you tell me earlier that you
      _____ this movie with your
      brother already?
   (a) seen
   (b) have seen
   (c) had seen
   (d) have been seeing

5. A: Why are you so nervous, Frank?
   B: I find _____ to talk in front of so
      many people.
   (a) it quite embarrassed
   (b) it quite embarrassing
   (c) quite embarrassed
   (d) quite embarrassing

6. A: What do you usually eat for breakfast?
   B: I generally have _____, a bowl of
      cereal, and a big glass of juice.
   (a) two slice of toast
   (b) two slice of toasts
   (c) two slices of toast
   (d) two slices of toasts

7. A: Does anybody know to _____
these files belong?
B: I saw Dave with some files. Maybe they're
his.
(a) who
(b) whom
(c) what people
(d) who it

8. A: What are the chances _____?
B: I think they are fifty-fifty at the moment.
(a) of her promoting
(b) for her promoting
(c) of her being promoted
(d) for her being promoted

9. A: I want to eat Chinese food, but I don't
feel like going out.
B: Same here. So let's _____.
(a) deliver it
(b) get one delivered
(c) get some to deliver
(d) have some delivered

10. A: _____ you've made other plans,
would you like to join us for dinner after
work?
B: Thanks, but I've actually got a date
tonight.
(a) Except
(b) If
(c) Considering
(d) Unless

11. A: Is there anything you need _____
I can help you with?
B: No thank you. I'll just wait for Ms. Hayes
to return.
(a) as
(b) that
(c) what
(d) when

12. A: Don't tell me you failed your driving test
again!
B: I'd rather you _____ it to yourself.
(a) can keep
(b) will keep
(c) have kept
(d) kept

13. A: Have you successfully finished the
negotiations and signed the contract yet?
B: Not yet. He _____.
(a) is hard to persuade
(b) is hard to be persuaded
(c) finds hard to persuade
(d) finds it hard to be persuaded

14. A: _____ travel with me to Spain this
summer?
B: I'd love to, but I really don't think I can
afford it.
(a) How come
(b) How about
(c) Why not
(d) What if

15. A: Are you sure these sales figures are correct?
    B: Yes. Our accountant _____ in his calculations.
    (a) errs seldom
    (b) seldom errs
    (c) does not seldom err
    (d) does not err seldom

16. A: David was only 38 when he died.
    B: If he _____ the doctor's advice, he might still be alive.
    (a) takes
    (b) took
    (c) would take
    (d) had taken

17. A: I appreciate _____ out the attic, Kate.
    B: That's OK, Grandpa. I'm glad to.
    (a) you to help me clean
    (b) your helping me clean
    (c) for you to help me cleaning
    (d) your helping me cleaning

18. A: Are you sure there is _____ in the evening?
    B: Yes, I am. Our last evening class ended last week.
    (a) no offered English class
    (b) no offering English class
    (c) no English class offered
    (d) no English class offering

19. A: Are you satisfied with the new criteria for the final term? I don't think it's fair.
    B: Well, I guess all of the students _____ there are a few problems. Why don't we talk about this with our teachers?
    (a) thinks
    (b) think
    (c) is thinking
    (d) are thinking

20. A: I can't believe what you've done with the old Jones house.
    B: It took a lot of money and effort to transform that old cottage _____ the beautiful house you see today.
    (a) for
    (b) over
    (c) into
    (d) about

Part II   Questions 21-40

Choose the best answer for the blank.

21. Some studies suggest that eating a good
breakfast _____ your performance
on tests.
(a) improve
(b) improved
(c) improves
(d) should improve

22. This wine costs a pretty penny as it
_____ the best produced in our
country.
(a) generally is being considered
(b) is generally considered to be
(c) is considered general to be
(d) is generally considered being

23. It was the prediction of a hot summer
_____ a buying frenzy of air
conditioners at stores around the country.
(a) to trigger
(b) that triggered
(c) that it triggered
(d) and it triggered

24. A father whose own parents read to him
when he was young _____ more
likely to read to his own children.
(a) that is
(b) been
(c) is
(d) are

25. _____ break his own personal record
in the hundred-meter sprint, but he also
broke the national record.
(a) Never did he
(b) He did only
(c) Not he did
(d) Not only did he

26. It's no use _____ whether the
impact of technology on our environment is
negative or positive – it's both.
(a) debate
(b) to debate
(c) debating
(d) in debating

27. _____ they divorced is that they no longer loved each other.
    (a) It is the primary reason
    (b) For the primary reason why
    (c) The primary reason why
    (d) The primary reason is why

28. She _____ have lost her way because she knows the city so well!
    (a) would
    (b) might
    (c) mustn't
    (d) can't

29. After graduating from university, they spent one year travelling _____.
    (a) overseas
    (b) to overseas
    (c) to the overseas
    (d) the overseas

30. _____ to himself, he would spend all day in his room playing on the computer.
    (a) Left
    (b) Leaving
    (c) Be left
    (d) Having left

31. All things _____, I think you should talk to your parents about switching majors.
    (a) that we consider
    (b) to consider
    (c) considered
    (d) to be considered

32. I am too much in his debt _____ ask him another favor.
    (a) that I can
    (b) that I can't
    (c) to be able to
    (d) not to be able to

33. Informers often supply _____ the names of drug dealers.
    (a) to the police with
    (b) the police
    (c) the police for
    (d) the police with

34. In the US, the salary of an executive secretary is generally higher _____.
    (a) than a bank manager
    (b) than bank manager's
    (c) than that of a bank manager
    (d) comparing to a bank manager

35. She finished her exams last week and has not opened a book _____.
    (a) already
    (b) since
    (c) by now
    (d) since today

36. Singing songs with your friends is _____, but performing on stage for a paying audience is another.
    (a) a thing
    (b) one thing
    (c) nothing
    (d) something

37. Unfortunately, last Friday's storm left seven dead, five injured and three _____.
    (a) missing
    (b) missed
    (c) to miss
    (d) left missed

38. Reading is more enjoyable _____ who select materials of personal interest.
    (a) for one
    (b) to ones
    (c) by those
    (d) for those

39. I think it's the peacefulness of the countryside that makes many people prefer living in the country _____.
    (a) than living in the city
    (b) to living in the city
    (c) than to live in the city
    (d) to live in the city

40. If you _____ the instruction manual before turning on the machine, I'm sure you wouldn't have broken it.
    (a) stopped to read
    (b) stopped reading
    (c) had stopped to read
    (d) had stopped reading

Part III   Questions 41-45

Identify the option that contains an awkward expression or an error in grammar.

41. (a) A: Do you take in students, ma'am?
    (b) B: Of course. If you don't mind to share a room, there's one available.
    (c) A: Do you think I could have a look at it, please?
    (d) B: Well, I'm on my way out now. Could you come back in an hour or so?

42. (a) A: I was shocked that Korea lost the soccer match to Japan.
    (b) B: Me too. What went wrong?
    (c) A: Many things, but the main problem was that the Korean team didn't attack enough.
    (d) B: Yeah, they would have played much more aggressively.

43. (a) A: Well, it looks like the rain has finally stopped.
    (b) B: Thank god. I thought it would never end.
    (c) A: The weather seems to have gotten milder, too.
    (d) B: It's such nice a change, isn't it?

44. (a) A: Why don't we go dancing? There's a jazz band playing nearby.
    (b) B: I'm really not in the mood. I had a long day at work.
    (c) A: Then why don't we go out and to get something to eat?
    (d) B: No, thanks. I want to stay home tonight for a change.

45. (a) A: Is the cake for Mr. Peterson's birthday party being baked now?
    (b) B: Yes. I put it in the oven a few minutes ago.
    (c) A: We need to hurry up. It must be delivered until five o'clock.
    (d) B: What's the rush? Calm down, we won't be late.

Part IV   Questions 46-50

Identify the option that contains an awkward expression or an error in grammar.

46. (a) Hospice is a form of medical care that focuses on the concept of dying with dignity. (b) Concerned not only with the physical aspects of terminal illnesses, it pays close attention to a patient's emotional needs. (c) The term hospice is also used to refer to a place which dying people can go to receive this type of comfort and care. (d) However, there are also hospice programs that cater to those who wish to die in their own homes.

47. (a) The broken windows and unkempt lawn were sure signs that no one has been living in the old house for quite some time. (b) Its paint was peeling off in strips, revealing a variety of past colors hidden beneath. (c) Once inside, I was overcome by the great clouds of dust that rose up with each step I took. (d) The rooms were so run-down and creepy that I wouldn't have been surprised to see a family of ghosts living in them.

48. (a) The Palace of Versailles, one of the most famous buildings in France, had humble beginnings. (b) Locating just outside the city of Paris, it was originally a simple hunting lodge. (c) But in 1661, King Louis XIV decided to upgrade it into a luxurious palace that would be the envy of all the royalty in Europe. (d) From 1682 until 1790, the palace served as the official residence to each successive French king.

49. (a) The police were the first to arrive at the scene of the blaze, but there was nothing they could do except await the firefighters. (b) A pair of building residents were trapped on the roof, and they were ordered to remain where they were and wait to rescue. (c) The first fire truck arrived minutes later, extending its tall ladder high above the flames. (d) Before long, the residents had been carried to safety and the fire had been extinguished.

50. (a) It was a beautiful day, with the sweet scent of wildflowers carried on the cool afternoon breeze. (b) The cheerful songs of the birds building their nests overhead were a pleasure to hear them. (c) Even the insects added to the joyful atmosphere, from the brightly colored wings of the butterflies to the chirping of distant crickets. (d) Ecstatic, we took off our shoes and danced on the soft grass, feeling its blades tickle our toes.

TEPS BY STEP

Reading Comprehension

This part of the exam tests your ability to comprehend reading passages. You will have 45 minutes to complete the 40 questions. Be sure to follow the directions given by the proctor.

Part I   Questions 1-16

Read the passage. Then choose the option that best completes the passage.

1. Women who find it impossible to rise to the highest managerial levels within a traditional corporate structure should consider dealing with the situation by _____ _____. According to Judith Clegg, the founder of The Glasshouse, entrepreneurship offers working mothers the flexibility they need in order to balance work and family commitments. Furthermore, she believes that many potential investors in a start-up company are well aware of the obstacles faced by women in the workplace and generally view them as useful experience in running a company. By highlighting the fact that they were able to have both a family and a career, female entrepreneurs can reassure investors that they have the strength and willingness to make the sacrifices that a successful business requires.

    (a) proving they are better than men as managers
    (b) hiring more female employees
    (c) choosing not to have children
    (d) starting up their own companies

2. *Biscuit and Coffee* is a 90-minute one-woman comedic drama describing a young woman's coffee-driven life adventures _____. The amazing talents of the actress cannot be overstated, as she so effectively morphs from little old granny to wacky uncle to vagrant boyfriend to decrepit old boss to snobby girlfriend and back around to the oddly named Biscuit without aid of costume changes, props or set changes. Rather than relying on voice and language alone, she also makes each role physically distinct through use of posture, gesture and expression. Her work is made easier, however, by the compellingly storytelling and the cleverly crafted script. Minute by minute, Biscuit's world expands, complicates and twists in unexpected but soundly explained directions.

    (a) while living in the wilds of Borneo
    (b) using a variety of unique costumes
    (c) as she travels around the world
    (d) through the voices of six distinctive characters

3. Criminal profiling is the science of analyzing all of the clues and information found at a particular crime scene in order to determine the identity of the person who committed the crime. Although it may not lead to the identity of a specific individual, it helps the police narrow down their list of possible suspects by providing such crucial information as sex, age, ethnic background, height and weight. Furthermore, by analyzing the means by which the crime was committed, criminal profiling can help investigators better understand the perpetrator's motives and personality traits. Eventually, all of this information can be compiled and used to identify a handful of possible suspects, _____.

   (a) in the interest of completing the profile
   (b) without ever visiting the crime scene
   (c) depending on who matches the profile
   (d) often leading to the arrest of innocent people

4. The Napoleonic Wars refer to several international battles fought during Napoleon Bonaparte's imperial rule over France from 1803 through 1815. During the ensuing period, in the face of the military might of Napoleon's army, hostile European nations created shifting coalitions, formed and then violated treaties, and sporadically achieved peace. However, unlike other European countries, Britain kept fighting against France throughout the whole period of the Napoleonic Wars. Naval supremacy enabled Britain to maintain low-cost, low-intensity warfare for over ten years. Soon it became obvious that without defeating the British Royal Navy, Post-Revolution Imperial French dominance over the entire continent _____.

   (a) would be sustainable
   (b) would be unattainable
   (c) would not be negotiable
   (d) would not be honorable

5. While many artists have qualities that set them apart from others in their fields, Andy Warhol displayed his own unique set of distinguishing qualities. As the artist who introduced avant-garde pop art in the 1960s, Warhol deviated well beyond the established limits. _____ was a core element of his work, as he rebelled against mainstream society and sought to realize his abstract ideas through a variety of unconventional media. His take on popular images became a whole new realm of art, and he later shifted his attention to cinema, producing controversial experimental films that addressed concepts such as time and boredom, and represented an attack on elitism in modern society.

   (a) Nonconformity
   (b) Social realism
   (c) Self-contradiction
   (d) Adaptability

6. Latin is the source of modern Romance languages, and it was the official language of the Roman Empire. The Empire's unstoppable spread across much of Europe brought the language to vanquished populations, forcing them to use it for governmental and administrative functions. At first, a uniform version of Latin was spoken in all these areas, but as the Empire crumbled, the version spoken in each region began to _____. No longer connected by common rule, these areas formed separate languages based on Latin, strongly influenced by native tongues. These modern Romance Languages include Italian, French, Spanish, Portuguese and Romanian.

    (a) be rejected by the Romans
    (b) develop its own characteristics
    (c) replace the local languages
    (d) be limited to academic use only

7. The development of keyhole surgery means that miniature cameras and microscopic scissors and staplers may soon replace the surgeon's knife. Instead of making long incisions in a patient's body, surgeons will operate by merely passing an operating telescope through a small hole that barely leaves a scar. Another new medical technology that a considerable amount of research is currently underway to perfect is even more beyond imagination. It is called telesurgery, and it allows a doctor to operate by remote control, using special instruments and video screens. This means that a patient can be operated on by surgeons who are _____.

    (a) experts in their fields
    (b) unaware of the patient's condition
    (c) less skillful than before
    (d) far away from the operating room

8. On the grounds of budget shortfalls, many prison systems in the United States have been cutting their expenses by granting some low-risk offenders an early release. As a result, thousands of inmates have been granted a shortened sentence. For example, the state of Oregon now permits the sentences of certain prisoners to be reduced by up to 30%, compared with the previous limit of only 20%. Likewise, Illinois began releasing some inmates early, with the expectation that doing so could save the state approximately $5 million annually. However, such early release programs generally apply only to inmates considered nonviolent and low-risk; any inmates who have broken rules while in prison, even if only once, _____.

    (a) are sent home immediately
    (b) have to get another lawyer
    (c) are not deemed eligible
    (d) have their civil rights revoked

9. The balance between granting autonomy to regional operations and centralizing key operational functions is an area that has critical implications for a global corporation's success. A few years ago, King Department Store decided to centralize their buying, planning, and marketing operations from seven regional offices into a single office in Chicago. The move allowed the company to achieve a total $500 million in cost savings through cutting more than 5,000 jobs and consolidating other overhead expenses. However, concerns immediately arose that making buying decisions solely in the headquarters would reduce the company's ability to be flexible to local needs. The company subsequently _____.

(a) increased the number of its branches nationwide
(b) decided to lay off those employees who complained about the decision
(c) asked an independent firm to investigate the fraud case
(d) rehired regional purchasing managers to oversee regional outlets

10. An academic center since the 12th century, Oxford University traditionally was an upper class establishment, with its graduates going on to follow in their parents' footsteps as politicians, military officers and business executives. The students _____
the residents of the city of Oxford, large numbers of whom were poor or working class, and on occasion this led to acts of violence. In 1355, once such conflict culminated in the "St. Scholastica's Day Riot," in which a bow and arrow battle between locals and students led to the deaths of 62 university members. These days, fortunately, violent incidents are far from commonplace, and the class distinction between students and residents has been blurred.

(a) got along with
(b) differed greatly from
(c) had no contact with
(d) resembled

11. The promise of eternal life, or at least an extended one, may lie in cryonics, which involves cooling patients with terminal illnesses to the point where physical decay essentially stops so that in the future advanced medical procedures will be able to restore them to good health. Dr. Robert Ettinger, who founded the Cryonics Institute in 1970, can be called the godfather of this unique, intriguing endeavor. He originally developed the idea of cryonics from watching scientists make progress in freezing technologies, particularly noting advances in freezing animal cells and sperm during the 1960s and 1970s. It is estimated that about 100 people in America are currently frozen, hoping to be brought back to life _____.

(a) when more researchers are involved
(b) if Dr. Ettinger at the Cryonics Institute approves it
(c) when medicine can cure them of their diseases
(d) if their families allow it to happen

12.

> To Whom It May Concern:
>
> Last week, I ordered one of your company's fruit baskets to be delivered to a friend who was recently married. Unfortunately, as my friend had not yet returned from her honeymoon, the package was returned to your company. Upon being informed of this, I asked for my money back but was told that, due to the fact that the item was perishable, it was non-refundable. Next, I asked that the package be sent my address instead, and offered to bear the extra shipping charges. Much to my surprise, this request was also refused, as my order had already been closed. This is not satisfactory. Your company does not have the right to _____.

(a) bill customers for extra shipping charges
(b) refuse a refund for fruit that was rotten
(c) charge me for a package sent to the wrong address
(d) withhold items customers have already paid for

13. Executives too often make business decisions by relying on "gut instinct" only to see results poorer than they originally contemplated. As a matter of fact, this gut feeling is often the reflection of their years of experience rather than a mere hunch or some kind of supernatural phenomena. Therefore an executive's gut instinct could be considered a valuable intangible asset for the company. However, to avoid making potentially suboptimal business decisions, executives' gut feelings should be supplemented by quality business intelligence data provided by competent analysts who can extract useful hypotheses and scenarios. Another limit to the gut instinct of executives is that it usually lets people follow a familiar thought process and stay within their comfort zone. In business, however, opportunities are often found _____.

(a) within the most familiar territory
(b) in things around you
(c) within one's reach
(d) on the paths least traveled

14. Paper was first made in China in the second century BC, but Tsai Lun, an official of the Han Dynasty in the first century AD, is credited with refining the ingredients of paper and inventing the first standardized process to make it. Paper was _____ for a long time. For example, during the Tang Dynasty, sheets of paper were folded into paper bags and used to maintain the flavor of tea, and the first paper money was printed in China, probably in the 11th century. Paper did not come to Europe until the 12th century, and modern methods of papermaking were invented at the beginning of the 19th century.

(a) used as paper money more commonly than as paper bags
(b) widely used for other purposes rather than writing
(c) not mass-produced, but made by family members on a small scale
(d) exported to European countries as a specialty of China

15. Humans may need to use flashlights to find their way through dark areas, but many kinds of creatures are able to naturally create their own light. They produce this light, however, in a very different manner. The light bulbs usually found in flashlights create light through the process of incandescence – basically, a filament within the bulb heats up and begins to glow. This is a rather inefficient method of producing light, as it requires a great deal of energy. Animals, _____, create light through a process called luminescence. Much like a light stick, they mix together chemical compounds that react to one another by glowing. Sometimes known as "cold light," this is a far more energy-efficient way of producing light.

(a) on the other hand
(b) nevertheless
(c) unfortunately
(d) for instance

16. Known as "the father of modern economics," Adam Smith developed influential ideas that can be found in nearly every aspect of the modern global economy and are often used to promote the concept of capitalism. In fact, the style of economics that is generally taught in today's classrooms can trace many of its theories back to Smith's writings. _____, it is likely that Smith himself would argue against the economic paradigm that is now attributed to his most famous work, *The Wealth of Nations*. He opposed market concentration and believed in the value of small, local enterprises. Based on the entire body of his work, it would not be surprising if Smith were to stand against the modern economists who idolize him, criticizing their overemphasis on profit maximization and economic growth.

(a) Ironically
(b) Fortunately
(c) Consequently
(d) Accordingly

Part II   Questions 17-37

Read the passage and the question. Then choose the option that best answers the question.

17. Experts believe that a large asteroid will someday collide with the Earth, causing enough devastation to decimate the human race. There is a widely-held theory that it was this kind of collision that wiped out the dinosaurs 65 million years ago, when an asteroid measuring two miles in diameter crashed into the Earth and caused environmental chaos. Astronomers speculate that such impacts have occurred throughout the Earth's long history, and therefore think it is inevitable that, unless humans devise a means of changing an asteroid's course, it will happen again. What they don't know is whether it is likely to happen ten years or ten million years from now.

Q. What is the main idea of the passage?
(a) Earth faces constant danger of being hit by an asteroid.
(b) The impact of a huge asteroid exterminated the dinosaurs.
(c) Proper measures are needed to prevent humanity's destruction.
(d) All space bodies could potentially collide with each other.

18. Retail businesses have widely divergent return policies, which range from quite generous to very restrictive. For example, stores differ with respect to whether customers need to retain their sales receipts, as well as to the length of time they have to return items. Stores have generally become stricter over the years rather than more lenient, although one well-known company claims to have accepted the return of a $20,000 item after 20 years, despite a loss of thousands to the company. More typical is the company that now charges a 15% restocking fee for returned electronic products. Thus, customers should pay close attention to a store's policy when they make a purchase.

Q. What is the main idea of the passage?
(a) Customers should not buy goods at stores which have confusing and deceptive policies.
(b) Consumers are advised not to return items because they are likely to suffer a loss.
(c) Many retailers take advantage of consumers by making return policies difficult.
(d) Customers should be aware that purchased goods are now harder to return.

19. Environmental devastation from man-made causes is nothing new. In fact, it may have been responsible for the collapse of some ancient civilizations. New information shows that destruction of the environment may have led to the demise of Mesopotamia, the ancient civilizations that existed between the Tigris and Euphrates Rivers. One of the keys to this early empire's success was the development of an extensive irrigation system to water their crops and ensure a sufficient food supply. However, this system had no drainage component, and when the remaining water evaporated, it would leave behind a high salt content. Over time, this salt rendered the soil infertile, leading to the downfall of the great Mesopotamian civilizations.

Q. What is the main idea of the passage?
(a) Irrigation systems require good drainage systems.
(b) There have been various reasons for great civilizations to fall into ruin.
(c) The prosperity of ancient civilizations had much to do with their agricultural bases.
(d) Ancient Mesopotamian civilizations were likely destroyed by human-caused environmental damage.

20. Hormone replacement therapy is known to relieve post-menopausal symptoms such as hot flashes and night sweats. Some researchers wondered if there might be added health benefits to taking these hormones. In the mid 1990s, they began tracking volunteers in a study called the Women's Health Initiative. Ultimately more than 15,000 post-menopausal women participated. Roughly half were given a combination of the hormones, estrogen and progestin, and the other half were given placebos. The results later disclosed were quite alarming. Specifically, the women who had been on hormone therapy had a 22% higher incidence of heart disease, a 26% higher incidence of breast cancer, and a 41% higher incidence of strokes.

Q. What is the main topic of the passage?
(a) The history of the Women's Health Initiative
(b) The adverse effects of hormone replacement therapy on middle-aged women
(c) The unlimited possibilities and potentials of hormone replacement therapy
(d) The success story of hormone replacement therapy for treating various diseases

21. Many students today are no longer majoring in the liberal arts – that is, in such subjects as history, philosophy, and the social sciences. They may worry that a liberal arts degree won't be useful when it comes to finding a job; however, that simply isn't true. The comprehensive education offered by liberal arts programs is actually quite attractive to most employers, many of whom worry that the expertise of job candidates with specialized degrees is too narrow in scope. Instead, they want open-minded employees who can think about problems from many angles. This sort of flexibility is vital to the health of our society and it is exactly what a liberal arts curriculum instills.

Q. What is the main idea of the passage?
(a) Flexibility is the quality that most students try to achieve.
(b) A liberal arts curriculum can be helpful to students looking for jobs.
(c) Practical courses are becoming more popular among employers lately.
(d) Studying liberal arts is more important than studying technical fields.

22.

To: Sally Manson, Director of Human Resources
I am writing to express my dissatisfaction with our company's employee training program. As part of my position, I'm required to complete 100 hours of training per year. However, I have been placed in a management training class which is obviously designed for new employees who have little or no experience in a supervisory role. While I'm sure that this course will prove valuable for them, I have been employed in managerial roles for the past ten years. Attending this class, unfortunately, is a waste of both my time and company resources. I would be glad to continue my required training, but would prefer to do so in a class that is appropriate for an employee with my skills and experience.
Sincerely,
Jacob Burd

Q. What is the purpose of the letter?
(a) To apply for a management position at the company
(b) To correct a problem with the employee hiring system
(c) To request a transfer to a different training course
(d) To complain about the number of training hours required

23. Radio was invented at the turn of the 20th century, but it was not until the development of the vacuum-tube radio transmitter in 1915 that widespread broadcasting became possible. By 1917, when the United States joined World War I, radio technology was considered so important to the dissemination of information that the government closed or took over all private radio stations. It was illegal for a citizen even to possess a radio transmitter for fear that it would be misused by German spies. After 1919, when the restrictions on civilian radio were lifted, a broadcasting boom swept the country. The number of stations nationwide grew in 1922 from 67 to over 500. Programming included amateur talent shows, book readings, live music performances, and commentary.

Q. Which of the following is correct according to the passage?
(a) The vacuum-tube transmitter led to the invention of radio.
(b) Radio content was limited to government news updates in the 1920s.
(c) Radio technology became a national security issue during World War I.
(d) Radio's popularity declined when the possession of radio transmitters was banned.

24. In 1771, Benjamin Franklin began the task of writing his autobiography. However, his dedication to the cause of freeing the American colonies from British rule soon caused him to put it aside. It wasn't until 13 years later that he was able to resume his work, which he hoped would help teach the new nation's youth the value of hard work and the importance of living a meaningful and moral life. Coming across in his writing as a kindhearted and practical individual, Franklin admitted that he was unable to achieve the perfection he sought, often giving in to a variety of temptations, adding that "yet I was, by the endeavor, a better and happier man than I otherwise should have been if I had not attempted it."

Q. Which of the following is NOT correct about Franklin's autobiography?
(a) It personifies Franklin as a major political figure.
(b) It emphasizes the importance of endeavoring in life.
(c) It contains guidance to the young on how to live.
(d) It took a long time to complete.

25. Whether it's on the road or on the track, no other car attracts admiration or captures the imagination quite like a Ferraro. A Ferraro goes its own way and rarely heeds convention. In a 2008 survey, Ferraro was awarded the most prestigious automobile design by *Autoworld* magazine. Among its popular sports car models, the 924 is the most famous. It will take you effortlessly to 127 mph, and its reliability is underlined by a two-year warranty. The high value of a Ferraro on the secondhand market is known by anyone who has ever owned one. You can admire the complete Ferraro family at your nearest Ferraro Center.

Q. Which of the following is correct according to the advertisement?
(a) The design of Ferraros is classical and formal.
(b) Ferraro Centers sell secondhand Ferraros at low prices.
(c) A 924 can be relied on to reach 127 mph for at least two years.
(d) The complete Ferraro family has a warranty period of two years.

26. Researchers have been studying how the brain responds in cases of hypnotic paralysis, or the inability to move a part of the body while under mental suggestion. Brain scans were made for one group that performed a task with their left hand while in a normal mental state, for another group that did the task after being hypnotized, and for a third group that only pretended they could not move their left hands. The scans revealed that the region of the brain called the precuneus acted differently in each case. Although the right motor cortex was prepared to tell the left hand to move, the precuneus took over when a person had been hypnotized.

Q. Which statement is correct according to the passage?
(a) Paralysis is generally the result of hypnosis.
(b) The precuneus can control hand movements.
(c) Hypnotists use brain scans to influence their subjects.
(d) The right motor cortex acts faster than the precuneus.

27. Yesterday afternoon in Smithville, a man who had been turned down for a bank loan earlier in the day returned with vengeance on his mind. Driving a large bulldozer stolen from a nearby construction site where he is employed as a welder, Matthew Arnold smashed through the front wall of the bank, completely demolishing it and causing minor injuries to a bank employee and several customers. After the collision, Arnold abandoned the stolen vehicle and made his getaway on foot. He was arrested several kilometers away by local police as he attempted to board a bus bound for London.

Q. Which of the following is correct according to the article?
(a) The man was the getaway driver for a gang of bank robbers.
(b) The bank in Smithville was robbed by a local welder.
(c) A bank worker was arrested for stealing the bulldozer.
(d) The man wanted revenge after being refused a loan.

28. After Norwegian explorer Roald Amundsen's conquest of the South Pole in 1911, Irish explorer Sir Ernest Shackleton was determined to be the first man to cross Antarctica through the South Pole. In August 1914, Shackleton and his crew launched their adventure aboard the *Endurance*, a ship named after the Shackleton family motto: "By Endurance We Conquer." However, the *Endurance* became lodged in solid ice, which eventually forced the crew to desert the ship in exchange for three small boats, supplies, provisions and sleds, and set up a camp on the top of an ice ridge. Shackleton's plan was to get close to land by walking across the ice and by passing through the moving ice floes. Then, from the point where the ice became weak, the sailors would row the lifeboats to reach solid ground.

Q. Which of the following is correct according to the passage?
(a) Roald Amundsen was the first explorer to reach the North Pole.
(b) The ship's name was adopted from Sir Shackleton's family motto.
(c) Sir Shackleton and the crew left the *Endurance* because rescuers didn't come.
(d) Sir Shackleton planned to sail the small boats through the ice floes to reach dry land.

29.
> Dear Ms. Wilde:
> We have notified you on a number of occasions that your rent for the past two months is overdue. Since we have received no response, a late payment charge of $50 has been added to your balance, making it $1,250. If we do not receive this amount in full by April 3, you will be evicted from your apartment. If we are forced to take legal action, any additional costs we incur will be added to your balance. In addition, this would have a negative effect on your credit rating, which will affect your ability to get a loan or a credit card in the future. It is in the best interest of everyone involved that you contact me immediately and make arrangements to pay your overdue balance as soon as possible.
> Sincerely,
> Courtney Cunningham

Q. Which of the following is correct according to the letter?
(a) Ms. Cunningham is a lawyer hired to evict Ms. Wilde.
(b) Ms. Wilde will be charged extra money if there's legal action.
(c) Ms. Wilde should make plans for payment by April 3.
(d) Ms. Cunningham will lower Ms. Wilde's credit rating if she doesn't pay the balance.

30. Of the many medical advances of modern times, organ transplant surgery may be among the most beneficial. However, despite the number of lives saved by such operations, a variety of ethical issues remain. One of the biggest problems stems from the great need for new organs when compared to the limited number available. Somehow, the decision must be made as to who receives a transplant and who doesn't, in many cases essentially deciding who lives and who dies. And there is also the issue of the high cost of organ transplant surgery, potentially putting it out of reach for many people. In China, the cost of a heart transplant is about $120,000. But this is a bargain compared to the US, where the same surgery can cost as much as $860,000.

Q. Which of the following is correct about organ transplant surgery according to the passage?
(a) It is only available in the US and China.
(b) Some people are worried that it is too dangerous.
(c) It is not available to everyone because the demand for organs is greater than the supply.
(d) It costs more money in China than in any other country in the world.

31. Our organization's courses are designed to assist individuals from disadvantaged backgrounds. Working together with local community organizations, we provide practical learning opportunities for unemployed adults interested in acquiring new work skills. Using local facilities, such as schools and community centers, we have held more than 1,000 training classes across the country in the past year alone. By bringing our classes into the poor rural and urban areas where they are needed most, we have made getting a practical education convenient for thousands of people. We provide a variety of courses, all of which are designed to increase an individual's employment potential.

Q. Which of the following is NOT correct according to the passage?
(a) The organization offers a varied curriculum.
(b) People get their training in local buildings.
(c) People are given jobs after graduating.
(d) Both rural and urban residents can benefit from the course.

32. Affluenza is a term used in this book to describe the problem our society has with over-consumption. One of the symptoms of affluenza is a general feeling of unhappiness despite owning more possessions than we need. These days, people are spending less time with their families and more time working in order to earn the money they need to keep buying more and more things. However, because they work so much, they can't spare any time to enjoy their purchases. The book goes on to explain the primary causes of affluenza, including the mistaken belief that happiness can be accomplished through material possessions. As a conclusion, the author suggests we focus on friends and family, rather than work and possessions to avoid suffering from affluenza.

Q. Why are people unhappy despite plenty of wealth according to a book review?
(a) They don't understand the value of hard work.
(b) They don't know where true happiness comes from.
(c) They fear they might go bankrupt soon.
(d) They constantly worry about paying their debts.

33. If you're interested in what's going on in the university's computer engineering department, come visit the annual Technology Fair being held in the campus Science Center on Monday, October 6th. This year, our theme is *Where Technology Meets Education*. The focus is on projects that use the latest technology to improve classroom activities. Seven different faculty members will be showcasing projects ranging from paperless textbooks to student assessment software. There will also be a number of educational technology companies on hand, offering information on their various projects and services. This year's co-sponsors are AVI Software, Inc. and the Student Council.

Q. What kind of exhibits can be seen in the fair?
(a) A history of innovative engineering projects
(b) A number of new computer engineering textbooks
(c) Search engines that help students do their research
(d) Electronic tools designed for educational purposes

34. "Space management" is a highly sophisticated method of influencing the way you shop in a supermarket in order to maximize the profits of the store. You step into the aisles and are faced with the widest possible choice of food and drinks, but you will shop in a completely predictable way. Space management teams know that consumers can be swayed by the following rules: certain products will be more noticeable in some parts of the store than others, products sell best when they are placed at eye level, and products placed at the beginnings of aisles don't sell well. Any spot where you are likely to stand still for more than a few seconds is good for sales.

Q. What can be inferred from the passage?
(a) Most shoppers buy more than they need in the supermarket.
(b) A wide selection of items is the key to increasing sales.
(c) Space management involves where products are displayed.
(d) Space management helps consumers find quality goods quickly.

35. Aviation experts began dreaming of a supersonic airliner in the 1950s, and in 1962, Britain and France decided to develop one together. French President Charles de Gaulle named the project "Concorde," which means "unity" in French. In March 1969, Concorde 001, a plane with a fuselage made of aluminum alloy with long triangular wings and four engines, was introduced. Following successful test flights, British Airways and Air France finally launched the Concorde on trans-Atlantic commercial flights in 1976. However, there were chronic problems such as a lack of economic efficiency and various technical challenges, and in 2000 a horrific accident occurred in which all the passengers died. This led to a decline in passengers, aggravating existing financial problems and forcing the Concorde to halt its flights in 2003.

Q. What can be inferred from the passage?
(a) The Concorde was first designed to be used as a presidential jet.
(b) The British government felt a greater need to develop a supersonic airliner.
(c) The Concorde ultimately failed to gain customers' trust and loyalty.
(d) Britain and France are proud of their Concorde experiment.

36.

> Dear Editor:
>
> It is not surprising that the article you published on February 8th, "Down with Exams," has aroused a great deal of sympathetic comment among your readers. Everyone including myself knows that examinations are frequently unsatisfactory. Nevertheless, I don't believe this means we should trust teachers to pass or fail students on the basis of personal feelings and opinions rather than objective academic results, as Mr. Pratt suggests. He thinks no harm would be done if people with an inadequate knowledge of foreign languages were allowed to pass. But would he venture to be operated on by a surgeon who had gained his qualifications in a similar way?
>
> Sincerely,
>
> John Macklin

Q. What can be inferred from the letter?
(a) Pratt's suggestion has attracted little public interest.
(b) Pratt wants to improve exams rather than abolish them.
(c) Macklin thinks tests for doctors should be harder than language tests.
(d) Macklin believes the exam system is a necessary evil.

37. Unlike other members of their species, albino animals are unable to produce melanin in their cells. Because of this, they are pale in appearance, with white or pink skin and fur. In theory, this lack of protective coloring should make them stand out to both predators and prey. An albino rabbit, for example, should be easier for a passing hawk to spot, when compared to other rabbits whose coloration blends in with the soil. Research, however, has shown that although an albino rabbit appears conspicuous to humans, this is not necessarily the case with other animals. Hawks, for example, may rely primarily on shape and movement when determining what is prey and what isn't. In this case, it would make little difference whether a rabbit were white or brown.

Q. What can be inferred from the passage?
(a) Albino animals are easy prey for hawks.
(b) A lack of melanin is effective camouflage.
(c) Albino animals are rarely predators.
(d) Melanin is not necessary for survival.

Read the passage. Then identify the option that does NOT belong.

38. Bach's music is notorious for its technical difficulties. (a) His works for clavier such as *Italian Concerto* and *Goldberg Variations* are a showcase of the dramatic contrast between right hand and left hand keyboard techniques, enabling listeners to have a harmonically integrated German musical experience at its finest. (b) However, this high level of advanced artistic style requires the highest level of mastery of keyboard techniques for the vision to be realized in actual performance. (c) Well-respected as an organist throughout Germany, Bach was not as widely recognized as his contemporaries Handel and Scarlatti. (d) Bach's vocal works are also said to be as demanding as his keyboard works in terms of their technical skills.

39. The crime of stalking is defined as repeated acts of harassment and unwanted following. (a) But in the United States, no laws existed to protect the victims of stalkers and the most that police officials could do was arrest the stalker for a minor offense. (b) Some stalkers are too mentally deranged and obsessed to be put in prison. (c) In 1990, in California, the first anti-stalking law was drafted, and now most states have passed similar laws. (d) These measures, which carry with them penalties of up to ten years in prison, show that legislators are finally getting serious about addressing this crime.

40. The wealth that America enjoyed during the 1920s was well-reflected in cultural works of the time. (a) In fashion and architecture, the art deco style symbolized the affluent times through its excessively decorative details in the frame of geometric shapes and lines. (b) Literature saw both a strong confidence in capitalism and a certain sense of emptiness behind success, as shown in the works of F. Scott Fitzgerald. (c) And movies with sound were first made during this period, thanks to a capital investment totaling more than $2 billion. (d) Some of the films emphasized equality for minorities by showing whites and minorities dancing and eating together.

▌지은이▐

장보금
이익훈 어학원(강남 본원) TEPS 강사

써니박
EaT 영어발전소 대표

TEPS BY STEP
Grammar＋Reading 〈Level 3〉

펴 낸 이	김준희
펴 낸 곳	서울 마포구 서교동 447-5 풍성빌딩 (주)능률교육 (우편번호 121-841)
펴 낸 날	2010년 2월 20일 초판 제1쇄 2010년 8월 20일 제2쇄
전 화	02 2014 7114
팩 스	02 3142 0357
홈 페 이 지	www.neungyule.com
등 록 번 호	제1-68호
정 가	16,000원

능률교육

고 객 센 터

교재 내용 문의 (02-2014-7114)
제품 구입, 교환, 불량, 반품 문의 (02-2014-7118 / 7177)
☎ 전화 문의 응답은 본사의 근무 시간(월-금/오전 9시30분~오후 6시) 중에만 가능합니다. 이외의 시간에는 www.teensup.com의
〈고객센터〉 → 1:1 게시판에 올려주시면 신속히 답변해 드리도록 하겠습니다.

꿈멤버십
인증번호 혜택은 그대로,
꿈포인트의 활용과 적립은 더 다양하게!

P 꿈포인트
꿈포인트 몰에서
꿈티켓 및 팬시용품 구매

123 인증번호
교재, Tape 속에 위치

MP3 BOOK 꿈티켓
교재, 인강, 유료MP3 결제

꿈매니아
꿈씨앗, 꿈새싹, 꿈나무,
꿈열매 등 회원등급

인증번호 입력, 꿈포인트 적립, 자세한 꿈멤버십의 혜택 정보는

www.teensup.com 에서

인증번호	QKKADWAGADTJ1961

※ 주의: 구매하지 않은 교재의 인증번호를 입력하여 꿈포인트를 획득하시면 적발시 모든 꿈포인트를 소멸당하는 등 불이익이 있을 수 있습니다.

우 편 엽 서

보내는 사람

e-mail 주소: ID:

이름: (남 · 여)   전화(   )   −

주소:

           학교   학년

□□□ − □□□

우표

받는 사람

서울 마포구 서교동 447−5 풍성빌딩
능률교육 앞

1 2 1 − 8 4 1

능률 Teens UP 고객만의 특권! 꿈포인트를 적립하세요!

능률을 사랑하면 사랑할수록 쌓이는 꿈포인트!
꿈포인트로 높아지는 나의 회원 등급, 꿈매니아!
꿈포인트로 팬시상품, 꿈티켓 구매, 세미나 참여 등
특권을 누리세요!

꿈포인트 쌓기

- 회원 가입 시, 부가 정보 입력만으로도 1,000꿈포인트가 적립!
- 교재, Tape 구매 후, 제품 속 인증번호 16자리를 Teens UP 사이트에 등록한다! 무려 제품가격의 7%만큼 꿈포인트로~!
- Teens UP 내에서 내게 필요한 강좌, 교재, Tape, 유료 MP3 등을 구매하면, 더욱 쑥쑥 자라는 내 꿈포인트!
- 사용하신 교재, 강좌의 후기를 작성하면 500꿈포인트 적립!
- Teens UP 내 여러 이벤트, '생활의 내공', '재미it수다' 등 다양한 참여코너에서 우수 참여자로 맹활약!

특권 누리기

- 교재, 강좌를 결제할 수 있는 꿈티켓, 각종 팬시 용품 등 꿈포인트 몰에 올라온 탐나는 물건을 내 것으로!
- 꿈포인트 적립 정도에 따라 세미나, 시사회 이벤트 등 여러 특별 이벤트에 참여! (수시 진행) 추가 마일리지와 꿈티켓까지 무료로!

※ 주의: Teens UP 고객분들께 드리는 위의 혜택 내용들은 당사의 사정에 따라 사전통보없이 변경될 수 있습니다.

인증번호 입력, 꿈포인트 적립, 자세한 꿈멤버십의 혜택 정보는
www.teensup.com 에서

독자 여러분의 의견은 보다 나은 교재 만들기에 많은 도움이 됩니다.

TEPS BY STEP G/R ⟨level 3⟩

1. 당신의 영어성적은?
- ☐ 상　　☐ 중상　　☐ 중　　☐ 하

2. 본 교재를 알게 된 계기는?
- ☐ 친구/선배 소개　　☐ 학교/학원 부교재
- ☐ 서점에서 보고　　☐ 교재 속 광고
- ☐ 인터넷 검색　　☐ 기타 : _____

3. 본 교재의 구입을 결정한 이유는? (있는대로 골라 우선 순위를 매기세요.)
- ☐ 제목을 보고　　☐ 내용이 좋아서
- ☐ 디자인이 마음에 들어서　　☐ 교사/강사 권유
- ☐ 출판사를 신뢰하기 때문에
- ☐ 기타 : _____

4. 본 교재의 난이도는?
- ☐ 어렵다　　☐ 적절하다　　☐ 쉽다

5. 본 교재의 디자인에 대한 평가는?
- 표지: _____
- 내지: _____

6. 본 교재의 장/단점은?
- 장점: _____
- _____
- 장점: _____
- _____

7. 주변에서 인기 있는 TEPS 교재와 그 이유는?
- 교재명: _____
- 이 유: _____

8. 능률교육에 바라는 점이 있다면?
- _____

★ 고객 엽서를 보내시면 모든 분께 300꿈포인트를 드립니다!
(단, Teens Up의 회원이셔야 하며 본 엽서 앞면에 ID를 써 주셔야 합니다.)

Learning Smartly, Catching Dreams 능률교육

고객 엽서를 보내 주세요! 모든 분께 300꿈포인트를 드립니다! Teens UP 사이트의 온라인엽서, 서평 참여해도 500꿈포인트!

토마토 TEPS 만의
30일 완성 3단계 학습 시스템
www.tomatoteps.com

이찬승의 텝스 정복 노하우

이찬승 이보영 김유현 지음
John Boswell 지음

TEPS
READING

토마토 TEPS

EBS longo 공식 채택 교재 www.ebslang.co.kr

step1

온라인
어휘테스트로
예습

step2

텝스 전문 강사의
무료 동영상
강의를 들으며
교재 내용 학습

step3

보너스
실전 문제
풀면서 복습

이찬승의 텝스 정복 노하우

토마토 TEPS

READING
(GRAMMAR / VOCA / READING)
이찬승 저

LISTENING
써니박, 장보금 저

최신 기출 경향 완벽 반영!
텝스 전문강사가 짚어주는 유형별 전략!
다양한 실전 문제로 실전 감각을 키워주는, 토마토 TEPS!

능률교육

NEUNGYULE TEXTBOOK GUIDE MAP

영어내공지수(NE지수)를 참고하여 교재 선택하고,
영어내공을 쑥쑥~ 올려보세요!

Tape, MP3, 온라인 강좌 등 교재 관련 서비스 및 자세한 교재 정보는 www.teensup.com에서 확인하세요.

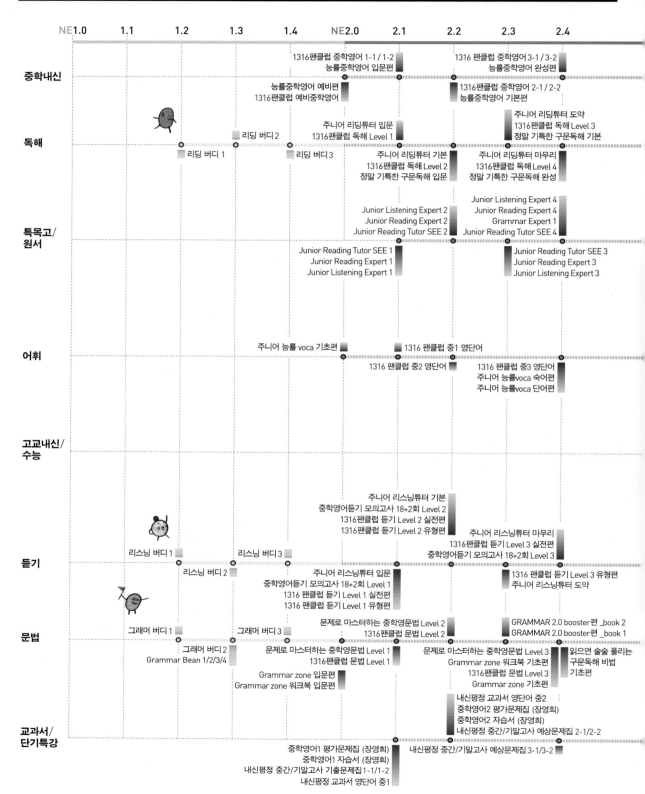

NE1.0　1.1　1.2　1.3　1.4　NE2.0　2.1　2.2　2.3　2.4

중학내신

1316팬클럽 중학영어 1-1 / 1-2
능률중학영어 입문편
1316 팬클럽 중학영어 3-1 / 3-2
능률중학영어 완성편

능률중학영어 예비편
1316팬클럽 예비중학영어
1316팬클럽 중학영어 2-1 / 2-2
능률중학영어 기본편

독해

리딩 버디 2
주니어 리딩튜터 입문
1316팬클럽 독해 Level 1
주니어 리딩튜터 도약
1316팬클럽 독해 Level 3
정말 기특한 구문독해 기본

리딩 버디 1
리딩 버디 3
주니어 리딩튜터 기본
1316팬클럽 독해 Level 2
정말 기특한 구문독해 입문
주니어 리딩튜터 마무리
1316팬클럽 독해 Level 4
정말 기특한 구문독해 완성

특목고/원서

Junior Listening Expert 4
Junior Reading Expert 4
Grammar Expert 1
Junior Reading Tutor SEE 4

Junior Listening Expert 2
Junior Reading Expert 2
Junior Reading Tutor SEE 2

Junior Reading Tutor SEE 1
Junior Reading Expert 1
Junior Listening Expert 1

Junior Reading Tutor SEE 3
Junior Reading Expert 3
Junior Listening Expert 3

어휘

주니어 능률 voca 기초편
1316 팬클럽 중1 영단어

1316 팬클럽 중2 영단어
1316 팬클럽 중3 영단어
주니어 능률voca 숙어편
주니어 능률voca 단어편

고교내신/수능

듣기

주니어 리스닝튜터 기본
중학영어듣기 모의고사 18+2회 Level 2
1316팬클럽 듣기 Level 2 실전편
1316팬클럽 듣기 Level 2 유형편
주니어 리스닝튜터 마무리
1316팬클럽 듣기 Level 3 실전편
중학영어듣기 모의고사 18+2회 Level 3

리스닝 버디 1
리스닝 버디 3

리스닝 버디 2
주니어 리스닝튜터 입문
중학영어듣기 모의고사 18+2회 Level 1
1316 팬클럽 듣기 Level 1 실전편
1316 팬클럽 듣기 Level 1 유형편
1316 팬클럽 듣기 Level 3 유형편
주니어 리스닝튜터 도약

문법

문제로 마스터하는 중학영문법 Level 2
1316팬클럽 문법 Level 2
GRAMMAR 2.0 booster편 _book 2
GRAMMAR 2.0 booster편 _book 1

그래머 버디 1
그래머 버디 3

그래머 버디 2
Grammar Bean 1/2/3/4
문제로 마스터하는 중학영문법 Level 1
1316팬클럽 문법 Level 1
문제로 마스터하는 중학영문법 Level 3
Grammar zone 워크북 기초편
1316팬클럽 문법 Level 3
Grammar zone 기초편
읽으면 술술 풀리는
구문독해 비법
기초편

Grammar zone 입문편
Grammar zone 워크북 입문편

교과서/단기특강

내신평정 교과서 영단어 중2
중학영어2 평가문제집 (장영희)
중학영어2 자습서 (장영희)
내신평정 중간/기말고사 예상문제집 2-1/2-2

중학영어1 평가문제집 (장영희)
중학영어1 자습서 (장영희)
내신평정 중간/기말고사 기출문제집 1-1/1-2
내신평정 교과서 영단어 중1
내신평정 중간/기말고사 예상문제집 3-1/3-2

TEPS 정복을 위한
단계별 학습서

TEPS BY STEP

정답 및 해설

GRAMMAR
+
READING

3

Grammar

part 1 대화문

Practice TEST

p. 18-19

1. (c) 2. (a) 3. (b) 4. (a) 5. (a) 6. (d)
7. (d) 8. (a) 9. (c) 10. (c) 11. (a) 12. (b)

1. (c)
해석 A: 설거지를 아직도 안 했니?
B: 오전에 하려고 했는데, 시간이 없었어.
해설 적절한 시제를 고르는 문제이다. 문맥상 '오전 중에 하려고 했는데 시간이 없었다'는 내용이므로 빈칸에는 but 뒤의 과거시제와 같은 시점을 나타내는 (c)was going to를 쓰는 것이 적절하다.

2. (a)
해석 A: 제주도에 대해서 많이 아시는 것 같네요.
B: 네. 직업 때문에 3년 동안 제주도에서 살았거든요.
해설 문맥상 필요한 '한때 ~였다'라는 표현은 (a)의 'used to + 동사원형'으로 나타낸다. (d)의 be used to v-ing는 '~에 익숙하다'라는 뜻이므로 구별하도록 한다.

3. (b)
해석 A: 그 유명한 가수를 우연히 봤다는 게 사실이야?
B: 응, 게다가 더 좋은 것은, 그녀가 바로 내 앞에 있었다는 거지.
해설 문맥상 '바로 내 앞에'라는 의미를 나타내려면 빈칸에는 in front of me를 강조하는 부사가 필요하다. 선택지에 있는 4개의 부사 중 전치사(구)나 부사 앞에 쓰여 '바로'라는 뜻을 나타내는 표현은 (b)right이다. right은 '바로'의 의미로 right here, right over there, right now 등의 표현에서 자주 쓰이므로 익혀두도록 한다.

4. (a)
해석 A: 후식으로 아이스크림을 먹을 수 있을까?
B: 응. 집에 오는 길에 좀 사왔어.
해설 빈칸에는 앞서 언급된 명사 ice cream을 받는 대명사가 필요하다. ice cream은 불가산명사이므로 복수형으로 쓰인 (b)는 답이 될 수 없고, (c)는 가산명사를 대신할 뿐 아니라 부정적 의미로 쓰이므로 문맥에 어울리지 않는다. 남은 선택지 (a)와 (d) 중 긍정문에서 '약간'이라는 의미로 쓰이는 것은 (a)some이다.

5. (a)
해석 A: 당신 생각에 샘이 우리를 공항에 태워줄 수 있을 것 같아요?
B: 나는 그가 그럴 수 있을 만큼 충분히 컸다고 생각해요.
해설 enough가 형용사로 쓰여 명사를 수식할 경우에는 명사의 앞에 위치하지만, 부사로 쓰일 경우에는 형용사나 부사의 뒤에서 수식한다. 주어진 문장에서 enough는 형용사 old를 수식하는 부사로 쓰여야 하므로 가능한 선택지 (a)와 (d) 중 to부정사가 부사적 용법으로 쓰인 (a)가 정답이다. '형용사[부사] + enough + to부정사(~할 만큼 충분히 …한[하게])'의 관용표현으로 익혀두도록 한다.

6. (d)
해석 A: 이 말도 안 되는 드라마를 더 이상 보고 싶지 않아. 너는 어때?
B: 나도 그래. 뉴스가 어느 채널이지?
해설 빈칸 뒤에 이어진 내용으로 보아 B도 A의 의견에 동의하고 있음을 알 수 있다. 부정문에 대한 동감의 표현으로 '나도 그래'라는 뜻을 나타낼 때는 'Neither[Nor] + 동사 + 주어'의 어순을 사용한다.

7. (d)
해석 A: 사우나에 가는 것을 좋아하신다고 들었어요. 얼마나 자주 가세요?
B: 음, 요즘은 너무 바빠서 3주에 한 번 정도만 갈 수 있답니다.
해설 '~마다, ~간격으로'라는 의미의 표현은 'every + 기수 형용사 + 복수명사'로 나타내므로 정답은 (d)이다.

8. (a)
해석 A: 내가 물리학에서 낙제를 했다는 사실을 누가 너한테 말해준 거야?
B: 폴이 그랬어. 하지만 그가 너에 대해 나쁘게 말하려는 의도는 분명 전혀 없었어.
해설 빈칸 부분은 원래 Paul told me that you got an F in physics.인데, 반복되는 부분(told me that~)을 대신하여 대동사 do를 사용한 경우이다. 이때 대동사는 생략된 부분의 모든 내용을 포함하므로 선택지 (b)처럼 따로 대명사를 쓸 필요가 없다.

9. (c)
해석 A: 테드, 난 이제 수업에 들어가 봐야겠어. 나중에 보자.
B: 그래. 내게 시간을 내줘서 고마워. 이야기 나누어서 즐거웠어.
해설 '~해서 좋았다, ~해서 즐거웠다'라고 표현할 때는 It's been nice v-ing의 표현을 쓴다. 처음 만나서 나누는 인사는 'Nice to meet you.(만나서 반갑습니다.)'인 반면, 헤어질 때는 'Nice meeting you.(오늘 즐거웠어요.)'라고 한다는 사실도 기억해 두도록 한다.

10. (c)
해석 A: 항공사에 우리 비행일정 확인전화 하는 거 기억했니?
B: 아이쿠! 완전히 잊어버렸네. 지금 당장 하게.

해설 　동사 remember는 목적어로 to부정사를 쓰면 '~할 것을 기억하다'라는 의미로 해석되고 동명사를 쓰면 '~했던 것을 기억하다'라는 의미로 해석된다. 문맥상 A는 해야 할 일을 기억했는지를 묻고 있는 것이므로 빈칸에는 (c)to call을 쓰는 것이 적절하다.

11. (a)

해석 　A: 와! 너 소장하고 있는 책이 정말 많구나.
　　B: 응, 내 서고에 있는 책의 수는 2천 권이 넘어.

해설 　주어 자리에 'the number of(~의 수) + 명사'가 올 경우 number가 주어이므로 그 뒤의 복수명사와 관계없이 동사는 단수형을 써야 한다. 참고로 'a number of(많은) + 복수명사'가 주어 자리에 오면 복수명사에 맞추어 복수형 동사를 써야 한다.

12. (b)

해석 　A: 혹시 누구든 영어 사전 가지고 있는 사람 있어? 표현 하나를 찾아봐야 해서.
　　B: 내가 가지고 있어. 자, 여기 있어.

해설 　상대방에게 물건 등을 건네주면서 '자, 여기 있어'라고 할 때는 유도부사 here를 사용하여 Here you are. 또는 Here it is.라고 한다.

part 2 단문

Practice TEST
p. 22-23

1. (d)	2. (a)	3. (d)	4. (d)	5. (b)	6. (b)
7. (a)	8. (a)	9. (b)	10. (d)	11. (a)	12. (c)
13. (b)	14. (d)				

1. (d)

해석 　알렉스의 부모님은 다음 주면 결혼한 지 50주년이 되신다. 그래서 그는 부모님의 금혼식 파티 준비로 무척 바쁘다.

어휘 　golden anniversary 50주년 기념일, 금혼식

해설 　적절한 시제를 묻는 문제이다. for 50 years next week는 '다음 주가 되면 50년이 된다'라는 의미이므로 빈칸에는 과거에서 시작되어 미래에 완료되는 것을 표현하는 미래완료시제를 쓰는 것이 적절하다. 또한 동사 marry는 타동사인데 빈칸 뒤에 목적어가 없으므로 수동태를 적용한 선택지 (d)가 정답이 된다.

2. (a)

해석 　수잔의 집에서 엎어지면 코 닿을 거리에 위치해 있기 때문에 그 공원은 그녀의 가족들이 산책, 조깅을 하거나 그냥 휴식을 취할 수 있는 이상적인 장소이다.

해설 　문맥상 '~로부터'의 의미가 필요하므로 공간이나 간격의 기점을 나타내는 전치사 from이 정답이다. a stone's throw (from)은 가까운 거리를 나타낼 때 사용되는 관용표현으로 익혀두는 것이 좋다.

3. (d)

해석 　내가 겨우 30분 정도를 잤을 때 배달원이 초인종을 눌렀고 그 이후에는 5분 간격으로 전화벨이 울렸다.

해설 　배달원이 초인종을 누른 것이 과거시제로 쓰였고 문맥상 I는 그보다 적어도 30분 전부터 잤던 것이므로 빈칸은 대과거인 과거완료(진행)시제로 나타내는 것이 적절하다.

4. (d)

해석 　그의 가족의 헌신적인 도움이 없었더라면, 닉은 세계적으로 유명한 피아니스트가 되지는 못했을 것이다.

어휘 　devoted 헌신적인 / assistance 도움

해설 　comma(,) 앞 부분의 Had it not been for~는 '~이 없었더라면'의 의미로, 접속사 if가 생략되면서 주어와 동사가 도치된 가정법 과거완료의 조건절이다. 문맥상 과거 사실에 대한 가정을 나타내고 있으므로 주절에도 가정법 과거완료를 나타내는 would have p.p.가 필요하다.

5. (b)

해석 　팬들을 향한 그의 태도는 그가 다른 사람들과 주변 세상에 얼마나 무관심한지를 보여준다.

해설 　선택지를 보면 태와 수 일치를 묻는 문제임을 알 수 있다. 빈칸 뒤에 목적어로 쓰인 명사절이 있으므로 능동태이고, 빈칸 앞의 주어 attitude는 단수명사이므로 단수동사를 골라야 한다. 따라서 두 가지 조건을 모두 만족시키는 (b)가 정답이다.

6. (b)

해석 　뽑을만한 후보자가 꽤 많이 있지만, 내가 생각하기에 가장 이 상을 받을 자격이 있다고 여겨지는 사람을 뽑겠다.

해설 　빈칸 앞의 선행사(the person)가 사람을 나타내므로 가능한 선택지는 (b)와 (c)이다. 또한 빈칸 뒤의 I believe는 삽입절이므로 그 뒤의 동사인 is에 연결될 수 있는 주격 관계대명사 who가 정답이다. 이와 같이, 관계대명사절 내에 '주어 + believe[imagine/guess/suppose/think]' 등의 절이 삽입될 수 있는데, 이 경우 삽입절은 관계대명사의 격이나 수에 영향을 미치지 못하며 생략해도 문장 전체의 의미에는 변함이 없다.

7. (a)

해석 　이 소설은 모든 등장인물들이 결국 비극적인 죽음을 맞이한다는 점에서 그의 전작들과 다르다고 할 수 있다.

해설 　알맞은 부사절 접속사를 고르는 문제이다. 문맥상 '~라는 점에 있어서'의 의미가 필요하므로 정답은 in that이다.

8. (a)

해석 심사위원회가 무엇보다도 가장 중요시하는 것은 지원자의 현재 위치가 아닌 성장 가능성이다.

어휘 potential 잠재력 / screening committee 심사위원회

해설 It is ~ that 강조구문이 쓰인 문장임을 파악해야 한다. 빈칸의 위치는 that절 속의 동사 자리이므로 네 개의 선택지 중에서 동사로 시작되는 (a)가 정답이다.

9. (b)

해석 대단히 많은 사람들이, 인터넷이 그들에게 항상 정확한 사실만을 제공하는 것은 아닌데도, 인터넷을 믿을 만한 정보를 얻을 수 있는 곳으로 여기고 있다.

해설 'A를 B로 여기다'라는 의미는 'think of A as B' 구문으로 나타낼 수 있으며, 이외에 'regard[look upon/view/see/consider] A as B'로도 같은 의미의 표현이 가능하다.

10. (d)

해석 TV에서 방영된 두 후보자 간의 토론회 이후에 시청자들 중 3분의 2 이상이 밀러씨가 선거에서 우세할 것이라고 예측했다.

해설 동사 expect의 주어를 찾는 문제이다. '명사 of 명사'의 형태로 구성된 주어자리에 분수나 percent와 같은 부분 표시어가 포함될 경우 '부분 표시어 + of + 명사'의 순서로 쓴다.

11. (a)

해석 변호사나 공인회계사 자격시험처럼, 예전에는 남성들이 지배했던 다양한 시험에서 요즘은 여성들이 두각을 나타낸다.

어휘 excel 빼어나다, 탁월하다 / dominate 우위를 차지하다

해설 빈칸 앞에 있는 선행사 examinations를 수식하는 관계대명사절을 묻는 문제이다. 즉, 원래 문장은 men once dominated the examinations였는데 관계사절로 전환되면서 which men once dominated가 된 형태이다. 이때 목적격 관계대명사 which는 생략이 가능하므로 정답은 (a)이다.

12. (c)

해석 그렇게 황당한 경험을 예전에 겪어본 적이 없었기 때문에 나는 어떻게 해야 할지를 몰랐다.

해설 분사구문의 알맞은 형태를 고르는 문제이다. 문맥상 분사구문의 시제가 주절의 시제보다 한 시제 앞서므로 완료분사구문(Having p.p.)을 써야 하며, 분사구문의 부정은 분사 앞에 not이나 never를 써서 나타내므로 (c)Never having had가 정답이다.

13. (b)

해석 이 수업에서는 지난 50년간 대통령 후보들에 의해 사용된 선거유세 전략이 어떻게 바뀌어 왔는지를 검토할 것입니다.

해설 문장구조상 동사 review의 목적어로 쓰인 명사절에서의 주어는 election campaign strategies이고 동사는 have changed이므로 빈칸에는 주어를 수식하는 어구가 필요하다.

주어진 문장에서 strategies는 타동사인 use의 주체가 아닌 대상이므로 수동의 의미가 있는 과거분사 used가 정답이다. (d)의 to use도 명사를 수식하는 형용사의 기능을 하지만 '~할 [하는]'이라는 의미를 나타내므로 문맥상 적절하지 않다.

14. (d)

해석 그는 컴퓨터를 끄자마자 중요한 이메일을 보내야 한다는 사실이 떠올랐다.

해설 부정의 뜻을 나타내는 no sooner가 문두에 오면 뒤따르는 문장은 도치되므로 가능한 선택지는 (b), (c), (d)이다. 이때 빈칸에 들어갈 내용은 과거시제로 쓰인 than 이하의 내용보다 앞선 상황이므로 선후관계를 밝히기 위해 대과거(had p.p.)로 나타내야 한다. 따라서 정답은 (d)이다.

part 3 긴 대화문

Practice TEST

p. 26-27

1. (d) either → too   **2.** (d) I am hard to live → It is hard for me to live   **3.** (c) how many you do want → how many do you want   **4.** (c) enjoyed rye bread → enjoyed the rye bread   **5.** (c) Since → For   **6.** (b) visited to the Science Museum → visited the Science Museum   **7.** (a) How is the weather like → What is the weather like[How is the weather]   **8.** (c) where does he live → where he lives   **9.** (c) I did told → I did tell[I told]   **10.** (c) any good restaurant → any good restaurants   **11.** (d) I wish we rented → I wish we had rented   **12.** (a) has been driven me → has been driving me [has driven me]

1. (d)

해석 (a) A: 나 햄버거 가게에 갈 건데. 뭐 원하는 거 있어?
　　(b) B: 응. 치즈버거 하나랑 콜라 한 잔만 사다 줄래?
　　(c) A: 좋아. 더 필요한 건?
　　(d) B: 응, 한 가지만 더. 감자튀김도 부탁해.

해설 (d)에서 '또한, 역시'의 의미로 either가 사용되고 있는데, either는 부정문의 끝에서 '또한, 역시'의 의미로 사용되어야 하므로 적절하지 않다. 주어진 문장은 긍정문이기 때문에 either를 too로 고쳐야 한다.

2. (d)

해석 (a) A: 낸시, 무슨 일 있니? 걱정스러워 보인다.
　　(b) B: 내 룸메이트 말이야. 그 애가 도무지 청소를 하지 않아서

아파트가 항상 지저분해.

(c) A: 굉장히 짜증나겠다. 너는 집이 깨끗하게 정돈되어 있는 것을 좋아하잖아.

(d) B: 그래. 그녀와 함께 사는 것이 힘들어. 아무래도 이 문제에 대해 그녀에게 얘기해야겠어.

어휘 messy 지저분한 / neat and tidy 깨끗하게 정리된

해설 difficult, hard, easy, possible 등의 형용사는 원칙적으로 사람을 주어로 하지 않고 'It is ~ + for 목적격 + to부정사' 형식의 가주어-진주어 구문으로 사용된다. 단, 사람이 to부정사의 목적어로 쓰인 경우에는 가주어 it 대신에 이를 주어로 하는 문장으로도 바꿔 쓸 수 있다. 따라서 (d)의 주어 자리에 있는 대명사를 to부정사의 목적어 자리에 보낼 수 없다면 문장을 가주어-진주어 구문으로 고치고 주어 자리에 있던 대명사를 to부정사의 의미상의 주어 자리로 보내야 한다.

3. (c)

해석 (a) A: 토니, 너 벽돌이 좀 필요하다고 했지. 어디에 쓸 건데?

(b) B: 세탁기 밑에 받치려고.

(c) A: 좋아, 여기에 좀 있어. 그런데 몇 개나 필요해?

(d) B: 그냥 네 개면 돼.

어휘 do 적절하다, 충분하다

해설 (c)는 '몇 개를 원하는가?'라는 뜻의 직접의문문이므로 '의문사 + 조동사(do) + 주어 + 본동사의 원형 ~?'의 어순으로 써야 한다. 따라서 But how many do you want?로 고쳐야 한다.

4. (c)

해석 (a) A: 내가 지금까지 먹어본 것 중에서 가장 맛있는 파스타였어! 너는 어땠어?

(b) B: 정말 그래! 크림 소스는 환상적이었어.

(c) A: 게다가 에피타이저로 나온 호밀빵도 맛있더라.

(d) B: 나도. 가격이 좀 비쌌지만, 오늘 저녁 식사에 완전히 만족했어.

어휘 rye 호밀 / appetizer 전채 요리

해설 bread는 일반적인 의미에서의 '빵'을 의미할 때는 불가산명사이므로 관사를 동반하지 않지만, (c)에서처럼 '특정한 빵'을 나타낼 때는 앞에 정관사 the를 수반한다.

5. (c)

해석 (a) A: 케리 박사님, 코가 꽉 막히고 목이 너무 아파요.

(b) B: 이 증상이 얼마나 오래 되었나요?

(c) A: 일주일쯤 됐어요. 금방 나을 줄 알았는데 그렇지 않네요.

(d) B: 그밖에 다른 증상은 없나요?

어휘 have a stuffy nose 코가 막히다

해설 (c)는 '이 증상이 얼마나 오래 되었는가?'라는 질문에 대한 답변이기 때문에 상태의 지속을 나타내는 현재완료시제와 어울리는 시간 부사(구)를 써야 한다. since는 그 뒤에 과거의 특정 시점을 나타내는 표현이 연결되어야 하므로 over a week 앞에는 기간을 나타내는 전치사 for(~동안)를 쓰는 것이 적합하다.

6. (b)

해석 (a) A: 주디, 여행 중에 가장 재미있었던 경험은 뭐였어?

(b) B: 뉴욕에 있는 과학 박물관에 갔을 때 굉장히 인상적이었어.

(c) A: 정말? 난 네가 과학에 관심이 있는 줄은 몰랐는걸.

(d) B: 나는 과학이 굉장히 지루하고 어렵다고 생각했었는데 여행 이후로 좋아하게 되었어.

어휘 come to + 동사원형 ~하게 되다

해설 (b)에서 visit는 타동사이기 때문에 뒤에 전치사를 수반하지 않고 직접 목적어를 취할 수 있다. 따라서 visited 뒤의 전치사 to를 제거해야 한다.

7. (a)

해석 (a) A: 오늘 날씨 어때요, 엄마?

(b) B: 하늘에 먹구름이 잔뜩 있는 걸 보니 금방이라도 비가 쏟아질 것 같구나.

(c) A: 어딘가로 드라이브 가고 싶어요.

(d) B: 그건 좋은 생각이 아닌 것 같아. 봐! 이제 밖에는 비가 퍼붓고 있잖니.

어휘 pour 따르다; (비가) 마구 쏟아지다

해설 (a)의 의문사 자리에는 전치사 like의 목적어가 될 수 있는 의문대명사가 필요하다. 의문부사인 how는 전치사의 목적어 역할을 할 수 없으므로 (a)의 의문문은 What is the weather like? 또는 How is the weather?로 표현해야 한다.

8. (c)

해석 (a) A: 톰슨씨, 제가 이사오기 전에 이 아파트에 누가 살았었는지 혹시 아세요?

(b) B: 네. 제 친구 테드요. 무슨 문제가 있나요?

(c) A: 이사가실 때 이곳에 두고 가신 게 있어서요. 그 분이 지금 어디에 사는 지 아시나요?

(d) B: 네. 저한테 주시면 제가 그에게 전해줄게요.

해설 (c)에서 '그가 어디 사는지 아시나요?'라는 표현을 간접의문문으로 나타내고 있는데, 간접의문문의 어순은 '의문사 + 주어 + 동사'가 되어야 한다. 따라서 where does he live를 where he lives로 고치는 것이 적절하다.

9. (c)

해석 (a) A: 제임스, 오늘까지 내 돈을 갚아야 한다고 내가 말했던 거 기억나지?

(b) B: 아니. 처음 듣는 얘기인데.

(c) A: 지난 일요일에 전화로 분명히 말했었잖아. 너 농담하는 거지.

(d) B: 진심이야. 전혀 기억이 나지 않아. 게다가 요즘 정말 돈이 한 푼도 없어.

어휘 That's news to me. 금시초문이다. / broke 무일푼의, 빈털터리의

해설 (c)에 사용된 did는 문맥상 tell의 의미를 강조하기 위해 쓰인 조

동사로 볼 수 있다. 조동사 뒤에는 동사원형을 써야 하므로 told를 tell로 고쳐야 한다. 만약 '강조'에 의미를 두지 않는다면 did told를 told로 써야 한다.

10. (c)

해석 (a) A: 미셸, 오늘 밤에 외식하는 거 어때?
(b) B: 좋은 생각이야. 집에서 매일 요리하는 데 싫증 났어.
(c) A: 이 근처의 좋은 식당 좀 알아?
(d) B: 나는 아직 이 동네에 익숙하지 않아. 인터넷으로 검색해 보자.

어휘 What do you say to v-ing? ~하는 게 어때?

해설 (c)에서 사용된 restaurant는 가산명사이므로 '몇몇의'를 뜻하는 some이나 any와 함께 쓸 경우 복수 형태로 쓰는 것이 옳다.

11. (d)

해석 (a) A: 이 영화는 내가 좋아하는 타입이 아니야. 정말 별로다.
(b) B: 맞아! 기대했던 것보다 훨씬 더 실망스러워.
(c) A: 어떻게 이런 형편없는 영화가 영화 평론가들에게 호평을 받은 걸까?
(d) B: 대신에 코믹영화나 하나 빌려올 걸 그랬어.

어휘 not one's cup of tea ~가 좋아할 만한 타입이 아닌 / You're telling me. 맞아.

해설 I wish (that)절은 가정법 구문으로 현재사실에 대한 아쉬움을 나타내려면 that절의 동사를 과거시제로, 과거사실에 대한 아쉬움을 나타내려면 과거완료시제로 표현해야 한다. (d)에서 B는 지난 일(과거의 선택)에 대한 후회를 하고 있으므로 that절의 동사를 과거가 아닌 가정법 과거완료시제로 써야 한다.

12. (a)

해석 (a) A: 멜라니, 있잖니? 린지 때문에 정말 화가 나!
(b) B: 무슨 일이야? 둘이 좋은 친구 사이인 줄 알았는데.
(c) A: 그랬었지. 하지만 그 애가 내 뒤에서 험담을 했다는 것을 안 이후부터 사이가 안 좋아졌어.
(d) B: 네 기분을 그녀에게 말해보는 건 어때?

어휘 be on bad terms with ~와 사이가 안 좋다 / talk behind one's back 뒤에서 ~를 헐뜯다

해설 (a)에 사용된 동사 drive는 5형식으로 쓰여 '~를 …한 상태로 몰아넣다'의 의미이다. 주어진 문장에서 주어인 Lindsey는 drive의 대상이 아닌 주체이며 drive가 목적어(me)를 동반하고 있으므로 능동태로 쓰는 것이 적절하다. 따라서 수동태 표현인 has been driven me crazy를 능동태인 has been driving me crazy 또는 has driven me crazy로 바꿔야 한다.

part 4 담화문

Practice TEST　　　　　　　　p. 30-31

1. (c) Chinese people suffered from → Chinese people suffering from　　2. (b) too much → too many　　3. (d) are required → require　　4. (c) what possessions he has → what possessions he had　　5. (d) crying hardly → crying hard　　6. (b) can imagine, the kinds → can imagine, and the kinds　　7. (d) If they succeeded → If they had succeeded　　8. (b) Neither of the girls were → Neither of the girls was　　9. (b) any place which → any place where [any place to which]　　10. (c) Lacked → Lacking

1. (c)

해석 (a) 중국에서 에이즈 전염병이 확산되는 것에 대해 중국 정부가 금주에 취한 조치는 충분하지 못했다. (b) 중국 정부가 한 일이라고는 선진국들에게 에이즈 치료제의 가격을 낮춰줄 것을 촉구함으로써 국제사회의 도움을 요청한 것뿐이었다. (c) 사실, 에이즈로 고통 받는 수많은 중국인들을 치료하기 위해 중국 정부는 여태까지 아무 것도 한 것이 없다. (d) 이는 중국 정부가 중국인들의 건강을 위협하는 이번 위기를 해결할 의지가 전혀 없다는 명백한 증거이다.

어휘 in regard to ~에 관해 / epidemic 유행(병), 전염(병) / urge 강력히 촉구하다 / will 의지 / crisis 위기

해설 (c)에서 suffer from은 '~으로 고통 받다, 괴로워하다'라는 뜻이므로, 'AIDS로 고통 받고 있는 중국인들'이라는 능동/진행의 의미를 나타내려면 현재분사의 형태를 써서 Chinese people suffering from AIDS로 표현하는 것이 적절하다. 따라서 과거분사 suffered를 현재분사 suffering으로 고쳐야 한다.

2. (b)

해석 (a) 경제학자들에 의하면, 한국 은행들의 수익이 상당히 향상되었지만, 그들은 잠재 부실채권을 없애는 데 우선순위를 두어야 한다. (b) 은행이 잠재 부실채권을 너무 많이 보유하고 있다는 것은 그 은행이 충분한 자본을 갖고 있지 않으며 금융 충격을 흡수할 능력이 부족하다는 것을 의미한다. (c) 이러한 점들은 은행의 신용등급을 평가할 때 매우 중요한 요소들이므로 정기적으로 공개되어야 한다. (d) 따라서 한국의 은행들은 장기적인 수익을 내기 위해서 잠재 부실채권을 없애고 자기자본을 늘리기 위해 노력해야 한다.

어휘 give priority to ~에 우선순위를 두다 / potential 잠재적인 / bad loan 부실채권 / absorb 흡수하다 / on a regular basis

정기적으로 / eliminate 없애다, 제거하다 / enhance 향상시키다

해설 (b)에서 too much가 potential bad loans를 수식하고 있는데, loans는 복수형으로 쓰인 가산명사이므로 이를 수식하기 위해서는 much가 아닌 many를 쓰는 것이 자연스럽다.

3. (d)

해석 (a) 인간에게 있어 세 가지 주요 영양소는 단백질, 탄수화물, 그리고 지방이다. (b) 우리는 (세포) 조직을 위해 필요한 성분을 공급하거나 우리의 신체를 건강한 상태로 유지하기 위해 이들 영양소를 필요로 한다. (c) 이런 이유 때문에 모든 사람들은, 남녀노소를 막론하고, 건강을 지키기 위해 균형 잡힌 식단을 섭취해야 한다. (d) 그러나, 성인과 비교했을 때, 아이들은 성장하는 중이기 때문에 더 많은 영양소와 칼로리를 필요로 한다.

어휘 nutrient 영양소 / protein 단백질 / carbohydrate 탄수화물 / component 성분, 구성요소 / tissue (세포)조직 / regardless of ~에 상관없이

해설 (d)에서 동사 require는 '~을 필요로 하다'라는 뜻의 타동사이다. 주어인 children이 require의 행위 주체이며 뒤에 목적어인 more nutrients and calories가 있으므로 수동태(are required)를 능동태(require)로 고쳐야 한다.

4. (c)

해석 (a) 그리스의 철학자인 디오게네스와 그의 사상에 대해서 들어본 적이 있는가? (b) 그는 최고의 행복은 허식으로부터 자유로워지고 최소한의 생필품만으로 사는 것에 의해서만 달성될 수 있다고 주장했다. (c) 자신의 사상을 실천하기 위해서 그는 그가 가진 모든 것을 다 나누어 주었다. (d) 코트 한 벌과 컵 하나가 그가 남긴 전부였으며 그는 죽을 때까지 금욕적인 생활을 하였다.

어휘 attain 이루다, 달성하다 / ostentation 과시, 허식(虛飾) / possession(~s) 소유물, 재산 / ascetic 금욕적인, 절제된

해설 지문 전체의 내용이 고대 그리스 철학자인 디오게네스에 관련된 내용이므로 과거시제로 일치되어 있는 반면 (c)의 what possessions he has 부분에서만 현재시제가 사용되었다. 따라서 지문의 나머지 내용과 시제가 일치되도록 has를 had로 고쳐야 한다.

5. (d)

해석 (a) 그날은 우리가 익숙하고 정든 우리 집을 떠나 기숙사에서 자게 된 첫날이었다. (b) 나는 잘 시간을 알리는 종소리를 듣고는 룸메이트인 켈리의 옆 내 침대에 누웠다. (c) 하루 종일 피곤했기 때문에, 나는 곧 깊은 잠이 들어버렸다. (d) 한밤중에, 나는 누군가가 심하게 우는 소리를 듣고는 잠에서 깨어 침대에서 흐느껴 울고 있는 켈리를 발견하고는 깜짝 놀랐다.

어휘 beloved 정든 / dormitory 기숙사 / sound sleep 깊은 잠, 숙면 / sob 흐느끼다, 흐느껴 울다

해설 (d)에서 I heard somebody crying은 완전한 5형식 구문이므로 hardly 자리에는 현재분사 crying을 수식하는 부사가 필요

하다. hardly는 '거의 ~하지 않는다'라는 부정의 뜻을 나타내기 때문에 문맥에 어울리지 않으므로 '심하게'의 의미를 나타내는 부사 hard로 바꿔 써야 한다.

6. (b)

해석 (a) 암은 진단하기가 어려운데, 암의 각 유형마다 서로 다르다는 것이 부분적인 이유가 될 수 있다. (b) 인간의 신체에서 암 세포가 발견되는 곳은 우리가 상상할 수 있는 것보다 훨씬 더 다양하며, 종양의 종류 역시 많다. (c) 비록 암이 진단되었다 할지라도, 암의 종류마다 서로 다른 치료법을 요하기 때문에 치료하기가 쉽지 않다. (d) 사실, 암은 단일 질병을 칭하는 특정한 명칭이 아니라, DNA 돌연변이와 관련된 백 여가지 이상의 다양한 질병들을 일컫는 총체적인 명칭이라고 할 수 있다.

어휘 diagnose (병을) 진단하다 / tumor 종양 / refer to ~을 나타내다 / mutation 돌연변이

해설 (b)의 문장은 두 개의 절로 이루어져 있음에도 불구하고 접속사로 연결되어 있지 않은 상태이다. 따라서 절과 절 사이에 적절한 접속사를 넣어야 하는데, 주어진 문장의 경우 등위접속사 and를 삽입하는 것이 문맥상 가장 자연스럽다.

7. (d)

해석 (a) 산업혁명의 초기 시절, 각종 기계류 덕택에 공장 소유주들은 예전 그 어느 때보다 더 쉽게 충분한 양의 제품을 생산할 수 있었다. (b) 이것은 수많은 공장 근로자들이 그들의 일터를 잃게 만들었다. (c) 갑자기 해고를 당한 사람들은 무리를 지어 그들이 일하던 공장으로 쳐들어가서는 자신들의 일자리를 빼앗아간 바로 그 기계들을 파괴시켰다. (d) 만약 당시에 그들이 그 폭동에 성공했었더라면 오늘날 우리는 우리가 누리고 있는 현대 문명의 이기(利器)들을 누리고 있지 못할 수도 있다.

어휘 abruptly 갑자기, 불시에 / lay off ~을 해고하다 / gang up 패거리를 짓다 / revolt 반란, 폭동

해설 (d)는 문맥상 과거의 사건이 현재의 사실에 영향을 미치는 내용으로, 조건절에 과거를 나타내는 부사구 at that time이 있고 주절에 현재를 나타내는 부사 now가 있는 것으로 보아 혼합가정법 문장임을 알 수 있다. 따라서 조건절 동사(succeeded)의 시제를 가정법 과거완료(had p.p.)의 형태에 맞추어 had succeeded로 고쳐야 한다.

8. (b)

해석 (a) 두 소녀들이 왜 싸웠었는지를 알기 위해서 선생님은 그들을 방과 후에 남게 했다. (b) 그 소녀들 중 누구도 나서서 말하려고 하지 않았고, 한동안 침묵을 지켰다. (c) 선생님은 그들을 서로 떼어놓은 후 각각의 소녀에게 질문을 했다. (d) 두 소녀 모두 열심히 서로에게 (싸움의) 탓을 돌렸다.

어휘 lay the blame on ~를 탓하다, ~때문이라고 하다

해설 (b)의 주어는 Neither of the girls로 '그 소녀들 둘 다 ~가 아닌'의 의미이다. 대명사 neither가 주어 자리에 쓰일 경우 단수 취급이 원칙이므로 복수동사인 were를 단수동사인 was로 고

쳐야 한다.

9. (b)

해석 (a) 러시아의 다른 군주들과는 달리, 알렉산더 2세는 자신의 제국의 전반적인 상황을 향상시키는 문제에 관심을 가졌다. (b) 그의 노력 덕분에 언론에 대한 검열이 완화되었고 러시아인들은 그들이 원하는 어느 곳으로든 다닐 수 있도록 허용되었다. (c) 또한 가장 중요한 것으로는 그의 제국의 많은 소수 계층들이 그의 관용적인 통치의 덕을 보았다. (d) 예를 들어, 농노였던 빈민들은 그의 통치기간 중에 자유의 몸이 되었다.

어휘 monarch 군주 / press censorship 언론 검열, 언론 탄압 / loosen 완화시키다 / empire 제국 / serf 농노 / emancipate 해방시키다, 풀어주다 / reign 통치 기간

해설 (b)의 any place which they wanted to go에서 관계대명사 which는 불완전한 구조의 종속절을 이끌어야 하지만 they wanted to go는 완전한 구조를 가지고 있으므로 적절하지 않다. 선행사가 장소(any place)이므로 완전한 구조의 종속절을 이끄는 관계부사 where를 쓰거나 '전치사 + 관계대명사' 형태인 to which로 고치는 것이 적절하다.

10. (c)

해석 (a) 시장은 시의 재활용 프로그램이 시의 빠듯한 예산 때문에 다음 달부터 중단될 것이라고 발표했다. (b) 분석에 따르면, 분리수거된 유리나 플라스틱의 대부분이 실질적으로 재활용되고 있지 않았다고 한다. (c) 적절한 재활용 시설이 부족하여, 시에서는 그것들을 일반 쓰레기와 함께 매립지에 묻어야 했다. (d) 따라서 시에서는 재활용 프로그램을 중단하는 것이 비용 면에서 훨씬 효율적일 거라고 결론 내렸다.

어휘 suspend 유예하다, 중단하다 / budget 예산 / adequate 적절한 / landfill site 쓰레기 매립지

해설 분사구문의 알맞은 형태를 묻는 문제이다. (c)의 lack은 타동사이고 그 뒤에 adequate recycling facilities를 목적어로 취하고 있으므로 능동태 분사구문으로 써야 한다. 따라서 수동태 분사구문인 Lacked를 Lacking으로 고쳐야 한다.

Section II　실전 Mini Test

Mini TEST 1
p. 34-36

1. (a)	2. (c)	3. (b)	4. (d)	5. (c)
6. (b)	7. (d)	8. (b)	9. (c)	10. (d)
11. (a)	12. (d)	13. (b)	14. (a)	15. (d)

16. (b)　17. (c) I have lived → I lived　18. (c) on this Thursday → this Thursday　19. (c) take it very serious → take it very seriously　20. (d) Most of the hymns brought → Most of the hymns were brought

1. (a)

해석 A: 팀 좀 바꿔주시겠어요? 집에 있나요?
B: 아니. 지난 주부터 은행에서 일하기 시작한 걸 몰랐니? 지금은 회사에 있단다.

해설 적절한 전치사를 고르는 문제이다. 특정한 지점이나 위치를 나타낼 경우에는 주로 at을 쓰며, 비교적 넓은 장소를 나타낼 때는 in을 쓴다. 주어진 문장에서는 회사(work)에 있다는 의미이므로 at을 쓰는 것이 적절하다.

2. (c)

해석 A: 여행 중에 얼마를 썼는지 기록했니?
B: 아니. 그렇게 해야 한다는 건 몰랐는데.

해설 B의 문장은 원래 I didn't know that I had to keep a record of ~.인데, 이때 반복되는 부분인 keep a record 이하를 생략하고 had to까지만 남기는 대부정사 문제이다. 참고로, 일반동사(keep)의 반복을 피하기 위해 to 뒤에 do를 남겨두면 대부정사와 대동사가 중복되므로 오답이 된다.

3. (b)

해석 A: 와! 이 노트북 정말 싸다! 이 가격에 대해 어떻게 생각해?
B: 글쎄, 내 생각에는, 품질이 가격에 반영되어 있다고 봐.

해설 동사의 태를 묻는 문제이다. '~을 반영하다, 나타내다'라는 뜻의 타동사 reflect의 뒤에 목적어가 없으므로 가능한 선택지는 수동태로 표현된 (b)와 (d)이다. (d)는 복수동사를 사용하였는데 quality는 셀 수 없는 불가산 명사이므로 단수취급한다. 따라서 정답은 단수동사를 사용하여 '반영되어 있다'를 나타내는 (b)이다.

4. (d)

해석 A: 오늘 아침에 당신 아들이 목발을 짚고 걸어가는 것을 봤어요.

무슨 일 있었어요?

B: 축구를 하다가 다리가 골절됐어요.

어휘 walk on crutches 목발 짚고 걷다 / fracture 골절; 골절시키다

해설 빈칸 앞에 '~하는 동안에'를 의미하는 부사절 접속사 while이 있으므로 절이 수반되어야 하지만, (a)는 시제일치가 되어 있지 않고 (c)는 불필요한 수동태를 포함하고 있으므로 답이 될 수 없다. 따라서 while he was playing soccer에서 he was가 생략된 형태인 while playing soccer, 즉 부사절 축약구문이 가장 적절하다.

5. (c)

해석 A: 아, 이런. 어제 책상 서랍에 반지를 넣어 두었는데 지금 못 찾겠어.

B: 네가 퇴근하면서 서랍을 잠그지 않은 것이 틀림없어.

해설 문맥상 동사 leave는 '~을 …한 상태로 두다'의 5형식동사로 쓰였다. 이때 알맞은 어순은 'leave + 목적어 + 보어(형용사/분사)'인데, 목적어(the drawer)는 보어와 수동의 관계이므로 보어로는 과거분사형인 unlocked를 써야 한다.

6. (b)

해석 A: 에밀리, 샌드위치가 맛있었기를 바래. 내가 처음 만들어본 거라서 말이야.

B: 여태까지 내가 먹어본 것 중에 가장 맛있었어. 비결 좀 알려줘.

해설 최상급(the best)을 수식하는 부사를 고르는 문제이다. 최상급을 강조할 때는 much, by far, the very 등의 표현을 최상급 앞에 써서 나타낸다.

7. (d)

해석 A: 엄마! 안경을 어디에 두었는지 기억이 안 나요. 도와주세요.

B: 내 생각에는 어젯밤 네가 잠자리에 들기 전에 욕실에 둔 것 같은데.

해설 '안경'을 뜻하는 glasses는 항상 복수취급 하는 명사이기 때문에 단수 대명사인 (c)의 it은 답이 될 수 없다. 복수 대명사로 쓰인 나머지 선택지 중 ones는 앞에서 언급된 명사와 같은 종류의 불특정한 대상을 지칭하므로 답이 될 수 없고, those는 수식어가 있을 때 쓸 수 있기 때문에 적절하지 않다. 따라서 앞에서 언급된 특정 대상을 지칭하는 대명사 it의 복수형인 them이 정답이 된다.

8. (b)

해석 A: 너무 시끄러운데! 무슨 일인지 알아?

B: 옆집 아이들이 친구들과 게임을 하고 있는 게 틀림없어.

해설 '~임에 틀림없다'를 의미하는 조동사 must 뒤에 알맞은 동사의 형태를 고르는 문제이다. 문맥상 현재 벌어지고 있는 상황에 대한 설명이므로 현재진행의 의미가 반영된 (b)가 정답이다.

9. (c)

해석 많은 부모들이 너무 바빠서 그들의 아이들과 놀아줄 시간을 내기가 힘들다.

해설 '~하기 어렵다, 힘들다'는 have trouble[difficulty/a hard time] v-ing로 나타내며 이때 동명사(v-ing)를 사용함에 주의한다.

10. (d)

해석 소수민족 학생들에게 성장하는 동안 기회가 좀 더 주어진다면 그들은 훗날 인생에서 훨씬 더 성공할 수 있을 것이다.

해설 가정법 과거구문이 사용된 문장이다. 조건절인 if절에 동사의 과거형 were가 있으므로 주절에는 '조동사의 과거형 + 동사원형'이 필요하다는 것을 알 수 있다.

11. (a)

해석 이 알약은 두통을 신속하게 가라앉혀 주겠지만, 메스꺼움을 동반할 수 있습니다.

어휘 nausea 메스꺼움

해설 문맥상 적절한 의미의 조동사를 찾는 문제이다. '~할 수도 있다, ~할 가능성이 있다'를 나타내기에 적합한 조동사는 may이다.

12. (d)

해석 태양열은 전 세계의 많은 사람들이 깨끗하고 저렴한 에너지원을 위해 관심을 돌리고 있는 대안이다.

어휘 alternative 대안 / turn to ~에 의지하다

해설 선행사 an alternative를 수식하는 관계대명사절을 완성하는 문제이다. 빈칸 뒤의 절의 구조가 'many people in the world(주어) + turn(동사) + for ~(부사구)'의 완전한 구조이므로 '전치사 + 관계대명사'인 (c), (d)가 가능한데, 관계대명사 that은 전치사와 함께 쓰일 수 없으므로 (d)가 정답이 된다.

13. (b)

해석 비록 그 화가의 실력이 처음에는 그다지 훌륭하지 않았으나, 십 년의 시간이 흘러가면서 아름다운 초상화를 그리는 그의 능력도 점차 발전되었다.

해설 progress는 '진척되다, 발전하다' 의미의 자동사이며 문맥상 뒤따르는 문장의 조동사(did)와 과거시제로 일치해야 하기 때문에 정답은 (b)가 된다.

14. (a)

해석 그 국경분쟁을 해결하는 데 중요한 역할을 하게 될 수도 있을 유엔사무총장의 유일한 제안은 그 두 대통령들 간에 정상회담을 갖는 것이다.

어휘 Secretary-General 사무총장 / border 국경 / dispute 분쟁 / summit conference 정상회담

해설 주어와 동사 사이의 수 일치를 묻는 문제인데, 주어가 The only suggestion(유일한 제안)이므로 단수형 동사를 수반해야 한다. 가능한 선택지 (a)와 (d) 중에서 문맥상 빈칸 뒤의 a summit conference를 주격보어로 취하는 (a) is가 정답이다.

15. (d)

해석   새롭게 개정된 법에 의해서 공항, 병원, 그리고 공원과 같은 공공장소에서는 누구든 흡연을 하는 것이 불법이 될 것이다.

해설   전형적인 가목적어-진목적어 구문이다. 주절의 동사가 find, make, believe 등일 경우 목적어 자리에 to부정사가 오게 되면 그 자리에 가목적어 it을 쓰고 to부정사는 문장의 맨 뒤에 위치시킨다. 또한 to부정사 구문에서 의미상의 주어는 to부정사 앞에 'for + 목적격'으로 나타내므로 이 모든 조건을 만족하는 (d)가 정답이다.

16. (b)

해석   좋은 영어사전을 살 때 명심해야 할 것은 그 사전이 각 어휘에 대한 다양하고 상세한 설명을 방대하게 수록하고 있는가의 여부이다.

어휘   a variety of 다양한 / keep ~ in mind ~을 명심하다

해설   What ~ dictionary는 문장의 주어이고, 이때의 What은 명사절을 이끌어 '~인 것'으로 해석되는 관계대명사이다. What절 속의 동사인 need는 to부정사를 목적어로 취하여 '~할 필요가 있다'라는 뜻을 나타낸다. 또한 모든 선택지에 to부정사인 to keep ~ in mind의 목적어가 없는 것으로 보아 수동태 부정사형을 써야 하므로 정답은 (b)이다.

17. (c)

해석   (a) A: 이 디지털 카메라 사용법에 대한 설명서가 있니?
      (b) B: 응, 하지만 일본어로 쓰여 있어. 나에게는 도움이 되지 않아.
      (c) A: 나는 어렸을 때 몇 년간 일본에 살아서 일본어를 읽을 수 있어.
      (d) B: 정말? 몰랐네. 여기 있어.

어휘   instruction (~s) 설명(서)

해설   (c)에 사용된 have lived는 현재완료시제로서 과거부터 현재에 이르는 상황을 표현할 때 사용된다. 주어진 문맥에서는 특정한 과거 시점을 나타내는 부사 when이 쓰여서 과거의 일을 나타내고 있으므로, 현재완료 대신 과거시제를 쓰는 것이 맞다.

18. (c)

해석   (a) A: 토니, 귀찮게 해서 미안한데 이번 주쯤에 내게 한 시간 정도 내줄 수 있는지 알고 싶어.
      (b) B: 좋아, 하지만 목요일이나 금요일에만 시간을 낼 수 있어.
      (c) A: 그럼, 이번 주 목요일 오전 10시에 네 사무실에서 보는 게 어떠니?
      (d) B: 목요일 오전에는 선약이 있어, 하지만 목요일 오후는 괜찮아.

해설   원칙상 요일 앞에는 전치사 on을 쓰는 것이 맞지만 (c)에서처럼 요일 앞에 this, next, last 등의 수식어가 있는 경우에는 별도의 전치사를 쓸 필요가 없다. 따라서 on this Thursday에서 on을

삭제해야 맞는 표현이다.

19. (c)

해석   (a) 웃는 것이 건강에 얼마나 도움이 된다고 생각하는가? (b) '웃음이 최고의 약이다'라는 옛 속담이 이 질문에 대한 답변이 될 수 있을 것이다. (c) 건강 전문가들을 포함한 많은 사람들은 그것이 단지 옛 속담에 지나지 않는다고 생각했으며 별로 진지하게 여기지 않았었다. (d) 그러나 오늘날 의사들은 웃음이 우리의 건강에 많은 긍정적 역할을 한다는 증거들을 발견했다.

해설   (c)에서 동사 take는 '~을 받아들이다, 수용하다'를 의미하는 3형식 동사이므로 뒤에 형용사를 수반할 수 없다. 따라서 형용사인 serious를 부사인 seriously로 고쳐야 한다.

20. (d)

해석   (a) 미국 식민개척지의 사람들은 어떤 종류의 음악을 즐겨 들었는지에 대해 궁금히 여겨본 적이 있는가? (b) 사실, 그 당시의 유일한 음악은 교회음악이었으며, 이 시기에 최초로 출간된 책조차도 찬송가책이었다. (c) 교회음악은 식민개척지 작곡가들의 유일한 관심사였다. (d) 대부분의 찬송가들은 식민개척민들에 의해 유럽에서부터 들어왔으며 그 일부는 당시에 악보로 기록되지 않은 경우가 많았음에도 불구하고 오늘날에도 여전히 들을 수 있다.

어휘   hymn 찬송가 / colonist 식민지 주민

해설   (d)의 주어인 Most of the hymns는 문맥상 유럽에서부터 들여와진 대상이므로 동사는 수동형이 필요하다. 따라서 능동태 동사형 brought를 수동태 동사형인 were brought로 고쳐야 한다.

Mini TEST 2   p. 37-39

1. (c)	2. (d)	3. (d)	4. (c)	5. (a)
6. (a)	7. (c)	8. (d)	9. (d)	10. (a)
11. (d)	12. (b)	13. (a)	14. (d)	15. (a)

16. (b)   17. (b) whomever → whoever   18. (b) Why do you need that for? → What do you need that for?[Why do you need that?]   19. (d) The number of Korean students were → The number of Korean students was   20. (c) a necessary information → necessary information[the necessary information]

1. (c)

해석   A: 지금 하는 일이 지겨워. 그만둘까 생각 중이야.
      B: 네 일이 지루할 수도 있어. 하지만 너도 알다시피, 스트레스도 전혀 없고 급여도 좋은 편이잖아.

해설   빈칸에는 be동사의 보어 역할을 할 형용사가 필요한데 선택지에 동사 bore의 여러 가지 형태가 있으므로 적절한 분사를 고르

는 문제이다. bore는 '~을 지루하게 만들다'라는 의미의 타동사인데, 주어진 문장에서 주어인 일(job)이 말하는 사람을 지루하게 만드는 주체이므로 능동의 의미인 현재분사가 정답이 된다.

2. (d)

해석 A: 밀러씨의 방이 어디죠? 잠시 그를 뵙고 싶은데요.
　　 B: 그를 방해하지 않기 위해서 면회 사절입니다.

해설 to부정사의 부정은 앞에 not을 붙여 나타내는데, 그 중에서도 '~하지 않기 위해서'라는 표현은 'so as not to부정사' 또는 'in order not to부정사'로 나타낸다.

3. (d)

해석 A: 지원서에 낼 자기소개서 작성을 마침내 모두 끝냈어!
　　 B: 좋겠다. 나는 아직도 써야 할 소개서가 두 개나 더 남아있는데.

해설 문장의 완성을 위해 동사가 필요하므로 가능한 선택지는 (c)와 (d)인데, '두 개 더'라는 표현의 어순이 two more여야 하기 때문에 (c)는 정답이 될 수 없다. 따라서 형용사적 용법의 to부정사가 앞에 있는 목적어(two more essays)를 수식하여 '써야 할 두 편의 소개서가 있다'를 나타내는 (d)가 정답이 된다.

4. (c)

해석 A: 당신의 어린 딸이 병원에서 정말 잘 참던데요.
　　 B: 그러게요. 한 번도 아프다고 불평하지 않더라고요.

해설 선택지에 적절한 평서문의 어순이 없기 때문에 부정어인 not으로 시작되는 도치문의 어순을 찾아야 하는 문제이다. 부정어 not이 부사 once와 함께 문두에 놓이면 뒤따르는 주어와 동사는 도치되어야 한다. 이때 주어진 문장의 동사가 일반동사(complain)이므로 해당 시제(과거)를 반영한 do동사가 도치되는 본동사를 대신하여 쓰인 (c)가 정답이다.

5. (a)

해석 A: 스케줄 상에서 제가 알아둬야 할 변동사항이 좀 있나요?
　　 B: 네. 출발시간이 오전 7시에서 오전 9시로 바뀌었어요.

해설 의문문에서 '몇몇의, 약간의'라는 의미로 명사를 수식하는 한정사는 any이다.

6. (a)

해석 A: 내 직장 동료 중의 한 사람은 정말 짜증 나. 요즘 들어 그가 하는 일들이 아주 형편없어.
　　 B: 그에게 너무 심하게 굴지 마. 실수를 하지 않는 사람은 없는 법이야.

어휘 be hard on ~에게 가혹하게 하다

해설 nobody를 선행사로 하는 적절한 관계대명사를 고르는 문제이다. 선행사가 사람이고 빈칸 뒤에 주어가 없으므로 선택지 중 주격관계대명사 역할을 할 수 있는 that이 정답이 된다.

7. (c)

해석 A: 전에 사라에게 관심이 있다고 얘기하지 않았어?
　　 B: 응, 하지만 그녀에게 데이트 신청을 할지 말지 아직 결정을 못했어.

어휘 ask ~ out ~에게 데이트 신청하다

해설 타동사 decide의 목적어 역할을 하는 명사구를 완성하는 문제이다. whether는 문장 속에서 절 또는 to부정사와 결합하여 '~인지 아닌지'의 의미를 나타내는 접속사이다. 따라서 빈칸에 들어갈 동사 ask의 적절한 형태는 (c)to ask이다.

8. (a)

해석 A: 모리스, 우리 결혼식장으로 '시즌 공원' 어때?
　　 B: 좋지. 어떤 곳보다도 더 좋은 장소라고 생각해.

해설 as가 부사로 쓰일 경우 'as + 형용사 + a/an + 명사'의 어순을 따른다. 참고로 so, too, how 등도 이와 같은 어순을 취한다는 것을 기억해두도록 한다.

9. (d)

해석 내게 똑같은 질문이 주어졌다면 나는 아마도 다르게 대답했을 것이다.

해설 알맞은 가정법 시제를 고르는 문제이다. 문맥상 과거 사실에 대한 가정을 나타내고 조건절의 시제가 had p.p.인 것으로 보아 가정법 과거완료이므로 주절에는 '조동사의 과거형 + have p.p.'의 형태를 써야 한다. 따라서 정답은 (d)이다.

10. (a)

해석 반도체 수출의 증가 덕분에 지난 분기의 판매량이 30퍼센트 증가하여 우리의 목표를 달성하게 해 주었다.

어휘 semiconductor 반도체 / meet ~을 충족시키다

해설 적절한 시제를 고르는 문제인데 last quarter(지난 분기)에 해당하는 일을 설명하고 있으므로 단순 과거시제가 필요하다. 문맥상 '계속'의 의미를 나타내고 있지는 않으므로 (b)의 현재완료를 쓰는 것은 부적절하다.

11. (d)

해석 니콜이 아무런 설명 없이 떠났을 리가 없다. 내 생각에는 틀림없이 그녀가 사무실에 우리에게 메모를 남겨 놓았을 것이다.

해설 적절한 조동사와 시제를 고르는 문제이다. 문맥상 과거일에 대한 강한 추측을 나타내고 있으므로 빈칸에는 '~였음에 틀림없다'를 뜻하는 must have p.p.를 쓰는 것이 적절하다. 따라서 정답은 (d)가 된다.

12. (b)

해석 그 으리으리한 저택 앞에는 다섯 대의 크고 빨간 자동차가 있는데 그것들은 모두 그 백만장자의 소유이다.

어휘 stately 위풍당당한, 으리으리한 / mansion 저택

해설 명사를 수식하는 형용사가 여러 개일 경우 '수량 – 대소 – 색깔'의 순서로 배열해야 한다.

13. (a)

해석 이 보고서에 나타난 통계수치들은 우리 나라의 출산율이 지난 50년 동안 급격하게 감소되었음을 나타내고 있다.

어휘 birth rate 출산율 / drastically 급격하게

해설 주어-동사의 수 일치 및 태를 묻는 문제이다. 빈칸에 들어갈 동사 suggest가 that절을 목적어로 동반하고 있으므로 가능한 선택지는 능동태인 (a)와 (b)이다. 주어인 statistics는 '통계학'이 아닌 '통계수치'의 의미로 쓰일 경우 복수 취급을 하므로 (a)가 정답이다.

14. (d)

해석 그는 텔레비전에서 그 회사의 파산소식을 들었을 때 거의 기절할 뻔 했는데, 왜냐하면 그 회사의 주식을 많이 사 두었기 때문이다.

어휘 bankruptcy 파산, 도산 / pass out 기절하다, 의식을 잃다

해설 '하마터면 ~할 뻔 하다'의 표현은 come close to v-ing를 써서 나타낸다. 이때 to는 전치사이므로 목적어로 동사를 취할 경우 동명사형으로 써야 함에 주의한다.

15. (a)

해석 최근의 눈부신 성적으로 판단하건대, 그 탁구 선수는 올림픽에서 그 어떤 선수보다도 금메달을 딸 확률이 높다.

어휘 remarkable 눈부신, 현저한

해설 '~할 것 같다'를 뜻하는 'be likely to부정사' 구문이 뒤에 than과 함께 사용되었으므로 비교급을 동반해야 한다. 따라서 likely 앞에 비교급을 만드는 부사 more를 써서 '~보다 더 …할 것 같다'라는 뜻을 나타낸 (a)가 정답이다.

16. (b)

해석 그녀의 일이 끝났기 때문에 재키는 예정대로 유럽으로 여행을 갈 수 있었다. 만약에 끝내지 못했더라면 그녀는 모든 예약을 취소해야 했을 것이다.

해설 선택지들로 보아 알맞은 분사구문을 고르는 문제인데, 의미상 부사절 As her work was finished가 변형된 분사구문이 빈칸에 들어가는 것이 적절하다. 이 절을 분사구문의 형태로 바꾸려면 접속사 As를 생략하고, 종속절의 주어(her work)는 주절의 주어(Jackie)와 일치하지 않으므로 그대로 남겨두며, 동사 was는 현재분사 being으로 전환해야 한다. Her work being finished의 형태가 된 구문에서 being은 생략이 가능하므로 정답은 (b)Her work finished가 된다.

17. (b)

해석 (a) A: 티나, 너의 결혼식에 누구를 초대할 거야?
(b) B: 내 결혼식에 참석하는데 관심이 있을 거라고 생각되는 사람은 누구든지 초대하려구.
(c) A: 몇 명이나 올 거라고 예상하니?
(d) B: 글쎄, 200명 이상은 될 걸.

해설 (b)의 문장을 살펴보면 복합관계대명사 whomever가 동사

invite의 목적어로 쓰인 관계사절을 이끌고 있음을 알 수 있다. 이때 whomever 뒤에는 두 개의 동사 think와 would be가 있는데, think는 그 앞의 I와 함께 관계사절 속에 삽입된 '주어 + 동사' 형태의 절이므로 복합관계대명사절의 동사는 would be가 된다. 관계사절이 주어가 없는 불완전한 구조이므로 목적격인 whomever는 주격인 whoever로 바꿔 쓰는 것이 알맞다.

18. (b)

해석 (a) A: 방금 온라인 쇼핑몰에서 러닝머신을 주문했어.
(b) B: 러닝머신? 그게 왜 필요한데?
(c) A: 살을 빼기 위해서 매일 아침 그 위에서 달릴 계획이거든.
(d) B: 그런 식으로 정말 살을 뺄 수 있겠니? 아무튼, 행운을 빌어!

어휘 place an order for ~을 주문하다 / treadmill 러닝머신

해설 (b)에서 의문부사 why는 전치사 for의 의미상의 목적어가 될 수 없다. 따라서 의문부사 why를 의문대명사 what으로 고치거나 for를 지우고 why만 써야 한다.

19. (d)

해석 (a) 2008-2009 학년도에 미국의 대학에 다니는 외국인 유학생들의 숫자가 최고 기록인 671,616명으로 증가했다. (b) 이것은 전년도에 비해 7.7% 증가한 것이다. (c) 그 중에서 40%의 학생들은 아시아 출신인데, 한국 학생들은 인도와 중국의 뒤를 따르고 있다. (d) 한국인 학생들의 수는 75,065명인데 이는 전년도에 비해 8% 증가한 수치이다.

어휘 record high 최고 기록 / trail (경주 등에서) ~의 뒤를 쫓다[달리다]

해설 (d)에서 문장의 주어는 Korean students가 아니라 The number이므로 동사도 이에 맞추어 단수형인 was로 고쳐야 한다. 참고로 a number of(많은)가 주어에 포함되어 있을 경우에는 'a number of + 복수명사 + 복수동사'를 써야 하므로 구분하도록 한다.

20. (c)

해석 (a) 불행하게도, 정부의 가족계획 사업을 충분히 이용하지 못하는 사람들이 존재한다. (b) 이는 가족계획 사업의 혜택을 받기에는 너무 멀리 사는 사람들이 있기 때문이다. (c) 그 결과 그들은 그들의 가족 규모를 조절하기 위해 필요한 정보를 얻지 못하게 된다. (d) 반면에 도시에 살고 있는 사람들의 경우 가족계획에 관한 조언이나 도움이 필요하면 그들은 그것에 쉽게 접근할 수 있다.

어휘 portion 일부, 부분 / access 접근[이용] (to); 접근[이용]하다 / urban 도시의

해설 (c)에 사용된 information은 불가산명사이기 때문에 그 앞에 부정관사 a를 동반할 수 없다. 따라서 a를 제거하거나 정관사 the로 바꿔 써야 한다.

Mini TEST 3

p. 40-42

1. (b)	2. (b)	3. (c)	4. (d)	5. (c)
6. (d)	7. (b)	8. (a)	9. (b)	10. (d)
11. (c)	12. (c)	13. (c)	14. (a)	15. (c)
16. (b)				

17. (c) explain me your suggestion → explain to me your suggestion   18. (a) What noisy a dog! → What a noisy dog!   19. (c) always should pay → should always pay   20. (d) has the right → have the right

1. (b)

해석 A: 남은 피자를 좀 먹고 싶은데. 어디 있는지 아니?
B: 미안해. 남은 게 없어.

해설 문맥상 B의 말은 '남은 것이 없다'는 의미가 되어야 하는데, 부정적인 의미로 쓰이는 (b)와 (d) 중 neither는 언급 대상이 '두 개'일 때 쓸 수 있고 none은 가산/불가산 명사에 관계없이 쓸 수 있기 때문에 (b)가 정답이다.

2. (b)

해석 A: 제인, 너 굉장히 불안해 보이는구나. 공연에 대해서는 걱정할 필요 없어.
B: 내 공연에 대해서 걱정하는 게 아니야. 내가 가장 염려하는 것은 날씨야.

해설 명사절을 이끄는 접속사를 고르는 문제이다. 빈칸 뒤에 이어지는 절에 주어가 없으므로 불완전한 구조의 명사절을 이끄는 관계대명사인 what을 쓰는 것이 적절하다.

3. (c)

해석 A: 일본 방문은 처음이신가요?
B: 아니요. 제 딸이 공부하러 이곳에 온 이후로 거의 3년 동안 계속 오고 있죠.

해설 적절한 시제를 묻는 문제이다. 빈칸 뒤에 since(~이래로)가 이끄는 절이 있으므로 주절에는 과거에서 지금까지 '계속'의 의미를 포함하는 현재완료시제를 쓰는 것이 적절하지만 선택지에 없으므로 현재완료진행시제로 대신할 수 있다.

4. (d)

해석 A: 브래드에 대해서 어떻게 생각해? 내가 보기에 너희 두 사람은 참 잘 어울릴 것 같은데.
B: 나는 그렇게 생각하지 않아. 나는 그와 공통점이 거의 없거든.

해설 '~와 …한 점에서 같다'는 표현은 'have ... in common with ~'으로 나타내는데, 문맥상 '공통점이 거의 없다'는 내용이 되어야 하므로 부정의 의미가 있는 little을 have의 목적어 자리에 넣은 (d)가 정답이다.

5. (c)

해석 A: 엠마, 너 다음 달에 결혼한다는 게 사실이야?
B: 그래. 토니가 우리가 만난 지 겨우 3개월 만에 나한테 결혼신청을 했잖아.

해설 propose는 '~을 제안하다'라는 뜻 외에 '청혼하다'라는 자동사의 의미로도 쓰이는데 이때는 'propose to + 사람'의 구문을 써서 나타낸다. 또한 '단지, 겨우'의 의미로 쓰인 부사 only는 문맥상 부사구를 수식하는 것이 자연스러우므로 three months 앞에 위치해야 한다. 따라서 이 두 조건을 만족시키는 (c)가 정답이 된다.

6. (d)

해석 A: 여보세요, 자넷과 통화할 수 있을까요? 저는 마케팅 부서의 조입니다.
B: 죄송합니다만, 지금 자리에 안 계십니다. 회의에 들어가셨거든요.

해설 (un)available은 사람을 주어로 해서 사용될 때 '~할 시간적 여유가 있는(없는)'의 의미로 쓰이며 보어 역할만 할 수 있다. 가능한 선택지 (c)와 (d) 중 not이 동사인 is를 부정하는 (d)가 적절한 표현이다.

7. (b)

해석 A: 내가 좋은 기회를 놓친 것이 아닌가 싶은 생각이 들어.
B: 내가 전에 말했었잖아. 그 기회를 그냥 지나가게 두지 말아야 했어.

해설 문맥상 빈칸에는 '그것(기회)을 놓치지 말아야 했다'라는 의미가 들어가는 것이 적절하다. 과거의 행동에 대한 후회나 유감의 표현은 should have p.p.를 사용하여 나타내므로 (b) shouldn't have가 정답이다.

8. (a)

해석 A: 이번 학교 교칙 개정에 대한 학생들의 의견이 어떤가요?
B: 아직 학생들의 의견을 듣지 못했으므로 그들을 대표해서 어떤 말도 할 수 없습니다.

어휘 revision 개정 / school regulations 교칙 / on behalf of ~을 대표[대신]하여

해설 적절한 형태의 분사구문을 고르는 문제로, 문맥상 '학생들의 의견을 듣지 못해서'라는 '이유'를 나타내는 분사구문이 오는 것이 자연스럽다. 분사구문을 부정할 때는 분사의 앞에 not이나 never를 쓰고, 문맥상 분사구문의 내용이 주절의 내용보다 한 시제 앞서야 하므로 완료형 분사가 쓰인 (a)가 정답이다.

9. (b)

해석 요즘 직업이 없는 사람들이 굉장히 많은 것도 사실이지만, 일부 직종에 자격을 만족하는 직원을 찾는 일도 힘들다.

해설 difficult, hard, easy, possible, impossible 등의 형용사는 사람을 주어로 하지 않고 보통 가주어-진주어 구문을 사용해서 문장을 구성한다. 따라서 가주어 it과 진주어 to find를 포함하

는 (b)가 가장 적절하다.

10. (d)
해석 새로 개점한 매장의 매니저로 우리가 선택했던 그 사람은 무능력한 것으로 밝혀졌다.
어휘 incompetent 무능한
해설 주어진 문장은 turned out을 동사로 하는 2형식 문장으로, turned out 앞 부분이 모두 주어부이고 이 주어부는 다시 '주어 + 관계대명사절'로 이루어진 형태이다. 주어는 보어 incompetent로 수식이 가능해야 하므로 동명사 주어가 아닌 명사 주어가 쓰인 (d)가 정답이다.

11. (c)
해석 개인 소유의 비행기로 여행을 한다는 것은 일반 사람들이 원한다고 해서 할 수 있는 것은 아니다.
해설 빈칸에는 be동사의 보어가 필요하다. 문맥상 부정의 의미를 포함해야 하는데 (a)는 일반적인 절의 형태이므로 답이 될 수 없고, (b)와 (d)는 의미가 통하지 않거나 관계대명사의 잘못된 쓰임을 포함하고 있으므로 적절하지 않다. (c)의 something은 be동사의 보어이며 그 뒤에 오는 절은 that이 생략된 관계대명사절로서 선행사인 something을 수식한다.

12. (c)
해석 브로콜리는 위암을 예방하는 데 매우 중요한 역할을 한다고 한다.
어휘 gastric cancer 위암
해설 that절을 목적어로 취하는 동사 say가 수동태로 쓰일 경우 '주어 + be said + to부정사' 또는 'It is said that ~'의 두 가지 형태로 변형이 가능하다. 주어진 문장의 경우 주어 자리에 가주어 It이 아닌 Broccoli가 있기 때문에 'be said + to부정사' 형태가 되어야 한다. 따라서 (c)to play가 정답이다.

13. (c)
해석 지난 6개월 동안 노숙자들을 돕기 위한 자원봉사 활동을 한 것은 내게 매우 값진 경험이었다.
어휘 volunteer 자원봉사를 하다 / rewarding 보람 있는
해설 동사의 적절한 시제와 수 일치를 묻는 문제인데 주어가 volunteering, 즉 동명사이므로 단수동사가 필요함을 알 수 있다. 한편 부사구 over the last six months는 '지난 6개월 동안(과거부터 지금까지 계속)'의 의미이므로 시제는 현재완료를 쓰는 것이 적절하다. 따라서 두 가지 조건을 모두 만족시키는 (c)가 정답이 된다.

14. (a)
해석 당신은 심사숙고할 충분한 시간을 가지셨을 것으로 생각됩니다. 따라서 이제 그 제안을 받아들일지 아닐지에 대해 결정하셔야 할 때입니다.
해설 'It is (high) time + that절'은 '~해야 할 때이다'라는 뜻으로

이미 했어야 했는데 아직 하지 않은 일에 대한 가정법 표현이다. 이 경우 that절에는 가정법 과거, 즉 과거시제를 써야 하므로 (a)가 정답이다.

15. (c)
해석 그가 20세 때 박사논문을 완성하고 박사학위를 땄다는 것은 그가 얼마나 비범하게 머리가 좋은지를 보여준다.
어휘 doctoral dissertation 박사학위 논문
해설 명사절을 구성하는 간접의문문의 어순 문제인데, how가 '얼마나, 얼만큼'의 의미일 때는 'how + (부사) + 형용사 + 주어 + 동사 ~'의 어순으로 쓴다. 따라서 정답은 (c)이다.

16. (b)
해석 우리 회사는 유학을 희망하는 학생들에게 서비스를 제공하는데, 이는 그들의 시간과 노력을 상당 부분 덜어주지요.
해설 주격 관계대명사 뒤에 오는 동사의 수는 선행사가 결정하게 되어 있는데, 관계사 앞에 comma(,)가 있는 주어진 문장의 경우 a service 또는 앞의 절 전체를 선행사로 볼 수 있으므로 동사는 단수가 되어야 한다. 가능한 선택지 (b)와 (c)중 빈칸 뒤에 목적어가 있다는 점을 고려할 때 능동태 동사가 적절하므로 정답은 (b)가 된다.

17. (c)
해석 (a) A: 파커씨? 오래 기다리게 해서 죄송합니다. 중요한 회의가 있었거든요.
　　(b) B: 괜찮습니다. 비서분과 재미있는 얘기를 하던 중이었습니다.
　　(c) A: 제 사무실로 들어 오시죠. 당신의 제안에 대해 제게 자세하게 말씀해주셨으면 합니다.
　　(d) B: 아, 물론입니다. 그것 때문에 여기에 왔는데요.
해설 (c)에서 동사 explain은 의미상으로는 '~에게 …을 설명하다'는 뜻으로 4형식처럼 해석되지만 실제로는 직접목적어만 취할 수 있는 3형식 동사이다. 따라서 간접목적어를 써야 할 경우 전치사 to를 써서 부사구(to me)로 전환시켜야 한다.

18. (a)
해석 (a) A: 정말 시끄러운 개네! 거의 30분 동안이나 저렇게 짖고 있잖아. 누구의 개야?
　　(b) B: 음, 지난주 옆집에 이사온 남자가 그 개를 기르는 것 같아.
　　(c) A: 정말? 이 문제에 대해 그에게 이야기를 해야겠어. 더 이상은 못 참아!
　　(d) B: 나도야. 같이 가자.
해설 (a)에서 what으로 시작되는 감탄문은 'What + a/an + 형용사 + 명사 (+ 주어 + 동사)'의 어순으로 써야 하므로 What noisy a dog!을 What a noisy dog!으로 고쳐야 한다.

19. (c)
해석 (a) 놀랍게도, 아이들은 야외에서보다 가정에서 더 많이 다치는

경향이 있다. (b) 자상과 화상, 타박상은 집에서 아이들에게 주로 발생하는 세 가지 종류의 부상이다. (c) 아이가 사고를 당하는 데는 몇 초도 걸리지 않기 때문에 양육자는 항상 아이의 행동에 주의를 기울여야 한다. (d) 또한 그러한 응급상황이 발생할 경우를 대비하여 양육자들은 응급처치 방법을 어느 정도 알고 있어야 한다.

어휘 bruise 멍, 타박상 / caregiver 양육자

해설 (c)에 사용된 always는 빈도부사이기 때문에 문장 안에서 be 동사, 조동사 뒤 또는 일반동사 앞에 놓여야 하는데 조동사인 should보다 앞에 있으므로 어순이 틀렸음을 알 수 있다. 따라서 빈도부사 always가 should의 뒤에 위치하도록 어순을 고쳐야 한다.

20. (d)

해설 (a) 공산주의 경제와 달리, 자유시장 체제에서는 소비자들이 직접 무엇을 살 것인지 결정한다. (b) 만약 그들이 외국 상품을 사용하기로 선택하면 그들은 어떤 통제나 간섭 없이 그렇게 할 수 있다. (c) 국내 상품이 수입산과 경쟁하려 하면서 그러한 선택들은 국산품의 (품질) 향상을 유도할 수 있다. (d) 그러므로 다른 사람의 권리를 침해하지 않는다면 모든 개인 소비자들이 자신이 선택하는 무엇이든 누릴 수 있는 권리를 갖는 것은 중요하다.

어휘 interference 간섭, 통제 / domestic 국내의 / imported 수입된 / counterpart 상대, 대응물 / violate 침해하다; 위반하다

해설 (d)에서 It is ~ that 사이에 important, recommended, essential, required, necessary 등 당위 · 필요성을 뜻하는 형용사가 오면 종속절에는 '(should) + 동사원형'을 쓴다. 이때 should가 생략되더라도 that절의 동사는 주어의 수나 인칭에 상관 없이 원형을 써야 하므로 has를 have로 고쳐야 한다.

Mini TEST 4   p. 43-45

1. (a)	2. (b)	3. (d)	4. (b)	5. (c)
6. (a)	7. (d)	8. (d)	9. (b)	10. (b)
11. (c)	12. (d)	13. (a)	14. (b)	15. (c)

16. (a)   17. (d) I would prepare → I will prepare
18. (b) give back it → give it back   19. (d) must for runners → a must for runners   20. (c) Most scientists believe what → Most scientists believe that

1. (a)

해석 A: 이곳 런던에서 지내는 게 어때?
B: 지금까지는 아주 좋아. 예상했던 것보다 여기서 사는 것에 더 빨리 적응하고 있어.

해설 '지금까지는 아주 좋다'라는 표현은 관용적으로 'so far, so good'을 사용하여 나타낸다. 여기서 so far는 '지금까지'의 의미를 나타내는 부사로서 '계속'의 뜻을 포함하고 있으므로 현재

완료시제와 함께 쓰이기도 한다.

2. (b)

해석 A: 당신이 고객에게 이 기계 작동법을 설명해 주었나요?
B: 아니요. 제이크가 했어요.

해설 대동사 do의 용법을 묻는 문제이다. 빈칸에는 원래 explained how to operate this machine to the customer가 들어가야 하는데 동사 이하 부분이 반복되므로 그 대신 해당시제(과거)를 반영한 대동사 did를 쓰는 것이 자연스럽다. 한편 (d)의 did는 대동사의 기능이 아니라 본동사와 함께 쓰여 강조의 역할을 하고 있으므로 빈칸에는 적절하지 않다.

3. (d)

해석 A: 어떤 일로 이 동네에 이사를 오게 된 건가요?
B: 제 어린 아들 때문에요. 아이가 다니는 학교가 여기서 가까워요. 그 애에게는 걸어서 5분 거리죠.

해설 '~가 …하는데 (시간이) 걸리다'는 표현은 'It takes + 사람 + 시간 + to부정사' 또는 'It takes + 시간 + for 목적격 + to부정사' 구문을 써서 나타낸다.

4. (b)

해석 A: 방금 오늘 첫 커피를 우려냈어요. 좀 드시겠어요?
B: 물론이죠! 그래서 제가 이렇게 이른 시간에 왔다는 걸 아시면서요!

어휘 brew (차를) 끓이다

해설 문맥상 '방금 막 첫 커피를 끓였다'의 의미가 자연스러우므로 현재시점에 막 완료된 상황을 나타내는 현재완료시제를 쓰는 것이 적절하다.

5. (c)

해석 A: 주디, 이 상자를 위층으로 옮기는 것 좀 도와줄래? 너무 무거워.
B: 좋아. 기꺼이 도와줄게. 잠깐만 기다려, 네가 있는 곳으로 바로 갈게.

해설 대부정사 용법의 문제이다. 빈칸이 속한 문장은 원래 I'd be glad to help you carry that box upstairs인데 help 이하의 반복을 피하기 위해 대부정사인 to만 쓰고 나머지 부분을 생략하였다.

6. (a)

해석 A: 엄마, 두통이 점점 더 심해지고 있어요. 두통을 멈추게 할 무언가를 주실래요?
B: 안돼. 너는 한 시간 전에 진통제를 먹었잖니. 그 약이 효과를 내려면 좀더 기다려야 해.

어휘 painkiller 진통제

해설 문맥상 give가 4형식 동사로 쓰였으므로 빈칸에는 '간접목적어 (~에게) + 직접목적어(…을)'의 구문이 필요하며, '두통을 멈추게 할'의 의미를 나타내기 위해서는 직접목적어를 수식하는 형

용사적 용법의 to부정사가 필요하다. (c)도 위의 조건을 만족하지만 의미가 부자연스러우므로 답이 될 수 없다.

7. (d)
해석 A: 요즘 어째서 그렇게 늦게 잠자리에 드니? 항상 피곤해 보이는구나.
B: 왜냐하면 수요일까지 연간 보고서를 끝내야 하거든요.
해설 '잠자리에 들다'의 관용적 표현은 go to bed이고 문맥상 '그렇게 늦게'의 의미가 필요하므로 '늦게'라는 의미의 부사 late를 쓰는 것이 적절하다. lately도 부사이지만 '최근에'라는 뜻이므로 두 부사의 사용에 주의하도록 한다.

8. (d)
해석 A: 케빈이 직장을 잃은 후에 굉장히 우울해하고 있어.
B: 안타깝지만, 힘내라는 말 외에는 해줄 말이 없네.
해설 문맥상 '~외에는 할 말이 없다'의 의미이므로 부정의 의미가 있는 nothing을 사용하는 것이 가장 적절하다. 'There's nothing to say except ~' 구문은 자주 쓰이므로 익혀두는 것이 좋다.

9. (b)
해석 테드와 그의 동생은 덤프트럭에 치여서 중상을 입었기 때문에 병원 중환자실에 있다.
어휘 intensive care (병원의) 중환자실 / severely 심각하게 / run over (차가 사람을) 치다
해설 dump truck은 가산명사이므로 한정사가 사용되지 않은 (a)는 답이 될 수 없으며, 문맥상 테드와 그의 동생을 친 차량이 특정 트럭을 지칭하는 것은 아니므로 정관사 the가 있는 선택지 (c)와 (d)도 적절하지 않다. 따라서 정답은 (b)가 된다.

10. (b)
해석 이 전단지에 광고된 제품들에 대해 의문사항이 있으시면 090-7179-0597로 전화 주시거나 저희 웹사이트 www. biohealthforyou.co.kr를 방문해주세요.
해설 문맥상 '혹시라도 ~하면'을 의미하므로 'If + 주어 + should + 동사원형~, please 명령문' 형태의 should 가정법을 써야 한다. 따라서 조건절은 If you should have any questions ~의 형태여야 하며, 접속사 if를 생략할 경우 주어와 동사가 도치되기 때문에 Should you have any questions ~의 어순으로 바뀐다.

11. (c)
해석 이 보고서에 따르면, 그가 허락 없이 금지 구역에 들어갔었다는 명백한 흔적이 조사관들에 의해 발견되었다고 한다.
어휘 obvious 명백한 / prohibited 금지된
해설 주어-동사의 수 일치와 태를 동시에 묻고 있는 문제이다. that 절의 주어가 sign이므로 단수동사가 있는 (c)와 (d)가 답이 될 수 있다. 이 중에서 sign(흔적)은 detect(~을 발견하다)의 주

체가 아닌 대상이고 행위 주체는 investigators(조사관들)이므로 이 앞에 by를 써서 수동태를 적용하면 정답은 (c)가 된다.

12. (d)
해석 그 위원회는 그 도시의 교통상황을 개선시키기 위한 새로운 계획을 만들 예정인데, 위원회는 이것으로 시장이 제안했던 계획을 대체하려고 한다.
어휘 devise 고안하다, 만들어내다
해설 '전치사 + 관계대명사'에서 전치사를 결정하는 것은 선행사나 관계사절의 동사 중 하나이다. 주어진 문장의 경우 동사 replace는 replace A with B의 형태로 쓰여 'B로 A를 대신하다'라는 의미를 나타내므로 'with + 선행사' 부분이 with which로 쓰일 수 있다는 것을 알 수 있다.

13. (a)
해석 건강 전문가들에 따르면 살을 빼고 각종 성인병을 예방할 수 있는 가장 좋은 방법은 균형 잡힌 식사를 하고 규칙적으로 운동을 하는 것이다.
해설 주어와 동사의 수 일치 문제이다. 종속절인 that절의 주어는 the best way이고 to lose ~ diseases 부분은 주어를 수식하는 형용사적 용법의 to부정사 구문이므로, 단수명사인 the best way에 적합한 동사 형태인 (a)와 (c)가 답이 될 수 있다. 이 중 '가장 좋은 방법은 ~이다'의 문맥에 어울리는 동사는 (a) is이다.

14. (b)
해석 다시 생각해보니, 네가 이 시기에 혼자 인도를 여행다닌다는 것은 좋은 생각이 아닌 것 같다.
해설 '다시 생각해보니'라는 의미는 관용적으로 on second thought로 표현한다.

15. (c)
해석 어떤 경우에도 그 회사는 아이가 있는 여성 직원들을 위해 보육시설을 짓자는 제안을 승인하지 않을 것이다.
어휘 approve 승인하다 / child care facilities 보육 시설
해설 '무슨 일이 있어도 ~ 않다[아니다]'의 표현은 Under no circumstances ~로 나타내며, 부정을 뜻하는 표현이 문장의 맨 앞에 놓이면 그 뒤의 주어와 동사는 도치되어야 하므로 (c)가 정답이다.

16. (a)
해석 마이크는 올해 그의 텃밭에서 그의 가족이 먹을 수 있는 양 이상의 농작물을 재배했기 때문에 그것을 이웃들과 나누어 먹기로 했다.
어휘 produce 생산물, 농작물
해설 부사절에 알맞은 접속사를 고르는 문제이다. 문맥상 '~하기 때문에'의 뜻이 필요하므로 이유를 나타내는 접속사 since가 정답이다. (d)의 접속사 for도 '이유'를 나타낼 수 있지만 이 경우

16

Grammar

Level 3

문장의 맨 앞에서는 쓰이지 않는다.

17. (d)

해석 (a) A: 오늘 텝스 성적 받았니?

(b) B: 응. 아까 문자 메시지를 받았어. 하지만 정말 실망이야. 너는 어때?

(c) A: 나는 다행히 기대했던 것보다 높은 점수를 받았어. 그래서 이제는 대학원 지원을 할 수 있게 되었어.

(d) B: 와, 잘 됐네! 나도 다음에는 시험 준비를 좀더 잘 해야겠어.

어휘 graduate school 대학원 / Good for you! 잘 됐네!

해설 (d)에서 조동사 would를 사용했는데 문맥상 '다음 번에 더 잘 해야겠다'라는 의미이므로 가정법 시제인 would를 써야 할 이유가 없다. 오히려 주어의 의지 또는 단순미래로 해석하여 will을 쓰는 것이 자연스럽다.

18. (b)

해석 (a) A: 안녕, 리사! 혹시 요전 날 내게서 빌려간 소설책 다 읽었니?

(b) B: 아니, 아직인데, 빌. 지금 당장 돌려줘야 하는 거야?

(c) A: 아니야, 괜찮아. 내 동생이 읽고 싶어 하길래, 그냥 네가 다 읽었는지 알고 싶었을 뿐이야.

(d) B: 다 읽자마자 너에게 알려줄게.

어휘 be done with ~을 끝내다

해설 (b)에서 give back은 '~을 돌려주다'라는 의미의 '동사 + 부사'로 구성된 이어동사이다. '동사 + 부사' 형태의 이어동사가 목적어를 취할 때 그 목적어가 대명사이면 반드시 동사와 부사의 사이에 위치해야 하므로 주어진 문장의 give back it을 give it back으로 고쳐야 한다.

19. (d)

해석 (a) 조깅을 좋아하는 사람들은 달리는 동안 물을 많이 마셔야 한다는 사실을 명심해야 한다. (b) 그렇게 하지 않으면, 그들은 탈수될 수 있기 때문에 건강에 부정적인 영향을 미칠 수 있다. (c) 탈수는 여러 가지 증상을 일으킬 수 있는데, 갈증, 두통 또는 어지럼증 같은 경미한 증상에서부터 혈압 저하, 의식 불명, 심지어 사망과 같은 심각한 증상까지 그 범위가 다양하다. (d) 따라서, 많은 양의 물을 마시는 것은 달리기 애호가들에게 꼭 필요한 것이다.

어휘 bear in mind ~을 명심하다 / dehydrate 탈수 상태가 되다[되게 하다] (dehydration 탈수) / dizziness 어지럼증

해설 (d)에서 동사 is 뒤에 쓰인 must는 '~해야 한다'를 뜻하는 조동사가 아니라 '꼭 필요한 것'이라는 의미의 명사이다. 이 경우 must는 단수형태로 부정관사 a를 동반하여 a must로 써야 한다.

20. (c)

해석 (a) 지난 200년 동안 인류는 석탄, 석유, 천연가스 등과 같은 엄청난 양의 화석연료를 연소해왔다. (b) 이러한 연소는 대기 중 이산화탄소와 같은 온실가스의 증가를 야기시켰다. (c) 대부분의 학자들은 이 가스들이 지구의 기온을 꾸준히 올라가게 하는 주범이라고 믿고 있다. (d) 인류가 화석연료의 사용을 중단하고 대안이 될 청정 에너지원을 개발하지 못한다면, 지구의 미래는 불투명하다.

어휘 fossil fuel 화석연료 / culprit 범인; (문제를 일으킨) 장본인

해설 (c)에서 what은 believe의 목적어로 쓰인 명사절을 이끌고 있는데, what 이후의 종속절은 완전한 구조이므로 what의 사용이 적절하지 않음을 알 수 있다. 따라서 what을 완전한 구조의 절을 이끌면서 '~것'의 의미를 나타낼 수 있는 명사절 접속사 that으로 고쳐야 한다.

Mini TEST 5

p. 46-48

1. (c)	2. (c)	3. (a)	4. (b)	5. (d)
6. (c)	7. (d)	8. (d)	9. (b)	10. (c)
11. (b)	12. (c)	13. (b)	14. (d)	15. (d)
16. (b)				

17. (c) she's enough wise → she's wise enough   18. (c) for change → for a change   19. (d) it is a custom → it was a custom   20. (b) everywhere in the world, it is → everywhere in the world, but it is

1. (c)

해석 A: 너의 새 아파트는 굉장히 아늑하고 편안하구나.

B: 응, 벌써 내 집처럼 느껴져.

어휘 cozy 아늑한

해설 A와 B 모두 현재 상태에 대한 이야기를 하고 있으므로 빈칸에는 현재시제의 동사가 필요하다. '~처럼 느껴지다'라는 의미의 feel like는 진행시제나 수동태로 쓸 수 없는 동사이므로 정답은 (c)가 된다.

2. (c)

해석 A: 샘, 보고서 다 썼니? 잘 시간이야.

B: 아직 다 못 썼어요. 하지만 5분 후면 끝날 거예요.

해설 동사의 적절한 시제와 태를 묻는 문제이다. 빈칸 뒤의 in five minutes(5분 후)는 미래시제를 나타내는 부사이므로 (b)와 (c)중에 정답이 있다. 이때 주어 it은 타동사 do의 주체가 아니라 대상이므로 수동태가 쓰인 (c)will be done이 정답이 된다.

3. (a)

해석 A: 쿠퍼씨, 이 금고에 무슨 문제가 있나요?

B: 글쎄요, 잘 모르겠어요. (비밀번호의) 조합은 맞는데, 여전히 열리지를 않는군요.

어휘 safe 금고 / combination 조합

해설 문맥에 적합한 조동사를 고르는 문제이므로 해석에 유의해야 한

다. 비밀번호가 맞는데도 불구하고 금고가 열리지 않고 있는 상황이므로 주어(사물 주어 포함)의 부정적 의지나 거부의 의미를 나타낼 수 있는 won't(~하려고 들지 않는다)가 적합하다.

4. (b)

해석 A: 제시카, 방학을 어떻게 지냈는지 말해봐.
B: 피겨스케이팅도 배우고 미국에 계신 할아버지, 할머니도 찾아 뵈었어.

해설 시제 일치 문제이다. 묻는 사람이 방학 동안에 무엇을 하고 지냈는지 단순과거로 물었기 때문에 이에 대한 대답 또한 과거시제를 쓰는 것이 알맞다. 따라서 정답은 (b)이다.

5. (d)

해석 A: 이번 방학에 네가 할 일은 오로지 텝스 공부를 하는 것이야.
B: 그렇게 말하기는 쉽지. 텝스 공부 말고도 해야 할 일들이 많단 말이야.

해설 to부정사의 의미상의 주어에 관한 문제이다. to부정사의 의미상의 주어는 'for + 목적격'과 'of + 목적격'으로 나타내는데, of는 그 앞에 사람의 성격, 성향을 뜻하는 형용사가 있을 때만 쓸 수 있으므로 주어진 문장에는 해당되지 않는다. for를 포함한 (c)와 (d) 중에서 의미상의 주어는 to부정사 앞에 위치해야 하므로 (d)가 정답이다.

6. (c)

해석 A: 여기 한국에서 고속 열차를 타보신 적이 있으신가요?
B: 네, 지난달에 부산행 고속열차를 타보았는데 그 어떤 고속열차보다 인상적이었어요.

해설 빈칸 뒤에 as가 있으므로 빈칸에는 'as + 형용사/부사의 원급'이 필요함을 알 수 있다. 가능한 선택지 (c)와 (d) 중 빈칸 앞에 있는 be동사의 보어역할을 할 수 있는 것은 형용사이므로 정답은 (c)가 된다. 참고로 'as + 원급 + as ever'나 'as + 원급 + as any' 등은 원급의 형태로 최상급의 의미를 나타낼 수 있는 표현이다.

7. (d)

해석 A: 도서관에서 이 연애소설 대신에 탐정소설을 빌려올 걸 그랬어.
B: 왜 그렇게 말해? 그 소설은 세계에서 가장 감동적인 이야기들 중의 하나라구.

해설 I wish 가정법 문제이다. I wish 가정법 문장에서 현재사실에 대한 아쉬움을 나타내려면 종속절에는 과거시제를 쓰고 과거의 일에 대한 아쉬움을 나타낼 때는 과거완료 시제를 써야 한다. 주어진 문장에서는 도서관에서 이미 책을 빌린 후에 다른 책을 빌리지 않은 것(과거의 일)에 대해 아쉬워하고 있으므로 가정법 과거완료를 써야 한다. 따라서 정답은 (d)이다.

8. (d)

해석 A: 티나가 오늘 아침에 왜 그렇게 화가 나 있는지 알아?

B: 어젯밤 마이클의 집들이 파티에 초대 받지 못한 것에 대해 화가 났어.

어휘 be mad about ~에 대해 화를 내다 / housewarming party 집들이 파티

해설 빈칸 앞에 전치사 about이 있으므로 빈칸에는 동명사가 필요한데 동명사의 부정은 앞에 not을 써서 나타내므로 답이 될 수 있는 선택지는 (a)와 (d) 뿐이다. 이 중에서 '초대 받은'이라는 의미의 수동태와 이미 지나간 일에 대한 완료시제를 동시에 적용하고 있는 (d)가 적절한 답이다.

9. (b)

해석 그 선생님은 학생들이 약속을 지켜 제 시간에 에세이를 마치면 모든 학생들에게 작은 선물을 줄 작정이다.

어휘 keep one's word 약속을 지키다

해설 문맥에 알맞은 부사절 접속사를 고르는 문제이다. '학생들이 ~할 경우 선생님이 상을 주려고 한다'의 의미이므로 조건부사절 접속사(as long as)가 필요하다. '~하기 때문에'의 because를 고를 수도 있으나 부사절의 시제가 과거가 아닌 현재이므로 '원인-결과'의 문맥으로 보기 어렵다.

10. (c)

해석 지난 2년 사이에 살이 너무나 많이 쪄서 마이클은 그의 몸에 잘 맞는 옷을 찾느라 고생하고 있다.

어휘 fit (옷의 사이즈가) ~에게 맞다

해설 분사구문의 형태에 관한 문제인데, 빈칸 뒤에 목적어 weight가 있으므로 동사 gain은 능동형이 되어야 한다. 또한 over the last two years라는 과거를 나타내는 표현이 있으므로 주절(현재)보다 이전의 일을 나타내는 완료분사구문(having p.p.)의 형태를 쓰는 것이 적절하다. 따라서 이 두 조건을 모두 만족시키는 (c)가 정답이 된다.

11. (b)

해석 나는 지금껏 학생들에게 벌을 준 적이 없다, 단 한번도.

해설 부사 once를 '~조차도'의 의미로 강조하려면 부사 even을 그 앞에 써서 나타내며, '단 한번도 아니다'라는 의미를 나타내려면 even once 앞에 not을 써서 (b)not even once와 같이 표현한다.

12. (c)

해석 최근의 경기 침체에도 불구하고 그의 작품집이 잘 팔리고 있다.

해설 동사의 수 일치와 태를 묻는 문제이다. sell이 부사인 well과 같이 사용되면 '~을 팔다'라는 의미의 타동사가 아니라 '~이 팔리다'라는 의미의 자동사가 되어 형태는 능동태이지만 수동의 뜻을 나타낸다. 또한 주어는 His collection으로 단수명사이므로 단수동사를 사용한 (c)가 정답이다.

13. (b)

해석 아침 일찍 눈 덮인 산을 올랐던 그 날을 나는 잊을 수가 없다.

해설 the day 이하의 절에 동사 climbed가 이미 있으므로 동사형인 (a)와 (d)는 답이 될 수 없다. 빈칸에는 the mountain을 수식하는 분사가 필요한데, the mountain은 cover(~을 덮다)의 주체가 아닌 대상이기 때문에 수동의 의미가 있는 과거분사를 써야 한다.

14. (d)

해석 그 전쟁 포로는 적군에게 사로잡혀 있는 동안 상상할 수 있는 가장 끔찍한 학대를 받았다고 전해졌다.

어휘 war prisoner 전쟁포로 / abuse 학대 / captive 사로잡힌, 억류된

해설 최상급의 적절한 어순을 묻는 문제이다. imaginable, possible, available 등의 형용사가 최상급 뒤에 쓰이면 '~할 수 있는 것 중에서 가장 …한'의 의미를 나타낸다. 최상급은 'the most + 형용사의 원급 + 명사'로 나타내며 그 뒤로는 비교의 범위를 나타내는 구문(전치사구나 관계대명사절)이 뒤따르는데, 위의 imaginable과 같은 형용사들이 쓰인 경우에는 최상급 수식을 받는 명사와 해당 형용사 사이에 '주격 관계대명사 + be동사'가 생략된 것으로 볼 수 있다.

15. (d)

해석 내가 이 소설을 네게 추천한 이유는 그것이 모험 이야기이기 때문에 둘 중에서 더 재미있어서야.

해설 비교대상이 둘(of the two choices)일 때는 최상급을 쓸 수 없으므로 (b)와 (c)는 답이 될 수 없다. '둘 중에서 더 ~한'의 의미는 'the + 비교급 + of the two'로 나타내므로 정관사 the를 포함하는 (d)가 알맞은 표현이다.

16. (b)

해석 조사결과에 따르면, 절반 이상의 한국인들은 지난 총선 때 우리가 다른 후보자들을 선택했더라면 지금 우리나라의 경제상황이 더 좋을 것이라고 믿고 있다고 나타났다.

어휘 general election 총선

해설 빈칸 뒤 had we selected 이하 부분은 if가 생략된 채 도치되어 있는 조건절이다. had we selected 이하는 원래 가정법 과거완료인 if we had selected ~의 형태이고 주절에는 현재시제를 의미하는 부사 now가 있는 것으로 보아 과거의 사실이 현재까지 영향을 미칠 때 사용하는 혼합가정법 문장임을 알 수 있다. 따라서 빈칸에는 '조동사의 과거형 + 동사원형'인 (b)would be를 써야 한다.

17. (c)

해석 (a) A : 그 문장의 의미가 뭐지?
(b) B : 나도 잘 이해가 안돼. 케이트에게 물어볼까?
(c) A : 좋은 생각이야! 그녀는 현명하니까 이 말을 이해할 수 있을 거야.
(d) B : 그녀가 지금 어디에 있는지 알아?

해설 enough가 형용사로 쓰이는 경우에는 명사 앞에서 수식하지만, 부사로 쓰이는 경우에는 형용사나 부사의 뒤에서 수식한다. (c)에서 enough가 수식하는 것은 wise, 즉 형용사이므로 enough wise를 wise enough로 바꿔 써야 한다.

18. (c)

해석 (a) A : 브라이언, 어떻게 지내니?
(b) B : 안녕, 마틴. 아직도 직장을 구하고 있는데 면접기회조차 잡기 어려워.
(c) A : 만약 변화(기분 전환)에 대한 준비가 되어 있다면 우리 같이 1년 정도 외국에 나가서 일해보는 게 어때?
(d) B : 그거 재미있겠다! 그리고 우리가 함께 간다면 외롭지도 않겠는걸!

해설 (c)에서 문맥상 필요한 '기분 전환 삼아서'라는 의미는 for a change로 나타낸다. 따라서 change 앞에 부정관사 a를 써 넣어야 한다.

19. (d)

해석 (a) 해마다 2월 14일에 미국인들은 서로에게 사랑의 징표로 카드나 꽃, 혹은 다른 선물을 준다. (b) 그 날은 발렌타인 데이라고 불리는데 그 날의 유래와 관련해서는 여러가지 이야기들이 있다. (c) 그 중에는 발렌타인 데이가 2월 15일에 열리는 로마의 축제에서 유래되었다고 하는 이야기가 있다. (d) 그 이야기에 따르면, 독신 남성들이 장래의 연인이 될 여성의 이름을 뽑아서 그녀에게 선물을 주는 것이 그 축제의 풍습이었다고 한다.

어휘 token 징표, 증거 / originate from ~에서 유래하다 / would-be 장래의

해설 (d)에서 발렌타인 데이의 유래로 과거의 축제 풍습을 소개하며 현재시제인 is를 사용하고 있는데, 과거의 일을 설명하고 있는 것이므로 현재시제인 is를 과거시제인 was로 고쳐야 한다.

20. (b)

해석 (a) 세계의 삼림은 인간들에 의해 연료나 다른 용도로 파괴되고 있다. (b) 이런 삼림파괴는 세계의 여러 곳에서 일어나고 있지만, 적도지역의 국가들에서 가장 심각하게 발생하고 있다. (c) 그곳에서, 삼림은 분 당 64 에이커의 속도로 사라지고 있는데, 이는 걱정스러운 수치이다. (d) 그 결과, 그리 머지 않은 미래에는 끔찍한 자연 재해가 있을 지도 모른다.

어휘 deforestation 삼림 벌채[파괴] / tropical 열대의, 적도의 / appalling 섬뜩하게 하는, 끔찍한 / catastrophe 대재앙

해설 (b)는 두 개의 절로 구성되어 있는데도 불구하고 두 절을 이어주는 접속사가 없으므로 완전하지 못한 문장이다. 따라서 문맥상 어울리는 but을 ,(comma)와 it 사이에 추가해야 한다.

1. (c)	2. (b)	3. (c)	4. (b)	5. (b)
6. (c)	7. (d)	8. (c)	9. (d)	10. (c)
11. (b)	12. (a)	13. (a)	14. (d)	15. (b)
16. (d)	17. (d) you will walk → you walk			18. (b)

sitting back read some books → sitting back reading some books   19. (c) open to anyone has → open to anyone who[that] has   20. (b) are related to eat → are related to eating

---

1. (c)
해석 A: 자 여기. 보고서 타이핑을 마쳤어.
B: 네가 그렇게 빨리 타이핑을 할 수 있는지 몰랐어. 정말 인상적인 걸.
해설 빈칸에는 '그렇게'의 의미로 부사인 fast를 수식할 수 있는 부사가 필요하다. so fast가 가장 일반적인 표현이지만 선택지에는 so가 없으므로 이를 대신해서 형용사나 부사를 꾸며줄 수 있는 부사 that을 쓰는 것이 적절하다.

2. (b)
해석 A: 어젯밤에 나에게 전화한 사람이 누구라고 생각해?
B: 해리인 것 같아. 조만간 너에게 전화할 거라고 했었거든.
해설 간접의문문의 어순을 묻는 문제이다. 간접의문문이 있는 주절의 동사가 think, believe, suppose 등과 같이 생각이나 추측을 나타내는 경우, 의문사는 문장의 맨 앞에 와야 한다. 따라서 Do you think who called의 어순을 Who do you think called로 고쳐야 한다.

3. (c)
해석 A: 너는 내가 신뢰할 수 있는 유일한 사람이다.
B: 과찬의 말씀이세요.
해설 flatter는 '~에 아첨[아부]하다'라는 뜻의 타동사이므로 목적어가 없을 경우 수동태로 쓰여야 하며, I'm flattered.는 관용적으로 '과찬의 말씀이십니다.'의 의미로 사용되므로 기억해두는 것이 좋다.

4. (b)
해석 A: 우리 클럽 사람들 대부분이 이미 여기에 도착한 것 같아요.
B: 그러면 제가 참석한 회원들을 확인해 볼게요.
해설 형용사 present는 명사의 앞에 위치하여 한정적으로 쓰일 때는 '현재의'라는 의미를 나타내고, 보어 자리에 서술적으로 사용될 때는 '참석한'이라는 의미를 갖는다. 빈칸은 문맥상 '참석한 회원들'의 의미가 되어야 하므로 the members who are present에서 생략 가능한 부분인 '주격 관계대명사 + be동사'를 제외한 the members present를 쓰는 것이 적절하다.

5. (b)
해석 A: CEO없이는 회의를 시작할 수 없을 것 같군요.
B: 회의를 연기를 하는 편이 낫겠어요.
해설 had better는 '~하는 것이 낫다'라는 뜻의 조동사이므로 빈칸에는 to부정사가 들어갈 수 없다. 또한 put off 는 '~을 미루다, 연기하다'라는 의미의 이어동사로, 목적어가 대명사일 경우에는 동사 put과 부사 off 사이에 목적어를 위치시켜야 한다. 따라서 빈칸에 알맞은 표현은 (b)put if off이다.

6. (c)
해석 A: 리사, 요즘도 여전히 테니스를 치니?
B: 아니, 너무 바빠. 토요일마다 치곤 했었는데 이제는 아르바이트를 하고 있거든.
해설 문맥상 지금은 바빠서 못하지만 전에는 꾸준히 '하곤 했었다'는 표현이 필요하다. 'used to + 동사원형'은 과거에 '~하곤 했다'의 뜻을 나타내고, 'be used to v-ing'는 '~하는데 익숙하다'의 의미이므로 정답은 (c)이다.

7. (d)
해석 A: 파커씨가 선출되면 훌륭한 시장이 될 거라고 생각해?
B: 당연하지! 모두들 그가 그 누구보다도 자격이 있다고들 하잖아.
해설 빈칸 뒤에 목적어가 없고 주어 he는 elect(선출하다)의 대상이므로 수동태가 있는 선택지 (b)와 (d)가 가능하다. 문맥상 '파커씨가 시장으로 당선된다면'의 의미, 즉 미래시제가 필요하지만 조건 부사절에서는 미래시제 대신에 현재시제를 써야 하므로 정답은 (d)가 된다.

8. (c)
해석 A: 샐리, 거주할 아파트는 이제 찾았어?
B: 응, 다행히도. 지난 주에 이사도 했는걸, 하지만 그 집을 찾느라 정말 너무 고생을 했어.
해설 have trouble v-ing는 '~하느라 고생하다'라는 의미의 관용표현이므로 익혀두도록 한다. 참고로 have difficulty[a hard time] v-ing 또한 같은 의미로 자주 쓰이는 표현이다.

9. (d)
해석 네가 나에게 추천해준 그 차는 내 맘에 들기는 했지만 가격이 내게는 좀 부담스러웠다.
어휘 to one's taste ~의 마음에드는
해설 두 개의 완전한 절을 이어주는 부사절 접속사를 고르는 문제이다. 문맥상 '비록 ~이지만'의 의미가 필요하므로 정답은 (d)이다.

10. (c)
해석 그녀는 사려 깊게도 그렇게 바쁜 주간에 자신의 직원의 생일을 기억했다.
어휘 considerate 사려 깊은, 배려하는

내는 형용사가 쓰이면 to부정사의 의미상 주어는 전치사 for가 아닌 of를 사용해서 나타내야 한다. 따라서 정답은 (c)가 된다.

11. (b)

해석 살을 빼고 싶어하는 사람은 누구든지 다이어트를 해야 할 뿐 아니라 규칙적으로 운동을 해야한다.

어휘 on a regular basis 규칙적으로

해설 주어(anyone)와 동사(should go ~ work out)가 모두 있는 완전한 구조의 문장이기 때문에 want는 동사가 아닌 분사의 형태로 주어를 수식하는 것이 알맞다. want는 to부정사를 목적어로 취하는 동사이고 anyone과는 능동의 관계이므로 능동형인 현재분사이면서 to부정사 목적어를 취하고 있는 (b)를 고르는 것이 적절하다.

12. (a)

해석 내가 그 유명한 시인을 작년에 만났을 때, 그는 술과 담배를 너무 많이 해서 건강이 아주 좋지 않은 상태였다.

해설 condition이 '상태'라는 뜻을 나타낼 때는 셀 수 없는 명사로서, '건강이 좋지 않다'라는 의미는 be in bad[poor] condition이라는 표현을 써서 나타낼 수 있다.

13. (a)

해석 그 회사의 CEO는 최고의 평가를 받은 직원들에게 특별 보너스를 제시하면서 생산성을 높이고자 했다.

해설 완전한 구조의 문장에 동사 offer를 추가해야 하므로 분사구문으로 연결해야 한다. offer는 '~을 제시하다'라는 의미의 타동사인데 뒤에 목적어 an extra bonus가 있으므로 능동의 의미가 있는 현재분사 offering을 쓰는 것이 적절하다.

14. (d)

해석 남자친구의 집에 운전해서 가는 길에 내 차와 부딪친 차의 주인은 내 남자친구의 아버지였다.

어휘 collide with ~와 충돌하다

해설 선행사(The man)가 사람이고 빈칸 뒤의 명사(car)와 소유의 관계가 성립하므로 빈칸에는 소유격 관계대명사 whose가 필요하다. 주어진 문장은 The man was his father. 와 His car collided with my own as I was driving to my boyfriend's house.라는 두 개의 문장이 합쳐지면서 his car가 whose car로 바뀐 것이다.

15. (b)

해석 우리 할머니께서는 2주 동안 통증에 시달리고 있다고 계속 불평하고 계신다.

해설 알맞은 전치사를 고르는 문제이다. 문맥상 a couple of weeks와 결합하여 '2주 동안'의 의미를 나타내는 전치사가 필요하므로 가능한 선택지는 (b)와 (c)이다. 이 중에서 for는 '시간'을 나타내는 말과 함께 쓰이고 during은 '기간(vacation, holiday,

class 등)'을 의미하는 말과 함께 쓰이므로 정답은 (b)이다.

16. (d)

해석 그 허리케인이 너무나 강력했기 때문에 한때 아름다웠던 그 열대 섬에는 폐허 외에는 남은 것이 전혀 없었다.

어휘 ruin (~s) 폐허, 잔해

해설 '너무나 ~해서 …하다'의 표현은 '주어 + 동사 + so + 형용사/부사 + that …'의 구문으로 나타내는데 선택지에는 일치하는 어순이 없으므로 so powerful이 문두에서 강조되고 그 뒤의 주어와 동사를 도치시킨 형태인 (d)So powerful was the hurricane that이 정답이다.

17. (d)

해석 (a) A: 피트니스 클럽에 등록할까 고민 중이야.
　　 (b) B: 왜? 내가 보기에 너는 살을 빼야 할 필요는 없는 것 같은데.
　　 (c) A: 실은 그냥 건강을 유지하고 싶어서.
　　 (d) B: 그런 경우라면, 나는 매일 아침 한 시간씩 걸으라고 추천하고 싶어. 걷기는 최고의 운동이거든.

해설 (d)의 recommend(~을 추천하다)와 같이 제안, 명령, 요구의 의미를 가지는 동사가 주절에 오면 종속절에는 '(should) + 동사원형'을 쓰는 것이 원칙이다. 이때 should가 생략되더라도 동사원형은 남게 되므로 종속절 시제를 will walk에서 walk로 고쳐야 한다.

18. (b)

해석 (a) A: 제니, 여가시간에 주로 무엇을 하니?
　　 (b) B: 글쎄, 특별한 건 없는데. 그냥 편하게 앉아서 책 읽는 것을 좋아해.
　　 (c) A: 나도 독서하는 것을 좋아하는데. 요즘 무슨 책을 읽고 있어?
　　 (d) B: 지난주부터 *바람과 함께 사라지다*를 읽고 있어.

해설 (b)에서 I just like sitting back은 완전한 구조의 문장이기 때문에 여기에 동사 read를 추가하기 위해서는 분사구문의 형태로 써야 한다. read는 타동사이고 그 뒤에 목적어로 some books를 수반하고 있기 때문에 능동의 분사구문이 필요함을 알 수 있다. 따라서 read를 reading으로 고쳐야 한다.

19. (c)

해석 (a) 매우 권위 있는 영어교수 세미나가 다음 주에 시작될 예정입니다. (b) 4주 과정의 이번 프로그램은 현직 영어교사와 장래의 영어교사들에게 가장 효과적인 최신 교수법을 알리기 위해서 고안되었습니다. (c) 이 프로그램은 4년제 대학의 학위와 영어교육에 대한 열정이 있는 사람이라면 누구든지 참여할 수 있습니다. (d) 지원자들은 이 프로그램에 참가하기 위해 구술 시험을 통과해야 합니다.

어휘 prestigious 권위 있는 / launch ~을 시작하다 / oral 구술의, 말로 하는

해설 (c)에서 This program is open to anyone은 완전한 문장이 므로 has a university degree and passion for English education은 선행사 anyone을 수식하는 형용사절이 되어 야 한다. 따라서 사람을 의미하는 선행사 anyone을 수식하면 서 has 이하의 주어 역할을 겸하는 주격 관계대명사 who 또는 that을 추가해야 한다.

20. (b)
해석 (a) 채식주의자가 되기로 결심하기 전에 고려해야 할 몇 가지가 있다. (b) 전문가들에 따르면, 채식주의의 유일한 건강상 이점 은 과일과 채소를 많이 먹는 것과 관련이 있을 뿐, 육류나 생선을 포기하는 것과 관련이 있지는 않다. (c) 육류나 생선은 매우 중 요한 영양소들을 함유하고 있기 때문에 균형 있는 식단에는 그 것들이 포함되어야 한다. (d) 당신의 식단에서 육류를 배제하는 것이 건강을 보장해 주지 않을 것이며 균형 잡힌 식사를 하는 것 이 최선의 선택이라는 점을 명심해야 한다.
어휘 vegetarianism 채식주의 / bear in mind 명심하다, 유념하다 / exclude 배제하다, 제외시키다
해설 (b)에서 be related to(~와 관련이 있다)의 to는 전치사이기 때문에 그 뒤에 동사(eat)가 올 경우에는 동사원형이 아닌 동명 사의 형태로 써야 한다. 따라서 eat을 eating으로 고쳐야 한다.

Mini TEST 7
p. 52-54

1. (a)	2. (d)	3. (b)	4. (c)	5. (b)
6. (a)	7. (c)	8. (d)	9. (b)	10. (c)
11. (d)	12. (b)	13. (c)	14. (d)	15. (c)

16. (c)   17. (d) However you want. → Whatever you want.   18. (c) has the same opinion → have the same opinion   19. (a) Pollution is caused by dioxins → Pollution caused by dioxins   20. (d) Parents are important to help children → It is important for parents to help children

1. (a)
해석 A: 출장을 갈 기회가 많은가요?
　　 B: 아니요. 저는 좀처럼 출장을 가지 않습니다.
해설 seldom은 '좀처럼 ~하지 않다'라는 의미의 빈도부사이다. 빈 도부사는 be동사와 조동사 뒤, 일반동사 앞에 위치해야 하므로 (a) I seldom travel이 정답이다.

2. (d)
해석 A: 팀의 아들이 지난 달에 뇌종양으로 죽었다는 소식 들었니?
　　 B: 정말? 너무 안타깝다!
어휘 brain tumor 뇌종양
해설 What a shame!은 안타까운 상황을 접했을 때, '안 됐다, 정말

안타깝다' 등의 의미로 구어체에서 빈번히 사용되는 표현이다.

3. (b)
해석 A: 창문 옆에 서 있는 사람이 누군지 알아?
　　 B: 내 기억이 맞다면 그분은 우리 회사의 회장님이셔.
해설 빈칸을 포함한 절의 동사인 serve는 3형식 동사이므로 빈칸에 는 to부정사 보어나 형용사 보어가 아닌 부사가 필요하다. if my memory serves me correctly는 '내 기억이 맞다면'의 의미 로 자주 쓰이는 표현이므로 기억해두도록 한다.

4. (c)
해석 A: 나는 가난한 나라에 사는 사람들이 참 불쌍해.
　　 B: 내가 아는 한, 그들을 도울 수 있는 여러 가지 방법들이 있어.
해설 빈칸은 for의 목적어 자리로, (a)나 (b)를 넣으면 '누가 가난한 나라에 사는지를'의 의미가 되므로 문맥에 어울리지 않는다. those who는 '~한 사람들'의 의미로 쓰이는데, 이때 뒤따르는 동사는 선행사 those의 수와 일치하도록 복수형을 써야 하므 로 정답은 (c)가 된다.

5. (b)
해석 A: 마이크, 이번 주말에 스키 여행 가지 않을래?
　　 B: 차라리 가지 않는 게 좋겠어. 일기 예보를 들으니 날씨가 몹시 추워질 거래. 그리고 너도 알다시피 난 추운 날씨에 밖에 있는 거 싫어하잖아.
해설 '주어 + would rather (that) + 주어 + 동사의 과거형'을 써서 '~하는 것이 좋을텐데'의 가정법 표현을 나타낼 수 있다. 참고 로 과거의 사실에 대해 가정할 경우에는 that절의 동사자리에 had p.p.를 써서 나타낸다.

6. (a)
해석 A: 낸시의 약혼자가 그녀에게 프로포즈를 했대. 너희 남편은 결 혼 전에 낭만적으로 프로포즈 했니?
　　 B: 그 비슷한 것은 했던 것 같은데, 너무 오래 되어서 자세히 기 억도 안나.
어휘 fiancé (남자) 약혼자
해설 '그와 비슷한 어떤 것'은 전치사 like를 써서 관용적으로 something like that으로 표현한다.

7. (c)
해석 A: 그렇게 멋진 몸매의 비결이 무엇인가요?
　　 B: 가능한 한 물을 많이 마시려고 노력해요.
해설 '그렇게 ~한 무엇'을 표현할 때는 'such + a/an + 형용사 + 명 사'의 어순으로 쓰거나 'so + 형용사 + a/an + 명사'의 어순으 로 쓴다. 따라서 such를 사용하는 구문의 어순에 맞는 선택지 (c)such a good figure가 정답이다.

8. (d)
해석 A: 에이미! 정말 오랜만이다. 그런데 너는 조금도 안 변했구나.

B: 너도 마찬가지인데. 어떻게 지내니?

어휘 for ages 오랫동안

해설 부정문에 대한 응답으로 '~도 역시 마찬가지이다'라고 할 때는 'Neither + 동사 + 주어'의 어순으로 써야 한다. (b)와 (d) 중에서 현재완료시제를 사용한 You haven't changed a bit.에 대한 응답이기 때문에 (d) Neither have you.로 답하는 것이 자연스럽다.

9. (b)

해석 각각의 카드 뒷면에는 같은 내용이 적혀 있기 때문에 네가 빨간 카드를 고르건 파란 카드를 고르건 그것은 중요하지 않다.

해설 주어진 문장의 주어는 빈칸에서부터 the blue card까지로 빈칸에는 명사절을 이끄는 접속사가 필요함을 알 수 있다. 문맥상 '~인지 아닌지'의 의미가 적절하므로 (a)와 (b)가 가능한데, if 가 이끄는 명사절은 문장의 맨 앞에서 주어로 쓰일 수 없으므로 (b) Whether가 정답이다.

10. (c)

해석 줄리가 영국에 간 지 3년째이고 나는 이제 혼자 살아가는 데 익숙하다.

해설 줄리가 영국에 간 시점(과거)부터 현재까지 그 상태가 3년째 계속되고 있음을 나타내는 것이 자연스러우므로 주절에는 현재완료시제를 쓰는 것이 적합하다. 참고로 '~한 지 (시간) …이다'라는 표현은 'It has been + 시간 + since + 주어 + 과거시제'의 형태로 빈번히 사용되므로 기억해두는 것이 좋다.

11. (d)

해석 안전벨트가 없었더라면, 모리슨은 그 교통사고에서 크게 부상을 입었거나 심지어 사망했을 수도 있었다.

해설 주절의 시제가 would have been인 것과 문맥을 참조해 보면 '~이 없었더라면 …했을 것이다'라는 의미의 가정법 과거완료 문장임을 알 수 있다. '~이 없었더라면'은 관용적으로 If it had not been for로 나타내지만, 접속사 if가 생략되면서 주어와 동사가 도치된 Had it not been for로도 쓸 수 있으므로 정답은 (d)가 된다.

12. (b)

해석 설문에 응답했던 대부분의 사람들이 만약 그들이 다시 살 수 있다면 다른 진로를 선택할 것이라고 대답했다.

어휘 survey 조사하다 / career path 진로

해설 '대부분의 사람들'을 표현할 때는 most people 또는 most of the people을 써서 나타낸다.

13. (c)

해석 힘든 시기가 오면, 사람들은 보통 불필요한 상품이나 사치품에 대한 소비를 줄이고자 애를 쓴다.

해설 명사 time은 문맥에 따라 단수 또는 복수로 사용되는 단어이므로 주어진 문맥에 맞추어 형태를 결정해야 한다. 주어진 문장에

서는 '시대, 시기'의 의미가 적절하므로 복수형인 times를 쓰는 것이 적합하다.

14. (d)

해석 많은 사람들이 공학을 전공하는 학생들은 더 적은 수의 언어를 말하는 경향이 있다고 생각하지만, 항상 그렇지만은 않다.

어휘 tend to ~하는 경향이 있다 / not always the case 항상 그런 것은 아닌

해설 languages를 수식하기에 알맞은 수량 형용사를 고르는 문제이므로 languages가 가산명사임을 감안해야 한다. 또한 빈칸 뒤의 than others는 비교구문을 나타내고 있으므로 가산명사를 수식하는 few의 비교급인 fewer가 정답이 된다.

15. (c)

해석 쉬운 영어로 쓰여져 있고 매력적인 삽화를 특징으로 하고 있기 때문에 이 책은 완벽한 영문법 입문서이다.

어휘 captivating 매혹적인, 마음을 사로잡는 / illustration 삽화 / introductory 입문자를 위한

해설 ,(comma) 이하의 주절이 완전한 문장이므로 빈칸에 동사 write를 추가하려면 접속사를 사용하거나 분사구문을 써야 한다. 책은 '쓰여지는' 대상이므로 write는 수동형 분사인 being written이 되어야 하고, 이때 being은 생략이 가능하므로 정답은 (c)가 된다. 한편 책이 삽화(illustrations)를 '특별히 포함하고 있는' 것이므로 feature는 능동형 분사로 쓰였음을 알 수 있다.

16. (c)

해석 지난 3년 동안 운동의 필요성에 대해 많은 이야기들이 오고 갔지만, 실질적으로는 나의 가족들 중 아무도 운동요법을 시작하지 않았다.

어휘 regimen (건강을 위한 식이·운동 등의) 요법

해설 빈칸 뒤에 over the last three years라는 '계속'을 의미하는 표현이 있으므로 현재완료 시제가 필요함을 알 수 있다. 또한 문맥상 '많은 말'을 뜻하는 주어 Much는 say의 주체가 아닌 대상이므로 say는 수동형이 되어야 한다. 따라서 (c) has been said가 정답이다.

17. (d)

해석 (a) A : 배고프니, 잭? 난 점심을 걸렀더니 배가 너무 고파!

　　(b) B : 정말? 그럼 간단하게 요기하러 나갈래?

　　(c) A : 좋은 생각이야! 시간이 많지 않으니 햄버거랑 감자튀김을 먹는게 어때?

　　(d) B : 네가 원하는 건 뭐든지 (괜찮아).

어휘 starve 굶주리다; 몹시 배고프다 / grab a bite 간단하게 요기하다 / seeing as ~하니

해설 (d)에서 want는 타동사이므로 앞에 사용된 복합관계사가 want의 목적어가 되어야 하는데 부사인 however는 목적어 역할을 할 수 없다. 목적어 역할을 할 수 있는 복합관계대명사 중

문맥상 적합한 '무엇이든지'의 의미는 whatever로 나타낼 수 있다.

18. (c)

해석 (a) A : 빌, 사형제도에 대해서 어떻게 생각해?
(b) B : 글쎄, 나는 개인적으로는 사형제도에 찬성해. 왜?
(c) A : 여기 이 신문에 나왔는데 설문 응답자 중 너와 같은 생각을 가지고 있는 사람이 3분의 2가 넘어.
(d) B : 와, 굉장히 놀라운 수치인걸.

어휘 capital punishment 사형, 극형

해설 (c)에서와 같이 부분을 뜻하는 분수나 퍼센트가 주어에 포함되어 있을 경우에는 그 뒤의 명사가 동사의 수를 결정한다. that절 속의 주어는 more than two thirds of the people surveyed 인데 of 뒤에 복수명사인 people이 있으므로 동사는 has가 아닌 have로 써야 한다.

19. (a)

해석 (a) 다이옥신에 의해 야기되는 오염은 가장 심각한 환경 문제들 중의 하나가 되었다. (b) 대기 오염을 유발하는 것 외에도, 다이옥신은 토양 속으로 깊이 침투하여 농산물과 농지의 동물들을 오염시킨다. (c) 우리 주위에 어느 때보다도 많은 다이옥신이 존재하는 이유는 쓰레기 소각과 관련이 있다. (d) 다이옥신은 플라스틱이나 염소 화합물을 포함한 기타 쓰레기를 태울 때 주로 방출된다.

어휘 penetrate into ~로 침투하다 / contaminate 오염시키다 / chlorine (화학) 염소 / compound 혼합물, 합성물

해설 (a)를 보면 주어는 Pollution으로 하나이지만 동사는 is caused와 has become으로 두 개가 쓰인 것을 알 수 있다. 문장의 본동사는 문맥상 has become이 되는 것이 자연스러우므로, is caused에서 be동사를 삭제하여 과거분사 caused가 by dioxins와 함께 주어를 수식하는 형용사구가 되도록 바꾸어 주는 것이 적절하다.

20. (d)

해석 (a) 배변 훈련은 중요한 발육 단계이므로 부모들은 조급해하거나 서두르지 않도록 해야 한다. (b) 대부분의 소아과 전문의들은 24개월을 전후하여 배변훈련이 시작되어야 한다고 조언하는데, 이때 아이들은 자신이 준비되었다는 신호를 보인다. (c) 일단 배변훈련이 시작되면 부모는 아이가 변기를 사용하는 데 성공할 때마다 많은 칭찬과 격려를 보내야 한다. (d) 부모가 아이로 하여금 배변훈련은 힘든 훈련이 아닌 재미있는 놀이라고 생각하도록 돕는 것은 중요하다.

어휘 pediatrician 소아과 의사 / potty 유아용 변기 / harsh 가혹한

해설 important는 사람을 주어로 하지 않는 형용사이기 때문에 'It is important + for 목적격 + to부정사 ~'의 가주어-진주어 구문을 써야 한다. 이러한 성향을 가진 형용사에는 important 외에도 easy, difficult, hard, possible, convenient 등이 있다.

Mini TEST <u>8</u> p. 55-57

1. (a)	2. (c)	3. (b)	4. (a)	5. (d)
6. (b)	7. (b)	8. (b)	9. (a)	10. (d)
11. (d)	12. (c)	13. (d)	14. (c)	15. (b)

16. (d) 17. (a) seen it → seen them 18. (c) how do you know → how did you know 19. (c) what are found → that[which] are found 20. (c) or to get a suntan → or getting a suntan

1. (a)

해석 A : 뒤에 문 좀 닫아주시겠어요?
B : 아, 문을 열어 놓은 줄 몰랐어요. 미안합니다.

해설 leave는 '~을 …인 채로 남겨두다'의 의미로 쓰이면 'leave + 목적어 + 보어(형용사/분사)'의 5형식 구조가 되어야 한다. 따라서 빈칸에는 형용사나 분사가 와야 하는데, open은 '~을 열다'의 동사로도 쓰이지만 '~이 열려 있는'의 형용사로도 쓰이기 때문에 빈칸에 쓸 수 있다. (d)의 to be opened는 leave가 to부정사를 보어로 취할 수 없기 때문에 정답이 될 수 없다.

2. (c)

해석 A : 내가 모든 것을 망쳐 버렸어. 이제 어쩌지?
B : 그건 네 잘못이 아니야. 그냥 잊어버려.

어휘 spoil ~을 망치다

해설 의문대명사 what과 의문부사 how가 '어떻게'로 해석될 때 혼동되기 쉬운 쓰임을 묻는 문제이다. 의문사 부분이 동사나 전치사의 목적어에 해당하면 what, 보어에 해당하면 how를 사용하므로 정답은 (c)가 된다.

3. (b)

해석 A : 이제 가봐야겠어요. 수업 시간이에요.
B : 네. 얘기 즐거웠어요. 연락합시다.

해설 적절한 조동사를 고르는 문제인데, 문맥에서와 같이 '가봐야 한다'는 표현에는 must be going을 써야 한다. 미래시제가 있는 (a)는 now와 어울리지 않으므로 답이 될 수 없고, (c)는 과거의 습관을, (d)는 과거사실에 대한 아쉬움을 나타내는 표현이므로 모두 빈칸에 적절하지 않다.

4. (a)

해석 A : 하퍼씨, 부탁 좀 들어주실 수 있으세요?
B : 글쎄, 그 부탁이 무엇이냐에 달려있지.

해설 '상황에 따라 다르다'는 표현은 관용적으로 It depends.라고 표현한다. 자동사인 depend는 수동태로는 쓰지 않기 때문에 (c)나 (d)는 답이 될 수 없고, depend on은 뒤에 목적어를 취할 때 쓰는 표현이다.

5. (d)

해석 A: 락 페스티벌의 표가 전부 매진이야. 어떡하지?
B: 걱정하지마. 우리 표는 이미 내가 사 두었어.

해설 '매진되다'라는 의미는 관용적으로 be sold out으로 표현한다. sell up은 '~을 모두 매각하다', sell off는 '~을 헐값에 팔아 넘기다'의 뜻으로 쓰인다는 것도 알아두도록 한다.

6. (b)

해석 A: 점심식사로 무엇을 드시고 싶으세요?
B: 무엇이든 좋아요. 저는 뭐든지 잘 먹거든요.

해설 형용사 easy, difficult, (im)possible 등은 사람을 주어로 쓰지 않고 'It is ~ to부정사'의 가주어-진주어 구문으로 쓰인다. 따라서 빈칸이 있는 문장은 It's easy to please me.(나를 만족시키기는 쉽다)로 나타낼 수 있다. 단, 이 문장과 같이 사람이 to부정사의 목적어로 쓰인 경우에는 가주어 It대신 그 목적어를 주어로 하는 I'm easy to please.로도 바꾸어 쓸 수 있다.

7. (b)

해석 A: 숙제를 끝내지 못하면 외출하거나 TV 보는 것은 아예 꿈도 꾸지마.
B: 알았어요. 하지만 숙제를 다 하면 제가 하고 싶은 것은 무엇이든지 해도 좋다고 약속해주세요.

해설 적절한 부사절 접속사를 고르는 문제이다. 문맥상 '숙제를 끝내지 못하면'의 의미가 가장 자연스럽기 때문에 부정의 의미를 포함하고 있는 조건 접속사 unless가 알맞다.

8. (b)

해석 A: 왜 넌 항상 그러지 말라는데도 말대꾸를 하니?
B: 죄송해요. 다시는 그러지 않겠다고 약속할게요.

어휘 talk back 말대꾸하다

해설 tell의 5형식 문형과 대부정사 용법을 동시에 묻고 있는 문제이다. '~에게 …하지 말라고 말하다'라고 할 때는 'tell + 목적어 + not to부정사'를 써서 나타내는데, 이때 to부정사의 내용이 앞에서 언급한 것과 중복되면 대부정사 to만 남기고 반복되는 부분을 모두 생략한다. (c)에서와 같이 반복되는 부분을 do로 쓰는 것은 대부정사도 아니고 대동사 용법도 아니므로 주의하도록 한다.

9. (a)

해석 네가 오늘 아침에 준 설문지에 대답할 질문들이 너무 많아서 아직도 끝내지 못했다.

어휘 questionnaire 설문지

해설 문맥상 '아직 ~하지 못했다'의 의미가 필요한데, '아직'의 의미는 still과 yet으로 나타낼 수 있다. yet은 주로 부정문의 끝에서 '아직도'라는 의미로 사용되고 still은 부정문에서는 부정조동사 앞에 위치한다. 따라서 정답은 (a) haven't finished it yet 이다.

10. (d)

해석 내 생각에는 이번 소설이 그가 그간 출간했던 작품들 중 가장 뛰어난 것 같다.

해설 by far는 최상급 표현 앞에서 최상급을 수식하여 그 의미를 강조할 수 있다. 따라서 정답은 (d)가 된다. 참고로 최상급을 강조하는 또 다른 표현으로는 much, the very가 있다.

11. (d)

해석 유명한 이탈리아 식당에서 일곱 가지 코스로 구성된 저녁식사 비용으로 30달러를 지불했는데, 나는 그 값의 2배라도 기꺼이 낼 용의가 있다.

해설 '~배 만큼 …한'의 의미는 '배수사 + as + 원급 + as' 또는 '배수사 + 비교급 + than'으로 표현하므로 빈칸에 적절한 선택지는 (d)이다.

12. (c)

해석 그 유명 배우는 공항에 도착하자마자 수많은 기자들과 팬들에 의해 둘러싸였다.

어휘 surround ~을 에워싸다

해설 부정의 뜻을 나타내는 no sooner가 문두에 오면 뒤따르는 주어와 동사는 도치된다. 또한 no sooner ~ than …에서 선후관계를 분명히 밝히기 위해 먼저 일어난 것을 대과거(had p.p.), 나중에 일어난 것을 과거시제로 나타내므로 정답은 (c)가 된다. 'No sooner + had + 주어(A) + p.p. + than + 주어(B) + 과거(A가 ~하자마자 B는 …했다)'로 외워두는 것이 좋다.

13. (d)

해석 심리학에서의 그의 업적이 너무나 대단해서 그의 이름을 연상시키지 않는 심리학 이론이 없을 정도이다.

어휘 cannot ~ without … ~하면 반드시 …한다

해설 '너무나 대단해서 ~하다'의 구문은 원래 '주어 + 동사 + such that + 주어 + 동사 ~'인데 이때 such가 문장의 맨 앞으로 나가면 주절의 주어와 동사가 도치된다. 따라서 빈칸에는 접속사 that이 필요함을 알 수 있다.

14. (c)

해석 과거에는 학교에 과학 실험을 위한 장비들이 많지 않았는데, 요즘 학생들은 학교에서 다양한 종류의 실험을 수행할 수 있다.

해설 '장비, 설비'를 뜻하는 equipment는 집합명사이지만 물질명사처럼 관사를 붙이거나 복수형으로 쓸 수 없으며 양을 표시할 때도 some, much, little 등의 수식을 받는다. 따라서 정답은 (c)가 된다.

15. (b)

해석 나의 부모님은 각종 야채를 기를 수 있는 마당이 딸린 집을 늘 갖고 싶어하셨으나, 그 꿈을 이루지 못하셨다.

해설 선행사가 backyard이고 빈칸 뒤의 문장구조가 완전하기 때문에 정답은 (b), (c), (d) 중 하나이다. 이때 (c)와 (d)의 전치사

중 어느 것도 '~에서'라는 의미의 문맥과는 어울리지 않으므로 (b) where가 알맞은 표현이다.

16. (d)
해석 나는 어린이를 대상으로 유괴나 성폭행 같은 범죄를 저질러서 유죄 판결을 받은 사람들에게는 훨씬 더 가혹한 처벌이 필요하다고 생각한다.

어휘 convict A (of B) (B의 이유로) A에게 유죄 판결을 하다 / kidnapping 유괴, 납치 / sexual assault 성폭행

해설 빈칸에는 대명사 those(~한 사람들)를 한정하는 수식어가 필요하다. those는 유죄 판결을 하는 주체가 아니라 판결을 받는 대상이므로 수동의 의미를 나타내는 과거분사 convicted가 쓰인 (d)가 정답이다.

17. (a)
해석 (a) A : 제 귀걸이를 못 찾겠어요. 혹시 그것 보셨어요?
　　　(b) B : 아니, 여기 저기 다 찾아 본거니?
　　　(c) A : 네. 온 집안을 다 찾아 봤어요.
　　　(d) B : 설거지를 끝내고 나서 네가 찾는 걸 도와줄게.

해설 (a)에서 복수명사인 earrings를 받는 대명사로 it을 썼기 때문에 틀린 표현이다. it을 복수명사를 받는 대명사인 them으로 고쳐야 한다.

18. (c)
해석 (a) A : 존, 네가 보내 준 생일 선물에 대해 고맙다고 전하려고 전화했어.
　　　(b) B : 아, 벌써 받은 거야? 마음에 드니?
　　　(c) A : 정말 마음에 들어. 그런데 오늘이 내 생일인 줄은 어떻게 알았니?
　　　(d) B : 지난 번에 네 집들이 파티에서 너의 룸메이트인 티나가 이야기해줬어.

해설 (c)에서 '오늘이 내 생일인 줄 어떻게 알았니?'라고 묻는 의문문의 시제가 어색한 것을 알 수 있다. 즉 B가 A의 생일을 알고 선물을 보낸 것은 이 대화가 일어나기 전의 시점이고, 마지막 문장에서 '지난 번에 티나가 이야기해줬다'라고 과거시제로 답한 것을 보면 (c)의 how do you know가 how did you know로 바뀌어야 한다는 것을 알 수 있다.

19. (c)
해석 (a) 일반적으로 우리는 피부가 얼마나 중요한지를 잘 깨닫지 못하지만, 피부에는 사실 상당히 중요한 몇 가지 기능들이 있다. (b) 우선, 피부는 바람, 추위, 더위, 그리고 먼지와 같은 외부 자극으로부터의 방어막 역할을 한다. (c) 또한 그것은 어디에나 있는 독소나 박테리아로부터 우리의 내장 기관들을 보호해주며, 체온을 조절하기 위해서도 꼭 필요하다. (d) 따라서 이제는 우리가 이러한 피부에 당연한 관심을 기울여야 할 때이다.

어휘 barrier 장벽, 장애물 / irritant 자극물 / toxin 독소 / organ (생물의) 기관 / indispensable 없어서는 안될, 필수적인 /

regulate 조절하다

해설 (c)에서 what은 선행사를 포함한 관계대명사이기 때문에 선행사 뒤에는 쓸 수 없다. 선행사인 toxins and bacteria가 사물이고 관계사절에서 동사(are found)의 주어 역할을 하므로 주격 관계대명사 that이나 which를 what 대신 써야 한다.

20. (c)
해석 (a) 현대에는 여가가 삶의 중요한 요소들 중의 하나로 여겨지면서 사람들이 여가를 즐기는 방법도 다양해지고 있다. (b) 어떤 사람들은 등산이나 하이킹, 혹은 스키를 타기 위해서 산에 가는 것을 좋아한다. (c) 또 어떤 사람들은 해변에 가거나 수상 스포츠를 즐기거나 선탠을 하면서 여가 시간을 보내고 싶어한다. (d) 하지만 휴가 기간이나 주말 동안 집에서 쉬고 싶어하는 사람들도 있다.

해설 (c)의 '~하면서 시간을 보내다'라는 의미인 'spend + 시간 + v-ing' 구문에서 going to the beach와 enjoying water sports는 모두 동명사 형태인데 반해, to get a suntan은 to부정사이므로 병렬구조가 올바르지 않음을 알 수 있다. 따라서 to get을 getting으로 고쳐야 알맞은 문장이 된다.

Reading
Comprehension

part 1 빈칸 채우기

Practice TEST

p. 64-67

1. (c)	2. (c)	3. (c)	4. (a)	5. (b)
6. (b)	7. (c)	8. (b)		

1. (c)

인상파 회화는 전형적으로 캔버스 위에 혼합되지 않은 색을 선명하게 사용하는 것으로 특징지어진다. 물감의 짧고 굵은 선들이 대상의 정확한 세부 묘사보다는 '인상'을 포착하기 위해 사용된다. 자연광을 통해 한 사물로부터 또 다른 사물에 색채가 반사되는 것이 '인상'의 이상적 기초였기 때문에 인상파 화가들은 자주 야외에서 그림을 그렸다. 덜 마른 물감의 층을 불투명한 표면 위에서 다른 것의 옆과 위에 덧칠했는데, 이것은 이전에 칠한 물감이 마른 후에야 이어서 색을 칠하는 전통적 방식보다 더 부드러운 윤곽을 만들어냈다. 사물의 그림자는 검은색이나 회색보다는 일반적으로 파란색으로 나타냈다. 사실, 많은 인상파 화가들이 검은색을 사용하는 것을 전적으로 기피했다.
(a) 회색은 물의 색을 묘사할 때 파란색을 대신할 좋은 대안이었다
(b) 검은색과 회색은 회화에서 개방성을 만들어냈다
(c) 많은 인상파 화가들이 검은색을 사용하는 것을 전적으로 기피했다
(d) 검은색은 여러 진정한 인상파 화가들이 가장 좋아한 색 중 하나였다

어휘 Impressionist 인상파의; 인상파 화가 / bold (색·선이) 선명한, 굵은 / reflection 반사 / layer 층 / opaque 불투명한 / successively 연속적으로 / application 바름 / alternative 대안

해설 빈칸 앞 문장에서 인상파 회화에서는 사물의 그림자를 나타낼 때 일반적으로 사용하는 검은색이나 회색이 아닌 파란색을 사용하였다고 설명했고, 빈칸이 있는 문장이 In fact로 시작하고 있으므로 빈칸에도 같은 맥락의 내용이 나올 것임을 알 수 있다. 그러므로 검은색은 인상파 회화에서 전혀 사용되지 않았다는 내용이 이어지는 것이 자연스럽다.

2. (c)

고대 이집트인들은 미라 제작을 통해 시체를 보존하는 기술에 통달했는데, 이 과정은 방부 처리와 붕대 감기라는 두 가지 주요 단계로 이루어져 있었다. 그들은 내장을 제거하고 시체에 탄산소다라고 하는 천연 방부제를 채워 넣기 전에 먼저 달콤한 향이 나는 야자술로 사망한 사람의 몸을 세척했다. 마지막으로, 시신은 붕대로 겹겹이 감겼다. 미라 제작은 매우 효과적인 공정이었고, 미라가 된 사람은 사후 수천 년이 지나서 거의 손상되지 않은 상태로 발견되었다. 그들의 몸은 너무

도 잘 보존되어 있어, 실제로 과학자들은 그들이 생전에 앓았던 질병을 진단하고 정확한 사인(死因)을 규명할 수 있었다.
(a) 알아볼 수 없는 상태로
(b) 방부제가 없는 상태로
(c) 거의 손상되지 않은 상태로
(d) 옷을 다 입은 상태로

어휘 corpse 시체 / mummification 미라 제작(mummified 미라로 만들어진) / embalm (시체를) 방부 처리하다 / cleanse 세척하다 / deceased 사망한 / palm wine 야자술 / internal organs 내장 / stuff 채워 넣다 / preservative 방부제 / natron (천연) 탄산소다 / successive 연속적인 / diagnose 진단하다 / beyond recognition 알아볼 수 없게 / intact 손상되지 않은, 그대로인

해설 고대 이집트인들의 뛰어난 미라 제작술에 대해 설명하고 있는 글이다. 빈칸이 있는 문장의 앞 부분에서 그들의 미라 제작 과정이 매우 효과적이라고 했고, 빈칸 뒷 문장에서는 생존 시의 질병이나 사인까지도 규명이 가능하다고 설명하고 있으므로 빈칸에는 미라가 잘 보존되어 손상되지 않은 상태를 유지하고 있었다는 내용이 들어가는 것이 적절하다.

3. (c)

미국 범죄 소설의 주인공들은 유럽의 주인공들과는 매우 다른 인격을 가지고 있다. 셜록 홈즈와 에르큘 포와로와 같은 탐정들이 활동하는 데 있어 전통적인 기사도 정신에 기초한 교양 있는 행동 규범을 보여주는 반면, 미국 탐정들은 범죄를 해결하기 위해 보다 다채로운 접근법과 전술을 종종 실행한다. 그들의 동기에서도 다른 점이 발견된다. 유럽의 탐정들은 다양한 이유로 인해 사건에 개입하게 되는데, 의무감, 지적 호기심, 그리고 물론 순전히 우연에 의한 것이 그러한 이유들이다. 반면 실용적인 미국 탐정들의 경우에 있어서, 특히 돈이 궁했던 대공황 시기 동안 유명해진 인물들은, 주로 생계를 유지하기 위해 범죄자를 추적한다.
(a) 정의를 수호하는 것이 언제나 가장 우선이다
(b) 힘없는 사람들을 돕기 위해 지치지 않고 일한다
(c) 주로 생계를 유지하기 위해 범죄자를 추적한다
(d) 기사도 정신이 가장 중요하다

어휘 persona 외적 인격 / sophisticated 교양 있는, 세련된 / code of conduct 행동 규범 / chivalry 기사도 (정신) / counterpart 대응하는 대상 / implement 이행하다 / tactics 전술, 책략 / motivation 동기 / pragmatic 실용적인 / household name 잘 알려진 이름 / cash-strapped 돈이 궁한, 현금이 고갈된 / Depression era (미국의) 대공황 시기 / tirelessly 지치지 않고

해설 세 번째 문장에서 유럽과 미국 탐정의 사건 해결 동기에 차이가

있다고 언급하고, 다음 문장에서 유럽의 탐정들이 사건에 개입하는 다양한 이유를 서술하고 있다. 이어 on the other hand로 연결되는 다음 문장에서는 유럽의 탐정과 대비되는 미국 탐정들의 사건 해결 동기를 설명하면서 '실용적인(pragmatic)', '돈이 궁했던 대공황 시기에(during the cash-strapped Depression era)' 등의 표현을 사용하고 있으므로 미국 탐정들은 생계를 위해 사건에 개입하였다는 내용이 오는 것이 자연스럽다.

4. (a)
'로스 리더'라는 용어는 이익을 내지 못함에도 불구하고 차후에 수입을 발생시킬 수 있도록 고객의 관심을 불러일으키는 제품 또는 서비스를 가리킨다. 스리프티 잡화점의 아이스크림 판매대가 로스 리더의 전형적인 예인데, 아이스크림 콘은 판매대, 공급품, 노동에 드는 비용보다 싼 가격에 판매되기 때문이다. 그러나 아이스크림 판매대는 고객들이 상점 안으로 들어오도록 유인하는데, 일단 안으로 들어오면 고객들은 보통 다른 물품들도 구입하게 되어 전체적으로 이익을 내게 만든다. 로스 리더 원칙은 또한 텔레비전 방송사들이 (특별한 이벤트로) 끌어들인 시청자들이 이어지는 프로그램을 보려고 '채널을 고정하기'를 희망하며 올림픽 경기와 같은 특별 행사에 대한 손해를 감수하는 경우처럼 다른 곳에도 많이 응용된다.
(a) 고객의 관심
(b) 혁신적인 생각
(c) 지출 감소
(d) 정책에 대한 논쟁

어휘 revenue 수입 / variety store 잡화점 / stand 진열대, 판매장소 / lure 유인하다 / application 응용, 적용 / take a loss on ~에서 손해를 보다 / stay tuned (채널 등을) 맞춘 채로 있다 / innovative 혁신적인 / expenditure 지출, 소비 / controversy 논란, 논쟁

해설 차후에 수익을 발생시킬 수 있는 가능성을 염두에 두고 초기에 금전적인 손해를 감수하는 전략인 '로스 리더'에 대한 글이다. 아이스크림 판매대를 배치하는 잡화점과 올림픽 경기와 같은 특별 행사를 방송하는 방송사의 경우를 예로 들어 고객 혹은 시청자들을 우선 그들이 원하는 곳으로 끌어들이는 것이 로스 리더의 목적이라고 설명하고 있다. 따라서 정답은 (a)이다.

5. (b)
현대의 열기구는 18세기에 만들어진 원형과 근본적으로 다르지 않다. 대개 열기구는 승객들을 위한 바구니와 '구피(球皮)'라고 불리는 커다란 직물 주머니로 구성되어 있는데, 구피는 기구를 들어올리는 데 이용되는 뜨거운 가스를 가둘 수 있게 만들어진다. 주머니는 밑부분이 뚫려 있는데 이 부분을 기구의 '입' 또는 '목'이라 부르며, 뜨거운 공기를 기구 속으로 내뿜는 프로판으로 가열되는 버너가 이곳에 매달려 있다. 기구의 중요한 특징은 공기 배출 시스템이다. 예를 들어, 조종사는 착륙을 위한 준비를 해야 할 때 구피에 있는 구멍을 이용해 공기를 배출하고 기구의 하강 속도를 조절할 수 있다.

(a) 수평의 비행 패턴을 설정하기 위해
(b) 착륙을 위한 준비를 해야 할 때
(c) 기구가 상승을 시작할 때
(d) 기구가 수직 상태로 있도록 하기 위해

어휘 fundamentally 근본적으로 / prototype 원형, 원조 / fabric 직물 / envelope 구피(球皮), (기구의) 기낭(氣囊) / suspend 매달다, 걸다 / vent (액체·공기를) 내보내다, 구멍을 뚫다; 구멍, 통풍구 / descent 하강(↔ascent 상승) / horizontal 수평의 (↔vertical 수직의, 직립한)

해설 열기구의 원리는 공기를 가열해 뜨거운 공기를 풍선 속으로 내뿜으면 그 공기가 풍선 속에 머무르면서 위로 떠오르는 것인데, 마지막 문장에서 구피에 있는 구멍으로 공기를 내보내면서 하강 속도를 조정하는 것은 착륙시 필요한 행동일 것이다. 따라서 정답은 (b)이다.

6. (b)
애덤 스미스는 그의 1776년 저서인 〈국부론〉에서 현대 조세 제도의 틀을 잡았다. 그는 훌륭한 조세 제도에 있어야만 하는 네 가지 기준을 평등성, 확실성, 지불의 편의성, 징수의 경제성으로 규정하였다. 그러나 그중에서 스미스가 가장 중요하게 여긴 요소는 거의 틀림없이 평등성일 것이다. 스미스에 따르면 조세 제도는 개인이나 기업의 지불 능력에 기초하여 형성되어야 한다. 아울러, 세금의 부담은 정부의 지출로부터 받는 혜택에 상응해야 한다. 그러므로 스미스에게는 소득에 비례하는 과세가 가장 공정한 해법이었다. 같은 맥락에서 스미스는 상속세에 반대하지는 않았으나 분배의 원칙을 재차 강조했다.
(a) 부가가치세의 장점을 요약했다
(b) 분배의 원칙을 재차 강조했다
(c) 확실성을 가장 중요한 요소로 여겨야 한다고 주장했다
(d) 효과적인 세법의 역할을 강조했다

어휘 framework 틀, 체계 / criteria 기준(criterion의 복수형) / equality 평등 / arguably 거의 틀림없이 / attribute 특징, 특성 / correspond to ~에 대응하다, 상당하다 / proportionate 비례하는 / in the same vein 같은 맥락에서 / inheritance taxation 상속세 / value-added tax 부가가치세 / apportionment 분배

해설 애덤 스미스가 주장한 조세 제도의 기준 중 가장 중요한 것이 평등성(equality), 즉 소득에 비례하여 세금을 부과해야 한다는 것이라고 설명했다. 빈칸이 있는 문장의 상속세 역시 소득(상속받은 재산)에 비례하여 세금을 부과하는 것이므로 애덤 스미스가 반대하지는 않았다고 설명했으며, 단지 분배의 원칙이 지켜져야 한다는 것을 재차 강조했다는 내용이 빈칸에 들어가는 것이 문맥에 적절하다. (a)의 부가가치세나 (d)의 세법의 효율성에 대해서는 본문에 언급되지 않았으며, (c)는 본문에서 평등성이 가장 중요한 요소라고 한 것에 반대되는 내용이므로 정답이 아니다.

7. (c)

높은 위험성을 가지고 있는 익스트림 스포츠가 지난 몇 년간 엄청난 인기를 얻으면서, 장비가 갖춰진 윈드서핑에서부터 불법으로 빌딩에서 뛰어내리는 것까지 겉으로 보기에 무엇이든 기꺼이 시도하려는 무모한 자들을 유혹하고 있다. 그러면 왜 다른 이들이 책을 읽으며 집에 앉아 있는 것에 온전히 만족하는 반면에 어떤 이들은 '스릴을 느낄 수 있는 요소'를 추구하려는 욕구에 사로잡히는 것일까? 심리학자인 데이비드 루이스는 우리의 문화가 안전을 보장하기 위해 위험 요소를 효과적으로 제거하면서 세상이 재미 없는 장소가 되었기 때문에 많은 현대인들이 모험을 갈망한다고 믿는다. 결과적으로 사람들은 탈출의 수단으로서 익스트림 스포츠에 눈을 돌리고 더 큰 위험을 감수한다.

(a) 사업 목적으로
(b) 건강해지기 위해
(c) 탈출의 수단으로서
(d) 자립심을 얻기 위해

어휘 tremendous 엄청난, 거대한 / daredevil 무모한 사람 / seemingly 겉으로 보기에 / organized 장비[물품]을 갖춘 / crave 갈망하다 / eliminate 제거하다 / bland 재미 없는, 자극이 적은 / embrace 기꺼이 받아들이다 / self-dependence 자립

해설 큰 위험성을 수반하고 있는 익스트림 스포츠를 사람들이 즐기는 이유를 설명하고 있는 지문이다. 현대인들이 위험 요소가 제거된 안전한 사회에서 살면서 모험을 갈망하게 되었다고 했으므로 위험한 스포츠를 시도함으로써 안전하지만 재미 없는 세상으로부터의 탈출을 꾀한다는 것을 알 수 있다. 따라서 정답은 (c)이다.

8. (b)

인간의 처지의 다양한 예를 나타내는 전형적인 인간성을 가진 고전 문학의 등장인물들은 인간 관계, 조직 행동, 심지어는 사업 전략에도 유용한 참조 도구가 될 수 있다. 게다가 다양한 종류의 교육에 그러한 인물들을 적용할 수 있는 방법이 무한히 많다. 그러나, 문학 속 등장인물의 예를 활용하는 데에는 어려운 점도 있다. 상황을 올바르게 인식하기 위해서, 학생들은 우선 고전 작품들을 매우 잘 이해하고 있어야 한다. 덧붙여, 강사는 걸작 속의 특정 등장인물이나 줄거리를 쉽게 설명하도록 돕기 위해 현실 세계의 상황을 이용할 줄 알아야 한다.

(a) 우선
(b) 덧붙여
(c) 결과적으로
(d) 반대로

어휘 literary 문학의 / stereotypical 전형적인 / stand for ~을 나타내다, 상징하다 / referential 참조의 / applicable 적용할 수 있는 / appreciate 올바르게 인식하다, 바르게 판단하다 / context 상황, 문맥 / masterpiece 걸작

해설 본문의 주제는 고전 문학의 등장인물들의 예가 여러 용도로 활용될 수 있지만, 활용하는 데 있어 어려움 또한 있다는 것이다. 이를 부연 설명하기 위해 빈칸 앞에서 학생들은 고전 문학 작품을 잘 이해하고 있어야 한다는 내용이 제시되었고, 빈칸 뒤에서는 문학을 현실 상황에 잘 적용해야 한다는 강사의 역할에 대해 설명하고 있으므로 빈칸에는 첨가의 의미를 나타내는 연결사인 In addition이 들어가는 것이 적절하다.

part 2 내용 이해하기

Practice TEST
p. 76-79

1. (b)	2. (d)	3. (b)	4. (d)	5. (a)
6. (b)	7. (c)	8. (d)		

1. (b)

미국의 헌법 제정자들은 또 다른 군주제가 아닌 민주주의 공화국을 위한 초석을 놓은 공로를 인정받았으나, 귀족적이며 심지어는 권위주의적인 취향으로부터 완전히 자유롭지는 못했다. 대통령으로서 조지 워싱턴은 "대통령 각하"라고 불리길 원했다. 그의 후임 대통령인 존 애덤스는 더 나아가 자신이 "미국의 대통령이시자 자유의 수호자이신 전하"라고 불려야 한다고 믿기도 했다. 다행히, 그들의 측근 보좌관들을 포함한 당시의 사람들이 그들이 그러한 명칭을 추구하지 않도록 설득했다. 또한 워싱턴과 애덤스는 일반인들과 악수도 하지 않은 것으로 기록되어 있다.

Q. 본문의 제목으로 가장 적절한 것은?
(a) 미국 군주제의 기원
(b) 미국 헌법 제정자들의 오만한 면
(c) 미국 헌법 제정자들간의 정치적 주도권 다툼
(d) 조지 워싱턴의 영광, 자만, 그리고 비밀

어휘 be credited for ~에 대한 공로가 있다 / democratic 민주주의의 / republic 공화국 / monarchy 군주제 / Founding Fathers 건국의 아버지(미국의 창시자이자 헌법 제정자) / aristocratic 귀족의 / authoritarian 권위주의적인 / Mightiness 각하 / successor 후임자 / Highness 전하 / contemporary 같은 시대의 사람 / aide (정치인의) 보좌관 / hegemony 패권, 주도권 / vanity 자만, 허영심

해설 윗글은 미국의 헌법 제정자들이 미국을 건립하면서 그들이 주창한 민주주의의 정신과는 달리, 귀족적이고 권위적인 취향을 버리지 못해서 군주제 시절의 호칭을 선호했고 일반 시민과는 악수조차 하지 않았다는 일화를 소개함으로써 그들의 오만한 측면을 드러내고 있다. 따라서 정답은 (b)이다.

2. (d)

외국으로 이주한 사람들은 종종 신혼부부들이 경험하는 것과 유사한 적응 과정을 겪는다. 처음 몇 주 동안은 '신혼 단계'로, 외국 문화의 모든 모습에 장밋빛으로 매혹되는 것이 특징이다. 건축물, 음식, 사람들 모두가 매력적으로 보임에 따라 새로 온 사람은 행복을 느낀다. 그러나 이후의 몇 개월에 걸친 '환멸 단계' 동안 현실이 자리잡게 된다. 일상 생활의 실질적인 상황을 맞닥뜨리게 되면서 그 사람은 불만을 갖게 되거나 심지어는 해당 나라에 대해 적대감을 느낄 수도 있다. 물론, 결국에는 적응이 이루어지고, 외국인들은 신혼부부들처럼 불행을 오래 느끼지 않고 새로운 변수들 안에서 살아갈 수 있다.

Q. 본문의 주제는?
(a) 신혼부부가 일반적으로 경험하는 세 가지 단계
(b) 결혼 생활의 새로운 상황에 적응하기
(c) 신혼기 행복의 덧없음
(d) 외국인과 신혼부부의 공통된 적응 경험

어휘 adjustment 적응 / newlyweds 신혼부부 / honeymoon 신혼 (여행) / rosy 장밋빛의, 희망이 있는 / fascination 매혹 / euphoric 행복감 / enchanting 매혹적인 / set in (좋지 않은 일이) 시작되다 / disillusionment 환멸 / discontent 불만이 있는 / hostile 적대적인 / parameter 변수, 조건 / lingering 오래 가는 / frailty 약함, 덧없음

해설 외국으로 이주한 이주민의 적응 과정이 신혼부부가 결혼 생활에 적응하는 과정과 유사하다고 언급하면서 그 과정들을 설명하고 있다. 따라서 정답은 (d)이다.

3. (b)

광고의 궁극적인 효과에 대해서는 논란의 여지가 있지만 급증하고 있는 광고 예산은 기업들이 광고가 효과가 있다고 믿고 있음을 확실히 보여준다. (광고의) 직접적인 목적은 명백히 상품과 서비스를 파는 것이지만, 광고에 등장하는 유명 인사와 강렬한 이미지들은 또한 특정 생활 방식을 '판매하는' 효과가 있다. 특히, 비싼 자동차와 고급 향수와 같은 사치품의 광고는 제품 자체의 특징보다 지위와 성공에 대해 더 중점을 두는 것으로 보인다. 부유하고 존경받는 사람들이 이 제품들을 선호하는 것을 보여줌으로써 광고주들은 특정 소비자들의 마음에 드는 이미지를 만들어내고, 소비자들은 그 제품을 구매하게 된다.

Q. 본문의 주제는?
(a) 광고주들은 제품을 판매하기 위해 유명 인사를 동원해서는 안 된다.
(b) 광고는 종종 매력적인 생활 방식을 나타낸다.
(c) 기업들은 광고를 만드는 데 많은 돈을 쓴다.
(d) 기업들은 새로운 광고 방식을 찾고 있다.

어휘 ultimate 궁극적인 / skyrocketing 치솟는, 급등하는 / budget 예산 / celebrity 유명 인사 / designer 고급의, 고가의 / status 지위, 신분 / appealing 매력적인

해설 광고는 단순히 제품과 서비스를 판매하는 것에만 그치는 것이 아니라, 유명 인사나 강렬한 이미지를 사용하여 특정 생활 방식을 대중들에게 장려하게 된다는 것이 이 글의 주제이다. 따라서 정답은 (b)이다.

4. (d)

전 직원 여러분께,

스타더스트 호텔의 연간 직원 설문 조사가 우리 회사 인트라넷에서 오늘부터 10월 2일까지 진행됩니다. 우리는 행복한 직원만이 고객을 행복하게 만들 수 있다고 믿으며, 여러분의 의견은 우리가 스타더스트 호텔의 사명인 적절한 가격으로 높은 품질의 서비스를 제공하는 것과 가장 일하기 좋은 회사가 되는 것을 실현하도록 돕는 데 중요한 역할을 할 것입니다. 설문을 작성하려면 인터넷 접속이 가능한 어느 컴퓨터로든지 회사 인트라넷에 접속하시기 바랍니다. 모든 설문 응답은 완벽하게 비밀로 지켜지며 처리와 분석을 위해 제3의 업체로 보내질 것입니다. 스타더스트의 누구도 개인 설문 응답에 대한 정보를 알 수 없습니다. 설문 조사에 응하셔서 당신의 의견을 알려주십시오.
인사팀 상무 로빈 에드워즈 드림

Q. 위 서신에 따르면 옳은 것은?
(a) 고객 만족은 직원의 희생을 통해서만 달성될 수 있다.
(b) 설문 결과는 임원진에 의해 철저히 검토될 것이다.
(c) 직원들은 설문을 위해 제3의 업체가 제공하는 웹사이트를 방문해야 한다.
(d) 설문 참여자에게는 개인 정보와 기밀사항이 보장된다.

어휘 intranet 인트라넷(기업 내 인터넷 통신망) / feedback 의견, 반응 / deliver on ~을 이행하다 / affordable 가격이 알맞은 / confidential 기밀의(confidentiality 기밀성, 기밀 유지) / third-party 제3자의 / human resources 인사부 / sacrifice 희생 / thoroughly 철저히 / senior management 임원진

해설 (a) 직원들이 행복해야 고객을 행복하게 만들 수 있다고 믿는다고 했으므로 고객 만족에 직원들의 희생이 필수적이라는 것은 사실이 아니다.
(b) 설문 결과의 분석은 제3의 회사가 맡기 때문에 회사 내의 누구도 설문 응답에 대한 정보를 알 수 없을 것이라고 했으므로 사실이 아니다.
(c) 회사 인트라넷으로 접속해서 설문을 작성하라고 했으므로 사실이 아니다.
(d) 모든 설문 응답은 완벽하게 비밀로 지켜진다고 했으므로 정답이다.

5. (a)

영화 제작자들은 그들 작품의 감동적인 효과를 더 높이기 위해서 상징을 종종 사용한다. 예를 들어, 오손 웰스의 고전인 '시민 케인'

에서, 한 기자는 백만장자인 케인이 죽으면서 남긴 마지막 단어인 'Rosebud(장미꽃 봉오리)'의 의미를 밝히려고 한다. 그의 조사는 수포로 돌아가지만, 영화의 결말에서 관객들은 'Rosebud'라는 이름이 적힌 한 아이의 썰매가 불에 타고 있는 모습을 보게 된다. 영화는 초반부의 회상 장면에서 어린 아이인 케인이 부유한 친척들에게 양육되기 위해 가난한 부모 곁을 떠나기 바로 직전에 썰매를 타며 놀고 있는 장면을 보여주었다. 명감독 웰스는 그 썰매를 케인이 상실한 순수함과 그에게 허락되지 않은 단순한 삶의 상징으로 사용하였다.

Q. 본문에 따르면 옳은 것은?
(a) 케인은 죽기 직전에 자신의 어린 시절에 대해 언급했다.
(b) 케인은 부모가 그가 가장 좋아하는 장난감을 태워 버린 후에 집을 떠났다.
(c) 한 착한 기자가 케인이 그의 어린 시절의 썰매를 찾는 것을 도와주었다.
(d) 오손 웰스는 'Rosebud'의 의미를 결코 설명하지 않았다.

어휘 utter 말하다 / rosebud 장미꽃 봉오리 / in vain 헛되이 / sled 썰매 / flashback 플래시백(과거의 회상 장면으로의 전환) / masterful 권위 있는, 거장다운 / innocence 순결, 순수 / reference 언급

해설 (a) 케인이 임종 직전에 자신이 어린 시절에 타고 놀았던 썰매의 이름을 언급했으므로 정답이다.
(b) 썰매가 불에 탄 시점이 언제인지는 알 수 없다.
(c) 기자는 케인이 남긴 말의 의미를 추적했을 뿐, 케인의 썰매를 찾아주는 일과는 아무런 관련이 없으므로 사실이 아니다.
(d) 썰매가 불에 타고 있는 장면에서 'Rosebud'의 의미를 알 수 있게 연출했기 때문에 사실이 아니다.

6. (b)
소네트는 특정한 시구 형식을 이용하는 시의 한 종류이다. 전형적인 소네트는 특정한 압운 형식을 따르는 14개의 행으로 이루어진다. 내적으로 소네트는 의식의 흐름이나 사건을 논리적 방식으로 그려내는 구조를 가지고 있다. 소네트는 일반적으로 초기 중세 시대의 시가에서 발전한 것이라고 여겨지며 최초의 소네트는 13세기에 이탈리아에서 쓰여졌다. 학자들은 지아코모 다 렌티니라는 이름의 시인이 최초의 소네트를 썼다는 데 의견을 같이 한다. 페트라르카 역시 소네트의 양식에 기여했다. 그 이후에 가장 뛰어난 이탈리아의 소네트 작가 중 한 명은 미켈란젤로였는데, 그는 물론 문학 작품보다는 조각과 회화로 더 명성이 높다.

Q. 본문에 따르면 옳은 것은?
(a) 이탈리아의 한 학자가 최초의 소네트를 썼다.
(b) 소네트는 중세 시대의 시에서 영향을 받았다.
(c) 미켈란젤로는 시각 예술보다는 문학에 더 재능이 있었다.
(d) 최초의 소네트는 14세기에 쓰여졌다.

어휘 sonnet 소네트(14행시) / verse 시구, 절; 시 / rhyming 운을 가진, 압운의 / scheme 구성, 체계 / consciousness 의식 / logical 논리적인 / medieval 중세의 / song 시가, 서정시 / consensus 일치된 의견, 합의

해설 (a) 지아코모 다 렌티니라는 이탈리아의 시인이 최초의 소네트를 썼다고 했으므로 사실이 아니다.
(b) 소네트는 중세 시대의 시가에서 발전한 것이라고 했으므로 정답이다.
(c) 미켈란젤로가 문학 작품보다는 조각과 회화 작품으로 더 명성이 높다고는 했으나, 두 분야 중 어느 분야에 더 재능이 있었다는 언급은 없었다.
(d) 최초의 소네트는 13세기에 쓰여졌다고 했으므로 사실이 아니다.

7. (c)
토착 어종의 과도한 어획은 결국 심상치 않은 상태에 이르렀다. 어획의 속도를 조절해야 한다는 국제적 합의가 선진국들 사이에서 이루어지고 있다. 그 결과 양식 연어에 대한 수요가 해양 식량 자원의 대안으로서 힘을 얻고 있다. 연간 백만 톤 이상의 양식 대서양 연어가 칠레와 노르웨이에서 생산되는데, 이는 전 세계 양식 연어 소비량의 65퍼센트에 이른다. 뉴질랜드는 비록 세계 시장 점유율이 1퍼센트 이하이지만, 양식 치누크 연어의 상대적인 희소성과 품질이 더 좋은 어류를 보유하고 있다는 명성으로 인해 연어 수출국으로서 성공적으로 자리매김했다. 뉴질랜드 양식 연어는 일본에서 특히 인기가 많으며, 또한 다량이 오세아니아 전역에서 팔리고 있다.

Q. 뉴질랜드 양식 연어의 인기에 기여하는 요소 중 하나는?
(a) 경쟁력 있는 가격
(b) 정부 보조금
(c) 상품의 희소성
(d) 기술적 진보

어휘 alarming 심상치 않은, 걱정스러운 / momentum 힘, 추진력 / alternative 대안 / consumption 소비량 / rarity 희소성, 희귀 (=scarcity) / chinook salmon (태평양 북부산의) 치누크 연어 / subsidy 보조금

해설 마지막에서 두 번째 문장에서 뉴질랜드가 양식하는 연어종의 상대적 희소성과 좋은 품질로 인해 양식 연어의 성공적인 수출국이 되었다고 했으므로 정답은 (c)이다.

8. (d)
소(小) 카토로 더 잘 알려져 있는 마르쿠스 포르시우스 카토는 공화정 제도를 유지시키려 노력한 것으로 유명한 로마의 정치가였다. 카토의 이름은 1720년에 영국 작가인 존 트렌차드와 토마스 고든의 필명으로 다시 생명을 얻었는데, 당시 그들은 〈카토의 편지〉라고 불리는 정치 평론을 쓰기 시작했다. 존 로크의 영향을 강하게 받은 그 평론에서는 양심의 자유 및 발언의 자유의 원칙을 격렬히 옹호하고 전제 정치

를 비난했다. 200년 이상이 지난 1977년, 카토라는 이름은 카토 연구소라는 미국의 두뇌 집단의 이름으로 다시 소생했다.

Q. 본문을 통해 추론할 수 있는 것은?
(a) 카토 연구소는 카토의 후손들에게 자금 지원을 받는다.
(b) 〈카토의 편지〉는 영국 군주제의 이익을 대변한다.
(c) 카토의 계승자들은 독재 정권을 옹호하고 자본주의를 비판한다.
(d) 존 로크는 개인의 자유와 민주주의의 이상을 지지했다.

어휘 statesman 정치가 / republican 공화정의 / pseudonym 필명, 익명 / vehemently 격렬히 / advocate 옹호하다 / conscience 양심 / condemn 비난하다 / tyranny 전제 정치 / think-tank 두뇌 집단, 연구소 / descendant 후손 / dictatorship 독재 정권 / capitalism 자본주의

해설 (a) 카토 연구소를 지원하는 자금의 출처에 대해서는 본문 내용에서 추론할 수 없다.
(b) 〈카토의 편지〉라는 평론에서 전제 정치를 비난하였다고 했으므로 군주제의 이익을 대변했다는 것은 반대되는 내용이다.
(c) 카토는 공화정 제도를 유지하려고 노력한 인물이었고, 1720년에 작가들이 양심과 발언의 자유를 주장하는 글을 쓰면서 필명으로 그의 이름을 사용한 것으로 볼 때 옳지 않다.
(d) 〈카토의 편지〉를 쓴 작가들이 존 로크의 강한 영향을 받아 양심의 자유 및 발언의 자유의 원칙을 격렬히 옹호하고 전제 정치를 비난하였다고 했으므로 존 로크가 동일한 내용을 옹호했을 것임을 추론할 수 있다.

part 3 글의 흐름 파악하기

Practice TEST
p. 82-83

| 1. (b) | 2. (b) | 3. (c) | 4. (a) | 5. (c) | 6. (c) |

1. (b)
최근 한 금융 잡지는 웹스터 대학과 함께 미국 대기업에 고용된 재무 담당 간부 수백 명을 대상으로 설문 조사를 실시했다. (a) 조사 결과에 따르면, 최근의 경기 후퇴에도 불구하고 간부들의 절반 이상이 세계와 국내 경제에 대해 낙관적인 의견을 보였다. (b) 미국 기업들이 점점 국제적으로 확장을 하고 있으며, 많은 기업들이 중동과 아프리카에 지사를 열고 있다. (c) 그들이 근무하고 있는 기업의 전반적인 재정 전망에 대한 질문을 받았을 때에는 간부들의 4분의 3이 좋거나 혹은 매우 좋다고 평가했다. (d) 반면에, 응답자의 약 50퍼센트가 향후 3년간은 고용이 불경기 이전 수준으로 돌아가지 않을 것이라고 말했다.

어휘 executive 간부, 임원 / optimism 낙관론 / recession 불경기, 경기 후퇴 / enterprise 기업 / prospect 전망 / anticipate 예상하다, 기대하다

해설 한 금융 잡지와 대학이 대기업 간부들을 대상으로 설문 조사를 했다는 내용의 첫 문장에 이어서 (a), (c), (d)에서는 그 조사의 결과를 서술하고 있는 반면, (b)의 미국 기업들의 국제 사업 진출이 증가하고 있다는 내용은 설문 조사와는 관련이 없는 내용이므로 전체 지문 흐름과 어울리지 않는다.

2. (b)
현대적인 형태의 스테이플러는 조지 W. 맥길이 발명했는데, 그는 싱글 스트로크 스테이플 압축기로 1879년에 특허를 받았다. (a) 이 장치는 철 스테이플을 기계 안에 한 번에 한 개씩 끼워 넣어 사용했다. (b) 스테이플러는 겉모양은 다를 수도 있으나, 모두 같은 종류의 스테이플을 사용하며 거의 같은 방식으로 종이를 고정시킨다. (c) 제품 이름의 '싱글 스트로크'라는 말은 스테이플을 한 번에 한 개씩 넣는 데서 비롯된 것이 아니라, 막대 피스톤을 한 번만 작동시키면 기계가 철제 스테이플을 끼워 넣고 끝을 구부린다는 사실에서 유래한 것이다. (d) 이 사실이 이 장치를 여러 번의 작동이 필요했던 당시의 다른 서류 고정 장치와 다르게 만들었다.

어휘 stapler 스테이플러(staple 스테이플, 제본못) / patent 특허 / stroke 치기, 때리기 / press 누름, 압축 / wire 철사 / insert 삽입하다 / fasten 묶다, 고정시키다(fastener 고정 장치) / loading 장전 / clinch (박은 못의) 끝을 구부리다, 단단히 고정시키다 / plunger 막대 피스톤, 펌프 막대기 / set A apart from B A를 B와 다르게 만들다

해설 첫 문장에서 싱글 스트로크 스테이플 압축기라는 현대적인 스테이플러를 최초로 발명한 사람을 언급한 뒤, (a), (c), (d)에서 그 장치의 구조 및 싱글 스트로크 스테이플러 압축기라는 이름이 붙여지게 된 이유에 대해 설명하고 있다. 일반적으로 사용되는 여러 종류의 스테이플러의 공통된 특징에 대해 설명하고 있는 (b)는 글의 전체 흐름과 맞지 않는다.

3. (c)
연구에 따르면, 남성과 여성의 대화법에서 나타나는 한 가지 차이는 남성이 여성들보다 훨씬 자주 다른 사람의 말을 가로막는다는 것이다. (a) 이것은 업무 회의에서 분명하게 나타나는데, 남성들은 발언권을 얻으려고 경쟁하며, 서로의 말을 가로막는 것을 주저하지 않는다. (b) 반면에 여성들은 어린 시절부터 남의 말을 가로막는 것은 무례하다고 믿도록 배워왔기 때문에 보통 말하기 전에 다른 사람이 말을 마치도록 기다린다. (c) 여성들은 또한 남성들보다 더욱 수다스럽다고 나타나며, 그들의 감정을 표현하는 데 있어서 더 편안하게 여기는 경향이 있다. (d) 이러한 행동은 남녀간의 대화법의 차이를 보여줄 뿐만 아니라, 남성과 여성이 때때로 서로를 이해하는 데 어려움을 겪는 이유를 설명하는 데 도움이 된다.

어휘 interrupt 가로막다, (이야기 등을) 중단시키다 / evident 명백한, 분명히 보이는 / condition 훈련시키다, 길들이다 / talkative 말이 많은 / gender (사회적) 성(性) / discourse 이야기, 토론

해설 첫 문장이 주제문으로 남성과 여성의 대화 방식의 차이 중 하나가 남의 말을 가로막는 습관에 관한 것이라는 연구 결과가 있다고 언급하고 있다. 이어 (a), (b), (d)에서는 이 차이점에 대한 부연 설명을 하고 있는 반면, (c)는 말을 가로막는 것이 아닌 남녀의 대화법에서 나타나는 또 다른 차이점에 대해 설명하고 있으므로 글 전체의 내용과는 어울리지 않는다.

4. (a)

푸아그라는 가장 인기 있는 프랑스 진미 중 하나로, 그 이름은 영어로 '살찐 간'이라고 번역될 수 있다. (a) 프랑스 요리의 재료와 음식들이 지역에 따라 다양하지만, 치즈와 와인은 대개 어떤 음식에도 항상 곁들여진다. (b) 푸아그라는 사실 매우 인위적이고 잔인한 방법의 산물이다. (c) 선택된 거위나 오리들은 먼저 움직임을 최소화하도록 설계된 좁은 공간에 갇히고, 그들의 간이 '살찐 간'에 적합한 충분한 지방을 축적할 때까지 약 3주간 하루에 두세 번씩 옥수수를 강제로 먹는다. (d) 프랑스 왕족과 귀족들 사이에서의 인기로 인해 왕실의 음식이라고 알려졌지만, 논쟁의 여지가 있는 이러한 방법 때문에 푸아그라는 '절망의 진미'라는 별명으로도 불려진다.

어휘 delicacy 진미 / cuisine 요리 / accompaniment 곁들인 것 / brutal 잔인한 / minimize 최소로 하다 / force-feed 억지로 먹이다 / accumulate 축적하다 / royal 왕실의; 왕족 / aristocrat 귀족 / controversial 논쟁의 여지가 있는 / despair 절망

해설 첫 문장에서 푸아그라라는 프랑스 진미를 소개한 후, (b), (c), (d)에서는 이러한 푸아그라 요리에 쓰이는 간을 얻기 위해 거위나 오리를 사육하는 방법이 잔인하고 인위적이라는 점을 중점적으로 설명하고 있다. 일반적인 프랑스 요리의 특징을 설명하고 있는 (a)는 글의 전체 흐름과 어울리지 않는다.

5. (c)

연구원들에 따르면 산모의 알코올 섭취는 태아가 충분한 산소와 영양분을 공급받도록 하는 능력을 손상시킬 수 있다. (a) 산소와 영양분은 뇌와 다른 장기 세포의 정상적인 발달을 유지하는 데 절대적으로 필요하다. (b) 다양한 종류의 유사한 (연구) 결과들에 근거하여, 미국 외과 의사협회는 2005년에 모든 임산부와 임신 가능성이 있는 여성들은 음주를 해서는 안 된다는 경고를 했다. (c) 연구원들은 여성뿐만 아니라 남성도 산후 우울증을 경험한다는 것을 발견했다. (d) 이러한 문제들을 유발시키기 위한 알코올 섭취량은 논의의 대상이 되어오고 있음에도 불구하고, 대부분의 의사들은 임산부들이 식단에서 알코올을 완전히 배제할 것을 권고한다.

어휘 maternal 어머니의 / intake 섭취 / interfere 손상하다,

해치다 / nourishment 영양분 / indispensable 없어서는 안 될 / organ 장기, 조직 / issue (명령을) 내리다 / pregnancy 임신 / physician (내과)의사

해설 첫 문장에서 산모의 알코올 섭취가 태아에게 나쁜 영향을 미칠 수 있음을 언급한 후, 이어 (a), (b), (d)에서는 알코올 섭취의 악영향에 대한 부연 설명 및 이를 바탕으로 한 의사들의 권고 사항에 대한 내용을 설명하고 있다. 여성뿐만 아니라 남성 또한 산후 우울증을 경험하게 된다는 내용의 (c)는 글의 전체 흐름과 어울리지 않는다.

6. (c)

'정치적 올바름', 줄여서 PC 운동의 지지자들은 모욕적으로 여겨지는 단어들을 사용해서는 안 된다고 주장한다. (a) 그들에 따르면, 'black'이라는 단어는 부정적인 의미를 내포하고 있으므로 흑인들은 '아프리카계 미국인'으로 불려야 하며, 성적 평등을 장려하기 위해서 'policeman'보다는 'police officer'라는 말을 사용해야 한다. (b) 그러나 이를 비판하는 사람들은 영화에서 연재 만화에 이르기까지 모든 분야에서 유머와 오락으로 받아들여질 수 있는 범위를 제한한 것을 지적하면서 PC 운동이 어느 한 사람에게도 모욕을 주지 않기 위해서 극단으로 나아간다고 주장한다. (c) 그들은 공익을 위해 모든 책과 정기 간행물들이 어느 정도는 검열되어야 한다고 주장한다. (d) 예를 들면, PC 운동의 지지자들은 심지어 뚱뚱한 사람과 대머리인 남자, 예쁘지 않은 비서들을 웃음거리로 삼는다는 이유로 '비틀 베일리' 같은 인기 연재 만화를 비난한다.

어휘 advocate 옹호자, 지지자(=supporter) / political correctness 정치적 올바름(사회적으로 불리한 처지에 있는 사람을 불쾌하게 할 수 있는 말이나 행동을 삼가는 것) / deem ~라고 생각하다 / offensive 무례한, 모욕적인 / connotation 함축(된 의미) / contend 주장하다 / offend ~의 감정을 상하게 하다 / boundary 경계(선) / comic strip 연재 만화 / assert 주장하다 / periodical 정기 간행물 / inspect 검열하다 / condemn 비난하다 / bald 대머리의

해설 첫 문장에서 모욕적으로 여겨질 수 있는 언어 사용을 중지하자는 PC 운동 지지자들의 주장을 설명한 후, (a)에서는 그에 대한 구체적인 예시를 보여주었다. (b)와 (d)에서는 이러한 PC 운동이 너무 지나치다고 여겨 이를 비판하고 있는 사람들의 주장을 설명하고 있다. (c)에 나오는 They는 지문의 흐름상 PC 운동을 비판하는 사람들을 가리키며, 이들이 인쇄물에 대한 검열을 주장하고 있다는 내용은 그들의 주장과는 반대되는 것이기 때문에 정답은 (c)이다.

Section II 실전 Mini Test

Mini TEST 1

p. 86-90

1. (b)	2. (b)	3. (d)	4. (a)	5. (d)
6. (a)	7. (c)	8. (c)	9. (d)	10. (b)

1. (b)

미국의 농업 생산성 증가는 1830년에서 1840년까지 평균적으로 연간 3.5퍼센트의 성장률을 나타냈다. 이러한 증가는 주로 땅을 경작하는 데 적용된 기술적 혁신에 의해 가능해졌다. 경작 기계, 대량생산된 강철 쟁기, 그리고 수확기 같은 새로운 기술적 발전이 모두 이 시기의 농업 생산량 증가에 기여했다. 1860년대에 들어서는 증기로 작동하는 농기구들이 농산물을 수확하는 데 사용되고 있었다. 마을들은 발전하고 증기 기관차들은 농산물과 가축들을 마을로 유통시켰다. 남북전쟁 이후 철조망과 곡물 품종 개량과 같은 새로운 혁신들이 농업 효율성을 더욱 강화시켰다.

(a) 대부분 도시에서 시골 농촌 지역으로의 노동력 이동에 의해 유지되었다
(b) 주로 땅을 경작하는 데 적용된 기술적 혁신에 의해 가능해졌다
(c) 나중에 자연 재해와 한정된 기술에 의해 상쇄되었다
(d) 향상된 항해 기술을 통한 어업의 성장이 뒤따랐다

어휘 agricultural 농업의 / breakthrough (과학·기술 등의) 획기적인 약진, 발전 / mass-produced 대량생산된 / plow 쟁기 / reaper 수확기 / output 산출, 생산 / steam-powered 증기의 힘으로 작동하는 / locomotive 기관차 / produce 농산물 / livestock 가축 / barbed wire 철조망 / breeding 품종 개량 / subsequently 나중에, 이어서 / neutralize 상쇄하다

해설 첫 문장에서 미국의 농업 생산성이 19세기 초중반에 증가했음을 언급하고 빈칸 다음 문장에서부터 각종 농업 기계의 발명 및 기술의 발전에 대해 설명하고 있으므로, 이러한 생산성의 증가는 기술적 혁신에 의해 가능했음을 알 수 있다. 따라서 정답은 (b)이다.

2. (b)

운동에는 두 가지의 기본적인 종류가 있는데, 바로 무산소운동과 유산소운동이다. 무산소운동은 글자 그대로 '산소 없이 하는 운동'을 의미하는데, 산소의 운반 없이 근육에서 일어나는 신진대사에 의존하는 빠르고 강도 높은 움직임을 포함한다. 운동 선수들은 근력을 기르기 위해 이러한 유형의 운동을 한다. 사실상 모든 웨이트 리프팅 훈련들이 이 범주에 속한다. 유산소운동은 다른 방식으로 작용한다. 유산소운동에서는 근육에서 산소가 지방과 포도당을 아데노신 3인산으로 바꾸는 데 사용되는데, 이것은 다시 에너지를 몸 전체에 분배한다. 유산소운동은 주로 적당한 강도로 오랜 시간에 걸쳐 행해진다. 예로는 조깅, 수영과 자전거 타기가 있다.

(a) 남성보다 여성 사이에서 더 인기가 높다
(b) 다른 방식으로 작용한다
(c) 무산소운동보다 건강을 더 잘 유지하는 데 도움이 된다
(d) 무산소운동보다 덜 지속 가능하다

어휘 anaerobic 무산소의(↔aerobic 유산소의) / literally 문자 그대로 / high-intensity 강도가 높은 / metabolism 신진대사 / practically 사실상, 실제로 / weight-lifting 웨이트 리프팅, 역기 운동 / routine (같은 동작을 반복하는) 훈련 / fall into ~에 해당되다 / convert A into B A를 B로 바꾸다, 전환시키다 / glucose 포도당 / adenosine triphosphate 아데노신 3인산 / moderate 적당한 / sustainable 지속할 수 있는

해설 첫 문장에서 운동의 종류에는 무산소운동과 유산소운동이 있다고 한 뒤 전반부에서는 무산소운동에 대해 설명하고 있다. 이후 빈칸 뒤에서는 유산소운동에 대해 설명하고 있는데 둘은 산소의 사용 여부, 강도, 기간 등의 측면에서 다른 방식으로 작용하므로 빈칸에는 (b)가 들어가는 것이 적절하다.

3. (d)

피터 애크로이드는 런던의 문학인들과 예술가들에게 매료된 영국의 소설가였다. 그는 많은 문학 거장들의 전기 시리즈를 통해 그의 관심 분야를 탐구했다. 이 전기 작품들 중 하나인 〈디킨스〉는 가장 위대한 소설가들 중 한 사람인 찰스 디킨스의 천재성을 훌륭하게 고찰하고 있다. 애크로이드의 작품 속에서 묘사된 찰스 디킨스는 미치기 직전에 불안정하게 있는 사람으로, 살아 있는 모순 덩어리이자 절망적이고 자기 파괴적인 에너지에 사로잡힌 일 중독자였다. 그는 왜 자신의 소설 속에서는 따뜻한 가정의 미덕을 예찬하면서도, 출산으로 녹초가 된 아내를 내쫓고 어린 여성과 사랑에 빠졌을까? 애크로이드는 그의 결론에 도달하기 위해 상상과 사실을 결합하고 있으며, 이는 논란을 일으킬 방식이다.

(a) 가족의 숭고함을 무시한다
(b) 문학 평론가들을 비판한다
(c) 쓸모없는 사람이 될 것을 두려워한다
(d) 따뜻한 가정의 미덕을 예찬한다

어휘 biography 전기 / teeter 불안정하게 서다, 흔들리다 / on the brink of ~하기 직전에 / contradiction 모순 / workaholic 일 중독자 / desperate 절망적인 / banish 내쫓다 / child-bearing 출산, 분만 / infatuate (사람을) 홀리다, 반하게 하다 / blend 섞다, 혼합하다 / formula 방식 / be bound to-v 반드시 ~하다 / stir up 야기시키다 / controversy 논란 / sublimity 숭고함 / hearth and home 따뜻한 가정(의 단란함)

해설 피터 애크로이드가 〈디킨스〉에서 찰스 디킨스를 어떤 인물로 묘사했는지 설명하고 있는 글이다. 빈칸 앞 문장에서 디킨스가 모순적인 사람이었다고 언급했고, 빈칸이 포함된 문장의 뒷부분에서 그가 실제로는 자신의 부인을 홀대하고 어린 여자와 사랑에 빠졌다고 설명하고 있다. 빈칸은 그의 작품 내용과 관련된 것이고 접속사 but으로

연결되고 있으므로 현실 상황과 반대되는 내용의 (d)가 빈칸에 들어가는 것이 적절하다.

4. (a)

어떤 사람들은 구직을 위해 경쟁하는 데 있어 특별한 장애물에 직면하며, 따라서 노동 인구에서 차지하는 비율이 작다. 그들은 '혜택받지 못한' 사람이라고 불린다. 예를 들어, 여성, 소수 민족, 장애인, 저학력 노동자, 노인, 이민자와 복지 수급자들이 '혜택받지 못한' 사람들의 범주에 속한다. 이런 사람들이 자신의 꿈을 실현할 수 있도록 해주는 직무 준비 과정을 제공하는 것이 직무 교육 분야의 주된 목적이다. 직무 교육은 흔히 이러한 개개인을 위한 교육의 교과 과정, 내용, 환경, 일정, 보조적 서비스와 방법이 '혜택받지 못한 것이 아닌' 사람들을 위한 것과는 달라야 한다는 점에서 특별하다.

(a) 예를 들어
(b) 그러나
(c) 그러므로
(d) 실제로

어휘 underrepresented (집단 속에서) 수가 적은, 잘 드러나지 않은 / workforce 노동 인구 / disadvantaged 혜택받지 못한 / minority 소수 민족, 소수자 / recipient 수급자

해설 첫 문장에서 노동 시장에서 불리한 조건을 가지고 있는 '혜택받지 못한 이들'이 있음을 언급했고 빈칸이 포함된 문장에서는 이 범주에 속하는 사람들의 유형에 대해 다양한 예시들을 나열하고 있으므로 정답은 (a)이다.

5. (d)

쓰레기 처리 시설 노동 조합의 파업이 연속 4주째에 접어들자, 스톡빌 시의 상임의원인 웬디 비셋은 의회가 모든 스톡빌 주민들이 건강과 안전상의 이유로 자신들의 쓰레기를 거주지에서 치울 것을 권고해야 한다고 말했다. "우리가 노조와 빠른 해결책을 강구하고 있는 동안, 도시에 해충이 들끓게 할 수는 없습니다" 라고 비셋은 말했다. 그러나 노조 대표인 브루스 서터는 거주자들이 자신의 쓰레기를 옮기려는 시도는 그들의 목적을 위태롭게 할 수 있다고 말했다. "우리는 의회가 단지 우리가 시를 위해 얼마나 많은 일을 하는지 인정해 주기를 원할 뿐인데, 파업 기간 중 여러분이 우리의 일을 하게 된다면 그런 일은 일어나지 않을 것입니다" 라고 서터는 말했다.

Q. 본문의 주제는?
(a) 파업 기간에 대한 짐작
(b) 파업의 배경과 근본 원인
(c) 파업에 대한 노동 조합원들간의 내부 논쟁
(d) 파업 기간 동안 주민들의 적절한 행동

어휘 strike 파업 / disposal 처리 / consecutive 계속되는, 연속적인 / council 의회 / resolution 해결책 / overrun (해충이) 들끓다 / vermin 해충 / representative 대표자 / jeopardize

위태롭게 하다 / appreciate 인정하다 / speculation 짐작 / duration 기간 / root 근본적인

해설 쓰레기 처리 시설 노동 조합의 파업이 길어지자 시민들 스스로 쓰레기를 버리게 하자고 시의회에 제안을 한 시의원과 그것에 반대하는 노조 대표의 서로 다른 입장을 설명하고 있는 글이다. 따라서 정답은 (d)이다.

6. (a)

20세기 초에 행동주의라는 한 심리학파가 근본적으로 다른 접근법을 취하며 정신 의학 분야에 도전했다. 행동주의자들은 지그문트 프로이트와 같은 정신 의학자들이 강조해왔던 의식적, 그리고 무의식적인 사고 모두의 중요성을 부인했다. 그들은 관찰 가능한 행동에 초점을 맞춘 보다 과학적이고 방법론적인 접근법을 취했고, 그러한 행동을 평가할 수 있는 기법을 사용했다. 이반 파블로프는 개를 대상으로 한 그의 유명한 연구를 수행하였고 이 연구를 통해 그는 고전적 조건화의 과정을 파악하게 되었다. B. F. 스키너는 이후 스키너 상자로 알려진 조작적 조건화의 개념을 소개했다. 행동주의자들에게 의식이란 조정 및 통제, 심지어 계산된 결과를 만들어내기 위해 조작될 수도 있는 구조물이다.

Q. 본문의 제목으로 가장 적합한 것은?
(a) 새로운 심리학파 – 행동주의
(b) 프로이트와 파블로프의 격렬한 논쟁
(c) 스키너 상자의 중요성
(d) 주요 정신 의학자들의 약력

어휘 school 학파 / behaviorism 행동주의(behaviorist 행동주의자) / psychiatry 정신 의학(psychiatrist 정신 의학자) / radically 근본적으로 / methodological 방법론적인 / observable 관찰 가능한 / classical conditioning 고전적 조건화 / operant conditioning 조작적 조건화 / manipulate 조작하다 / profile 약력

해설 첫 문장에서 20세기 초에 정신 의학과는 전혀 다른 접근법을 가진 학파인 행동주의가 나타났다고 언급하고 이후 그들 이론의 핵심과 대표적인 행동주의 연구자인 파블로프와 스키너의 연구 내용을 소개하고 있다. 따라서 (a)가 본문의 제목으로 가장 적절하다.

7. (c)

유럽에서의 차 소비의 전통은 16세기 초반 포르투갈인들과 네덜란드인들에 의해 시작되었는데, 이들은 자기 나라의 활발한 해운업을 통해 인도로부터 차를 수입했다. 차가 소개되기 이전에 영국은 커피를 대량으로 소비했는데, 이는 커피콩이 중동 지역에서 다량으로 수입되었기 때문이었다. 커피점은 유명 작가, 예술가와 상류층의 집합소로서 런던에서 매우 인기가 높아졌다. 1717년에서야 비로소 영국에 최초로 찻집이 설립되었다. 엘리자베스 1세의 허가를 받아 수년간 차 무역의 독점권을 확보한 동인도회사를 통해 차가 점차 일반 대중들에게

보급되면서, 영국의 차 소비는 빠르게 증가했다.

Q. 본문에 따르면 옳은 것은?
(a) 영국은 1717년에 포르투갈과 네덜란드 무역상을 통해 차를 수입
했다.
(b) 포르투갈은 16세기까지 해운업이 그다지 발달하지 않았다.
(c) 동인도회사는 영국으로 수입되는 차에 대해 독점적 권리를 가지
고 있었다.
(d) 영국은 1700년대에 커피가 인기를 얻기 전에 차를 다량으로 소비
했다.

어휘 consumption 소비 / shipping industry 해운업 / hangout
집합소, 단골집 / gentry 상류층, 신사 계급 / charter 자격을 허가
하다, ~에게 특권을 주다 / monopoly 독점 / exclusive 독점적인

해설 (a) 영국은 엘리자베스 1세의 허가를 받은 동인도회사를 통해
차를 수입했다고 했으므로 사실이 아니다.
(b) 포르투갈은 16세기 초에 활발한 해운업을 통해 차를 수입했다고
했으므로 사실이 아니다.
(c) 마지막 문장에서 동인도회사는 영국 차 무역에 있어 수년간 독점
권을 행사했다고 했으므로 정답이다.
(d) 영국에 차가 소개되기 이전에는 커피를 많이 소비했다고 했으므
로 사실이 아니다.

8. (c)
요가는 원래 과거 15세기 인도에서 철학 체계로서 발전되었다. 서양
인들이 일반적으로 요가라 지칭하는 것은 사실은 하타 요가인데, 이
것은 요가 철학의 육체적인 측면일 뿐이다. '하타'란 말은 태양과 달을
의미하는 두 개의 산스크리트 단어에서 유래했다. 그것은 요기, 즉 요
가의 거장이 설명하는 체내의 두 가지 주요한 기의 경로를 뜻한다. 전
통적으로 하타 요가는 깊은 명상을 위한 최적의 건강 상태를 갖추기
위한 준비 과정으로 행해졌다. 하타 요가는 각기 다른 아사나들로 이
루어진다. '아사나'는 본질적으로 몸의 자세를 의미하며, 원래 요기들
이 명상을 하는 도중 발견해낸 것들이다.

Q. 본문에 따르면 요가에 대해 옳은 것은?
(a) 하타 요가는 요가 철학의 정신적인 면을 가리킨다.
(b) '아사나'라는 단어는 남자와 여자를 의미하는 두 개의 산스크리트
단어에서 유래한다.
(c) 서양인들이 요가라고 인식하는 것은 요가의 전체 철학 체계의 단
지 한 부분이다.
(d) 하타 요가는 전통적으로 긴 명상 이후 행해졌다.

어휘 Westerner 서양인 / Sanskrit 산스크리트의, 범어(梵語)의
/ yogi 요기, 요가 수행자 / optimum 최적의 / meditation 명상 /
be comprised of ~로 구성되어 있다 / posture 자세

해설 (a) 하타 요가는 요가 철학의 육체적인 면만을 가리키는 것이라

고 했으므로 사실이 아니다.
(b) 아사나라는 단어는 몸의 자세를 의미한다고 했으므로 사실이 아
니다.
(c) 서양인들이 요가라고 하는 것은 실제로는 요가 철학의 한 부분, 즉
육체적인 측면인 하타 요가라고 했으므로 정답이다.
(d) 하타 요가는 명상을 위한 준비 단계로 행해졌다고 했으므로 사실
이 아니다.

9. (d)
1930년대에 피카소는 '문이 열려 있고 햇빛이 비치는 곳에 있는' 한
알제리 여성의 그림을 그렸다. 피카소가 캔버스 위에 보여주고자 했
던 것은 알제리의 이슬람 여성들이 풍요롭고 행복한 삶을 경험하고 있
다는 것이었다. 불행하게도, 그 그림은 지금의 현실을 반영하지 않는
다. 그 때문에 알제리의 작가인 아시아 제바르는 피카소의 관점이 이
슬람 여성들의 미래의 현실이 되기를 희망한다. 즉, 햇빛은 교육, 발언
의 자유와 선택권을, 열려진 문은 변화된 사회 질서와 보다 현실적인
법률 구조를 상징한다. 사람들은 제바르의 희망이 멀지 않은 미래에
이루어지기를 바랄 뿐이다.

Q. 본문을 통해 추론할 수 있는 것은?
(a) 피카소는 알제리의 이슬람 여성들의 비참한 현실을 묘사하려고
의도했다.
(b) 알제리 여성들의 사회적 지위는 이슬람 사회에서 상대적으로 높다.
(c) 아시아 제바르는 피카소가 그린 이슬람 여성의 그림을 싫어한다.
(d) 아시아 제바르는 알제리 여성들의 지위가 곧 향상되기를 희망한다.

어휘 freedom of speech 발언[언론]의 자유 / not-too-distant
멀지 않은, 가까운 / miserable 비참한

해설 지문의 전반부에서 피카소가 그림 속에서 알제리 여성을 풍요
롭고 행복하게 묘사한 것은 현실과 다르다고 언급하고, 이어 아시아
제바르라는 알제리인 작가가 피카소의 그림이 현실이 되기를 희망하
고 있다고 했다. 피카소 그림 속의 해와 열린 문이 교육(education),
발언의 자유(freedom of speech), 선택권(choice), 변화된 사회
질서(changed social order) 등을 상징한다고 했으므로 알제리 여
성들이 사회적으로 자유롭지 못할 것이며, 아시아 제바르가 희망하는
것이 알제리 여성의 지위 향상임을 유추할 수 있다. 따라서 정답은 (d)
이다.

10. (b)
멘토링, 혹은 일대일 코칭은 대부분의 조직에서 전문적인 발전의 수
단으로 채택된다. (a) 그러나 멘토-멘티의 관계는 쌍무적 관계여서 두
당사자들 모두 상대방에게 가치가 있어야 한다. (b) '멘토'라는 말은
오디세우스의 부재 동안 그의 아들인 텔레마코스의 보호자 역할을 했
던 이타카의 귀족 이름에서 유래했다. (c) 멘티는 감사장을 보내거나
정규 과정 이외의 활동을 돕거나 멘토에게 점심이나 저녁을 대접하는
것으로 그들의 감사하는 마음을 보여줄 수 있다. (d) 제대로 활용된다
면 멘토링 프로그램은 당신의 조직에 귀중한 자원이 될 수 있는데, 그

것은 미래의 뛰어난 인재를 양성하고 직원들 간 의사소통의 통로를 여는 것에 도움이 될 수 있기 때문이다.

어휘 mentoring 멘토링 프로그램(일대일 상담이나 조언을 제공해주는 체계) / one-on-one 일대일의 / vehicle 매개체, 전달 수단 / mentor 조언자, 스승(↔mentee 조언을 받는 사람) / two-way street 쌍무[호혜]적 관계 / party 당사자 / noble 귀족 / guardian 보호자, 감시인 / appreciation 감사 / extracurricular 정규 과정 이외의 / breed 양성하다

해설 첫 문장에서 멘토링 프로그램이 많은 조직에서 활용되고 있음을 언급한 뒤, (a)와 (c)에서는 멘토-멘티간의 바람직한 관계를, (d)에서는 멘토링이 조직에 가져올 수 있는 좋은 영향을 설명하고 있다. '멘토'라는 단어의 어원을 설명하고 있는 (b)는 전체 흐름과 무관하다.

Mini TEST 2

p. 91-95

| 1. (c) | 2. (d) | 3. (c) | 4. (a) | 5. (b) |
| 6. (d) | 7. (d) | 8. (c) | 9. (d) | 10. (a) |

1. (c)

성체 펭귄의 복부는 흰색이고 등은 검은색이라서 바다에서뿐만 아니라 육지에서도 포식자의 눈에 띄지 않도록 하는 위장의 효과가 있다. 펭귄의 몸은 방추형이며 유선형인데, 이것은 펭귄이 특히 수영에 적합하게 만든다. 사실 어떤 펭귄 종들은 물에서 일생의 75퍼센트 정도를 보낸다고 알려져 있다. 펭귄의 머리는 비교적 크고 목은 짧으며, 몸통은 길고 V자 모양의 꼬리가 있다. 펭귄의 다리와 물갈퀴가 있는 발은 몸통의 뒤쪽에 자리하고 있어서 육지에서 똑바로 서 있을 수 있게 해준다. 펭귄은 짧은 보폭으로 걷고 가파른 오르막을 오를 때에는 부리나 꼬리를 보조로 사용한다.

(a) 이것은 펭귄이 추운 날씨를 잘 견딜 수 있게 도와준다
(b) 이것은 펭귄이 먹이 사냥을 잘할 수 없게 만든다
(c) 이것은 펭귄이 특히 수영에 적합하도록 만든다
(d) 이것은 펭귄이 이동하는 데 부적합하도록 만든다

어휘 abdominal 복부의 / camouflage 위장하다 / predator 포식 동물 / spindle-shaped 방추(紡錘)형으로 된(양쪽 끝이 뾰족한 원기둥 모양) / streamlined 유선형의 / wedge-shaped 쐐기 모양의, V자 형태의 / webbed 물갈퀴가 달린 / bill 부리 / steep 가파른

해설 빈칸 바로 다음 문장이 In fact로 연결되어 있으므로 그 문장이 빈칸의 내용을 강조 또는 부연 설명할 것임을 알 수 있는데, 어떤 펭귄 종들이 물에서 일생의 대부분을 보낸다는 내용이므로, 펭귄 몸통의 모양이 수영을 하기에 적합하다고 보는 것이 논리적이다. 따라서 정답은 (c)이다.

2. (d)

지문처럼 각 사람의 귀는 독특한 해부학적 특징을 가지고 있다. 따라서 '귀 지문' 분석은 오늘날 법의학적 범인 식별의 수단으로써 널리 사용되고 있다. 예를 들어, 한 범죄자가 마스크를 쓴 채 런던 근교의 은행을 털었을 때, 그 현장을 녹화하고 있던 보안 카메라가 그의 귀의 모습을 포착했다. 웨스트민스터 의대에 본부를 둔 안면 인식 센터의 컴퓨터를 이용하여, 수사관들은 보안 카메라의 영상과 용의자의 사진을 비교했다. 두 이미지 속의 귀의 윤곽이 정확히 일치했기 때문에 법정에 증거로 제출되어 그 남자의 강도질에 대한 유죄 판결을 이끌어내었다.

(a) 카메라로 쉽게 식별된다
(b) 시간이 흘러도 변하지 않는다
(c) 성형 수술로 바뀔 수 있다
(d) 독특한 해부학적 특징을 가지고 있다

어휘 forensic 법의학의, 과학 수사의 / identification 신원 확인, 인식 / investigator 수사관 / suspect 용의자 / contour 윤곽 / convict ~에게 유죄를 입증하다 / anatomical 해부학적인

해설 귀 지문이 범죄 수사에 널리 사용되어 범인을 잡는 데 결정적인 증거로서 작용한다는 내용으로, 보안 카메라에 찍힌 귀의 모습과 용의자 사진의 귀를 서로 비교해 은행 강도를 검거한 사건을 예로 들어 설명하고 있다. 따라서 빈칸에는 지문처럼 귀도 사람마다 서로 다른 독특한 특징을 가지고 있다는 내용이 들어가는 것이 적절하므로 정답은 (d)이다.

3. (c)

19세기에 플로렌스 나이팅게일은 간호사를 직업으로 선택하는 것에 대한 부모의 반대에도 불구하고 간호사가 되기 위해 그녀의 유복한 집을 떠났다. 그녀의 부모가 반대했던 이유는 그 당시에는 여성에게 간호사라는 일이 존경받는 직업이 아니었기 때문이다. 그러나 오늘날 나이팅게일은 '백의의 천사'로뿐만 아니라 선구자로도 기억되고 있다. 크림 전쟁 중에 그녀가 한 무리의 여성 간호사들을 데리고 전선에 있는 병원에 간 후에 그녀는 의사들에게 부상당한 병사들을 위해 보다 깨끗한 환경을 만드는 것의 가치에 대해 이해시켰으며 의료 환경을 개선하고자 계속해서 노력하였다. 그 결과 병원 시설이 더 청결해졌고 사망률이 감소했는데, 한 병원의 경우 42퍼센트에서 2퍼센트로 사망률이 떨어졌다.

(a) 간호사의 숫자를 늘리는 것의 필요성
(b) 전문 지식을 기르는 것의 중요성
(c) 보다 깨끗한 환경을 만드는 것의 가치
(d) 치료법을 개선하는 것의 중요성

어휘 well-to-do 유복한, 부유한 / profession 직업 / pioneer 선구자 / war front 전선 / Crimean War 크림 전쟁(1853년~1856년) / hygienic 위생적인, 청결한 / mortality rate 사망률 / expertise 전문 지식 / setting 환경, 배경 / significance 중요성, 의의

해설 빈칸 뒤의 내용이 나이팅게일이 의료 환경을 개선하고 병원의 위생 상태를 향상시켰다는 것이므로 그녀가 의사들에게 보다 깨끗한 환경의 가치에 대해 이해시켰음을 알 수 있다. 따라서 정답은 (c)이다.

4. (a)
무어의 법칙은 반도체 산업에서 유래한 것 중에서 거의 틀림없이 일반 대중에게 가장 잘 알려진 문구일 것이다. 그러나 고든 무어가 처음부터 자신의 개념을 중력의 법칙과 같이 고전 과학적인 의미에서 '법칙'이라고 불리게 만들려고 한 것은 아니었다. 대신에 그것은 반도체 산업의 빠른 성장에 대한 무어의 분석 중 일부로 제안된 가설이었다. 사실, 그의 원래 초점은 반도체의 기술적 잠재성보다는 반도체 제조의 경제적 현실에 있었다. 이른바 '법칙'의 기본 개념을 소개한 그의 1965년 기사를 자세히 읽어보면 그의 분석은 단일 회로에 집적되는 트랜지스터의 수에 관련된 비용을 다루고 있음을 알 수 있다.

(a) 사실
(b) 불행히도
(c) 결과적으로
(d) 반대로

어휘 Moore's Law 무어의 법칙(반도체 집적회로의 성능이 2년마다 2배로 증가한다는 법칙) / arguably 거의 틀림없이, 아마도 / semiconductor 반도체 / gravity 중력 / supposition 가설, 추측 / potential 잠재력 / close 정밀한, 철저한 / address 다루다, 검토하다 / transistor 트랜지스터 / integrate 집적(集積)하다, 통합하다 / circuit 회로

해설 빈칸 앞에서는 고든 무어가 '법칙'을 만들려고 의도한 것이 아니라 반도체 산업의 빠른 성장을 분석하다가 '무어의 법칙'으로 알려진 가설을 세웠음을 설명하고 있다. 빈칸 뒤에서는 무어의 가설의 원래 초점이 반도체의 기술적 잠재성이 아닌 반도체 제조의 경제적 현실임을 밝히고 있는데 이는 앞 문장의 내용을 보강해주는 설명이므로 빈칸에는 부연의 역할을 하는 Indeed가 들어가는 것이 적절하다.

5. (b)
오스트레일리아는 세계의 가장 작은 대륙이면서 동시에 세계에서 여섯 번째로 큰 나라이기도 하다. 섬으로 된 태즈메이니아 주를 포함하면 약 7백 7십만 제곱킬로미터의 면적을 가지고 있으면서 오스트레일리아는 알래스카를 제외한 미대륙과 대략 비슷한 면적이다. 이 나라는 서쪽의 낮은 고원, 중부의 사막, 동부 해안의 북쪽에서 남쪽으로 뻗어 있는 산맥들을 포함한다. 오스트레일리아는 지각판의 정중앙에 위치하고 있어 최근의 어떠한 화산이나 지진 활동에 의해서도 크게 변형되지 않았다. 오스트레일리아의 화산들은 지난 5천년 동안 휴면 상태로 있다.

Q. 본문의 주제는?
(a) 오스트레일리아의 생물학적 다양성
(b) 오스트레일리아의 지리적 특징들
(c) 오스트레일리아의 화산과 지진 활동
(d) 오스트레일리아와 미국의 유사점

어휘 continental 대륙의 / encompass ~을 포함하다 / plateau 고원 / tectonic plate 지각판 / alter 바꾸다, 변형시키다 / significantly 크게, 상당히 / volcanic 화산의 / seismic 지진의 / dormant 휴면 상태에 있는 / biodiversity 생물학적 다양성

해설 지문에서는 오스트레일리아의 여러 가지 지리적 특징들이 기술되고 있다. 즉, 가장 작은 대륙이자 여섯 번째로 큰 나라이며, 면적이 미국과 비슷하고 고원, 사막, 산맥 등 다양한 지형이 나타나며 최근에 화산 혹은 지진 활동이 없다는 점이 설명되고 있으므로 이 내용을 모두 포괄할 수 있는 선택지는 (b)이다.

6. (d)
'(인종의) 도가니'는 미국 내 인종의 다양성을 묘사하기 위해 자주 사용되는 용어이다. 그것은 원래 영국 작가인 이스라엘 쟁윌이 1908년에 지은 〈도가니〉라는 희곡에서 유래했다. 그 희곡은 1903년에 발생한 유대인 대학살의 여파로 러시아를 떠나 미국으로 온 데이비드에 관한 이야기이다. 데이비드는 러시아 기독교도 이민자인 베라와 사랑에 빠지지만 결국 그녀의 아버지가 그의 가족을 죽게 만든 러시아 장교였음을 알게 된다. 그러나 그는 베라의 아버지를 용서하고 그녀와 행복한 삶을 꾸리기로 결심한다. 극 중에서 데이비드는 "미국은 신의 도가니이며, 유럽의 모든 인종들이 녹아버리고 재구성되는 거대한 도가니이다!"라고 선포한다.

Q. 본문의 주제는?
(a) 이스라엘 쟁윌의 일생
(b) 죄와 용서
(c) 러시아 이민자들의 역사
(d) 잘 알려진 표현 한 가지의 유래

어휘 melting pot 도가니(= crucible) / ethnic 인종의 / diversity 다양성 / in the aftermath of ~의 여파로 / massacre 대학살 / Jews 유대인 / proclaim 선언[선포]하다

해설 미국의 인종적 다양성을 나타내는 말로 쓰이는 '(인종의) 도가니(melting pot)'라는 용어가 원래는 이스라엘 쟁윌이라는 작가가 지은 희곡에서 유래한 것이라는 내용이 이 글의 전체 요지이므로 정답은 (d)이다.

7. (d)
사업장에서 슬롯머신을 구입할 때 그들은 기계가 항상 일정한 승률을 유지할 것을, 즉 기계가 '인색해야' 하는지 또는 '인심이 후해야' 하는지를 요구할 수 있다. 최근에는 후한 기계를 원하는 추세인데, 왜냐하면 오랫동안 슬롯머신을 해온 사람들은 일정 기간에 걸쳐서 기계의 지불금을 관찰함으로써 어떤 기계가 후한지 알아낼 수 있기 때문이다. 일단 도박꾼들이 어떤 기계가 인색한지 알게 되면 소문이 퍼져 그 카지노는 도박꾼들을 경쟁 업체들에게 빼앗기게 된다. 라스베이거스와

리노의 슬롯머신들이 세계에서 가장 후한 기계에 속한다고 하지만, 기계들이 돌려주는 후한 금액은 그 도시들의 슬롯머신에 마음을 뺏긴 수많은 도박꾼들에 의해 보충된다.

Q. 본문에 따르면 옳은 진술은?
(a) 슬롯머신을 구입하려면 면허가 있어야 한다.
(b) 노련한 도박꾼이라 할지라도 어떤 슬롯머신이 더 인심이 후한지 쉽게 구별할 수 없다.
(c) 리노에 있는 슬롯머신은 라스베이거스에 있는 것들보다 더 낮은 승률을 가지고 있다.
(d) 승률이 높은 슬롯머신이라도 카지노에서 여전히 수익성이 있다.

어휘 slot machine 슬롯머신(도박 게임기) / retain 계속 유지하다 / winning percentage 승률 / tight 인색한 / hard-core 중독성의, 만성적인 / ascertain 알아내다, 확인하다 / payout 지불금 / gambler 도박꾼 / compensate 보충하다, 메우다 / volume 대량 / license 면허

해설 (a) 슬롯머신 구입 시 면허가 있어야 한다는 내용은 언급되지 않았기 때문에 사실이 아니다.
(b) 일정 기간 동안 슬롯머신 기계를 관찰한 사람들은 어떤 기계의 승률이 높은지 알 수 있다고 했기 때문에 사실이 아니다.
(c) 라스베이거스와 리노의 슬롯머신들이 세계에서 가장 후한 기계에 속한다고 했고 두 도시 사이의 승률은 비교되고 있지 않기 때문에 사실이 아니다.
(d) 높은 승률을 가진 슬롯머신 기계에서 도박꾼들이 돈을 벌어간다 해도 더 많은 도박꾼들이 그 기계를 찾아 많은 돈을 소비하게 만듦으로써 손액이 충당된다고 했으므로 정답이다.

8. (c)
최근 수십 년간 오페라는 과거와 같은 명성을 얻고 있지는 않았다. 하지만, 요즘 오페라의 인기가 부활하면서 더욱 폭넓은 청중과 만나며 오페라 애호가들에게만 국한되지 않고 그 명성을 넓혀가고 있다. 파바로티와 도밍고와 카레라스의 협연은 이러한 스타일의 음악의 인기를 높이는 데 크게 기여했다. 수많은 음반과 놀라운 공연들을 통해서 이 세 명의 테너는 엄청난 수의 관객을 끌어들였다. 멋진 오페라 공연으로 그들은 과거의 저명한 작곡가들의 매력을 간직한 음악의 새로운 시대를 개시했다. 모든 세대가 풍부한 인간의 감정을 다루고 있는 이 예술 작품들을 그들만의 방식대로 자유로이 해석한다.

Q. 본문에 따르면 사실이 아닌 것은?
(a) 많은 클래식 오페라들이 인간의 감정을 묘사한다.
(b) 오늘날에는 전문가들뿐만 아니라 보통 사람들도 오페라를 감상한다.
(c) 오페라는 음반 녹음의 발전 덕분에 인기를 얻었다.
(d) 세 명의 유명한 테너들은 많은 음반을 발표함으로써 오페라의 부활에 기여했다.

어휘 renaissance 부흥, 부활 / buff 애호가, 팬 / collaboration 협연, 합작 / astonishing 놀라운, 믿기 힘든 / initiate 시작하다, 일으키다 / retain 간직[보유]하다 / notable 유명한, 뛰어난

해설 (a) 오페라 공연들이 풍부한 인간의 감정을 다루고 있다고 했으므로 사실이다.
(b) 최근의 오페라는 애호가들에게게만 국한되지 않고 다양한 청중과 만나며 명성을 넓혀가고 있다고 했으므로 사실이다.
(c) 오페라의 인기가 되살아난 요인으로 세 명의 유명 테너의 협연만을 들고 있을 뿐 음반 녹음 기술의 발전은 언급되지 않았으므로 사실이 아니다.
(d) 파바로티와 도밍고와 카레라스는 함께 공연을 하고 많은 음반을 발매함으로써 오페라의 인기를 높이는 데 크게 기여를 했다고 했으므로 사실이다.

9. (d)
안녕하세요 여러분,
저는 오늘 제시카 와이즈 씨를 정보기술 하드웨어 및 소프트웨어의 구매 관리자로서 우리 팀에 맞이하게 되어 기쁩니다. 제시카 씨는 전략적 구매 및 기반시설 관리를 포함해서 IT 제품 분야에서 8년이 넘는 다양한 경력을 가지고 있습니다. 구매 전문가로서, 제시카 씨는 그녀의 일에 있어 서비스 품질의 중요성에 대해 깊이 이해하고 있습니다. 제시카 씨는 애리조나 대학교에서 컴퓨터 공학으로 학사 학위를 받았고 덴버 대학교에서 경영학 석사 학위를 받았습니다. 제시카 씨는 플레전트빌에 있는 우리 회사의 기술 센터로 배치될 것입니다.
시저 커뮤니케이션 주식회사, 부사장 데이비드 도우드 드림

Q. 본문을 통해 제시카 와이즈 씨에 대해 추론할 수 있는 것은?
(a) 그녀는 그 직위에 대한 자격을 얻기 위해서 석사 학위를 받아야 했다.
(b) 그녀의 전직은 새로운 서비스를 위한 마케팅 전략을 수립하는 것이었다.
(c) 그녀는 고객 서비스를 담당하게 될 것이다.
(d) 그녀의 업무는 아마도 IT 기업들과의 가격 협상을 포함할 것이다.

어휘 diverse 다양한 / strategic 전략적인 / infrastructure 기반시설 / specialist 전문가 / appreciation 이해, 평가 / bachelor 학사 / master's degree 석사 학위 / qualify ~의 자격을 얻다 / negotiation 협상, 교섭

해설 제시카 와이즈 씨는 정보기술 하드웨어와 소프트웨어의 구매 관리자로 이 회사에 온 것이라고 하였으므로 그녀의 업무가 IT 업체들과 가격 협상을 하는 일을 포함할 것임을 추론할 수 있다. 따라서 (d)가 정답이다.

10. (a)
바로크 하드우드는 산 라파엘 시에서 35년 이상 일을 해오고 있습니다. (a) 올바른 바닥재를 고르는 것은 여러분의 집을 개보수하는 것을

고려하실 때 가장 중요한 요소들 중의 하나입니다. (b) 바로크 하드우드의 공급처는 미국 서부의 3백 5십만 에이커가 넘는 지역이며, 고객들에게 다양한 종류의 고품질 경재(硬材)를 공급합니다. (c) 저희는 또한 높은 수준의 고객 만족도를 유지하면서 경쟁력 있는 가격으로 바닥재 공사를 제공하고 있습니다. (d) 저희 가게를 방문하시어, 히코리, 오크, 대나무, 단풍나무 등 전시 중인 다양한 재료를 살펴보시고, 가장 마음에 드시는 것을 선택하세요.

어휘 hardwood 경재(硬材), 경목(활엽수에서 얻어지는 목재) / flooring 바닥(재) / an array of 다수의 / hickory 히코리(북아메리카산 호둣과 나무) / oak 오크(떡갈나무·참나무류) / bamboo 대나무 / maple 단풍나무

해설 첫 문장을 포함하여 선택지 (b), (c), (d)는 바로크 하드우드사(社)를 홍보하는 내용들로 경력, 고품질 재료, 경쟁력 있는 가격 등을 설명하고 있는 반면, (a)에서는 집 개조를 할 때 유의해야 할 사항을 말하고 있으므로 전체 흐름과 어울리지 않는다.

Mini TEST 3

1. (d)	2. (c)	3. (b)	4. (b)	5. (b)
6. (a)	7. (b)	8. (c)	9. (c)	10. (a)

1. (d)
지구상에서 거의 대부분의 광합성은 식물에서 일어난다. 식물의 잎에서 발견되는 엽록소라고 하는 녹색 색소가 광수용체로서 작용하는데, 엽록소가 빛을 흡수하면 이 빛은 이산화탄소(CO_2)와 물(H_2O)로부터 단순한 형태의 당을 합성하는 데 사용된다. 이 과정의 결과로 산소가 공기 중으로 배출된다. 식물들은 필요한 양보다 많은 당을 생산하여 여분의 당을 섬유소, 전분, 단백질과 심지어는 지방과 같이 보다 복잡한 식품 성분으로 저장한다. 사실 인간을 포함한 동물들은 식물을 먹고 산소를 들이마심으로써 광합성의 부산물에 의존해 살아간다. 다시 말해, 동물은 호흡과 신진대사를 위해 식물에 의존하는 것이다.
(a) 더 빨리 번식하기 위해
(b) 수명을 연장하기 위해
(c) 다양한 에너지원을 위해
(d) 호흡과 신진대사를 위해

어휘 photosynthesis 광합성 / pigment 색소 / chlorophyll 엽록소 / photoreceptor 광수용체 / synthesize 합성하다 / carbon dioxide 이산화탄소 / excess 초과량 / cellulose 섬유소 / starch 녹말, 전분 / protein 단백질 / byproduct 부산물 / inhale 흡입하다 / reproduce 번식하다 / life span 수명 / respiration 호흡 / metabolism 신진대사

해설 식물이 광합성을 통해 산소를 배출하고 당분을 생성한다는 내

용의 지문으로, 빈칸 앞의 문장에서 동물들이 광합성의 결과로 형성된 식물 속 영양분을 섭취하고 산소를 마심으로써 살아간다고 했다. 따라서 In other words로 연결되는 빈칸이 있는 문장에서는 동물이 호흡과 신진대사를 위해 식물에 의존한다는 내용이 오는 것이 자연스럽다.

2. (c)
전자 통신 분석을 전문으로 하는 업체를 고용하는 회사들이 증가하고 있다. 이러한 업체는 개인의 업무 효율성과 고용주에 대한 충성도를 판정하기 위하여 고객사 직원들의 이메일과 기타 전자 기기를 사용한 의사소통 내역을 면밀히 조사한다. 직원들의 모든 전자 통신 내역을 조사하는 것이 다소 빅 브라더 같지만, 실제로 직원들을 평가하는 데 유용한 추가 자료를 제공할 수 있기 때문에 이와 같은 추적 서비스의 이용은 업계에서 동력을 얻고 있다. 그러나, 관리자들이 직원의 효율성과 관련해 전자 통신 분석이 자기 자신의 대인 관찰보다 우선해서는 안 된다는 사실을 주지하는 것 또한 중요한데, 이는 그것(전자 통신 분석)이 모든 것을 말해주는 것은 아니기 때문이다.
(a) 직원들 간의 의사소통 능력을 향상시킬 수 있는 효과적인 방법들
(b) 시간과 돈을 절약하는 효과적인 방법들
(c) 직원들을 평가하는 데 유용한 추가 자료
(d) 직원들 간의 다양한 의사소통 수단

어휘 specialize in ~을 전문으로 하다 / comb through ~을 세밀히 조사하다 / trail 흔적 / efficiency 효율성 / loyalty 충성도 / Big Brother 빅 브라더(정보 독점을 통해 사생활을 통제 또는 감시하는 권력) / detective 탐정의 / momentum 힘, 동력 / outrank ~보다 중요하다, ~보다 높다 / interpersonal 사람과 사람 사이의, 대인 관계의 / supplemental 추가적인 / evaluate 평가하다

해설 전자 통신 내역을 분석하여 직원 평가의 근거로 사용하는 추세에 대한 설명이다. 전반부에 이 서비스가 직원들의 이메일 및 기타 의사소통 내역을 검사해 직원들의 업무 효율성과 충성도를 판정하기 위한 것이라고 했으므로 전자 통신 분석이 직원 평가에 사용될 것임을 알 수 있다. 빈칸에는 그러한 방법이 업계에서 동력을 얻고 있는 이유가 제시되어야 하므로 직원 평가에 활용할 수 있는 자료를 제공해준다는 내용의 (c)가 정답이다.

3. (b)
빌리 홀리데이는 역사상 가장 위대한 재즈 가수 중의 한 사람으로, 단순하고 감상적인 노래를 깊은 감정의 깊이로 가득 찬 분위기 있는 음률로 변화시키는 뛰어난 재능을 가지고 있었다. 그녀는 표현이 풍부하면서도 구슬픈 목소리와 뛰어난 구절법과 독특한 억양을 특징으로 하는 특이한 창법으로 유명했다. 그녀의 재능에도 불구하고, 빌리는 활동하는 내내 인종 차별에 직면하였다. 그녀가 아티 쇼의 백인 악단과 함께 여행할 때, 그녀는 다른 음악인들과 분리되었으며, '백인 전용' 식당과 호텔에 들어가는 것을 금지당했다. 공연 주최자들은 빌리의 민족적 배경 때문에 그녀를 마음에 들어 하지 않았다. 수많은 모욕을 겪으면서 그녀는 술과 마약에 중독되었고, 이로 인해 결국 44세의

Section II 정답 및 해설

나이에 요절했다.
(a) 음악인에 대한 편견
(b) 인종 차별
(c) 상류층의 멸시
(d) 재정적 어려움

어휘 sentimental 감정적인, 정서적인 / moody 분위기 있는 / number 음률 / melancholy 구슬픈, 우울한 / unorthodox 정통이 아닌, 특이한 / phrasing 구절법(선율을 적당히 나누는 것) / intonation 억양, 음의 정조법 / segregate 분리[격리]하다 / bar 금지하다 / ethnic 민족의 / indignity 모욕, 경멸(=contempt) / premature 때이른 / prejudice 편견 / racial discrimination 인종 차별

해설 빈칸 뒤의 내용에서 빌리 홀리데이가 함께 공연하는 음악인들로부터 격리되거나 백인 전용 장소에 출입을 금지당했으며, 인종을 이유로 공연 주최자들이 그녀를 싫어했다고 했으므로 그녀가 인종 차별 문제에 직면했음을 알 수 있다. 따라서 정답은 (b)이다.

4. (b)
석유는 메소포타미아인들이 물 속에서 발견한 원유와 타르를 모았던 이래로 인류 문명과 함께해 왔다. 최초의 유전이 개발된 19세기 중엽 이전에는 방수 처리와 점화가 석유의 주 사용처였다. 그러나, 그 이후로 석유는 무수히 많은 용도로 사용되고 있다. 등유는 원유에서 추출되어 한동안 램프에 사용되었다. 과거에는 등유의 분리 과정에서 찌꺼기로 남겨졌던 휘발유가 그냥 버려졌으나, 오늘날에는 매우 가치 있는 자동차 연료이다. 덧붙여 현대의 석유 사용의 예로는 합성 세제와 합성 섬유부터 플라스틱, 농업용 살충제, 폭약 등이 있다.
(a) 이와 같이
(b) 그러나
(c) 그 결과
(d) 예를 들면

어휘 petroleum 석유 / crude oil 원유 / oil well 유전(油田) / waterproofing 방수 처리 / lighting 점화 / kerosene 등유 / extract 추출하다 / discard 버리다 / detergent 합성 세제 / synthetic fabric 합성 섬유 / pesticide 살충제 / explosive 폭약

해설 빈칸 앞의 내용은 최초의 유전이 개발된 19세기 중엽 이전의 석유의 제한된 용도에 대한 것이고 빈칸 뒤에서는 그 이후 매우 다양해진 석유의 용도를 나열하고 있으므로, 빈칸에는 역접의 의미가 있는 연결사 However가 들어가는 것이 적합하다.

5. (b)
영국 낭만주의 시기에 쓰여진 월터 스콧 경의 소설 〈아이반호〉의 클라이맥스가 되는 장면 중 하나에서, 흑기사는 아이반호의 의절한 아버지 세드릭에게 "당신이 이제껏 나를 페터록의 흑기사로 알아왔지만 이제 나를 리처드 플랜태저넷으로 알아주시오"라고 말하면서 그의

진짜 신분을 드러낸다. 다시 말해, 흑기사가 사자왕 리처드라는 사실이 밝혀진 것이다. 그러나 더 현실성을 가지게 하기 위해 월터 스콧 경은 리처드왕 바로 옆에 등장인물을 한 명 더 추가했어야 하는데, 바로 통역관이다. 그는 비록 옥스퍼드에서 헨리2세의 세 번째 적출자(嫡出子)로 태어났으나 영어를 거의 쓰지 않으며 자랐고, 결국 자국어를 사용하지 않은 영국의 왕이 되었다.

Q. 본문의 주제는?
(a) 리처드왕이 통역관을 필요로 했다는 사실
(b) 〈아이반호〉의 역사적 오류
(c) 〈아이반호〉에 묘사된 군사적 전술들
(d) 월터 스콧 경의 인생과 작품

어휘 climactic 클라이맥스의, 절정의 / identity 신원, 정체 / estranged 사이가 틀어진 / interpreter 통역관 / legitimate 적출(嫡出)의 / inaccuracy 부정확성 / tactic 전술

해설 〈아이반호〉 중 사자왕이 자신의 신분을 밝히는 장면에서 사자왕 리처드가 실제로는 영어를 하지 못했으므로 다른 인물과의 의사소통을 위해서는 통역관이 필요했을 것이라고 설명하고 있다. 즉 역사적 사실을 소설에 반영하지 못한 부분을 지적하고 있으므로 정답은 (b)이다.

6. (a)
사물을 움켜잡는 단순한 동작도 신경 질환을 앓고 있거나 뇌졸중이 발생한 적이 있었던 사람에게는 힘들 수 있다. 그런 동작들은 이러한 사람들을 피곤하게 만들고 그들의 삶의 질을 떨어뜨릴 수 있다. 요즘은 일부 경우에 물리치료가 이러한 결함을 극복하는 데 유용할 수 있다고 여겨진다. 예를 들어 운동 신경 조절을 연구하는 연구자들은 어떤 사람들은 정상인 손의 손가락으로 손상을 입은 손을 부드럽게 만지는 것만으로 (신체의) 조정력을 되찾을 수 있다고 말한다. 다발성 경화증을 앓고 있는 성인이 이 방법을 사용한 결과가 가망 있는 것으로 나타났고, 차후 이 방법을 다른 신경학적 질환에 사용하는 것에 대한 연구가 있을 예정이다.

Q. 본문의 주된 내용은?
(a) 새로운 의학적 발견의 적용
(b) 신경 질환을 앓고 있는 환자들이 겪는 어려움
(c) 물리치료사들을 위한 훈련
(d) 신경학 분야의 다양한 연구

어휘 grip 꽉 쥐다, 움켜잡다 / neurological 신경의(neurology 신경학) / stroke 뇌졸중 / fatiguing 피곤하게 하는 / detract from ~의 가치를 떨어뜨리다 / physical therapy 물리치료[요법] / deficiency (신체적) 결함 / motor 운동 근육[신경] / coordination (근육 운동의) 조정력 / sclerosis 경화증 / application 적용

해설 신경 질환이나 뇌졸중 병력이 있는 환자들처럼 신체의 조정력을 상실한 사람들을 치료하기 위해 최근 물리치료가 시행되고 있으며, 그 결과가 가망 있는 것으로 드러나 추후 연구가 있을 것이라는 점을 설명하고 있다. 이러한 내용을 포괄하는 것은 (a)이다.

7. (b)

노스강 근처에서 열차가 탈선하면서 (열차) 파손으로 인한 유독성 물질의 유출이 물을 오염시킬 것이라는 사실이 금세 명백해졌다. 수시간 내에 이상한 녹색 거품이 강둑을 따라 강 하류에 축적되기 시작했고, 배를 탄 사람들이 많은 수의 죽은 물고기들이 강 표면에 떠 있다고 보고했다. 다음 날, 수십 명의 지역 주민들이 어지럼증과 위경련을 호소하며 병원에 실려왔다. 화학 물질 유출 전문가들이 다른 주(州)에서 소집되어 강물에서 대부분의 화학 물질을 빨아들이는 기계가 장착된 큰 바지선을 배치하면서 곧바로 작업에 착수했다.

Q. 위 기사에 따르면 옳은 것은?

(a) 많은 지역 주민들이 그 지역에서 대피할 것을 강요받았다.

(b) 오염은 열차 탈선으로 인해 야기되었다.

(c) (독성 물질) 유출은 강에 이르기 전에 멈춰졌다.

(d) 지역의 전문가 집단이 그 문제를 처리했다.

어휘 run off the track (궤도를) 이탈하다 / toxic 유독 화학 물질 / spill 유출 / wreck (열차·자동차 등의) 파괴 / contaminate 오염시키다(contamination 오염) / accumulate 축적되다 / downstream 강 하류에 / admit (사람을) 들이다 / dizziness 어지럼증 / cramp 경련 / deploy 배치하다 / barge 바지선, 짐배 / suck 빨아들이다 / evacuate 대피하다 / derailment 탈선

해설 (a) 지역 주민들이 독성 물질 유출로 인한 증상으로 병원에 실려왔다는 언급은 있으나 대피 명령을 받았다는 언급은 없었다.

(b) 노스강 근처에서 열차가 탈선하면서 독성 물질이 유출되었다고 했으므로 사실이다.

(c) 독성 물질이 강 하류에 축적되기 시작했다고 했으므로 사실이 아니다.

(d) 다른 주(州)에서 온 전문가들이 문제 해결을 위해 소집되었다고 했으므로 사실이 아니다.

8. (c)

원격 근무자를 두는 것은 사무 공간이나 설비 및 기타 자원에 대한 소요를 줄이는 데 도움이 되어 회사 경비를 절감할 수 있다는 것은 잘 알려진 사실이다. 게다가, 최근 조사에 따르면 대형 컴퓨터 제조사에서 원격 근무를 한 직원들 중 거의 70퍼센트가 사무실 밖에서 일할 때 더 생산적이라고 느꼈다. 그러나 가상 직원을 두는 것에는 관리자의 부재로 인한 잠재적 생산성 저하와 같은 부정적인 면들도 있다. 원격 근무자를 두는 것의 또 다른 문제점은 고위 경영진들에게나 평사원들 모두에게 있어 가시성이 결여된다는 점이다. 사내 인트라넷에 정기적인 프로젝트와 업무 현황 업데이트 사항을 올리는 것과 인사 기록을 공유하는 것은 원격 근무자들의 가시성을 높일 수 있는 좋은 전략이다.

Q. 본문에 따르면 옳은 것은?

(a) 재택근무는 일반적으로 생산성을 향상시키지 않는다.

(b) 직원들은 대체로 원격 근무자들이 회사에서 무엇을 하는지를 잘 알고 있다.

(c) 재택근무 정책은 실행 가능한 비용 절감 전략이 되었다.

(d) 원격 근무자들은 승진과 보상에 있어서 불리한 경향이 있다.

어휘 remote 멀리 떨어진, 원격의(remotely 멀리 떨어져서) / manufacturer 제조사 / downside 부정적인 면 / virtual 가상의 / supervisory 관리의, 감독의 / presence 존재 / visibility 가시성, 볼수 있음 / rank-and-file 평사원의 / enhance 높이다 / employee profile 인사 기록 / telecommute 재택근무하다 / viable 실행 가능한 / promotion 승진 / compensation 보상, 보수

해설 (a) 최근 조사에 따르면 원격 근무자의 약 70퍼센트가 원격 근무가 더 생산적이라고 느낀다고 했으므로 사실이 아니다.

(b) 가시성이 없는 것이 원격 근무의 부정적인 면이라고 했으므로 원격 근무자의 업무 현황에 대해 다른 직원들이 잘 알지 못할 것이므로 사실이 아니다.

(c) 원격 근무가 사무실 설비 및 자원의 소요를 줄여 비용 절감에 도움이 된다는 것이 잘 알려져 있다고 했으므로 정답이다.

(d) 원격 근무자가 승진이나 보상에 있어서 불리하다는 내용은 언급되지 않았다.

9. (c)

'퐁듀'라는 단어는 프랑스어 'fonder'에서 유래했는데, 영어로 '녹이다'라는 의미이다. 퐁듀는 겨울에 딱딱한 빵 조각을 찍어 먹기 위해 치즈를 데우는 것을 생각해 낸 스위스의 양치기로부터 유래했다. 퐁듀를 먹을 때 지켜야 할 몇 가지 전통적 의례가 있다. 예를 들어 여성이 우연히 빵이나 고기를 치즈에 빠뜨리면 그녀는 옆에 앉은 남성에게 가벼운 입맞춤을 해야 한다. 만일 남성이 자신의 (빵이나 고기) 조각을 치즈에 빠뜨리면 그는 와인 한 병을 사서 모두와 함께 나누어 마셔야 한다. 아무것도 빠뜨리지 않은 사람은 마지막에 냄비에 남은 바삭바삭한 치즈 조각을 맛볼 자격을 얻는다.

Q. 본문에서 추론할 수 있는 것은?

(a) 퐁듀를 먹는 것에 있어서의 전통적 예절은 스위스인에 의해 만들어졌다.

(b) 치즈에 빵을 빠뜨리는 것은 무례하게 여겨진다.

(c) 모든 사람이 냄비 바닥의 바삭바삭한 치즈를 먹을 수 있는 자격을 가지는 것은 아니다.

(d) 전통적으로, 남자와 여자는 퐁듀를 함께 먹어선 안 되었다.

어휘 fondue 퐁듀(와인을 넣어 녹인 치즈에 빵·고기를 찍어 먹는 요리) / shepherd 양치기 / dip 담그다 / protocol 의식, 의례 / by accident 우연히, 실수로 / crunchy 바삭바삭한 / eligible 자격이 있는

해설 (a) 퐁듀를 최초로 생각해 낸 사람이 스위스인이라고 했으나 퐁듀를 먹을 때의 의례를 만든 사람이 스위스인이라고 유추할 만한 내용은 언급되지 않았다.
(b) 치즈에 빵을 빠뜨리는 것이 무례하게 여겨지는지는 알 수 없다.
(c) 치즈 누룽지를 먹을 수 있는 사람은 자신의 빵이나 고기를 치즈 속에 빠뜨리지 않은 사람이라고 했으므로 모두가 그 치즈 조각을 먹을 수는 없다는 것을 추론할 수 있다.
(d) 고기나 빵을 치즈에 빠뜨렸을 때 여성이 옆자리의 남성에게 가벼운 입맞춤을 하는 것이 전통 의례라고 했으므로 과거에도 남녀가 함께 퐁듀를 먹는 것이 자연스러웠음을 알 수 있다.

10. (a)
19세기와 20세기 초에, 미시시피 강에서의 상업은 범선을 대체했던 외륜 증기선에 의존했다. (a) 20세기 중반까지 미시시피의 증기선은 더 강력한 디젤로 작동하는 배로 대체되었다. (b) 증기선이 종종 어느 정도의 향수를 불러 일으킨다고 여겨지지만, 가혹한 사실은 1세기 이상 과도하게 증기선을 사용한 것이 미시시피 강 환경의 많은 부분에 여러 악영향을 미쳤다는 것이다. (c) 예를 들어, 증기선은 연료로 목재를 사용했는데 이로 인해 광대한 지역의 삼림이 파괴되었으며, 그 결과 강둑이 불안정해져 홍수를 야기했다. (d) 따라서 환경운동가들은 정부와 해운업계에 주요 운송 방식으로 증기선을 사용하는 것을 중단할 것을 거듭해서 촉구했다.

어휘 commerce 상업, 교역 / paddle-wheel 외륜의 / steamboat 증기선 / sailing ship (대형) 범선 / nostalgia 향수, 과거에의 동경 / adverse 불리한, 해로운 / deforestation 삼림 파괴[벌채] / riverbank 강둑 / urge A to B A가 B하도록 촉구하다 / cease 중단하다

해설 첫 문장에서 19세기와 20세기 초에 미시시피 강에서 증기선이 주로 이용되었음을 언급한 후 (b)에서 이러한 증기선의 사용이 환경에 악영향을 미쳤다는 이 글의 주제가 나타나고 있다. 또한 (c)에서 삼림 파괴 및 홍수 등 그 피해 사례를 들고 있고, (d)에서는 환경 파괴로 인한 환경운동가들의 반발에 대해 언급하고 있다. 반면, (a)의 증기선이 디젤 동력선으로 대체되었다는 내용은 전체 흐름에 어울리지 않는다.

Mini TEST 4
p. 101-105

1. (d)	2. (c)	3. (d)	4. (a)	5. (c)
6. (d)	7. (b)	8. (c)	9. (a)	10. (c)

1. (d)
태양 에너지는 흔히 화석 연료를 대체할 환경 친화적인 동력원으로 여겨진다. 그러나 그 기술에는 많은 한계가 있다. 무엇보다도, 태양광은 풍부한 것처럼 보이지만, 전 세계적으로 일관되게 이용할 수 없다. 즉,

태양광의 세기는 지역에 따라 다르다. 곳에 따라서는 구름과 대기 오염이 빛을 분산시킴으로써 그 세기를 손상시킨다. 태양광의 이용 가능성과 에너지가 가장 많이 필요한 시기 사이의 불일치는 또 다른 문제이다. 당연히 태양광은 여름에 풍부한데, 난방 등을 하기 위한 에너지 수요는 주로 겨울에 절정을 이룬다. 태양 에너지를 보존할 수 있는 전지 기술은 아직 개발되지 않았다.
(a) 화석 연료보다 에너지 효율이 더 높을 수도 있다
(b) 태양광 기술의 잠재성은 막대하다
(c) 그것의 응용은 무제한적이다
(d) 그 기술에는 많은 한계가 있다

어휘 environmentally friendly 환경 친화적인 / alternative 대안 / fossil fuel 화석 연료 / abundant 풍부한 / availability 이용 가능성 / consistent 일관된, 변함없는 / intensity 세기, 강도 / undermine 손상시키다 / diffuse 분산시키다 / misalignment 불일치, 어그러짐

해설 빈칸 앞 문장에서 대체 에너지로 활용 가능하다고 여겨지는 태양 에너지에 대해 언급한 후 빈칸을 포함한 문장이 However로 시작하는 것에서 이후 앞의 내용에 대한 반전이 이어질 것임을 예상할 수 있다. 그리고 빈칸 뒤에서부터는 태양광 에너지 개발 및 이용에 있어서의 한계점에 대한 내용이 설명되고 있으므로 정답은 (d)이다.

2. (c)
미켈란젤로의 작품 중 가장 유명한 것은 아마 이탈리아 피렌체에서 대중에게 전시되고 있는 다비드 상일 것이다. 그것이 1504년경 만들어진 이래로, 수 세기에 걸쳐 다양한 복원 노력을 통해 조각상의 본래 모습이 보존되어 왔다. 그것은 오늘날에도 처음 선보였을 때와 거의 같은 모습이다. 1991년에 한 괴한이 망치를 숨겨 들어와 조각상의 한쪽 발에 손상을 입혔다. 다행히도, 피해가 막심했을 수도 있었을 이 사건에는 긍정적인 면이 있었다. 과학자들은 조각상의 부숴진 부분으로부터 시료를 분석해 볼 수 있었고, 그것을 이용해서 조각상을 만드는 데 쓰인 대리석을 채굴한 채석장을 밝혀낼 수 있었다.
(a) ~의 이면에는 어두운 비밀이 있었다
(b) ~으로부터 얻을 수 있었던 귀중한 도덕적 교훈이 있었다
(c) ~에는 긍정적인 면이 있었다
(d) ~에는 예방책이 있었다

어휘 restoration 복원 / integrity 본래의 모습, 완전한 상태 / vandal 공공재산 파괴자 / conceal 숨기다 / inflict (타격·고통을) 가하다 / disastrous 피해가 막심한 / quarry 채석장 / marble 대리석 / silver lining 밝은 희망 / precautionary 예방의

해설 빈칸 앞의 문장에서 괴한이 다비드 상의 발 부분을 손상시킨 사건이 있었음을 언급했는데, 빈칸을 포함한 문장이 Fortunately로 시작하고 있으며 빈칸 뒷문장에서는 그 사건으로 얻은 시료로 다비드 상에 대한 더 많은 정보를 얻을 수 있었다고 했다. 즉 부정적인 사건이었음에도 불구하고 긍정적인 결과가 있었음을 설명하고 있으므로 정답

은 (c)이다.

3. (d)

오늘날 미국 대통령들은 시민들이 그들의 지도자가 건강하다는 사실에 안심할 수 있도록 그들의 건강 기록을 공개한다. 역사적으로 미국의 가장 저명한 일부 대통령들의 건강에 관해 드러났던 것들을 고려할 때 그것은 현명한 처사이다. 예를 들어, 프랭클린 D. 루스벨트 대통령은 소아마비 및 다른 질병들로 고생했다. 그가 조셉 스탈린에게 너무 많은 양보를 했던 것이 적어도 부분적으로는 그가 좋지 않은 건강과 통증 때문에 오랜 협상을 할 수 없었기 때문이라고 여겨진다. 그리고 2003년에 공개된 문건에서는 임기 중에 암살당했던 존 F. 케네디가 심각한 요통에서부터 호르몬 결핍까지 다양한 종류의 건강 문제에 시달렸다는 사실이 드러났다. 그는 <u>암살에 의해서가 아니라 자연적 요인에 의해서</u> 임기 중 사망한 몇 안 되는 대통령 중 한 명이 될 수도 있었다.

(a) 자연적 요인에 의해서가 아니라 사형 집행에 의해서
(b) 자연적 요인에 의해서가 아니라 암살에 의해서
(c) 암살에 의해서가 아니라 테러 공격에 의해서
(d) 암살에 의해서가 아니라 자연적 요인에 의해서

어휘 make ... public ~을 공개하다 / prominent 두드러진, 저명한 / polio 소아마비 / concession 양보 / negotiation 협상 / disclose 공개하다, 폭로하다 / assassinate 암살하다 (assassination 암살) / presidency (대통령의) 임기 / afflict 괴롭히다, 시달리게 하다 / deficiency 결핍 / term 임기 / execution 사형 집행

해설 존 F. 케네디는 건강이 좋지 않았던 대통령들 중 한 명으로, 그가 여러 질병으로 심각하게 고통받았다는 기록을 볼 때, 그가 암살에 의해 사망했지만, 만일 그렇지 않았더라면 임기 중 자연사한 대통령이 될 수도 있었을 것임을 알 수 있다. 따라서 정답은 (d)이다.

4. (a)

우리는 빠른 속도의 사회에서 살고 있는데, 이 사회는 우리에게 끊임없이 어려운 결정을 내리고 또 내리도록 요구합니다. 하지만 편안한 휴식을 취할 최적의 장소를 찾는 일에 관해서라면 당신은 혼란스러워 하거나 주저할 필요가 없습니다. 엑스캘리버 호텔 체인은 그저 고객의 요구를 충족시키는 데에만 전념하지 않고 그것을 넘어서는 데에 전념하고 있습니다. 전국의 각 지점에서 저희의 저렴한 객실이 뛰어난 가치를 가지고 있음을 발견하실 수 있을 것입니다. <u>또한</u>, 저희가 모든 고객이 받아야 한다고 생각하는 관심과 존중으로 응대할 것입니다. 아마도 그것이 2001년 이래로 저희 호텔의 숫자가 거의 두 배가 된 이유일 것입니다.

(a) 또한
(b) 그래서
(c) 예를 들어
(d) 그 결과

어휘 fast-paced 속도가 빠른, 빨리 진행되는 / constantly 끊임없이 / challenge ~에게 요구하다 / optimal 최적의 / hesitant 주저하는 / committed 전념하는

해설 빈칸 앞에서 낮은 가격에 뛰어난 객실을 제공한다는 호텔의 장점에 대해 언급하였고, 빈칸 뒤에서도 고객을 향한 서비스 마인드를 강조하고 있다. 즉, 호텔의 장점에 대한 정보를 추가로 제시하고 있으므로 정답은 (a)이다. 광고문의 전형적인 지문 구조가 '소비자의 필요성/관심 자극하기 → 회사명/제공하는 서비스 언급하기 → 소비자가 그 회사나 서비스를 이용해야 하는 이유를 설명하기(→ 연락처 알려주기)'라는 것을 기억해 두면 도움이 된다.

5. (c)

현대 테니스 경기의 프로 선수들 대부분이 양손 백핸드를 사용하지만, 전통적인 한 손 백핸드를 사용할 충분한 이유가 있다. 첫째, 양손을 사용하는 방법과 비교할 때 팔이 미치는 범위가 늘어난다. 둘째, 드라이빙 백핸드에서 다양한 슬라이스로 전환하기 쉽다. 마지막으로, 한 손 백핸드를 사용하면 선수가 발리 모드로 쉽게 전환할 수 있다. 물론 한 손 백핸드의 단점도 존재하는데, 예를 들어 한 손 백핸드에서는 타이밍이 좀 더 중요하지만, 누구든지 그로 인해 이 타법을 적용하지 못할 정도는 아니다.

Q. 본문의 주제는?
(a) 테니스 백핸드의 두 가지 종류
(b) 한 손 백핸드에서 타이밍의 중요성
(c) 한 손 백핸드의 장점들
(d) 테니스 경기에서 가장 어려운 기술들

어휘 backhand 백핸드(손등을 공 쪽을 향해서 치는 것) / reach (팔이) 미치는 범위 / switch 전환하다 / slice 슬라이스(공을 깎듯이 쳐서 아래로 회전시키는 타법) / volley 발리, (공이 땅에 닿기 전에) 바로 맞받아치기 / downside 부정적인[불리한] 면 / stroke 타법

해설 현대 테니스에서는 선수들이 대부분 양손 백핸드를 사용하고 있지만 한 손 백핸드를 사용하는 것이 장점이 많다는 것을 강조하고 있으므로 (c)가 정답이다.

6. (d)

현재 수준의 높은 실업률과 경제적 안정성이 부족한 상황에서, 어떤 사람들은 최저 임금을 올리는 것은 실업률을 높이는 결과만을 가져올 것이라고 염려한다. 이러한 견해를 지지하는 사람들은 최저 임금이 인상되면, 일부 기업들이 더 높은 임금을 지불할 수 없고 따라서 고용을 줄일 것이라고 생각한다. 반면에 다른 사람들은 최저 임금만을 받는 사람들과 늘어난 생활비라는 요구를 충족시키기 위해 임금 상승이 필요한 사람들의 어려운 처지에 초점을 맞추는 것이 더 중요하다고 믿는다. 그들은 이것이 윤리적인 문제라고 본다. 또한 그들은 최저 임금이 여전히 낮아서 이를 인상하더라도 실업률이 증가하지는 않을 것이

라고 주장한다.

Q. 본문의 제목으로 가장 적합한 것은?
(a) 경제적 안정성을 보장하는 방법
(b) 늘어난 생활비에 대한 책임은 누구에게 있는가?
(c) 최근의 실업 문제를 해결하는 방법
(d) 최저 임금을 올려야 하는가?

어휘 stability 안정성 / minimum wage 최저 임금 / proponent 지지자, 찬성하는 사람 / plight 곤경, 어려운 처지 / cost of living 생활비 / contend 주장하다

해설 본문에서는 최저 임금 인상과 관련해 두 가지 견해, 즉 최저 임금 인상이 실업률 증가를 가져올 것이라는 비판적 견해와 어려운 처지의 사람들을 위해 최저 임금을 인상해야 한다는 윤리적 견해를 제시하고 있다. 이 두 내용을 모두 포괄하는 적절한 제목은 (d)이다.

7. (b)
1988년 3월 17일 문을 연 도쿄 돔은 일본에 지어진 최초의 돔 야구장으로, 최대 5만 명까지 수용할 수 있다. 명문 프로야구팀인 요미우리 자이언츠의 홈 구장이고, 또한 일본 야구 명예의 전당이 위치한 곳이기도 하다. 빅 에그(Big Egg)라는 별칭을 가진 도쿄 돔은 일본 프로야구 경기뿐만 아니라 기억에 남을 만한 많은 스포츠 행사들을 개최해 왔다. 2000년에는 메이저리그 야구 개막전이 그곳에서 열렸는데, 아시아에서는 최초였다. 2005년에는, 역시 아시아 최초로 미국 프로 미식축구 연맹(NFL)의 시범 경기가 열렸다. 도쿄 돔은 또한 1990년에 권투 챔피언 마이크 타이슨이 제임스 더글라스에게 충격적으로 녹아웃된 곳이기도 하다.

Q. 본문에 따르면 도쿄 돔에 대해 옳은 것은?
(a) 야구와 미식축구 경기만을 개최하기 위해 지어졌다.
(b) 메이저리그 야구 개막전을 개최한 최초의 아시아 구장이었다.
(c) 마이크 타이슨이 그곳에서 성공적으로 챔피언 자리를 지켰다.
(d) 일본의 돔 구장 중에 가장 많은 사람들을 수용할 수 있다.

어휘 dome 돔 구장 / accommodate 수용하다 / prestigious 일류의, 훌륭한 / Hall of Fame 명예의 전당 / memorable 잊혀지지 않을 / exhibition game 시범 경기 / exclusively 오로지 / championship 우승자의 자리

해설 (a) 야구와 미식축구뿐만 아니라 권투 경기도 열렸던 것으로 언급되었으므로 사실이 아니다.
(b) 아시아에서 최초로 2000년에 메이저리그 야구 개막전이 열렸다고 했으므로 정답이다.
(c) 마이크 타이슨이 제임스 더글라스에게 충격적으로 패배했다고 했으므로 사실이 아니다.
(d) 도쿄 돔이 최대 5만 명을 수용할 수 있다고 했으나, 이것이 일본의 돔 구장 중 가장 큰 규모인지는 언급되지 않았다.

8. (c)
서기 800년 신성로마제국의 황제로서 샤를마뉴 대제가 취임한 것은, 실제로는 아닐지라도 적어도 상징적으로는 로마의 멸망 이후 처음으로 재통합된 유럽을 의미하였다. 샤를마뉴는 그칠 줄 모르는 지적 호기심으로 유명했다. 그는 당대의 가장 똑똑하고 재능 있는 사람들을 궁중으로 불러들였고 제국 전역에 걸쳐 학문 기관을 설립했다. 흥미롭게도, 훗날 '카롤링거 르네상스'라 이름 붙여진 이러한 노력의 배후에 있었던 사람은 문맹이었다. 일생 동안 노력했지만, 전 유럽의 통치자는 읽고 쓰는 방법을 결코 배우지 못했다. 그러나 샤를마뉴의 이런 지적 특이성은 그의 업적의 가치를 떨어뜨리지 않으며, 오히려 그러한 업적들을 더욱 위대하게 만든다.

Q. 본문에 따르면 샤를마뉴 대제에 대해 옳은 것은?
(a) 그는 역사상 처음으로 전 유럽을 정복했다.
(b) 그의 업적은 그가 고등 교육을 받지 못했기 때문에 과소평가된다.
(c) 그는 배움에 대한 큰 열망이 있었다.
(d) 유럽 국가들이 그에 대항하는 반란을 일으켰다.

어휘 inauguration 취임(식) / signify 의미하다, 나타내다 / symbolically 상징적으로 / insatiable 만족할 줄 모르는 / recruit 모집하다 / court 궁중, 궁궐 / endeavor 노력 / illiterate 문맹의 / oddity 특이함, 이상함 / detract from ~의 가치를 손상시키다 / undervalue 과소평가하다 / rebellion 반란

해설 (a) 그의 취임이 로마의 몰락 이후 처음으로 재통합된 유럽을 의미한다고 했으므로 로마 시대에 유럽의 통합이 최초로 이루어졌음을 알 수 있다.
(b) 샤를마뉴 대제가 문맹이었던 것이 그의 업적을 더 위대하게 만든다고 했으므로 사실이 아니다.
(c) 그가 그칠 줄 모르는 지적 호기심을 가지고 인재들을 모으고 학문 기관을 설립했다고 했으므로 정답이다.
(d) 유럽 국가들 내에서 그에 대한 반란이 일어났다는 내용은 언급되지 않았다.

9. (a)
우파니샤드는 힌두교 경전인 베다의 끝에 등장하는 부분인데, 주로 그것이 속해 있는 베다의 가르침을 요약한다. 그 (우파니샤드라는) 말은 세 개의 산스크리트 용어에서 유래한 것으로, 우파는 가까이, 니는 아래로, 샤드는 앉는 것을 의미한다. 그러므로 우파니샤드의 원래 뜻은 '가까이 앉는 것'으로 번역될 수 있고, 이것은 영적인 스승의 가르침을 듣기 위해 그의 곁에 앉는 제자를 가리킨다. 몇 세기 동안 200권 이상의 우파니샤드가 쓰여졌고, 가장 오래된 것은 기원전 8세기로 거슬러 올라간다. 그것들은 당대 인류의 지식의 절정이며, 영적이고 철학적인 통찰력을 제공한다.

Q. 본문에 따르면 우파니샤드라는 말이 가리키는 것은?
(a) 제자의 위치
(b) 제자의 믿음

(c) 스승의 지혜

(d) 스승의 초자연적인 힘

어휘 Upanishad 우파니샤드(고대 인도의 철학서) / scripture 경전 / summarize 요약하다 / disciple 제자 / spiritual 영적인 / guru 힌두교의 스승[지도자] / apex 절정, 극치 / philosophical 철학적인 / insight 통찰력

해설 우파니샤드가 우파(가까이)와 니(아래)와 샤드(앉다)라는 세 개의 산스크리트어로 구성되어 있고 이것은 스승의 가르침을 받기 위해 스승의 가까이에 앉았던 제자를 가리킨다고 했으므로 정답은 (a)이다.

10. (c)
이사벨 아옌데는 라틴 아메리카의 가장 영향력 있는 작가 중 한 명으로 인정받고 있다. (a) 1982년에 출판된 그녀의 첫 소설인 〈영혼의 집〉에서 아옌데는 모계의 관점 속에 비친 칠레의 역사를 보여주었다. (b) 대부분의 라틴 아메리카 사회 내에서 여성들은 전통적으로 소극적인 역할을 하는 것으로 비쳐졌다. (c) 그녀는 기자로 일을 시작했으나 저명한 칠레의 시인인 파블로 네루다를 인터뷰한 후 소설을 쓰는 것으로 (직업을) 바꾸었다. (d) 아옌데의 작품들은 그러한 생각을 과감히 바꾸고자 했으며 여성 등장인물들을 역사적 사건에 적극적으로 참여하는 모습으로 묘사했다.

어휘 influential 영향력 있는 / unfold 펼치다, 밝히다 / lineage 혈통, 계통 / passive 수동적인 / notable 유명한 / venture 과감히 시도하다, 모험을 하다 / alter 바꾸다, 변경하다

해설 첫 문장에서 라틴 아메리카 작가인 이사벨 아옌데를 소개한 후, (a), (b), (d)에서는 칠레 여성들의 지위가 그녀의 소설 속에서 어떻게 묘사되고 있는지와 관련된 내용을 설명하고 있으나, (c)는 기자였던 아옌데가 작가가 되기로 결심한 것에 대한 내용이므로 전체 글의 흐름과 어울리지 않는다.

Mini TEST 5 {p.106-110}

| 1. (c) | 2. (b) | 3. (b) | 4. (a) | 5. (a) |
| 6. (c) | 7. (c) | 8. (c) | 9. (a) | 10. (c) |

1. (c)
제2차 세계대전 이후 스웨덴은 유럽 대륙에서 여전히 왼쪽 차선에서 운전하는 규정을 준수하는 유일한 국가가 되었다. 이러한 의도하지 않은 일탈은 문제를 일으켰는데, 스칸디나비아 국가들 간의 전통적으로 느슨한 국경 통제로 인해 노르웨이와 핀란드 같은 이웃 나라로 여행하는 것을 위험하게 만들었기 때문이다. 국경 주변의 많은 작은 도로들은 중앙선이 없는데, 이것은 <u>도로의 어느 쪽에서 차를 몰아야 하</u>

는지에 대해 스웨덴 여행자들을 혼란스럽게 했다. 그러나 1963년에야 비로소 스웨덴 의회는 오른쪽 운전으로 변경하는 법안을 통과시켰고, 정확히 말하자면, 그 법은 1967년 9월 3일 새벽 5시에 공식적으로 효력을 발휘하게 되었다.

(a) 스웨덴 국경 수비대가 병력을 증가시키지 않을 수 없게 했다

(b) 스웨덴 정부로 하여금 일시적으로 차량의 통행을 막게 했다

(c) 도로의 어느 쪽에서 차를 몰아야 하는지에 대해 스웨덴 여행자들을 혼란스럽게 했다

(d) 스웨덴 자동차 산업이 경쟁적 이점을 빼앗김으로써 쇠퇴하게 만들었다

어휘 continental 대륙의 / unintended 의도하지 않은 / deviation (기준에서) 벗어남, 일탈 / loose 느슨한 / border control 국경 통제 / central line 중앙선 / parliament 의회 / legislation 법률 / convert 바꾸다 / border patrol 국경 수비대 / decline 쇠퇴, 감소 / erode 침식[부식]하다, 서서히 파괴하다

해설 스칸디나비아 국가들(스웨덴, 노르웨이, 핀란드) 중 유일하게 왼쪽 차선으로 운전하는 국가인 스웨덴 사람들이 이웃 나라를 여행할 때 문제를 겪었다는 내용의 글이다. 빈칸 바로 앞에 국경 주변의 작은 도로들은 중앙선이 없다는 내용이 나오므로 가장 자연스럽게 이어지는 내용은 (c)이다.

2. (b)
온라인 쇼핑의 폭발적인 성장은 자연스럽게 사기 행위의 증가를 수반했다. 한편으로 판매자들은 도난 신용카드와 위조 자기앞 수표에 피해를 입을 수 있다. 다른 한편, 이베이 같은 경매 사이트들은 구매자들을 알려지지 않은 판매자들에게 노출시키는데, 이들 중 일부가 사기를 저지른다. 잘 알려진 각본은 판매자가 애초부터 팔 것이 아무것도 없는 경매이다. 이러한 판매자들은 미국에 위치하는 것처럼 보이지만 실제로는 동유럽이나 동남아시아에 거주한다. 구매자는 물품이 배송되기도 전에 거래 서비스를 통해 대금을 이체하도록 요구 받는다. 혹은 구매자는 사기범에 의해 만들어진 온라인 에스크로 서비스를 이용하도록 지시 받을 수도 있다. 어느 경우라도 대금이 이체되는 즉시 판매자는 돈과 함께 사라져 버린다.

(a) 구매자는 제품의 이동을 추적할 수 있다

(b) 판매자는 돈과 함께 사라져 버린다

(c) 구매자의 컴퓨터가 바이러스에 감염된다

(d) 판매자는 즉시 물품을 배송한다

어휘 explosive 폭발적인 / fraud 사기 / susceptible 영향 받기 쉬운, 취약한 / counterfeit 위조된 / cashier's check 자기앞 수표 / auction 경매 / expose 노출시키다 / transfer 이체하다 / transaction 거래 / ship 배송하다 / alternatively 혹은, 또는 / instruct 지시하다 / online escrow service 물품을 받을 때까지 대금을 은행 등 제 3자에게 보관해 두는 제도 / perpetrator 범인, 가해자 / evaporate 증발하다, 사라지다 / infect 감염시키다

해설 온라인 쇼핑에서의 사기 행각에 대한 내용으로, 특히 물품을 파는 것처럼 속여 대금만 받고 물건을 보내지 않는 경우에 대해 설명하고 있다.

3. (b)
사람들이 동시발생의 개념을 설명하고자 할 때, 그들은 그것을 우연의 일치와 반대되는 것으로 규정한다. 그 함의는 우연의 일치가 무작위로 발생하는 반면, 동시발생은 일종의 신성한 힘에 의해 조작된다는 것이다. 대부분의 사람들은 자신의 인생의 어떤 시기에 이런 종류의 사건을 경험해 본 적 있다. 어쩌면 당신은 평소보다 늦게 출근해서 치명적인 고속도로 교통사고를 면했을 수도 있다. 혹은 어쩌면 당신은 계획을 예기치 못하게 바꾼 후 미래의 배우자를 만났을 수도 있다. 이런 류의 일이 발생할 때, 우리는 자연스레 자유 의지와 운명의 정확한 본질에 대해 궁금해하는 자신을 깨닫게 된다. 그러나 이런 것들과 같은 경험들은 우리의 통제의 영역 외부에서 발생해야만 하는 것은 아니다. 당신은 당신의 삶을 이런 류의 행운의 사건이 일어날 가능성이 더 높은 종류의 것으로 만들 수 있다.
(a) 행복한 삶을 사는 것
(b) 자유 의지와 운명
(c) 우리의 친구들과 가족
(d) 인력과 척력

어휘 concept 개념 / synchronicity 동시발생 / define 정의하다, 규정하다 / coincidence 우연의 일치 / implication 함축, 암시 / randomly 무작위로 / orchestrate (복잡한 계획 등을 세밀히) 조작하다 / divine 신성한 / spouse 배우자 / realm 영역 / fortuitous 우연한, 행운의 / repulsion 척력, 반발 작용

해설 도입부에서 동시발생(synchronicity)에 대한 사람들의 일반적인 견해를 설명하고 빈칸 앞에서 그 예를 제시하고 있다. 예시된 내용들은 모두 인간의 의지를 벗어난 운명적인 일이다.

4. (a)
한스 크리스티안 안데르센은 19세기 유럽의 가장 위대한 동화 작가이자 시인 중 한 사람이었다. 그는 또한 기행문, 시선집 및 다른 형태의 문학 작품들을 저술하기도 했지만 주된 관심은 동화를 쓰는 것이었다. 주로 기존에 있던 구전설화나 전설을 모아서 내거나 개작했던 독일의 그림 형제나 프랑스의 샤를 페로와 같은 동화작가들과는 <u>달리</u>, 안데르센은 창조성과 문학적 가치 면에서 두드러지는 독창적인 동화를 지었다. 그는 특히 동시대 작가인 찰스 디킨스의 열렬한 팬이었는데, 그가 처음으로 디킨스와 만났을 때 〈올리버 트위스트〉의 등장인물처럼 보이게 해주는 옷과 장신구를 착용해서 디킨스의 말문을 완전히 막히게 했다고 한다.
(a) ~와 달리
(b) ~때문에
(c) ~와 함께
(d) ~외에도

어휘 travelogue 여행담, 기행문 / compile 편집하다, 수집하다 / adapt 개작하다 / oral 구두의 / folklore 민간 전승, 신화 / original 독창적인 / distinguish 구별시키다 / devoted 열렬한 / contemporary 동시대의

해설 빈칸이 있는 문장은 그림 형제나 샤를 페로와 안데르센을 비교하고 있는 문장이다. 빈칸이 있는 문장에서 그림 형제나 샤를 페로는 주로 기존 것들을 모아 내거나 개작했고, 안데르센은 자신만의 동화를 창작했다고 했으므로 적절한 연결사는 (a)이다.

5. (a)
과학자들은 카시니 우주선으로부터 전송된 자료의 도움으로 토성의 위성인 엔켈라두스를 관찰해오고 있다. 2000년대 초반에 그들은 위성의 표면에서 옐로스톤 강처럼 생긴 간헐천을 확인했는데, 간헐천은 대개 수증기가 있어야 생겨나는 것이므로 이는 처음에 4반세기 동안 가장 중요한 행성상의 발견이라고 환영 받았다. 그 이론은 이어, 엔켈라두스에 물이 있다면 생명체가 살고 있을 가능성도 있다고 한다. 그러나 뒤이은 분석 결과 그 간헐천은 액체 형태의 물에 의해 만들어진 것이 아니라, 액체 상태의 물보다 훨씬 낮은 빙점을 가지는 가스와 여타 요소들에서 나온 얼음과 미립자를 가두고 있는 격자 모양 구조의 포접화합물 안에 묻힌 얼음에 의한 것이라고 결론났다.

Q. 본문의 주제는 무엇인가?
(a) 엔켈라두스에 있는 간헐천의 진짜 원인
(b) 토성에 외계 생명체가 있을 가능성
(c) 태양계 내에 있는 행성의 위성들
(d) 카시니에서 엔켈라두스까지의 우주선 여행

어휘 Saturn 토성 / transmit 전하다 / geyser 간헐천 / hail 환호하며 맞이하다, 환영하다 / vapor 증기 / planetary 행성의 / liquid 액체의 / clathrate 포접화합물 / lattice 격자모양 / particle 미립자 / extraterrestrial 지구 밖의

해설 표면에서 발견된 간헐천으로 인해 엔켈라두스에 생명체가 있는 것으로 여겨졌다가, 분석 결과 아닌 것으로 결론이 났다는 내용의 글이다. 본문에서는 주로 간헐천이 생겨난 원인, 즉 간헐천을 이루는 성분에 대해 설명하고 있다. 따라서, 글의 주제로는 (a)가 가장 적절하다. (b)에서 외계 생명체의 존재 가능성은 토성이 아닌 토성의 위성 엔켈라두스에 대해 제기된 것이다.

6. (c)
고전 철학의 쟁점 하나는 유익한 것과 대비되는 좋은 것의 상대적 가치에 중심을 두고 있다. 이 경우에 우리가 '좋은' 것과 '유익한' 것으로 의도하는 바를 정의하는 것이 가장 첫 번째로 중요한 일이다. 좋은 것은 우리가 좋아하고 즐기거나, 그렇지 않으면 우리가 찬성하는 어떤 것으로 정의된다고 말할 수 있다. 이에 반해서, 유익한 것은 우리가 그것을 실제로 좋아할 수도 좋아하지 않을 수도 있지만 우리에게 도움이 되거나 가치 있는 것이다. 그래서 철학자들은 우리가 좋다고 가정하

는 것이 아니라, 보다 객관적인 기준에 의해 좋다고 여겨질 수 있는 것을 본다.

Q. 본문은 주로 무엇에 관한 글인가?
(a) 두 개의 유의어의 차이점
(b) 선한 행동의 중요성
(c) 철학에서 '좋은 것'과 '유익한 것'
(d) 철학이 사회에 이로운 이유

어휘 versus ~과 대비하여 / first and foremost 맨 첫 번째로 / approval 찬성, 승인 / objective 객관적인

해설 고전 철학의 주요과제는 좋은 것과 유익한 것의 상대적 가치를 논하는 것이라고 하고, 논의에 앞서 이 두 가지의 의미를 설명하고 있다. 철학적으로 좋은 것은 일반적으로 좋은 것과 다르다는 것이 이 글의 핵심이므로 정답은 (c)이다.

7. (c)
야상곡은 특히 낭만주의 시대에 유행한 단악장의 피아노곡이다. 아일랜드 피아니스트 겸 작곡가인 존 필드는 비교적 단순한 멜로디의 테마를 아르페지오 기법으로 연주하는 것을 특징으로 하는 자신의 피아노곡들에 야상곡이라는 용어를 사용한 최초의 음악가라고 일반적으로 여겨진다. 그의 작품은 프레데리크 쇼팽에게 많은 영향을 주었고, 쇼팽은 서정적 섬세함과 기법상의 정교함 양면 모두에서 돋보이는 자신의 21곡의 야상곡을 통해 그 장르에 정통했다. 그의 내림 E 장조 작품번호 9번 제2번 야상곡은 야상곡의 전형적인 요소들을 보여주는 고전이다. 일부 작곡가들은 후에 야상곡의 서정적 특징을 관현악 작품들로 확장시켰다. 야상곡의 영향은 알렉산더 보로딘과 클로드 드뷔시의 관현악 작품에서도 쉽게 발견할 수 있다.

Q. 본문의 내용과 일치하는 진술은?
(a) 야상곡은 매우 단명한 음악 양식이었다.
(b) 야상곡은 원래 소규모 관현악을 위해 작곡되었다.
(c) 프레데리크 쇼팽은 그 자신만의 야상곡들을 작곡함으로써 그 자신만의 탁월한 재능을 보여주었다.
(d) 존 필드의 야상곡은 알렉산더 보로딘에 의해 관현악 곡으로 편곡되었다.

어휘 nocturne 야상곡 / movement 악장 / arpeggio 아르페지오(화음을 빨리 연속적으로 연주하기) / lyrical 서정시 풍의, 서정적인 / delicacy 섬세함 / sophistication 복잡함, 정교함 / flat 내림음 / major 장조 / Op.(opus) 작품 번호 / quintessential 정수의, 전형적인

해설 (a) 야상곡이 쇼팽을 비롯한 후대 작곡가들의 작품에 영향을 주었다고 했으므로 오답이다.
(b) 야상곡은 원래 피아노곡으로 작곡되었다고 했으므로 오답이다.
(c) 쇼팽이 21곡의 야상곡을 작곡하여 그 장르에 정통했다고 언급하

며, 그것들은 서정적 섬세함과 기법상 정교함이 돋보인다고 했으므로 정답이다.
(d) 야상곡의 영향을 알렉산더 보로딘의 관현악 작품에서 알아볼 수 있다고만 하였지, 보로딘이 존 필드의 곡을 편곡했는지는 언급되어 있지 않으므로 오답이다.

8. (c)
지역사회 조직화에는 세 가지 방식이 있다. 일반 대중 조직화는 아래로부터 지역사회 그룹을 만드는 것이다. 이러한 접근법의 목표는 당면한 문제에 가장 적합한 방법이면 어떤 것으로도 조직체를 만들어내는 것이다. 연합 결성은 또 다른 공동체 조직 전략이다. 이러한 형태의 접근 방식에서 지역사회 조직가들은 종교 조직, 조합과 사회 단체와 같은 기존의 지역사회 집단을 통해 연결망을 결합하거나 구성하고자 한다. 연합을 통해 그들은 공동의 의제를 보다 효과적으로 추구할 수 있도록 집단 협상력과 재원을 획득하는 것이다. 일단 집단의 의도가 달성되고 나면 연합은 해산될 수 있다. 끝으로, FBCO로도 알려져 있는 신앙을 바탕으로 하는 지역사회 조직화는 일반적으로 포교뿐만 아니라 지역의 자선 활동에도 초점을 맞춘다.

Q. 공동체 조직에 대한 내용 중, 본문과 일치하는 것은?
(a) 일반 대중 지역사회 조직화는 주로 위에서 아래로의 접근법을 취한다.
(b) 연합 형성은 지역사회 조직화의 가장 영속적인 형태이다.
(c) 연합은 목표를 좀 더 효율적으로 달성하기 위해 다른 사회 집단을 회합한다.
(d) 신앙을 기반으로 한 지역사회 조직은 대개 그들의 일이 끝나면 해산된다.

어휘 grassroots 풀뿌리, 일반대중 / approach 접근, 방식 / at hand 가까이에, 당면한 / association 조합, 협회 / bargaining power 협상력 / agenda 의제 / dissolve 해체되다

해설 (a) 일반 대중 조직화는 아래로부터 위로(from the ground up)의 방식을 취한다고 했으므로 오답이다.
(b) 연합 형성으로 조직된 지역사회는 집단의 의도가 달성되고 나면 해산될 수 있다고 했으므로 오답이다.
(c) 연합 형성은 기존의 지역사회 집단들과의 연결망을 구축해 공동의 의제를 보다 효과적으로 추구한다고 하였으므로 정답이다.
(d) 활동이 끝나면 주로 해산되는 형태의 지역사회 조직은 연합 형성이므로 오답이다.

9. (a)
물리학자 스티븐 호킹에 따르면, 우리 은하계 내에 지적 생명체의 부족을 설명할 수 있는 한 가지 요인은 소행성이 생명체가 살고 있는 행성에 충돌했을 가능성이다. 실제로 이러한 자연의 충돌이 지구상에서 공룡의 멸종을 일으킨 것으로 여겨진다. 그렇다면 이러한 규모의 충돌이 다시 발생할 가능성은 얼마나 될까? 과학자들은 그러한 상황을 조사하고 추정치를 산정해오고 있다. 그들은 7백만 개 정도의 물체가

적어도 어느 정도는 지구와 충돌할 가능성이 있다고 계산한다. 그러나 그 물체들 중 어떤 것에 있어서도 직접 충돌의 가능성은 제로에 가깝다. 아포피스라는 소행성은 과학자들이 주목한 행성이었으나, 최근에는 아포피스 소행성의 위험성을 4만 5천 년에 한번에서 대략 백만 년에 4번으로 낮추어 잡았다.

Q. 본문에 따르면 아포피스 행성에 어떤 일이 일어나겠는가?
(a) 그것은 아마도 지구에 충돌하지 않을 것이다.
(b) 그것은 아마도 다른 소행성에 충돌할 것이다.
(c) 그것은 아마도 백만 년 내에 지구에 충돌할 것이다.
(d) 그것은 아마도 지구상의 모든 생명체를 멸종시킬 것이다.

어휘 paucity 소수, 결핍 / asteroid 소행성 / inhabited 사람이 살고 있는 / collision 충돌 (collide 충돌하다) / extinction 멸종 / odds 가망, 가능성 / magnitude 규모, 양 / nil 영(nothing) / assess 사정하다, 평가하다

해설 본문에 따르면 지구와 직접적으로 충돌할 가능성이 있는 물체는 거의 없다고 볼 수 있으며, 과학자들이 주시해온 아포피스 행성의 경우에도 백만 년에 4번으로 충돌 가능성이 낮춰졌으므로 답은 (a)가 된다.

10. (c)
쓰나미는 지진 활동으로 형성되는 큰 파도인데 주로 해저에서 일어나는 지진에 의한 것이다. (a) 지진 활동이 해저면을 융기하거나 침강하게 만들면, 이것이 정상적인 파도의 양상을 교란시켜 바다 속의 파장이 압축되고 파도의 규모와 세력 모두를 두 배로 만든다. (b) 이런 거대한 파도가 하와이의 해안을 따라 있는 리조트에 막대한 피해를 입혔던 많은 사례가 있었다. (c) 하와이의 리조트들은 손님들에게 해양 스포츠와 저녁 식사를 포함하는 다양한 종류의 해변 활동을 제공한다. (d) 날씨 및 조류와 해저 지형 등의 복잡한 영향뿐 아니라 무작위로 발생하는 원인들 때문에 쓰나미를 정확히 예측하는 것은 사실상 불가능하다.

어휘 oceanic 대양의, 광대한 / seismic 지진의 / wavelength 파장 / disrupt 붕괴시키다, 혼란시키다 / compressed 눌린, 압착된 / a wide range of 다양한 / virtually 실질적으로 / geography 지형, 지세

해설 본문은 쓰나미의 발생 과정 및 원인, 피해 상황 등에 대해 설명하고 있는 글이므로 하와이의 리조트들이 제공하는 다양한 내용에 대해 언급한 (c)의 문장은 전체 흐름에서 벗어난다.

Mini TEST 6
p.111-115

1. (c)	2. (a)	3. (a)	4. (c)	5. (b)
6. (d)	7. (b)	8. (b)	9. (b)	10. (d)

1. (c)
다윈은 1835년에 갈라파고스 군도에서 식물과 동물을 관찰하면서 진화에 대한 그의 핵심 사상의 대부분을 얻었는데, 그곳에서는 야생 생물이 오늘날까지도 매우 뚜렷한 진화적 흔적을 보이고 있다. 그는 본섬에 사는 동물들과 주변 섬에서 사는 동물들에서 나타나는 차이점과 유사점을 확인할 수 있었다. 예를 들면, 핀치새의 부리 모양 및 크기가 섬 전역에서 다양하게 발견되었지만, 다윈은 모든 핀치새가 사실은 최초의 한 쌍에서 유래한 후손이며 자연 선택으로 인해 현재 섬에 살고 있는 13 종류의 다른 핀치새들의 차이점이 생겨난 것이라는 가설을 내세웠다.
(a) 그 지역의 부족민들에 의해 열렬히 환영 받았다
(b) 식물과 동물들을 보고는 즐거워했다
(c) 동물들에서 나타나는 차이점과 유사점을 볼 수 있었다
(d) 종의 다양성이 부족하여 소수의 동물에만 집중했다

어휘 core 핵심의 / evolution 진화 / Archipelago 군도(群島) / identify 확인하다, 식별하다 / inhabit 살다, 거주하다 / beak 새의 부리 / finch 핀치 새(참새과의 작은 새) / posit ~을 사실로 가정하다 / hypothesis 가설 / descendant 후손 / natural selection 자연선택, 자연도태 / variance 변화, 변동 / occupy ~을 점령하다, 거주하다

해설 빈칸 뒤의 For instance 이하에 나오는 내용에 주목한다. 다윈은 핀치새의 부리 모양 및 크기가 서로 다르지만, 이들의 조상이 사실은 하나라는 가설을 주장했으므로 빈칸에는 (c)가 적절하다.

2. (a)
미하일 고르바초프가 1980년대에 공산당 내부에 대한 일련의 개혁 정책을 시작한 이후 시민들은 정치와 경제 면에서 더 많은 자유를 요구하기 시작했다. 역사적으로 러시아에 의한 내정 간섭과 영토 점령까지 견뎌낸 민족인 카자흐 족 역시 그들의 요구에 대한 목소리를 높일 기회를 포착했다. 1986년 12월에 당시 소비에트 연합의 일원인 카자흐스탄 공화국의 수도 알마-아타의 카자흐 족 젊은이들은 공산주의 제도에 저항하기 위해 거리로 나섰다. 소비에트 연합이 점차 힘을 잃어 감에 따라 자치를 위한 시위는 한층 격렬해졌다. 1991년 10월, 카자흐 족은 마침내 소비에트 사회주의 공화국 연합(USSR)으로부터의 독립을 선포했고 1년 후 그들의 첫 번째 대통령을 선출했다. 그것은 자치를 위한 수 세기 동안의 투쟁의 성과였다.
(a) 자치권을 위한 수 세기 동안의 투쟁의 성과였다
(b) 미국 러시아 간의 냉전 긴장의 사례였다
(c) 서방 국가들의 맹렬한 지원과 원조의 결과였다
(d) 당시 소비에트 지도부가 주도한 대담한 정치적 결정의 결과였다

어휘 launch 착수하다 / reform 개혁 / Communist Party 공산당 / intervention (내정) 간섭 / occupation 점령 / seize 포착하다 / voice 의견을 말하다 / disintegrate 붕괴하다 / rally 대회, 집회 / self-rule 자치 / declare 선언하다 / culmination 성취, 완성 / autonomy 자치(권) / Cold War 냉전 / relentless

수그러들지 않는, 끈질긴

해설 본문에 의하면 카자흐 족의 소비에트 연방 탈퇴 및 독립 선언은 소련의 힘이 약해지는 분위기를 포착한 카자흐 민족의 끊임없는 투쟁의 결과이므로 정답은 (a)이다.

3. (a)

윌리엄 골딩의 고전 소설 〈파리 대왕〉은 등장인물은 어린아이들이지만, 어린이들을 위해 쓰여진 책이 아니다. 오히려 그것은 어른들의 사회가 그 스스로를 지배하는 방식에 대한 명제를 보다 잘 전달하기 위해 아이들을 이용한 우화이다. 골딩은 무인도에 발이 묶여 어떤 어른의 관리도 없는 상태에서 자기 자신을 돌보아야만 하는 한 무리의 남학생들에 대해 서술한다. 그 소년들은 금세 야만적인 행동 수준으로 변해 어른에 의해 구출되기 전에 자신들 중 두 명을 살해한다. 순수성의 필연적 상실에 대한 골딩의 메시지는 인간 본성은 본래 <u>선하다기보다 악하다고</u> 보는 그의 견해를 받아들이려 하지 않는 사람들에 의해 비판 받아왔다.
(a) 선하다기 보다는 악하다고
(b) 악하다기 보다는 선하다고
(c) 선하기도 하고 악하기도 하다고
(d) 악하지도 않고 선하지도 않다고

어휘 classic 고전의 / allegory 우화 / thesis 논제, 명제 / stranded 좌초된, 발이 묶인 / supervision 관리, 감시 / barbaric 야만적인 / inevitable 필연적인, 부득이한 / innocence 순수 / inherently 본질적으로

해설 본문에 소개된 윌리엄 골딩의 〈파리 대왕〉의 내용에 따르면 섬에 고립된 아이들은 통제받지 않는 상황이 되자 야만적 행동을 보이며 살인까지 저질렀다. 따라서 골딩은 인간의 본성이 천성적으로 악하다고 생각했음을 유추할 수 있다.

4. (c)

오늘날, 의원내각제는 민주국가에서 대통령제보다 더 보편적인 듯 하다. 대통령제 국가가 20개국 이하인데 반해, 약 50개국이 의원내각제를 채택해 왔다. 대부분의 유럽 국가들은 프랑스를 제외하고는 의원내각제를 채택해 오는데, 프랑스는 (행정권을 가지는) 강력한 대통령과 의회를 책임지는 수상을 결합하면서 준대통령제로 발전해왔다. 대통령제 정부는 아메리카 대륙에서 흔히 발견되는데, 미국과 멕시코에서 가장 두드러진다. 대통령제에서는 정해진 임기동안 대통령이 선출되는데, 재임기간 동안 그 또는 그녀는 탄핵에 의해서만 자리에서 물러날 수 있다. <u>대조적으로,</u> 의원내각제의 수상은 그 또는 그녀의 당이 의회에서 다수당의 지위를 유지하는 한 행정부에 (수장으로) 남는다.
(a) 그 결과
(b) 게다가
(c) 대조적으로
(d) 사실은

어휘 parliamentary system 의원내각제 / democratic 민주주의의, 민주적인 / presidential system 대통령제 / approximately 대략 / adopt 채택하다 / evolve into ~로 발전하다 / executive 임원, 행정기관의 장 / accountable ~에 대한 책임이 있는 / fixed 정해진, 고정된 / office 직위, 관직 / impeachment 탄핵 / prime minister 수상 / executive branch 행정부

해설 빈칸 바로 앞에 대통령제에서 대통령직 유지에 관한 내용이 나오고 빈칸 뒤로 의원내각제에서 수상의 재임 조건이 이어지고 있다. 따라서 앞뒤의 내용을 대조적으로 이어주는 접속사 (c)가 가장 적절하다.

5. (b)

3월 2일 목요일에 저에게 면접을 허락해 주신 것에 감사 드립니다. 저는 면접 중에 만나 뵌 개리슨 & 필립스팀 구성원 전원에 매우 깊은 인상을 받았습니다. 제가 개리슨 & 필립스사(社)와 고객 관계 관리직에 대해 더 많이 알게 될수록 제가 (그 자리에) 적임자라는 것이 더욱 강하게 느껴집니다. 귀하가 언급하신 창의성과 의사소통 능력과 같은 성공을 위한 기술들은 저의 업무 경력 및 제 성격과 정확히 일치합니다. 저는 제가 팀과 회사에 중요한 가치를 더할 수 있을 것이라고 생각합니다. 저는 개리슨 & 필립스에 대한 저의 강한 관심을 되풀이하여 이야기하고 싶습니다. 저는 또한 업무 시작일이나 근무 장소에 있어 유연하다는 점을 상기시켜 드리고 싶습니다. 277-8123으로 언제든 연락 주시기 바랍니다. 면접 기회를 주신 것과 귀하의 배려에 다시 한번 감사 드립니다.
친애하는, 토니 브렛포드 드림

Q. 편지의 목적은 무엇인가?
(a) 취업 면접 일정을 잡기 위해
(b) 취업 면접에 대한 후속 조치를 위해
(c) 취업 면접 기회를 얻기 위해
(d) 취업 기회에 대해 문의하기 위해

어휘 reiterate 반복하다 / set up 세우다, 정하다 / follow up ~에 이어서 계속하다, 후속 조치를 취하다 / obtain 얻다 / inquire 묻다

해설 첫 번째 문장에서 날짜를 언급하며 취업 면접 기회를 준 것에 대해 감사한다는 내용이 있으므로 편지를 쓴 사람은 면접을 이미 마쳤다는 것을 알 수 있다. 따라서 이 글은 면접 후 자신의 강점을 다시 한번 상기시키기 위한 편지글이므로 정답은 (b)이다.

6. (d)

공동체 조직은 인근 주민들이 함께 모여 자신들 모두에게 이익이 되는 무언가를 위해 노력하기 위해 만들어진다. 그것은 약자에게 발언권을 주기 위해 주도적으로 갈등을 유발하는 경향이 있다는 점에서 다른 유형의 공동체와는 다르다. 이러한 조직 구성에 대한 노력의 주요 목적은 공동체 구성원의 필요나 관심이 지역 정치인이나 다른 의사결정권자들에 의해 인식되는 것을 보장하기 위해 이용될 수 있는 지속적인

체계를 확립하는 것이다. 공동체 조직자들은 지도자들과 협조하며 생각이 비슷한 단체와 연합을 꾀한다. 이상적으로, 이 조직자들은 결국 자신들이 대표하려고 했던 사람들에게 영향을 끼치는 정책에서 직접적인 발언권을 부여받을 것이다.

Q. 본문은 주로 무엇에 초점을 두고 있는가?
(a) 공동체를 조직하는 방법에 대한 설명
(b) 공동체 조직자들에 의해 이용되는 절차
(c) 지역의 공동체 사회에서 논의되는 문제들
(d) 공동체 조직에 대한 개관

어휘 resident 거주자 / proactively 사전 대책을 강구해, 상황을 앞서서 주도하게 / structure 구조; 체계 / attempt to-v ~하려고 시도하다 / coalition 연합 / like-minded 생각[뜻]이 비슷한 / represent 대표하다, 대리하다

해설 본문에서는 공동체 조직의 설립 취지, 특징, 목적 및 활동까지 공동체 조직에 대한 개략적인 내용을 설명하고 있다. 그러므로 정답으로는 (d)가 적절하다.

7. (b)

머스킷 총이 16세기 초에 포르투갈 상인들에 의해 일본에 전해졌을 때, 처음에 일본 장군들은 그것을 총알을 발사하기 위해 너무 많은 시간과 노력이 요구되는 성가신 무기라고 여겼다. 오와리 지방의 통치자인 오다 노부나가는 다른 생각을 갖고 있었다. 그는 그의 머스킷 총병들이 비교적 쉽게 발사 준비 순서를 수행할 수 있을 때까지 집중적으로 그들을 훈련시켰다. 아울러 그는 한 줄의 병사들이 총을 쏘고 나면 다음 줄이 재빨리 교대해서 사격을 하여 나머지 그룹이 다음 차례 사격을 위해 다시 준비를 할 수 있게 하는, 그래서 실질적으로는 반자동 기관총과 같은 효과를 내는, 여러 줄로 총병을 배치하는 것을 생각해 냈다. 이러한 혁신으로 그는 강력한 다케다 파의 전설적 기병대를 1582년에 완전히 격파했다.

Q. 본문의 내용과 일치하는 것은?
(a) 머스킷 총은 포르투갈 장인들에 의해 발명되었다.
(b) 오다 노부나가는 머스킷 총을 사용함으로써 그의 전쟁 전술을 혁신하였다.
(c) 다케다 파는 훈련이 잘된 보병대로 유명했다.
(d) 다케다 파는 결국 오다 노부나가의 군대를 패배시켰다.

어휘 musket 머스킷 총(구식 보병총, musketeer 머스킷 총병) / warlord 장군 / cumbersome 성가신 / fire 발사하다 / bullet 총알, 탄환 / province 지방, 지역 / intensely 집중적으로 / sequence 순서, 일련의 과정 / come up with (~한 생각이나 아이디어를) 떠올리다 / row 줄 / machine gun 기관총 / innovation 혁신, 쇄신 / literally 말 그대로; (강조하여) 정말로 / cavalry 기병대 / clan 당파 / infantry 보병대

해설 (a) 머스킷 총은 포르투갈 상인들에 의해 일본에 전해졌다는 내용만 언급되었으므로 오답이다.
(b) 오다 노부나가는 혁신적인 방법으로 머스킷 총을 사용하여 전쟁에서 승리했다는 내용이 있으므로 정답이다.
(c) 다케다 파는 전설적인 기병대(cavalry)로 유명했다고 했으므로 보병대(infantry)는 오답이다.
(d) 오다 노부나가의 군대가 다케다 파의 기병대를 격파한 것이므로 오답이다.

8. (b)

허스트 캐슬은 캘리포니아 샌 시미온에 위치해 있다. 그것은 허스트 가의 대 목장 중앙에 있는 언덕 위에 있다. 그 이름이 말해 주듯이, 그것은 20세기 초의 전설적인 미국 언론계의 거물인 윌리엄 랜돌프 허스트에 의해 지어졌다. 어린 시절에 유럽을 여행하는 동안 보았던 성과 건물 그리고 여타 구조물에 늘 매료되어 있었던 허스트는, 그의 건축적 환상을 허스트 목장 안에 현실로 바꾸어 놓기로 결심했는데, 그 목장은 그가 어린 시절의 좋은 기억들을 가지고 있던 다른 한 곳이었다. 공사는 1915년에 시작되어 1947년까지 계속되었다. 그 성은 총 56개의 침실이 있는 주거용 건물들과 그리스 로마 신화의 주제를 차용한 대규모의 실내 실외 수영장, 테니스 코트, 극장과 교회를 특색으로 한다. 한때는 세계 최대의 개인 동물원도 있었다.

Q. 허스트 캐슬에 대한 내용 중, 본문과 일치하는 것은?
(a) 허스트가 그의 어머니를 기념하기 위해 지었다.
(b) 허스트는 그것을 유럽 건축물을 본떠 설계하였다.
(c) 공사는 1947년에야 시작되었다.
(d) 그것은 현재 세계 최대의 개인 동물원을 특징으로 한다.

어휘 ranch 대 목장 / indicate 나타내다, 암시하다 / mogul 거물 / fascinate ~을 매혹시키다 / feature ~의 특색을 이루다 / residential 주거의 / adopt 채택하다 / large-scale 대규모의 / Greco-Roman 그리스와 로마풍의 / commemorate 기념하다

해설 (a) 본문에 없는 내용이므로 오답이다.
(b) 허스트가 어린 시절 유럽을 여행하며 보았던 건축물에 매료되어 자신의 성을 축조했다고 했으므로 정답이다.
(c) 공사는 1915년에 시작되어 1947년에 끝났다고 했으므로 오답이다.
(d) 한때 동물원이 있었다고는 했지만, 현재에 대한 언급은 없으므로 오답이다.

9. (b)

베티 데이비스가 주연한 영화 '데인저러스'가 1935년에 개봉되었을 때 영화 평론가 아르놋 로버트슨은 "나는 베티 데이비스가 2~3백년 전에 살았다면 아마도 마녀로 몰려 화형 당했을 거라고 생각한다. 그녀는 당신에게 평범한 배출구를 찾을 수 없는(평범한 배출구로는 발산이 되지 않는) 힘을 부여 받은 것 같은 기이한 느낌을 준다."라고 썼다. 주변 사람들의 인생을 망쳐 놓는 팜므 파탈로서의 영화 속 그녀의

역할은 그녀에게 첫 번째 오스카 여우주연상을 안겨주었다. 주연급 여배우들이 여신이나 순결한 미인과 같은 자신들의 이미지를 잠재적으로 손상시킬 수도 있는 '악마'적인 성격의 역할을 꺼려한 반면에, 베티 데이비스는 기회를 잡았고 자신의 영역을 개발했다. 그녀는 3년 후 윌리엄 와일러 감독의 '제저벨'에서 의지가 강한 남부 소녀 역할로 두 번째 오스카 상을 수상했다.

Q. 본문에 따르면, 베티 데이비스는 어떻게 해서 여배우로서 자리를 잡았는가?
(a) 자신의 영화를 감독함으로써
(b) 강한 역할들을 연기함으로써
(c) 뮤지컬 영화에서 주연을 맡음으로써
(d) 오스카 상을 포기함으로써

어휘 witch 마녀 / outlet 배출구, 표현 수단 / star ~을 주연으로 하다 / release (영화를) 개봉하다 / femme fatale 팜므 파탈, 요부(妖婦) / net ~을 얻는데 성공하다 / top billing 주연 배우 이름을 실은 연극 광고지의 최상부; 대대적인 광고[선전, 취급] / shun 피하다 / taint 더럽히다 / niche 적소, 영역

해설 당시 여배우들이 팜므 파탈과 같은 강한 캐릭터의 역할을 기피한 반면, 베티 데이비스는 기꺼이 그런 역할들을 맡음으로써 오스카 상을 두 번이나 거머쥐었다는 본문 내용으로 보아 정답은 (b)임을 알 수 있다.

10. (d)
북극권에 있는 이글루릭 마을에 사는 소녀들은 황홀하게 복합적인 이누이트 스로트 노래 기법을 여전히 보여주고 있다. (a) 눈을 감고 두 명의 소녀들이 '독 팀(dog team)'이라는 곡을 부르는 것을 듣고 있으면, 당신은 완벽하게 갖추어진 합창단의 노래를 듣고 있다는 느낌이 들게 된다. (b) 이 노래에서 한 명은 기준 음을 노래하고 한 명은 화음을 노래하는 것으로, 혹은 둘 다 중심 멜로디를 부르고 있는 것으로 보이기도 한다. (c) 이러한 스로트 노래 양식은 보다 일반적으로 알려진 티벳과 투바와 같은 지역의 스로트 노래 기법과는 다른데, 이누이트 방식이 비슷한 기법으로 숨을 들이쉬고 내쉬기는 하지만, 그들은 두 개의 다른 음을 동시에 내지는 않기 때문이다. (d) 실제로 이누이트는 그들의 독특한 문화 전통들을 오늘날까지도 계속해서 행하고 있다.

어휘 fascinatingly 매혹적으로 / employ 고용하다, 사용하다 / inhale 들이쉬다 / exhale 내쉬다 / simultaneously 동시에 / celebrate 축하하다, 거행하다

해설 본문에서 다루고 있는 주된 내용은 이누이트 방식의 노래 기법인 스로트 싱잉에 대한 설명이므로 (d) 문장은 전체의 흐름과 관련이 없다.

1. (c)	2. (b)	3. (c)	4. (d)	5. (c)
6. (b)	7. (d)	8. (c)	9. (c)	10. (a)

1. (c)
1 유형과 2 유형, 두 가지 타입의 당뇨병이 있다. 1 유형 환자들이 생존을 위해 매일 인슐린 주사를 맞아야 하는 반면, 2 유형은 덜 심각한 형태이다. 사실 어떤 환자들에게서는 눈에 보이는 증상들이 나타나지 않는다. 당뇨병이 있는 사람들 중의 90퍼센트가량이 2 유형으로 분류된다. 그러나 즉각적으로 눈에 보이지 않는다는 것은 아이러니하게도 환자들이 병을 다스리는 데 필요한 자제심을 자주 잃게 만들고, 이런 이유로 2 유형은 1 유형보다 잠재적으로 더 위험하다. 인슐린 주사처럼 즉각적인 의료 처치가 필요한 것은 아닌 반면, 2 유형 당뇨병은 잠재적으로 실명, 심혈관 질환, 뇌졸중, 신장 부전 및 절단과 같은 충격적인 결과를 가져올 수 있다. 2 유형 당뇨병은 나이 든 사람들, 특히 비만인 사람들에게 잘 발병한다.
(a) 덜 일반적이다
(b) 진단하기 더 쉽다
(c) 잠재적으로 더 위험하다
(d) 더 많은 돈과 재원이 든다

어휘 diabetes 당뇨병 / shot 주사 / fall into ~에 해당되다 / discipline 단련, 절제 / injection 주사 / devastating 대단히 파괴적인, 충격적인 / cardiovascular 심혈관의 / stroke 뇌졸중 / kidney 신장 / amputation (수술에 의한) 절단 / prevalent 널리 퍼진 / obese 비만의, 지나치게 살찐

해설 당뇨병의 두 가지 유형 중 2 유형 당뇨병은 눈에 띄는 증상이 없어 덜 심각해 보이지만 잠재적으로 더 위험할 수 있다는 내용이다. 빈칸 뒤에 눈에 보이는 증상이 없어 환자들이 치료에 실패할 수 있다는 내용이 나오므로 답은 (c)이다.

2. (b)
시정 단체들은 그들의 활동에서 점점 '녹색(친환경)' 주의를 보여주어야 한다는 사회적 압력에 직면하고 있다. 지역 정부는 환경적으로 의식 있는 방식으로 행동해야 할 뿐만 아니라 지역 사회가 그들의 환경적 영향력을 증진시키도록 장려해야 한다. 최근에 '친환경 정부'라는 전략에 추가된 것은 폐기물 제로 행사 아이디어이다. 목표는 행사 주최자들이 쓰레기통을 제공할 필요가 없게 하는 것이다. 이것은 음식점주들이 고객들로 하여금 자신의 용기를 사용하게 하거나 자연 분해되는 식기나 용품을 제공해야만 하는 것을 의미한다. 그 행사에 참여하는 가족들은 그들이 가져온 것 중 일회용 제품은 어떤 것이든 싸 가지고 가야 한다. 핵심 의도는 전시회나 퍼레이드 등 공적인 행사에 참가하는 모든 사람이 모임 도중에 쓰레기를 만들어내지 않도록 하려는 것이다.
(a) 쓰레기를 배출하는 행위를 허용하도록

(b) 모임 도중에 쓰레기를 만들어내지 않도록
(c) 새로운 종류의 쓰레기통을 고안하도록
(d) 전통적인 방식으로 쓰레기를 처리하도록

어휘 civic 시의 / receptacle 용기 / vendor 파는 사람, 상인 / compostable 퇴비가 될 수 있는, 분해되는 / plate 그릇 / utensil 용품, 기구 / disposable 일회용의(dispose 처리하다, 처분하다) / fair 박람회

해설 폐기물 제로 행사의 핵심은 공적인 행사를 하되 배출되는 쓰레기가 없도록 하기 위한 것이므로 답은 (b)가 된다.

3. (c)
잔인한 닭 사육 관행에 대한 대중의 강력한 항의에 부응하여, 영국의 주요 식료품 체인점들은 윤리적인 양계 제품 분야에서 서로 보다 잘하려고 애쓰고 있다. 닭을 좁은 우리에 두는 것을 반대하는 법률 제정이 진행되고 있는 한편, 식료품점들 역시 자발적으로 저렴한 대량 생산된 닭과 계란을 그들의 진열대에서 치우고 있다. 거리에서 실시한 인터뷰 결과는 가장 낮은 사회경제 계층에서 조차도 닭과 계란의 가격을 천정부지로 치솟게 만들고 있는 이러한 추세가 전적으로 지지받는 것을 보여준다. 그것은 영국인들이 죄책감 없이 먹을 수 있는 양계 제품에 대해 기꺼이 더 많은 돈을 지불할 용의가 있다는 사실을 입증한다.
(a) 싸고 안전한
(b) 영양상의 정보가 있는
(c) 죄책감 없이 먹을 수 있는
(d) 그들이 지역 상점에서 구매할 수 있는

어휘 outcry 강력한 항의, 부르짖음 / inhumane 잔인한 / strive to-v ~하려고 노력하다, 애쓰다 / outdo ~보다 낫다, 능가하다 / ethical 윤리적인 / legislation 법률 제정, 법령 / underway 진행중인 / eliminate 제거하다 / skyward 하늘 쪽으로, 위로 / wholeheartedly 진심으로 / poultry (식용(食用)의) 가금(家禽) / guilt 죄책감; 유죄

해설 이 글은 사회 전반적으로 잔인한 닭 사육 관행에 반대하고 윤리적인 양계 제품을 지지하고 있다는 내용이므로, 빈칸에는 돈을 더 지불하더라도 '죄책감 없이 먹을 수 있는' 양계 제품을 선호한다는 내용이 들어가는 것이 자연스러우므로 정답은 (c)이다.

4. (d)
자신이 〈일리아드〉의 내용을 안다고 생각하지만 정말로 원문을 읽어본 적이 없는 사람들은 그것이 헬렌의 유괴부터 그 도시의 함락까지인 10년간의 트로이 전쟁 전체를 다루고 있지 않다는 것을 알면 아마 놀랄 것이다. 오히려 저자의 에너지와 초점은 전쟁 마지막 해의 45일간 일어났던 사건들에 집중되어 있다. 그 서사시는 거의 3천 년 전에 저술되었음에도 불구하고, 전쟁 중 인간 감정의 분출과 강력한 등장인물의 충돌에 관한 가장 위대한 심층 기록 중 하나이다. 구체적으로, 이

야기는 아가멤논과 아킬레스간의 싸움으로 시작되어 아킬레스가 헥터의 시신을 헥터의 아버지인 프리아모스 왕에게 돌려주기로 결정하게 되는 것으로 끝난다.
(a) 얄궂게도
(b) 불행히도
(c) 일반적으로
(d) 구체적으로

어휘 cover 다루다 / abduction 유괴 / epic 서사시 / in-depth 면밀한, 심층의 / outburst 폭발 / clash 충돌 / titanic 강력한

해설 〈일리아드〉가 10년간의 트로이 전쟁 전체가 아닌 전쟁 마지막 해의 45일간의 사건들을 다루고 있다고 하였고, 마지막 문장에서 〈일리아드〉의 내용을 '구체적으로' 밝히고 있으므로 빈칸에 가장 어울리는 연결사는 (d)이다.

5. (c)
친애하는 커티스 씨께
패커 인더스트리가 귀사인 컴퓨넷 주식회사를 저희의 컴퓨터 및 주변기기 주 공급자로 선정했음을 알려드리게 되어 기쁩니다. 계약서는 9월 1일자로 드리게 될 것이며 3년 동안 유지될 것입니다. 귀사의 제안서를 평가한 팀은 귀사의 경영진과 직원들의 능력과, 특히 저희가 구매하려고 하는 컴퓨터 모델에 대한 기술적 지식에 깊은 인상을 받았습니다. 귀사의 제안서의 또 다른 강점은 신속한 배송 및 선적 내력이었습니다. 축하를 드리며, 궁금한 점이 있으시면 405-6540번으로 언제든 연락 주시기 바랍니다.
패커 인더스트리 주식회사 운영 부사장, 제니 멀로이 드림

Q. 편지의 주제는 무엇인가?
(a) 사업권을 획득하기 위해 제안을 함
(b) 고객에게 제품을 판매함
(c) 공급자에게 계약을 승인함
(d) 입찰에서 제안서를 요구함

어휘 peripheral 주변장치 / contract 계약서 / evaluate 평가하다 / proposal 제안서 / prompt 신속한 / grant 승인하다 / bid 입찰

해설 패커 인더스트리사(社)가 컴퓨넷 주식회사를 컴퓨터 및 주변기기 공급사로 선정했음을 통보하는 편지글이다. 계약 조건과 선정 이유가 언급되고 있으므로 답은 (c)가 가장 적절하다.

6. (b)
D-데이라는 용어는 특정한 역사적 사건을 언급하기 위해 주로 쓰이지만, 그것은 실제로 작전이 시작되는 날을 의미하는 보다 일반적인 군대 용어이다. 그것은 강조의 형태로 사용된 'day'라는 단어의 첫 번째 글자의 단순한 반복에서 비롯된다. 유사하게, 작전이 시작되기로 한 정확한 시간은 'H-아워'라고 알려져 있을 것이다. 모든 군사 작전

에는 D-데이가 있다. 제 2차 세계대전 당시 연합군이 노르망디를 침공한 사건에서, 오버로드(대군주) 작전으로 알려진 사건은 1944년 6월 6일에 시작되었다. 그러나 이 날이 전쟁의 결과 면에서 역사적 중요성을 지니기 때문에 일반적으로 D-데이로 알려져 있다.

Q. 본문의 제목으로 가장 적절한 것은?
(a) D-데이, 전쟁의 종식
(b) D-데이라는 용어의 의미
(c) D-데이, 전쟁의 시작
(d) D-데이의 시작인 대군주 작전

어휘 refer to ~을 나타내다 / generic 일반적인 / military operation 군사 작전 / allied 동맹의, 연합한 / overlord 대군주, 지배자 / significance 중요성 / in terms of ~의 점에서 보면 / outcome 결과

해설 본문에서는 D-데이라는 말이 원래 군사 작전의 시작일을 의미하는 일반적인 군대 용어이며, 흔히 알려진 D-데이는 2차 세계대전 당시의 노르망디 침략 작전을 의미한다고 하였으므로, 제목으로는 (b)가 가장 적절하다.

7. (d)
파놉티콘은 영국 철학자이자 사회 이론가인 제러미 벤담에 의해 1785년에 고안된 건축 구조물이다. 프랑스 군사 학교의 설계도를 기반으로 하고 죄수들을 수용하기 위한 파놉티콘은 많은 사람들을 보다 쉽게 감독하기 위해 고안되었다. 나선식으로 배열되어 있고 중앙의 감시탑을 향해 안쪽으로 마주보고 있는 불이 환하게 켜진 감방의 줄은 '보이지 않는 전지전능함의 정서'로 묘사되어, 소수의 간수들이 (죄수들에 의해) 관찰되지 않으면서 많은 죄수들을 감시하는 것을 가능하게 해 주었다. 벤담은 이 독특한 특징의 그의 구조물이 궁극적으로 직접적인 상호작용 없이 수감자의 행동을 통제하는 것을 더욱 용이하게 하기를 바랐다.

Q. 본문에 따르면, 파놉티콘에 대해 옳은 것은?
(a) 그것은 군사 학교를 감옥으로 바꾸기 위해 사용되었다.
(b) 그것은 죄수들과 간수들이 의사소통하는 것을 더 용이하게 했다.
(c) 그것은 죄수들의 삶을 더욱 편하게 하기 위해 고안되었다.
(d) 그것은 죄수들로 하여금 자신들이 항상 감당한다고 느끼도록 했다.

어휘 architectural 건축학[술]의 / theorist 이론가 / plan 설계도, 도면 / supervise 감독하다 / cell 감방 / omniscience 전지전능함 / inmate 수감자

해설 보이지 않는 전지전능함(an invisible omniscience)의 정서로 묘사되었다는 것으로 보아, 파놉티콘은 설계 구조상 죄수들에게 항상 감시당한다는 느낌을 줄 것이다.

8. (c)
2003년에 개봉된 '록큐멘터리'(록음악영화)인 '페스티벌 익스프레스'는 그레이트풀 데드와 재니스 조플린을 포함하여, 1970년 당시의 몇몇 가장 유명한 록그룹들이 기차를 타고 캐나다 이곳 저곳으로 다녔던 여행을 다룬다. 그 여행은 콘서트를 위해 몇몇 대도시에서 머물렀던 것을 포함하는데, 카메라로 그 모든 것을 녹화했다. 불행하게도, 그 공연의 기획자와 그 영상물의 제작자 사이의 분쟁이 그 영상물의 완성을 가로막았다. 그러나 제작팀의 한 일원에 의해 많은 장면이 기록 보관소에 보관되었다. 수년 후, 한 영상물 조사자에 의해 이 영상이 발견되어 그 프로젝트는 재개되었는데, 이때에는 원본 영상물 제작자의 아들이 그의 아버지를 대신했다. 원래 찍힌 75시간의 영상 중에 약 46시간이 복원되어 그 영화를 만드는 데 사용되었다.

Q. 본문에 따르면, 다음의 진술 중 옳은 것은?
(a) '페스티벌 익스프레스'라는 명칭은 기차를 가리킨다.
(b) 콘서트는 궁핍한 캐나다인들을 돕기 위해 개최되었다.
(c) 영화는 음악가들의 공연을 상세히 담고 있다.
(d) 최초 제작자가 영화를 만드는 데 참여했다.

어휘 release (영화 등을) 개봉하다 / cover 다루다 / act (음악) 공연자[그룹] / promoter 기획자 / completion 완료, 완성 / footage 장면[화면] / archive (기록 보관소에) 보관하다 / crew (특정한 기술을 가지고 함께 일을 하는) 팀, 반 / uncover 폭로하다, 적발하다 / resume 재개하다, 다시 시작하다 / salvage 구하다, 회복하다 / document 상세히 보도[기록]하다

해설 (a) '페스티벌 익스프레스'는 1970년 일부 유명 록그룹들이 캐나다 지역을 기차로 여행하며 열었던 공연을 영상으로 담은 2003년 개봉 영화이므로 오답이다.
(b) 콘서트의 목적에 관한 내용은 언급되지 않았으므로 오답이다.
(c) 콘서트를 포함한 여행의 모든 것(whole thing)이 카메라에 기록되었고, 이 중 상당부분이 영화화 된 것이므로 정답이다.
(d) 최초 제작자 대신 그의 아들이 영화 제작에 참여했다고 했으므로 오답이다.

9. (c)
리처드 파인만, 줄리언 슈윙거, 그리고 토모나게 신이치로와 같은 과학자들에 의해 발전된 양자 전기 역학, 즉 QED는 막스 플랑크와 알버트 아인슈타인이 양자물리학의 한 부분으로 개척한 고전 전자기 이론에서 진보한 것이다. 고전 전자기 이론에 따르면 두 전자 사이의 힘은 각 전자에 의해 생성된 전계(電界)로부터 발생한다. 그러나 QED는 이 힘을 가상 광자들의 교환에 의한 것으로 설명한다. QED에서 이 힘의 강도는 파인만이 미립자들간의 상호작용을 측정하고 추적하기 위해 개발한 파인만 도표를 활용한 여러 단계를 통해 측정된다.

Q. 본문에 따르면, 양자전자역학에 대해 추론할 수 있는 것은?
(a) 막스 플랑크와 알버트 아인슈타인에 의해 개척되었다.
(b) 전자기 이론은 이것으로부터 발전되었다.

(c) 미립자들 사이의 힘의 세기를 계산한다.
(d) 고전 전자기 이론의 개념을 받아들이지 않았다.

어휘 quantum electrodynamics 양자 전기 역학(量子電氣力學) / electromagnetic 전자기(電磁氣)의 / electric field 전계(電界) / electron 전자 / virtual 가상의 / photon 광자(光子) / particle 미립자

해설 (a) 막스 플랑크와 알버트 아인슈타인은 양자 전기 역학이 아닌 고전 전자기이론을 개척하였으므로 오답이다.
(b) 고전 전자기 이론에서 양자 전기 역학이 발전된 것이므로 오답이다.
(c) 파인만 도표를 이용해 두 전자 사이의 힘의 세기를 측정한다고 하였으므로 정답이다.
(d) 선택지 (b)와 같은 이유로 오답이다.

10. (a)
'틴 라이프 투어'는 저명한 청소년 심리학자 에디 비클에 의해 설립된 새로운 회사입니다. (a) 심리학자들은 일반적으로 청소년들이 무모하고 강박적인 행동을 하기 쉽다고 여기는데, 이것은 자기 파괴적인 행동이나 범죄 행위까지 이어질 수 있습니다. (b) (이 회사가 제공하는) 여행 중 하나는 여러분이 활화산의 비탈길을 오르는 일생일대의 모험을 할 수 있게 해 주는데, 그곳에서 여러분은 땅 속 깊은 곳에서 들려오는 굉음을 들을 수 있으며 분화구 바로 안에서 부글거리며 끓는 마그마 웅덩이를 볼 수 있습니다. (c) 이 화산은 부분적으로 휴면 상태에 있기 때문에 산은 오르기에 비교적 안전하며, 코후후 화산이 폭발하는 용암 기둥이나 화산재를 공중에 날려보내는 일은 거의 없습니다. (d) 더 많은 정보를 원하시거나 관광을 예약하시려면 '틴 라이프 투어' 웹사이트를 방문해 주세요.

어휘 acclaimed 환호받는, 인정받는 / reckless 무모한 / compulsive 강박관념에 사로잡힌 / rumbling 덜거덕 소리 / bowels 대지의 내부 / crater 분화구 / dormant 잠자는, 휴지 상태의 / lava 용암 / plume (연기, 구름의) 기둥

해설 '틴 라이프 투어'에서 기획 중인 화산 관광을 소개하는 글이다. 회사의 이름인 '틴(Teen)'과 관련지어 십대 행동의 일반적 특성을 언급한 (a)는 글의 주제와 어울리지 않는, 흐름에서 벗어난 문장이다.

Mini TEST $\overset{8}{=}$

p.121-125

1. (b)	2. (c)	3. (c)	4. (b)	5. (d)
6. (c)	7. (a)	8. (d)	9. (b)	10. (b)

1. (b)
유례없이 많은 사람들이 다양한 가격으로 제공되는 호화로움에 매료

되어 유람선에 올라타고 있다. 어떤 유람선은 카리브 해에서 3~4일간 600달러 이하로 즐길 수 있고, 또한 3주나 4주로 장기간 값비싼 항해를 하며 대서양을 건널 수도 있다. 유람선을 탄 여행객들 간의 로맨틱한 에피소드를 그린 영화와 '사랑의 유람선' 같은 유명한 TV 시리즈의 영향으로, 많은 미국인들이 유람선 여행을 흥미진진하고 편안하며 로맨틱한 것으로 여긴다. 세계적인 요리와 5성급 호텔의 안락함을 갖춘 객실을 제공하는 것 이외에도, 고객들이 즐거울 수 있도록 유람선에서는 미혼 남녀들을 위한 클럽, 시사 및 지적인 주제에 대한 강연, 운동 강습, 와인 감별 수업과 카지노 강좌 등과 같은 다양한 활동들을 마련한다.
(a) 한정 기간 동안의 큰 할인에 이끌려
(b) 다양한 가격으로 제공되는 호화로움에 매료되어
(c) 항공 여행의 불편함에 실망하여
(d) 친구들과 친지에게 설득되어

어휘 hop 뛰어넘다, 뛰어 오르다 / aboard (배에) 오르다, 타다 / upscale 부자의, 평균 이상의 / depict 묘사하다 / adventurous 새로운 요소[신선미]가 있는 / lure 유혹하다

해설 빈칸 뒤의 부연설명에서 비교적 저렴한 가격의 유람선 여행도 있고 반면 좀더 가격이 비싼 고급, 장기 유람선 여행 상품도 있다고 했으므로 빈칸에는 이를 아우를 수 있는 내용이 필요하다. (a)의 할인이나 (c)의 비행기 여행의 불편함, (d)의 친구나 친지의 권유는 본문에 언급되지 않은 내용이므로 오답이다.

2. (c)
오랫동안 인류 자멸의 상징으로 여겨졌던 우크라이나 체르노빌 원전 시설 주변의 통제 구역이 이제는 '핵 관광' 목적지이다. 한번에 18명 미만의 집단이 1986년에 비워진 16마일 반경의 격리 지역에 들어가게 되는데, 그 경험은 교육적이지만 부분적으로 엿보는 것이기도 하다. 이것은 재난 지역이라는 모험 관광의 새로운 영역이다. 원자로가 있는 통제 구역과 주변의 마을은 여전히 방사능이 남아있고, 지역에 따라 치명적이기까지 할 수 있기 때문에 가이드가 늘 방문자들과 동행해야 한다. (방사능) 오염을 줄이기 위해, 관광객들은 긴 바지를 입고 어떤 것도 만지지 않도록 하며 소지품을 바닥에 놓지 않도록 요구된다. 관광 마지막날 그 집단은 정부 검문소를 통과하면서 방사능이 침투한 사람이 없는지 확인하기 위해 검사를 받는다.
(a) 관광객들이 관광하는 동안 즐거웠는지 질문을 받는다
(b) 신원을 증명하기 위해 여권이나 신분증을 보여주어야 한다
(c) 방사능에 노출된 사람이 없는지 확인하기 위해 검사를 받는다
(d) 그곳에 왔었다는 사실을 증명하기 위해 단체 사진을 찍는다

어휘 self-destruction 자멸 / exclusion zone 출입 금지 구역 / reactor 원자로 / facility 시설 / destination 목적지 / voyeurism 엿보기 / radius 반경 / quarantine 격리, 검역 / vacate 비게 하다, 퇴거하다 / radioactive 방사능이 있는 / lethal 치명적인 / contamination 오염 / scan 검사하다

해설 체르노빌 원전 사고 이후 오랫동안 통제구역이었던 곳이 관광객들에게 개방되었으나 지역에 따라 여전히 방사능 노출 위험이 있다고 했으므로, 여행의 마지막 날 관광객들이 정부 검문소에서 방사능 오염 여부를 검사받게 될 것임을 유추할 수 있다.

3. (c)

이곳 덩컨 모터스의 경영진을 대표하여, 저는 지난 한 달간 모든 분께서 기울여주신 가외의 노고에 대해 감사 드리고 싶습니다. 우리는 다시 한번 영업 목표를 초과했고 상위 성과자들은 급류타기 래프팅 여행으로 보상받을 것입니다. 그들은 휴가도 없이 오랜 시간 일했고, 그것은 확실히 성과를 거뒀습니다. 축하 드립니다. 이번 달의 특별 보상으로 세 명의 우수 판매사원은 특별히 비행 기회를 얻을 것입니다. 여러분도 알겠지만 제트 스타는 단독 비행이라는 공상 과학 소설에나 나올 법한 꿈을 현실로 만들어 주는 지역 회사입니다. 우리는 제트 팩 시연 상품을 구매했는데, 여기에는 실내 테스트 시설에 있는 기체에서 실제로 발진하는 것도 포함될 것입니다. 저는 이것이 충분히 안전하며, **후대에 두고두고 이야기하게 될 오후 시간이 될 것**이라고 확신합니다.
(a) 우리의 새로운 차량 모델을 그들에게 보여줄 기회를 제공할
(b) 일에 대한 값진 관점을 얻게 해줄
(c) 후대에 두고두고 이야기하게 될 오후 시간이 될
(d) 몇몇 유익한 지역 자선단체를 위해 기금을 모금하게 될

어휘 on behalf of ~을 대표하여, 대신하여 / expend (노력 등을) 들이다 / whitewater 급류 등의 거품이 이는 물 / put in (시간을) 보내다 / pay off 성과를 거두다 / incentive 격려, 보상물 / jet pack 등에 매는 개인용 분사 추진기 / lift off 발진하다

해설 우수 판매 사원들에 대한 포상 내용을 공지하는 글이다. 우수 판매 사원들 중 일부에게 단독 비행 기회라는 특별 포상을 준다고 한 것과, 빈칸 앞부분에 나온 제트 스타사(社)에 대한 설명을 참조하면, 빈칸에 들어갈 가장 적절한 내용은 (c)임을 알 수 있다.

4. (b)

'죽음의 조'는 조를 짜서 팀을 나누는 스포츠 대회에서 흔히 사용되는 용어이다. 이는 다음 단계로 올라갈 가능성이 높게 여겨지는 많은 팀들을 포함하는 조를 일컫는다. 이런 상황에서는 같은 조에 속한 모든 팀들이 대체로 동등한 수준의 실력을 가지고 있다고 여겨진다. **다시 말하면**, 죽음의 조에 속한 어떤 팀도 위 단계로 올라갈 자격을 얻게 될 수도 있고, 그 조의 어떤 팀도 탈락될 수 있다는 의미이다. 그 결과, 적어도 한 팀은 아무리 그 팀이 다음 단계로 진출할 만큼 충분히 강한 팀이라 할지라도 그럴 수 없게 될 것이다. 일반적으로, 이러한 상황은 팀 대진표를 짜는 과정 중에 운명의 장난의 결과로 발생한다.
(a) 게다가
(b) 다시 말하면
(c) 예를 들면
(d) 반면에

어휘 term 용어 / refer to ~을 나타내다 / potential 가능성, 잠재력 / advance 나아가다 / equivalent 동등한, 동일한 / end up 마침내 (~으로) 되다 / qualify ~할 자격이 있다 / eliminate 제거하다 / quirk 운명 따위의 급변, 급전 / seed 우수한 선수끼리 처음부터 맞서지 않도록 대진표를 짜다

해설 토너먼트 경기에서 사용되는 '죽음의 조'라는 용어를 설명하고 있다. 빈칸 앞의 내용에서 용어에 대한 개괄적 정의를 하고 빈칸 뒤에서 좀더 구체적인 설명을 하고 있으므로 빈칸에는 부연의 연결사 (b)가 오는 것이 적절하다.

5. (d)

'아킬레스와 펜테질레아'는 고대 그리스에서 아마도 가장 훌륭한 도예가이자 미술가인 엑세키아스의 작품으로, 흑화식의 앰포라, 즉 포도주 항아리에 그려진 가장 유명한 그림 중 하나이다. 그림은 그리스 전사인 아킬레스가 자신의 창을 아마존의 여왕 펜테질레아의 목에 겨누고 있는 것을 보여준다. 전설에 따르면, 아킬레스가 그의 창으로 여왕의 목을 관통시킨 순간, 그는 그녀와 사랑에 빠졌다. 그림은 아킬레스의 창과 펜테질레아의 창, 검은 투구 안에서 빛나는 그의 눈과 그녀의 흰 얼굴, 그리고 그의 압박하는 선 자세와 그녀의 무릎 꿇은 자세의 대조로 가득 차있다. 그 작품은 그토록 좁은 공간에 매우 많은 감정과 행동 그리고 아름다움을 포함하고 있다는 점에서 걸작이다.

Q. 본문은 주로 무엇에 관한 것인가?
(a) 엑세키아스가 그린 대조적인 그림들
(b) 한 도예가이자 미술가의 인생의 비극적인 사랑
(c) 고대 그리스의 한 유명한 도예가이자 미술가의 일생
(d) 포도주 용기에 그려진 걸작

어휘 amphora (고대 그리스 로마의) 양손잡이가 달린 단지 / arguably 어쩌면, 이론의 여지는 있으나 / potter 도예가 / spear 창 / penetrate 관통하다 / glow 빛나다, 작열하다 / stance 선 자세 / kneel 무릎을 꿇다

해설 이 글은 고대 그리스의 유명 도예가이자 미술가 엑세키아스가 앰포라에 그린 걸작 '아킬레스와 펜테질레아'에 대해 묘사하고 있다.

6. (c)

이 이메일은 최근 몇 주간 대외비 이메일의 남용과 오용에 대해 언급하려는 목적입니다. 저는 모두에게 특정 정보를 대외비에 부치는 것의 중요성을 상기시키고 싶지만, 대외비 이메일을 점점 더 많은 사람들에게 보내는 것은 대외비라고 언급된 것의 목적에 어긋나는 것임을 또한 강조해야겠습니다. 이메일에 '대외비'라고 표시하는 것은 수신자들이 주의를 기울일 가능성을 높일 것이라는 가정이 이러한 규정 위반을 불러일으켰다고 저는 생각합니다. 우리 모두가 매일 많은 양의 메일을 받는 것을 감안하면 이처럼 사람들의 주의를 끌어야 할 필요성은 이해할 수 있습니다. 그러나 이메일이 특별히 기밀 정보를 포함하지 않는다면 모든 이메일에 대해 제목에 대외비라는 말을 사용하지 말아 주시기 바랍니다.

Q. 본문의 주제는 무엇인가?
(a) 부서원들에게 효과적인 이메일을 쓰는 방법을 가르치는 것
(b) 부서원들이 타 부서원들과 기밀을 유지하게 하는 것
(c) 부서원들에게 이메일에 부적절하게 대외비라고 표시하지 말 것을 요청하는 것
(d) 부서원들이 기밀 사항을 어긴 것에 대해 처벌하는 것

어휘 address ~을 다루다 / abuse 남용, 오용 / confidential 기밀의, 대외비의 (confidentiality 기밀성) / stress 강조하다 / defeat 무산시키다 / breach 위반 / recipient 받는 이, 수신자 / given ~을 고려하면 / chastise 벌하다

해설 부서원들로 하여금 이메일의 제목에 불필요하게 '대외비 (confidential)'라는 말을 사용하지 말도록 요청하는 내용이므로 정답은 (c)이다. 부서원들을 질책하거나 처벌하려는 의도는 아니므로 (d)는 오답이다.

7. (a)
IDT 인더스트리의 공장 폐쇄의 가능성은 지역 사회에 충격적인 일이다. 그 회사는 시에서 200명의 직원을 두고 있는 주요 고용 업체이며 가장 좋은 공장으로 명성을 얻고 있다. 지역 경제에 재정적으로 공헌한 바는 약 2억 2천만 달러로 추정된다. 그러나 그 회사는 일련의 재정적 어려움에 직면하고 있다. 여기에는 환경 법규로 인한 비용 증가, 경기 침체로 인한 수요 하락, 그리고 불리한 환율 등이 포함된다. 일본인이 소유한 그 회사는 이번 회계 연도에 심각한 손실에 직면하고 있으며 수익성을 얻기 위한 모든 옵션을 고려해야만 한다. 경영팀은 올해 초 발표한 대로 이미 직원을 60명까지 감축하는 중이지만, 이것이 공장을 살리기에 충분할 것 같지는 않다.

Q. 다음 진술 중, 본문 내용과 일치하는 것은?
(a) IDT 인더스트리의 추가 해고가 진행될 수도 있다.
(b) 외국인 소유는 재정적 충격을 최소화했다.
(c) 계획된 공장 폐쇄는 그 지역에 매우 작은 영향을 미칠 것이다.
(d) IDT 인더스트리는 그들의 재정적 상황을 이제 막 알게 되었다.

어휘 plant closing 공장 폐쇄 / reputation 평판 / face 직면하다 / fiscal 재정상의, 회계상의 / downturn 침체 / exchange rate 환율 / profitability 수익성 / layoff 해고 / impact 충격, 영향(력)

해설 (a) 본문에서 현재 진행 중인 직원 감축만으로는 공장을 살리기에 충분치 않을 것이라고 언급했으므로 추가 감원을 예상할 수 있다.
(b) 본문에 언급되지 않은 내용이므로 오답이다.
(c) IDT 인더스트리의 제조공장 폐쇄의 가능성은 지역 사회에 충격적인 일이라고 했으므로 오답이다.
(d) 올해 초에 이미 직원 감축에 대해 발표했다고 했으므로 오답임을 알 수 있다.

8. (d)
미국의 고령자들이 그들의 독립성을 확장하는 수단으로써 기동 스쿠터에 점점 의지하고 있다. 휠체어를 타야 하지는 않지만 더 이상 운전할 수 없고 장거리 보행에 어려움을 겪는 고령자에게 이러한 전기 이동 수단은 매력적인 대안을 제공한다. 스쿠터는 날씨로부터 보호하는 장치는 없지만, 대개는 합법적으로 차도에서 다닐 수 있어서 집에서 멀리 떨어진 곳까지 장을 보거나 행사에 참가할 수 있게 해준다. 그러나 이런 스쿠터는 잠재적으로 운전자와 타인을 위험에 처하게 할 수도 있다. 그것은 전형적인 도로 사용 이동 수단이 아니기 때문에, 다른 운전자들이나 보행자들은 차도나 보도에서 그것들의 존재에 늘 주의를 기울이지는 않는다. 경찰 보고 통계는 지난 5년에 걸쳐 기동 스쿠터와 보행자 또는 차량 충돌이 증가했음을 보여준다.

Q. 다음 진술 중, 본문의 내용과 일치하는 것은?
(a) 기동 스쿠터는 휠체어를 타는 고령자들에 의해 주로 사용된다.
(b) 도로에서 기동 스쿠터를 타는 것은 5년간 불법이었다.
(c) 기동 스쿠터는 고령자에게 가장 안전한 형태의 교통수단이다.
(d) 기동 스쿠터는 보행자 사고의 잠재적 원인이다.

어휘 turn to ~에 문의하다, 의지하다 / mobility 이동, 기동력 / means 수단 / extend 확장시키다 / confine 제한하다 / vehicle 차량, 탈것 / appealing 매력적인 / at risk 위험에 처한 / roadway 차도 / pedestrian 보행자 / collision 충돌

해설 (a) 기동 스쿠터는 휠체어를 타야할 필요는 없지만 더 이상 운전하기 힘든 고령자를 위한 것이므로 오답이다.
(b) 기동 스쿠터는 합법적으로 차도에서 다닐 수 있다고 했으므로 오답이다.
(c) 기동 스쿠터는 운전자와 타인을 위험에 처하게 할 수도 있다고 했으므로 오답이다.
(d) 지난 5년에 걸쳐 기동 스쿠터와 보행자 또는 차량 충돌이 증가했다고 했으므로 정답이다.

9. (b)
뉴욕 비브르 출판사는 회사가 심각한 광고 불황을 벗어나고자 하여 국내에서 가장 오래된 음식과 와인 잡지인 〈치어스(Cheers)〉와 다른 두 출판물의 발행을 중단할 것이다. 〈치어스〉를 비롯해, 발행자는 주방 인테리어 잡지인 〈주방과 디자인(Kitchen&Design)〉과 결혼 관련 잡지인 〈포에버 웨딩(Forever Wedding)〉도 마감한다. 올해 초에 그 출판사는 남성 패션 잡지인 〈커프스(Cuffs)〉와 남성 라이프스타일 출판물 〈돈 지오반니(Don Giovani)〉의 발행을 중단하였다. 지난 목요일에 직원들에게 보내는 사내 연락전에서 비브르 대표인 줄리오 원은 어려운 결정이었지만 회사가 힘든 시기를 헤쳐나가도록 하기 위해, 그리고 미래의 기회를 이용하도록 방향을 잡기 위해 꼭 필요한 일이었다고 말했다. 한 컨설팅 업체는 그 출판사가 비용을 절감할 수 있는 영역과 회사가 다가오는 경향에 대비하기 위한 전략을 세울 분야를 식별할 수 있도록 그 업체를 돕고 있다.

Q. 뉴스 기사에 따르면, 비브르 출판사는 어떤 종류의 내용을 전문으로 하는가?
(a) 국제 비즈니스
(b) 라이프스타일
(c) 건강과 과학
(d) 컨텐츠 관리

어휘 title 책, 출판물 / slump 부진, 폭락 / circulation 발행 부수 / culinary 부엌의, 요리의 / periodical 정기간행물 / halt 정지시키다, 중단하다 / navigate 항해하다, 조종하다

해설 비브르 출판사가 발행을 중지하기로 한 잡지 및 출판물의 내용을 보면 음식과 와인, 주방 인테리어, 결혼, 남성 패션 및 라이프스타일 등이므로 정답은 (b)이다.

10. (b)
저는 '무비메일'을 이용하는 것의 편의를 누리고 있는 반면, 서비스에는 점점 더 실망을 느끼고 있습니다. (a) 제가 받는 영화의 약 3분의 1은 멈추거나 건너뛰어서 교체용 디스크가 저에게 배달될 때까지 기다려야만 합니다. (b) 하지만 단골손님에게만 제공되는 특별서비스에 대해서는 저는 가끔씩 매우 만족스럽기도 합니다. (c) 어젯밤에는 제가 막 본 영화의 제작에 관한 영상물을 보려고 보너스 영상을 클릭했을 때 두 번째 DVD를 넣으라고 지시를 받았으나 아무 DVD도 없었습니다. (d) 저는 당신이 보너스 디스크를 대여용에 포함시키지 않고 폐기했을까봐 걱정입니다. 이러한 디스크들에 관한 당신들의 방침은 사실상 무엇입니까?

어휘 frustrated 실망한, 욕구 불만의 / stall 멎다 / skip 건너뛰다 / replacement 교체 / regular customer 단골손님 / insert 삽입하다, 넣다 / discard 버리다, 폐기하다 / policy 방침

해설 본문은 무비메일(MovieMail) 서비스에 대한 항의 글로, 글쓴이는 대여한 영화 DVD를 이용하면서 겪은 불편에 대해 언급하고 있다. 따라서 특별서비스에 대해 만족감을 표시하는 (b)는 글의 흐름에 어울리지 않는다.

Mini TEST 9
p.126-130

| 1. (c) | 2. (d) | 3. (a) | 4. (b) | 5. (b) |
| 6. (a) | 7. (c) | 8. (d) | 9. (c) | 10. (c) |

1. (c)
인구가 점차 노령화되면서, 과학자들은 기억력을 증진시키는 기술 쪽으로 관심을 돌리기 시작했다. 연구 결과는 기억될 정보와 그 외 다른 더 익숙한 정보 – 특히 개인적 정보 – 사이의 연결고리를 생성하는 데 관계하는 기억 보조 장치가 기억력을 증진시키는 데 사용될 수 있다는 것을 보여줬다. 이러한 도구들은 머리가 임의적이거나 어떤 특정한 맥락이 없는 것으로 판단하는 정보보다 유의미한 정보를 더 잘 기억한다는 생각에 근거하여 설계된다. 그러나 기억력과 관련하여 노령에 접어드는 사람들에 대한 우리 시대의 가장 시급하고 중대한 문제는 인간의 기억을 방해하고 심지어 파괴한다고 알려진 알츠하이머병 같은 병리 현상을 이겨낼 방법을 찾는 것이다.
(a) 노인들의 질병에 대한 치료
(b) 노인 복지를 보장하는 법
(c) 기억력을 증진시키는 기술
(d) 인간 수명을 연장하는 기술

어휘 direct ~쪽으로 돌리다 / mnemonic 기억을 돕는 / device 장비, 장치 / recall 기억 / random 임의의, 무작위의 / urgent 시급한, 절박한 / crucial 중대한, 결정적인 / pathology 병리, 건강 이상 / obstruct 방해하다, 차단하다 / prolong 연장하다

해설 인구가 노령화됨에 따라 기억 보조 장치 같은 도구가 개발되고 있으며, 기억력에 손상을 주는 알츠하이머병 등과 같은 질병의 치료법을 찾아야 한다는 내용이 뒤에 이어지는 것으로 보아 빈칸에는 (c)가 적절하다.

2. (d)
파킨슨의 법칙이라는 용어는 씨릴 노스코트 파킨슨이라는 영국 역사가이자 경영 이론가의 글에서 유래하였는데, 그의 저서에서 그는 '일은 그것의 달성을 위해 주어진 시간만큼 확장된다'고 저술했다. 게다가 그는 공무원들이 실제 일의 양에 상관없이 상급 관리자가 되기 위해 부하직원들을 거느리려고 하는 욕구 때문에 공무원의 수가 늘어난다고 했다. 파킨슨은 1914년에 2,000명이던 공무원의 수가 1928년에 3,569명으로 늘어난 영국 해군을 연구하면서 이러한 결론에 도달했다. 아이러니하게도, 그 시기 동안 전함의 수는 3분의 2로 줄었다. 파킨스의 법칙은 정치가들이 관료주의를 조소하기 위해 종종 인용되는데, 놀라울 것도 없이, 그런 정치가들이 실세에 오르면 그들 역시 스스로 그 관료주의를 강화하는 경향이 있다.
(a) 전임자를 비판하기 위해서 파킨슨의 법칙을 적용하는
(b) 파킨슨의 법칙의 어떤 예외 사항들을 인정하는
(c) 관료들을 돕기 위해서 파킨슨의 법칙을 수정하는
(d) 스스로 그 관료주의를 강화하는

어휘 term 용어 / so as to-v ~하기 위해서 / completion 완성, 달성 / official 공무원 / subordinate 하급자 / regardless of ~에 상관 없이 / quote 인용하다 / ridicule 조롱하다 / bureaucracy 관료주의 (bureaucrat 관료) / ascend ~에 오르다 / predecessor 전임자 / recognize 인정하다 / revise 수정하다, 개정하다 / enhance 강화하다

해설 not surprisingly나 also 등을 통해 빈칸에는 '파킨슨 법칙을 인용해 관료주의를 비판하던 정치가들도 실세에 오르면 결국 같은 행태를 보인다'는 내용이 들어갈 것임을 알 수 있으므로 정답은 (c)이다.

3. (a)

'레프트 필드 엔지니어링(LFE)'은 저지 낙농장의 외양간 뒤쪽 창고에서 시작되었다. 존 서머필드는 위생적인 스테인리스 강철에 특화된 용접 기능공으로 그 때 막 공인을 받았었고, 낙농 산업에 대변혁을 일으킬 계획을 세웠다. 9개월이 지나지 않아 그와 그의 동업자인 존 비숍은 자동 착유기를 제작하기 시작하여 저지에 첫 열 대를 설치했다. 그들의 혁신적인 착유 기구는 빠르게 젖꼭지의 위치를 감지해 내고 착유구를 부착하여 착유를 시작하며, 그 후 다음 젖소가 도착하기 전에 자체적으로 (착유기를) 접어서 소독을 한다. 신뢰성과 신속한 작업 공정 속도는 그 기계가 2년도 지나지 않아 본전을 뽑도록 해준다는 뜻이었다. 곧 전국에서 문의가 쇄도하였다. 물론 현재 LFE는 전 세계의 모든 주요 낙농 국가에 영업소를 운영하고 있을 뿐만 아니라 자체 생산 단지를 이곳 프레스트윅에 갖추고 있다.

(a) 낙농 산업에 대변혁을 일으킬
(b) 자동 착유기를 수입할
(c) 젖소를 모두 팔고 용접공이 될
(d) 파트너와 헤어져서 독자적인 사업에 착수할

어휘 shed 창고 / barn 헛간 / dairy 낙농장, 낙농의 / journeyman 기능인 / welder 용접공 / hygienic 위생적인 / milking machine 착유기 / install 설치하다 / teat 젖꼭지 / retract 철회하다, 접다 / disinfect 소독하다 / prior to ~전에 / turnaround 작업을 완료해서 회송하는 데 걸리는 시간 / pay for itself 비용만큼 돈이 절약되다, 본전을 뽑다

해설 빈칸 뒤에서 존 서머필드와 그의 동업자인 존 비숍이 혁신적인 착유기를 개발하였고 이것이 대성공을 거두어 자체 생산 단지 및 해외 영업소까지 운영하게 되었다는 내용이 전개되고 있으므로 빈칸에는 (a)가 적절하다.

4. (b)

잠시 시간을 내어 레이 잭슨 씨가 10월 1일부로 수석 부장으로 승진했다는 사실을 여러분께 알려드리고자 합니다. 지난 6개월간 저는 우리가 레이 씨로 하여금 프로세스 팀을 맡도록 하여 제가 얼마나 기쁜지를 경영진에게 끊임없이 말해 왔습니다. 저는 처음부터 그의 능력을 알고 있었습니다. 그럼에도 불구하고, 우리는 그와 그의 팀이 회사의 운영에 미칠 영향의 정도는 예상하지 못했습니다. 우리는 또한 남부의 샌디에이고의 주드 라슨 씨와 같은 까다로운 인물들로부터 그들의 품질 보증 프로그램을 첫 단계부터 완전히 재설계한 것에 대해 그가 최근 칭찬받은 일에 깊은 인상을 받았습니다. 이러한 이유로, 우리는 지금이야말로 그에게 전략상 보다 중요한 직책으로 보상해 주어야 할 때라고 생각합니다. 저는 레이 씨가 그러한 영예를 얻는 것에 여러분 모두 동의하시리라 기대합니다. 레이 씨를 축하해 주시고 그가 자신의 새로운 역할에 적응하도록 도와주시기 바랍니다.

(a) 그러므로
(b) 그럼에도 불구하고
(c) 다시 말해서
(d) 게다가

어휘 promote 승진시키다 / effective 유효한, 실시되고 있는 / in charge (of) ~을 맡고 있는, 담당의 / impact 영향 / kudo 칭찬 / prickly 다루기 힘든 / assurance 보장, 확신 / from scratch 맨 처음부터, 무(無)에서 / settle 자리를 잡다

해설 빈칸 앞에서 그의 능력을 알고 있었다고 하기는 했지만 빈칸 뒤에서는 이 정도까지일 줄은 예상치 못했다고 했으므로 내용상 양보의 연결사인 (b)가 적절하다.

5. (b)

그리스 철학자 플라톤의 유명한 동굴의 비유는 그의 대표적 저서 〈국가(론)〉에서 소개되어 인간 믿음의 본질을 설명하고 있다. 그 구성은 그의 많은 여타 비유들과 가설들처럼 매우 복잡하고 정교한 반면, 메시지는 단순하다. 그 비유에서는 갇혀서 동굴 내부에 있는 사람들은 통로에서 타고 있는 모닥불에 의해 동굴 벽에 비친 사물의 상(像)만을 볼 수 있다고 한다. 그러한 사람들은 자신이 실체의 틀이라고 생각하는 것 안에서 산다. 그래서 누군가가 평생 갇혀 지내는 이 사람들에게 동굴 밖에는 전혀 다른 세상이 있고 그들이 동굴 안에서 보는 것은 실체의 피상적인 면만 반영된 이미지일 뿐이라고 이야기한다 해도 그들은 이것을 이해하거나 믿을만한 능력도 경험도 없을 것이다.

Q. 본문은 주로 무엇에 관한 글인가?

(a) 동굴 안에서의 생활
(b) 실체에 대한 인식
(c) 야생에서의 생존
(d) 오해의 위험성

어휘 analogy 비유 / landmark 획기적 발견, 사건 / hypotheses 가설, 전제 (hypothesis의 복수형) / setup 구성, 설정 / elaborate 정교한 / straightforward 간단한, 복잡하지 않은 / imprison 가두다 / one-dimensional 1차원의, 피상적인

해설 이 글은 플라톤의 동굴의 비유에 대한 설명이다. 플라톤에 의하면, 동굴안의 사람은 실체(reality)의 본질을 이해하지 못하고 불빛에 의해 벽에 비친 실체의 단면만을 보고 산다. 따라서, 이 글의 주제는 플라톤이 보는 '실체에 대한 인간의 인식'이다.

6. (a)

온링크 프로젝트 팀과 모든 관계 부서 귀하
스타더스트 호텔의 임원진은 '스타더스트 온링크'라 불리는 새로운 회계와 구매 시스템을 실시하기로 결정했습니다. 스타더스트 호텔 체인이 고객들에게 종합적인 접객 서비스 경험을 전달하기 위해 애쓰고 있으므로, 우리는 우리의 업무 시스템을 통해 경영 정보와 거래 활동 간의 매끄러운 통합을 달성하기 위해 확고한 기반을 확립할 필요가 있습니다. 예를 들어, 온링크는 음식 제공 및 시설들에 대한 포괄적 비용 정보를 청구서 발부 시스템에 제공합니다. 그 실시는 올해 말까지 마무리될 예정입니다. 여러분의 지지와 협조에 감사 드립니다.
스타더스트 호텔 및 리조트 최고 경영 및 정보 책임자,

사이먼 벡스터 드림

Q. 본문의 주제는 무엇인가?
(a) 새로운 업무 시스템의 이점
(b) 경영 개선을 위한 참신한 아이디어 브레인스토밍
(c) 새로운 시스템의 실시상의 문제
(d) 지속적인 발전에 대한 경영진의 약속

어휘 implement 실시하다 (implementation 실시) / strive 노력하다, 힘쓰다 / hospitality 환대, 접객 / imperative 필수적인, 긴급한 / seamless 고른, 한결같은 / integration 통합 / operational 경영[운영]상의 / transaction 처리, 업무, 거래 / billing 청구서 발송[작성]

해설 새로운 업무 처리 시스템인 온링크 실행 프로젝트가 진행 중임을 말하면서 새 시스템을 도입할 경우 얻게 될 이점에 대해 열거하고 있으므로 (a)가 정답이다.

7. (c)
초기 현상학 철학자인 모리스 메를로 퐁티는 후설과 사르트르와 동시대의 철학자였다. 현상학에 대한 그의 공로는 과학과 과학적 연구에 대한 그의 주목이었다. 현상학의 주된 주의(主義)들 중 하나는 주관적 경험이다. 이러한 주관적 의식이 보다 작은 단위로 줄어들면 경험은 추상적 개념이 되거나 불완전해진다. 메를로 퐁티는 과학이 객관적이고자 함에도 불구하고, 연구자들은 어떤 객관적 진실이 아닌 기꺼이야 한 개인의 경험을 통해 여과된 집합적 실체를 기술하고 있었다고 생각했다. 그는 과학이 이러한 사실을 인정하지 않는 것이 그것의 목적에 해가 되는 것이라고 여겼다. 메를로 퐁티는 1940년대에 그의 가장 영향력 있는 두 개의 원고를 출간했는데, 그 중 하나인 〈지각의 현상학〉으로 박사학위를 받았다.

Q. 다음 진술 중, 본문의 내용과 일치하는 것은?
(a) 현상학에서 객관성은 무시되었다.
(b) 후설과 사르트르는 메를로 퐁티의 가장 유명한 제자들이었다.
(c) 메를로 퐁티는 과학이 객관적이지 않다고 생각했다.
(d) 현상학은 1940년대에 가장 영향력이 있었다.

어휘 phenomenological 현상학적인 (phenomenology 현상학) / contemporary 동시대인 / tenet 주의(主義) / abstract 추상적인, 이론적인 / detrimental 불리한, 해로운 / doctorate 박사학위 / pupil 문하생[제자]

해설 (a) 현상학에서 객관성이 무시되었다는 내용은 본문에서 언급되지 않았으므로 오답이다.
(b) 메를로 퐁티는 후설과 사르트르와 동시대의 철학자였다고 했으므로 오답이다.
(c) 메를로 퐁티는 과학이 객관적이라기 보다는 개인의 경험을 통해 여과된 집합적 실체라고 생각했다는 내용이 나오므로 정답이다.

(d) 현상학이 가장 영향력이 있었던 시기에 대한 언급은 본문에 나오지 않았고, 1940년대에 대해서는 메를로 퐁티의 가장 영향력 있는 두 개의 원고가 출간된 시기라는 내용만 나오므로 오답이다.

8. (d)
유리의 광학적 품질은 많은 요소들과 관련이 있다. 그러한 요소에는 원료의 화학적 구성 요소, 투명도, 모양, 그리고 광택 등이 포함된다. 현대의 유리 제조는 이 모든 요소들과 더 많은 것들을 제어하기 위해 기술들을 통합한다. 유리를 만드는 것은 실제로는 페니키아인들의 시대로 거슬러 올라간다. 그러나 17세기가 되어서야 비로소 체계적인 연구를 통해 보다 큰 유리판 전체에 걸쳐 색수차와 결함을 없애는 방법이 개발되었다. 납과 붕소 같은 물질의 도입은 의학과 과학 도구로 사용되기에 적합한 유리를 만들어냈다. 체계적인 연구로 인해 균일한 굴절률을 보증하기 위한 풀림, 즉 액체 상태의 유리를 조심스럽게 냉각시키는 공정도 향상되었다. 이처럼 새로운 납과 붕소 유리가 느리고 통제된 방식으로 냉각되었을 때, 고품질의 유리를 만들어내는 데 장애가 되던 많은 요소들이 제거되었다.

Q. 다음 진술 중, 본문의 내용과 일치하는 것은?
(a) 납은 높은 투명도를 얻기 위한 광택제로 사용된다.
(b) 페니키아인들은 고품질의 유리를 만들었다.
(c) 광학 유리를 만드는 것은 오래된 기술이다.
(d) 초기의 유리는 과학적인 용도로 적합하지 않았다.

어휘 optical 시각의, 광학의 / clarity 투명도 / polish 광택 / incorporate 합병하다, 섞다 / Phoenician 페니키아 사람 / chromatic aberration 색수차(色收差) / deformity 기형, 결함 / lead 납 / boron 붕소 / instrumentation 수단, 매개 / anneal (유리 등을) 달구었다가 천천히 식혀 강화시키다, 풀림 하다 / homogeneity 균질성 / refractive index 굴절률

해설 (a) 본문을 통해 알 수 없는 내용이기 때문에 오답이다.
(b), (c) 페니키아인들이 만들던 유리와 다른 고품질의 유리는 17세기가 되어서야 개발된 것이라는 내용이 나오므로 오답이다.
(d) 납, 붕소 등의 물질을 도입한 후, 의학과 과학 도구로 적합한 유리가 만들어졌다는 내용이 나오므로 정답이다.

9. (c)
저희의 혁신적인 미라클 레몬 클리너로 어떤 표면이든 닦으세요! 특허 출원 중인 이 새로운 제조법은 부엌 싱크대는 흠집이 남지 않게, 거울은 표면이 뿌옇게 되지 않게 하고, 목재는 변색되지 않게, 그리고 바닥은 미끄러워지지 않게 해줍니다. 더 이상 집안의 서로 다른 표면을 닦기 위해 세 가지 다른 종류의 세제를 사실 필요가 없습니다. 저희의 제조 방식은 모두 레몬과 다른 과일의 자연 성분을 기초로 사용하기 때문에, 이 세제는 아이들이나 애완동물들에게 해롭지 않습니다. 이 놀라운 제품은 25온스 들이 당 단 19달러 95센트로 여러분의 것이 될 수 있습니다. 저희 세제는 전액 환불 보증을 실시하고 있습니다. 만일 어떤 이유에서든 제품이 마음에 들지 않으면 저희에게 보내주시기만

하세요. 구입금 전액을 환불해드릴 것입니다! 이 혁신적인 새로운 세제는 888-625-4653번으로 저희에게 직통으로 전화주셔야만 구입 가능합니다. 오늘 전화해서 스폰지 세트를 사은품으로 받으세요.

Q. 본문을 통해, 미라클 레몬 클리너에 대해 추론할 수 있는 것은?
(a) 그것은 특허받은 제조 방식을 사용한다.
(b) 그것은 차를 닦는 데 특히 효과적이다.
(c) 그것은 어떤 화학 성분도 사용하지 않는다.
(d) 그것은 아이들과 동물들이 접근할 수 없는 곳에 보관되어야 한다.

어휘 revolutionary 혁명적인 / patent-pending 특허 출원 중인 (patent 특허를 받다) / formula 방식, 제조법 / scratch 흠집, 긁힌 자국 / darken 희미하게 하다 / slippery 미끄러운 / ingredient 재료, 원료 / guarantee 보증 / refund 환불해주다

해설 (a) 특허 출원 중(patent-pending)이라고 하였기 때문에 오답이다.
(b) 집안의 다양한 표면을 닦는 데 사용된다고 했을 뿐, 차에 대한 언급은 없기 때문에 오답이다.
(c) 모두 자연 성분만 사용한다고 했으므로 정답이다.
(d) 아이들과 애완동물에게 해가 없다고 했으므로 오답이다.

10. (c)
그린란드 상어는 차가운 북극 바다에 살며, 백상아리의 크기와 비슷하고 무게는 1톤 정도 나갈 수 있다. (a) 매년 수천 마리의 이 상어들이 낚시꾼들의 그물에 포획되어 죽는다. (b) 이러한 엄청난 양의 버려지는 생명을 보다 유용한 것으로 전환하기 위하여 그린란드 시시뮤트에 있는 북극 기술원의 연구자들은 상어의 기름기 많은 살을 이용해 생물 가스를 만들어 내는 방안을 연구 중이다. (c) 그 상어의 고기는 인간에게 치명적이어서 남아메리카에 수출되었을 때 식중독을 발생시켰다. (d) 연구자들은 그린란드 상어에서 얻은 생물 가스에서 추출한 생물 연료가 그 지역 마을에 필요한 에너지의 13퍼센트 정도를 공급할 수 있을 것이라고 추정한다.

어휘 Arctic 북극의 / colossal 거대한, 어마어마한 / investigate 조사하다, 연구하다 / flesh 살 / toxic 유독한, 치명적인 / outbreak 발발, 발생 / food poisoning 식중독 / export 수출하다 / estimate 추정하다 / derive 얻다, 추출하다

해설 그린란드 상어의 기름기 많은 살을 이용해 생물 가스를 만들어 지역 마을의 에너지원으로 사용할 수 있다는 내용의 글이므로 그 상어의 고기가 식중독을 유발한다는 (c) 문장은 흐름과 맞지 않는다.

1. (b)	2. (c)	3. (a)	4. (a)	5. (d)
6. (d)	7. (a)	8. (d)	9. (d)	10. (c)

1. (b)
지정학적으로 중요한 지역에 위치하고 있었기 때문에, 카나리아 제도는 역사상 많은 나라에 의해 점령당하고 식민 지배를 받아왔다. 서기 1세기에 로마인들에 의해 최초로 발견된 후, 그것들은 이후 포르투갈인들과 이탈리아인들, 그리고 아랍인들 사이에서 10세기부터 13세기까지 내내 북아프리카의 경쟁의 장이 되었다. 스페인의 점령은 1402년에 시작되어 거의 100년간 저항을 받으며 지속되었다. 한 때 스페인 카스티야의 정복자 베텐쿠르가 그 섬의 가치를 이용해 그 섬을 포르투갈에 팔려고 시도했다. 카스티야 정부가 그 거래에 대해 거부하였을 뿐 아니라 지역 주민들이 끊임없이 저항하여 포르투갈인들은 결국 1479년에 지배권을 포기하였다.
(a) 가장 유명한 휴가 리조트들 중의 하나가 되었다
(b) 많은 나라에 의해 점령당하고 식민 지배를 받아왔다
(c) 유럽과 아프리카 사이의 주요한 무역 중심지가 되었다
(d) 유럽의 강대국들로부터 고립되었다.

어휘 geopolitically 지정학적으로 / arena of competition 경쟁의 장 / conquest 정복 (conqueror 정복자) / resistance 저항 / capitalize on ~을 이용하다 / local 지방민; 지역의 / repudiation 거절, 부인 / relinquish 포기하다, 양도하다 / colonize 식민지로서 개척하다 / hub 중심, 중추

해설 빈칸 앞에서 카나리아 제도가 지정학적으로 중요한 위치에 있다고 했고, 빈칸 뒤에서 이 지역을 두고 경쟁했던 포르투갈인들, 이탈리아인들, 그리고 아랍인들에 이어 스페인인들의 예를 언급한 것으로 보아 이 지역은 역사적으로 오랫동안 점령당했거나 식민 지배를 받아왔음을 알 수 있다.

2. (c)
마푸아 파인 인더스트리의 운영이사인 존 해링턴은 새로운 '쓰리 리버스 펠리트 시설'을 위한 테이프를 끊었다. 이것은 국내 기업인 마푸아 파인 인더스트리와 덴마크의 호프만사(社) 간의 합작회사이다. 이 공장 설비는 5년간의 노력의 결과물이고 호주에서는 동종업계 최초이다. 그 공장의 최첨단 기술은 나무 가공에서 나오는 폐기물을 유럽에 판매할 연료 알갱이로 전환해줄 것이다. 해링턴 씨에 따르면 그 공장 설비는 두 회사 사이의 장기 협력의 시작으로, 내년 말에 모두 가동을 시키면, 그것은 150명의 직원을 고용할 것으로 기대되며, 이는 지역 경제에 수백만 달러를 벌어다 줄 것이다. 그는 또한 이번 프로젝트의 핵심이 마푸아의 폐기물을 높은 이익을 남기는 상품으로 전환시켜 지속 가능하고 환경 친화적인 에너지를 향한 유럽의 열망을 충족시켜 주는 것이라고 강조했다.
(a) 안전하고 적당한 비용이 드는 나무 가공법

(b) 국내의 마푸아 파인 인더스트리와 합작

(c) 지속 가능하고 환경 친화적인 에너지

(d) 비용을 절감하기 위한 현지인 고용

어휘 joint venture 합작회사 / culmination 정점, 성취, 완성 / state-of-the-art 최첨단의 / convert A into B A를 B로 전환시키다 / pellet 작은 알, 탄약 / high margin 높은 이익을 남기는 / affordable 가격이나 비용이 적당한 / sustainable 지속할 수 있는 / environmentally friendly 환경 친화적인

해설 본문은 나무 가공 과정에서 나오는 현지의 폐기물을 에너지로 전환하여 유럽에 판매하게 된 합작회사에 관한 내용이므로 이를 바탕으로 빈칸에는 (c)가 들어갈 것임을 유추할 수 있다.

3. (a)

잠은 신체에 꼭 필요한 휴식을 제공하고 면역체계를 도울 뿐만 아니라, 정신적 각성에도 매우 중요한 역할을 한다. 적절한 양의 양질의 숙면은 당신의 기억력, 집중력과 반응 시간을 개선시킬 것이다. 하지만 만성적인 수면 부족으로 고생하는 사람들은 신체 조정력에 있어 현저한 감퇴를 보이는 것으로 보고되었다. 넬슨 파웰 박사가 이끈 스탠포드 수면장애 클리닉의 1999년의 연구는 수면 결핍이 반응 시간에 미치는 영향이 너무나 많은 양의 알코올을 섭취한 양상과 비슷하다는 것을 발견했다. 반응 능력의 감소가 어떤 경우에는 심각한 문제가 아닐 수도 있지만, 트럭 운전사, 비행기 조종사나 의사와 같이 고도의 집중력을 요구하는 직업에 있는 사람들에게는 반응 시간의 작은 변화조차도 참담한 결과를 가져올 수 있다.

(a) 신체 조정력에 있어 현저한 감퇴

(b) 상당한 기억력 감퇴

(c) 다양한 중증의 건강 문제들

(d) 술을 마시고자 하는 강한 중독성

어휘 immune system 면역체계 / alertness 각성 / optimum 최적의, 적정의 / concentration 집중력 / chronic 만성적인 / deprivation 결핍, 부족 / occupation 직업 / disastrous 피해가 막심한, 비참한 / coordination (신체 동작의) 조정력 / failure 감퇴 / addiction 중독

해설 빈칸 뒤에 제시된 연구결과에 의하면 수면 부족은 술에 취한 상태와 마찬가지로 상황에 대한 사람의 반응 능력을 떨어뜨린다고 했으므로 이와 관련 있는 내용을 골라야 한다. 따라서 정답은 (a)가 된다.

4. (a)

커피를 마시는 많은 이유들이 있지만, 여기 당신이 아마도 알지 못했을 수도 있는 한 가지가 있다. 그것이 당신이 뇌졸중에 걸릴 위험을 감소시킬지도 모른다는 것이다. 최근의 한 연구는 매일 4잔 이상의 커피를 마시는 것이 뇌졸중에 걸릴 가능성을 약 20퍼센트 정도 감소시킨다는 것을 보여주었다. 커피를 마시는 사람들이 누리는 많은 다른 것들을 비롯한 이러한 이점의 원천은 커피의 그 어떤 개별 성분이라기

보다는 커피 그 자체인 것으로 보인다는 사실에 주목하는 것은 흥미롭다. 이것의 이유는 커피가 혈관 작용을 증진시키는 독특한 항산화제를 포함하기 때문이고, 그래서 혈액이 뇌로 흘러가는 것을 증대시키고 뇌졸중의 위험을 막는다. 즉, 당신은 콜라나 차와 같은 다른 카페인 포함 제품으로부터는 이와 똑같은 건강상의 이점을 얻지 못할 것이다.

(a) 즉

(b) 그러나

(c) 예를 들면

(d) 오히려

어휘 reduce 줄이다 / risk 위험, 위험 요소 / stroke 뇌졸중 / source 원천, 근원 / component 구성 요소, 성분

해설 빈칸 앞에서 커피의 특정 성분이 아닌 커피 그 자체가 뇌졸중의 위험을 감소시킨다는 내용이 나오고, 빈칸 뒤에서는 카페인 성분이 포함된 제품이라도 커피에 의해 얻을 수 있는 것과 같은 건강상의 효과를 얻지 못한다고 언급하고 있으므로, 빈칸에는 앞의 내용을 부연해주는 연결사 (a)가 적절하다.

5. (d)

미국 패션 디자이너 협회는 패션쇼 무대에 서는 모델들의 건강 기준에 관한 대중들의 강력한 요구에 대응하지 않을 수 없었다. 최근 몇 년간, 모델 산업은 점점 극도로 마른 모델들을 주인공으로 내세웠다. 그러나 일부 어린 저체중 모델들이 병에 걸리거나 심지어 죽음에 이르는 것이 이러한 경향의 의학적 시사점에 관심을 불러일으켰다. 모델들의 생명을 위협하는 것에 더하여, 보다 광범위한 대중들 사이에서도 그러한 건강 문제가 생길 가능성이 증가할 수 있다는 것이 우려되었다. 협회는 모델들의 새로운 몸무게 조건을 정한 건강 계획안을 만들고 젊은 모델들을 보호하기 위해 섭식 장애에 대한 교육 홍보를 하는 것으로 조치를 취했다.

Q. 본문의 주제는 무엇인가?

(a) 어린 모델들이 저체중인 이유

(b) 패션쇼 무대에서 건강하게 보이는 것의 중요성

(c) 미국 패션 디자이너 협회의 우려

(d) 패션 모델들에 대한 건강 기준의 필요성

어휘 outcry 강력한 항의 / runway 활주로; 패션쇼의 무대 / feature 특징으로 하다, 주연으로 삼다 / implication 함축, 암시 / likelihood 있음직함, 가능성 / eating disorder 섭식 장애

해설 본문은 전미 패션 디자이너 협회가 건강에 위협을 받고 있는 저체중 모델들과 이에 영향을 받을 수 있는 대중들을 위해 새로운 건강 계획 및 교육 홍보 등의 대책을 마련했다는 내용이므로 정답은 (d)이다.

6. (d)

최근 몇 년간, 매우 다양한 무알코올 맥주(즉, 유사맥주)와 와인이 출

시되었다. 그것들은 술을 만드는 것과 본질적으로 정반대인 과정에 의해 만들어 진다. 이것은 높은 온도를 필요로 하지 않는 진공 증류와 역삼투라는 두 가지 공법을 사용해 만들어진다. 알코올 성분을 남기고 다른 성분들을 버리는 대신에 알코올 그 자체가 제거된다. 그럼에도 불구하고, 소위 무알코올 음료도 약간의 알코올을 함유하긴 한다. 연방 법률에 따르면, 그것들은 단위당 0.5% 미만의 알코올은 함유할 수 있도록 허용된다. 그러므로 법적 혹은 종교적 이유로 술을 마시는 것이 금지된 사람은 이러한 음료 역시 마셔서는 안 된다.

Q. 본문의 가장 적절한 제목은 무엇인가?
(a) 알코올 음료와 무알코올 음료의 차이점
(b) 무알코올 음료와 관련된 오해
(c) 금주법의 필요성
(d) 무알코올 음료의 알코올 함유

어휘 reverse 정반대 / distillation 증류 / reverse osmosis 역삼투 / discard 버리다 / eliminate 제거하다 / retain 함유하다, 보유하다 / federal 연방의 / forbidden 금지된 / legal 법적인 / under age 미성년인 / beverage 음료

해설 본문의 앞 부분에서는 무알코올 음료를 만드는 과정이 알코올 음료를 만드는 과정과 반대라는 내용이 있으므로 선택지 (a)를 정답으로 오해할 수도 있으나, 본문의 중심내용은 무알코올 음료라 하더라도 어느 정도의 알코올 성분을 함유하고 있다는 것이다. 따라서 정답은 (d)이다.

7. (a)

1939년 캐나다 오타와에서 태어난 마가렛 앳우드는 시인으로서 그녀의 작품 활동을 시작했다. 맨 처음 출간된 그녀의 시집은 〈게임의 순환〉이라고 불리는 것으로, 국가적인 인정을 받았고 저명한 문학상을 수상했다. 그녀는 시를 계속 썼고 몇 권의 책을 더 출간했지만, 단편과 장편 소설 작가로서도 문학에서 대단한 명성을 떨쳐왔다. 그녀는 작문 기술을 독특하게 숙달하여, 인간 동기에 대한 심오한 통찰력을 이용해 놀랍도록 현실적인 인물을 창조한다. 게다가 〈시녀 이야기〉같은 소설 속의 인간 본성과 사회에 대한 그녀의 관찰은 인습적인 지혜와 사회적 규범에 도전한다. 그녀의 작품 선집은 논쟁과 논란의 폭풍을 일으켰고, 그녀를 20세기의 가장 위대한 작가의 반열에 확고히 자리매김하게 했다.

Q. 본문 내용 중, 마가렛 앳우드에 대해 옳은 것은?
(a) 그녀의 작품은 존경과 논쟁을 모두 받았다.
(b) 그녀의 작품은 상업적 성공 혹은 비평가의 갈채를 얻지 못했다.
(c) 그녀는 시인으로서의 자신의 역할에서 벗어날 수 없었다.
(d) 그녀는 소설 작품을 쓰고 출판하는 것에만 전념했다.

어휘 recognition 인정 / prestigious 이름이 난 / volume 책 / make a mark 이름을 떨치다 / craft 재주, 기술 / profound 심오한 / insight 통찰력 / conventional 인습의 / norm 규범, 전형

해설 (a) 그녀의 작품은 논쟁을 불러일으켰지만, 20세기의 가장 위대한 작가의 반열에 서게 해 주었다는 내용으로 보아 정답이다.
(b) 본문에 언급되지 않은 내용이므로 오답이다.
(c), (d) 그녀가 시인으로 작품 활동을 시작하였고 계속 시를 지었고, 소설가로서도 성공했다는 내용이 있으므로 오답이다.

8. (d)

미국 농림부는 대중들에게 매일매일 건강하게 섭식하는 방법을 교육하기 위한 수단으로 '음식물 지침 피라미드'를 만들었다. 이러한 도구 이면의 지침은 음식물의 재료를 유사한 영양 성분을 바탕으로 하는 군으로 분류하는 것이다. 미국 농림부(USDA)의 최초 지침은 세 가지 기초 식품군인 탄수화물, 야채, 그리고 단백질을 골자로 하였다. 이것은 1956년에 4대 기초 식품군인 육류(가금류, 생선, 콩류, 달걀, 그리고 견과류를 포함함), 유제품, 곡류, 그리고 과일과 야채류로 나뉘었다. 1980년대에 미국 농림부는 4대 식품군을 5대 식품군으로 대체하였다. 그러나 개정된 체계는 1992년에 미국 농림부가 음식물 지침 피라미드, 즉 식품군의 분류 체계를 보여주는 그림으로 된 설명을 도입하고 나서야 비로소 널리 사용되었다.

Q. 다음 진술 중, 본문의 내용과 일치하는 것은?
(a) 육류 제품과 단백질은 동일한 식품군을 의미한다.
(b) 미국 농림부는 최초에 식품을 4개의 범주로 나누었다.
(c) 음식물 지침 피라미드는 1980년에 도입되었다.
(d) 오늘날 음식물 지침 피라미드는 5대 식품군을 포함한다.

어휘 classification 분류 / substance 재료, 내용 / comparable 유사한 / nutrient 영양이 되는; 영양분 / carbohydrate 탄수화물 / poultry 가금류 / legume 콩류 / dairy products 유제품 / hierarchy 계층, 분류체계

해설 (a) 육류는 4대 식품군의 하나이고 단백질은 그 이전의 3대 식품군의 한 부류이므로 두 식품군이 동일하다고 할 수 없다.
(b) 미국 농림부의 최초 지침은 탄수화물, 야채, 단백질의 3개의 식품군이었다는 내용이 나오므로 오답이다.
(c) 음식물 지침 피라미드는 1992년에야 비로소 도입되었다고 했으므로 오답이다.
(d) 1980년대에 4대 식품군에서 5대 식품군으로 개정이 되었고, 1992년 이후부터 널리 사용되고 있다고 했으므로 정답이다.

9. (d)

자녀들의 학교생활에 대한 최신 정보에 관심이 있는 학부모님들께서 학교 웹사이트에서 정보를 이용하시게끔 해드립니다. 사이트에서 작성 가능한 간단한 등록 양식을 완성하신 후 학부모님들과 법정 후견인들께서는 성적, 시간표, 수업 과제와 출석 내역 등 많은 유용한 기록들에 접근하실 수 있습니다. 수업 과제와 출석 기록 같은 몇몇 정보는 매일 꾸준히 갱신됩니다. 이 정보를 이용하여 학부모님들은 자녀들이 정기적으로 출석을 하고 있는지, 그들의 모든 과제를 제때 마치고 있는지를 확인하실 수 있는데, 이들은 적절한 교육을 받고 있는지에 있

어 두 가지 중대한 요소들입니다.

Q. 학부모가 학교 웹사이트에서 찾을 수 없는 것은?
(a) 등록 양식
(b) 출석 기록
(c) 수업 과제
(d) 법적 정보

어휘 up to date 최신의 / make use of ~을 사용하다 / registration form 등록 양식 / access 접근하다 / assignment 과제 / attendance 출석 / assure 확인하다 / component 요소

해설 학교 웹사이트에서 제공되는 등록 양식을 작성하면 성적, 시간표, 수업 과제, 출석 기록을 확인할 수 있다고 했으나 법적 정보에 관해서는 어떤 언급도 없으므로 정답은 (d)이다.

10. (c)
소설이나 비소설 서적을 출간할 때 한 가지 중요한 점은 그 책을 위한 가장 시장성이 있는 제목을 고르는 것이다. (a) 이런 분야에 경험이 있는 전문가들은 최적의 제목을 고르기 위해 충분히 검증된 방식을 적용할 수 있다. (b) 그들이 사용하는 방식의 예로는 한 단어 제목이나 두 단어 제목, 문장으로 된 제목, 전치사로 시작하는 제목이나 관용어구로 된 제목 등이 있다. (c) 일반적으로 말해, 관용적 어구 사용은 그 언어를 모국어로 하지 않는 사람들은 이해하기 더 힘들다. (d) 책의 특정 종류에 따라 적합한 제목의 방식이 서로 다르다. 예를 들면, 관용어구로 된 제목은 특히 자기계발 서적에 적합할 수도 있다.

어휘 marketable 잘 팔리는, 시장성이 있는 / formula 방식, 공식 / prepositional 전치사의 / idiomatic 관용 어법의 / self-help 자립하기 위한; 자기 수양

해설 서적 출간 시 제목을 고르는 것이 중요하며 책의 종류에 따라 제목을 붙이는 방식도 달라진다는 것이 본문의 요지이다. (c)는 바로 앞 문장의 idiomatic 이라는 단어를 사용하여 언뜻 보면 연관성이 있는 것 같으나, 요지와 전혀 상관없는 내용이므로 글의 흐름에 어긋난다.

Mini TEST 11
p.136-140

| 1. (a) | 2. (d) | 3. (a) | 4. (b) | 5. (d) |
| 6. (c) | 7. (d) | 8. (b) | 9. (d) | 10. (a) |

1. (a)
네덜란드인 탐험가인 아벨 타즈만이 1642년에 현재 뉴질랜드 남섬의 골든만으로 알려져 있는 지역을 발견했을 때, 그와 그의 선원들은 원주민 정착의 흔적을 보고 안도하였다. 마오리 원주민들에 의해 띄워진 와카, 즉 원주민의 카누를 탄 대표단이 해변으로부터 유럽인들

의 배 근처로 가까워졌을 때, 그 배의 선원들은 불안했지만 희망적이었다. 와카들은 경원(敬遠)을 표하는 거리를 두고 모여있었고 깃털 장식을 한 원주민들은 소라 껍데기를 불었다. 타즈만은 이것을 평화적인 인사라고 판단하였고 소통하려는 시도를 했다. 불행히도, 마오리족은 그들의 의례적 도전 행위에 대한 반응을 오해했고 와카에서 공격을 개시했다. 그 사건으로 타즈만의 배가 그 만을 가까스로 떠나기 전에 그의 선원 중 네 명이 숨졌다.
(a) 이것을 평화적인 인사라고
(b) 원주민들이 배가 고파 먹을 것을 찾던 중이라고
(c) 원주민들이 네덜란드어를 이해할 수 있을 것이라고
(d) 그의 선원들이 떠날 준비가 되었다고

어휘 sight 발견하다, 보다 / launch (보트 등을) 물에 띄우다, 발진시키다 / settlement 정착, 이민 / contingent 대표단 / near 가까워지다 / vessel 배 / conch 소라 / misinterpret 오해하다

해설 타즈만이 원주민들의 의식 행위에 대해 의사소통을 시도한 것과 Unfortunately 이하에서 원주민들이 한 행동을 비교해 보면 타즈만과 원주민들의 의도가 달랐다는 것을 짐작할 수 있다. 따라서 답은 (a)이다.

2. (d)
가르시아 박사님께
이 편지는 제가 11월 학회에 참석을 못해서 결국 발표를 하지 못하게 될 수도 있음을 알려드리고자 하는 것입니다. 우리가 논의한 대로, 저는 제 예산한도 내에서 표를 예약할 수 있을 것이라는 기대를 갖고 부에노스 아이레스까지 가는 항공 요금을 알아보았습니다. 하지만 학회가 있는 주의 항공 요금은 우리가 지난 달에 이야기했을 때 제가 생각했던 것보다 훨씬 비쌌습니다. 저의 연구 결과에 대한 귀하의 관심에 깊이 감사 드리기에, 귀하의 단체가 저의 이동 경비를 대주실 수 없으시다면 제가 귀하의 초청을 거절해야만 한다는 점이 유감스럽습니다. 만일 귀하의 도움으로 비행기표를 구할 수 있다면 최선을 다해 그곳에 갈 수 있도록 마지막까지 조정해 보도록 하겠습니다.
(a) 귀하가 학회를 12월로 미루지 않는다면
(b) 학회 개최지가 훨씬 더 가까운 곳으로 변경되지 않는다면
(c) 제가 출발하기 전에 항공 요금이 상당히 인하되지 않는다면
(d) 귀하의 단체가 저의 이동 경비를 대주실 수 없으시다면

어휘 make a presentation 발표를 하다 / airfare 항공요금 / budget 예산 / decline 거절하다 / arrangement 조정, 조절 / venue 회합 장소, 개최 예정지 / cover (비용·손실 등을) 보상하다 / travel expenses 이동 경비

해설 본문의 중심내용은 비행기 표가 예상보다 비싸서 학회에 참석할 수 없다는 것이다. 그럼에도 불구하고 글쓴이는 참석을 원하고 있고, 결정적으로 마지막 문장에서 'If I have the ticket with your help' 라고 했으므로 글쓴이가 주최 측에 경비 부담을 원한다는 것을 알 수 있다. 따라서 정답은 (d)이다.

3. (a)

당신은 그림 그리기가 어린 아이들이나 재능 있는 화가들을 위한 활동이지 여가 시간에 당신 스스로가 할 것 같지는 않은 일이라고 여길지 모른다. 실제로 연구자들은 대부분의 어린 아이들은 거리낌없이 자유롭게 그림을 그리지만, 아이들이 8세 경이 됐을 때 예전처럼 자유로이 그림을 그리지 않게 되는 경향이 있다는 것을 발견했다. 어린이들이 연필을 집어 들어 그림을 그리는 것을 덜 하려는 이유 중 하나가 단지 그 아이들이 많은 어른들이 그렇게 하는 것을 보지 못하기 때문이라는 것을 알게 되면 당신은 아마도 놀랄 것이다. 다시 말해, 미술 작품을 창작하는 것에 대한 우리의 문화적 두려움은 <u>계속되는 순환</u>이 된다. 당신은 충동을 느낄 때마다 그림을 그리거나 그냥 낙서라도 하려는 의식적인 노력을 함으로써 이것에 대해 무언가 할 수 있다.

(a) 계속되는 순환
(b) 과거 사고방식들의 재활용
(c) 보람 있는 취미
(d) 우리가 두려워하는 것의 실행

어휘 spare time 여가 시간 / inhibition 억제, 억압 / doodle 낙서하다 / urge 충동 / idea 사고방식 / pastime 취미, 놀이 / fulfillment 이행, 수행

해설 그림 그리는 어른들을 보지 못한 아이들은 어른이 되어서도 그림을 그리지 않을 것이고 이를 보는 아이들도 똑같이 되는 상황이 반복될 것이므로 (a)가 정답이다.

4. (b)

입체주의와 초현실주의는 모두 19세기 후반 주류 미술 양식으로부터의 중대한 이탈이었지만, 그것들은 또한 서로 매우 달랐다. 비록 입체주의 운동은 단명했지만, 그 영향력과 영감은 오늘날까지도 남았다. 초현실주의는 '진정한' 입체주의 예술가들의 때 이른 단절 이후 예술 운동으로 계속되었다. 그것은 30년 이상 동안 그 영역을 문학과 음악, 심지어 영화로까지 확장했고, 많은 초현실주의 예술가들은 복합적인 예술 형식을 추구했다. 많은 저명한 현대 미술가들이 아직도 초현실주의 스타일의 그림을 제작한다. 역사적으로 말해, 입체주의가 이전의 현실주의와 인상주의 회화의 미술 사조에 대한 반항이었고, <u>반면에</u> 초현실주의는 제1차 세계대전이 몰고 온 파괴와 사회적 격변에 관한 잊혀지지 않는 기억에 대한 반작용이었다.

(a) 만약 ~라면
(b) 반면에
(c) ~이니까
(d) 비록 ~일지라도

어휘 cubism 입체파 / surrealism 초현실주의 (surrealist 초현실주의 화가) / departure 이탈 / mainstream 주류 / short-lived 단명한 / premature 때 이른 / impressionistic 인상주의의 / haunting 마음에서 떠나지 않는, 잊혀지지 않는 / upheaval 격변, 대변동

해설 입체주의와 초현실주의의 차이점을 설명하는 내용이므로 마지막 문장에서도 빈칸 앞에서는 입체주의의 역사적 특징을, 빈칸 뒤에서는 초현실주의의 역사적 특징을 대조하고 있다. 따라서 대조의 연결사인 (b)가 정답이다.

5. (d)

1992년에 컴퓨터 소프트웨어의 거대 기업인 마이크로소프트는 백과사전 사업을 시작하기로 결정했는데, 이것은 수십 년간 브리태니커 백과사전의 출판사인 브리태니커가 우위를 차지해온 분야였다. 마이크로소프트는 중소 백과사전 출판업체를 사서 그것의 내용을 이용해 멀티미디어 특성을 갖춘 CD를 개발했다. 마이크로소프트의 CD판 백과사전인 엔카르타는 49달러 95센트에 소비자들에게 소개되었다. 양장본으로 된 브리태니커 백과사전 한 질은 당시 1,600달러였다. 브리태니커는 우선 예약 구독 기반의 온라인 검색을 도입하고 마침내 1996년에 CD 버전의 브리태니커 백과사전을 소개함으로써 이에 대응했다. 그러나 브리태니커는 엔카르타에 의해 주도된 전자 CD 백과사전의 시장 점유율을 계속해서 잃었다. 1996년에는 그 매출액이 약 3억2천만 달러에 불과했던 것으로 추정되는데, 이는 1990년 매출액의 절반 가량이다.

Q. 본문은 주로 무엇에 관한 글인가?
(a) 종이 백과사전의 최후와 CD 버전의 도래
(b) 후발 주자로서의 마이크로소프트가 직면한 난관들
(c) 브리태니커의 시장 점유에 관한 미래의 전망
(d) 브리태니커가 마이크로소프트에 패배한 과정

어휘 encyclopedia 백과사전 / dominate 지배하다, 우위를 차지하다 / second-tier 2류의, 중소의 / hardback 양장본 / subscription 예약구독, 신청 / market share 시장 점유율 / advent 도래, 시작 / late starter 후발 주자 / prospect 전망 / defeat 패배시키다

해설 수십 년간 백과사전 시장에서 우위를 차지해온 브리태니커가 후발 업체인 마이크로소프트사에게 10년도 채 되지않아 시장을 내주게 된 과정을 설명한 글이다. 따라서 정답은 (d)가 된다.

6. (c)

요즘 영화를 만드는 데 사용되는 장비와 기술은 초기의 영화 카메라로부터 극적으로 발전한 것임을 나타낸다. 영화 역사의 초창기 몇십 년간 카메라는 소리 녹음이 불가능하게 만들어졌다. 그 결과, 모든 영화는 무성영화였다. 이를 보완하기 위해 영화 상영에는 보통 라이브 음악 연주나 영사 기사가 하는 말이 곁들여졌다. 게다가 초기의 카메라는 고정되도록 만들어져서 움직이는 차량에 카메라를 장착해야만 움직이는 느낌을 찍을 수 있었다. 이런 방법으로 찍은 몇몇 초기 영화들은 카메라맨이 기차를 타고 지나가는 풍경에 카메라를 맞춤으로써 만들어졌다. 19세기 말에 카메라는 삼각대 위에서 회전할 수 있게 만들어지기 시작했다. 그러나 음향은 1920년대 후반이 되어서야 비로소 도입되었다.

Q. 본문의 주제는 무엇인가?
(a) 무성영화의 광고 기술의 역사
(b) 옛날 무성영화와 영사 기사에 대한 동경
(c) 초기 영화의 열악했던 장비와 기술
(d) 초기 영화와 현대 영화의 비교

어휘 equipment 장비 / dramatic 극적인 / make up for 보상하다, 벌충하다 / accompany ~을 수반하다 / projectionist 영사 기사 / impression 인상, 느낌 / rotate 회전하다 / tripod 삼각대 / longing for ~에 대한 향수[그리움]

해설 초창기 영화 촬영 카메라의 열악한 조건으로 인해 발생했던 상황들을 열거한 내용이므로 정답은 (c)이다.

7. (d)
미국 의회는 탄핵을 오직 극단적인 경우에 한해 호소할 조치로 여긴다. 1789년 이래로 62건의 사건에 대해 탄핵 절차가 미 하원에서 발의되었다. 이것들의 결과로, 한 명의 상원 의원과 13명의 연방 판사의 탄핵을 포함한 17건의 실제 탄핵이 발생했다. 1867년의 앤드루 존슨과 1998년의 빌 클린턴 두 명의 대통령이 탄핵되었는데, 그 둘 모두 사면되었다. 리처드 닉슨은 때때로 탄핵되었던 것으로 여겨지지만, 그는 거의 확실한 탄핵을 맞이한 시점에 사임하였다. 주(州) 수준에서는 주 의회 역시 정부 공무원을 탄핵할 수 있는 권한을 가진다. 8명의 미국 주지사들이 탄핵당했는데 그들 중 한 명을 제외하고는 모두 공직에서 물러났다.

Q. 다음 중, 본문의 내용과 일치하는 문장은?
(a) 1789년 이래로 주지사보다 대통령이 더 많이 탄핵되었다.
(b) 오직 연방 판사들만이 정부 공무원을 탄핵할 권한을 갖는다.
(c) 빌 클린턴은 미국 역사에서 탄핵 받은 최초의 대통령이었다.
(d) 탄핵받았던 두 명의 대통령 모두 공직에서 물러나지 않았다.

어휘 Congress (미국의) 국회, 연방 의회 / impeachment 탄핵 (impeach 탄핵하다) / resort (보통 달갑지 않은 수단에) 호소하다, 의지하다 / initiate 제안하다, 발의하다 / the House of Representatives 미 하원 / acquit 무죄를 선고하다 / legislature 주 의회, 입법부

해설 (a) 대통령은 2명, 주지사는 8명이 탄핵되었다는 내용이 나왔으므로 오답이다.
(b) 주 의회 역시 정부 공무원에 대한 탄핵권을 갖는다고 했으므로 오답이다.
(c) 1867년에 앤드루 존슨 대통령이 탄핵되었다는 내용이 나오므로 오답이다.
(d) 탄핵받은 두 명의 대통령 모두 사면되었다고 했으므로 정답이다.

8. (b)
기업들은 무엇이 훌륭한 고객 서비스를 구성하는가에 대해 서로 다른

개념을 가지고 있다. 일부는 고객이 왕이라는 접근법을 따르고, 반면에 다른 일부는 고객을 인정하는 것을 그들의 우선순위 목록에서 비교적 낮은 순위에 둔다. 그러나 대부분의 상담가들은 고객 서비스를 향상시키려 노력하는 회사들은 이러한 면을 무시하는 회사보다 더 높은 수익을 낼 수 있다는 점에 의견을 같이한다. 이는 고객들이 제품이나 서비스를 구매하려고 할 때 존중받는 것에 대해 고마워하기 때문이다. 동일한 구매를 할 때 고객 우호적인 환경과 고객 비우호적인 환경 중에서 하나를 선택해야 하는 상황이라면, 대부분의 사람들은 기꺼이 전자를 고를 것이다. 경제가 활황일 때 기업들은 이런 원리를 무시할 수도 있다. 그러나 경제적으로 힘든 시기에는 기업들이 더 작은 규모의 소비자 집단이라도 끌기 위해 경쟁하게 되므로, 고객 서비스의 중요성이 두드러진다.

Q. 다음 중, 본문의 내용과 일치하는 문장은?
(a) 좋은 고객 서비스를 받는 사람들이 더 많은 구매를 한다.
(b) 고객 서비스는 기업의 수익을 위해 중요하다.
(c) 경기 침체기라 하더라도, 고객이 항상 중요한 것은 아니다.
(d) 수익을 내는 모든 기업들은 훌륭한 고객 서비스를 갖추고 있다.

어휘 notion 개념, 견해 / constitute 구성하다 / acknowledge 인정하다 / priority 우선순위 / profitable 이익이 되는 (profit 이익) / go about 착수하다 / flourish 번창하다 / pool 공동 집단, 그룹

해설 (a) 동일한 구매 시에는 소비자들이 고객 우호적 환경을 선택한다고는 했지만 더 많은 구매를 한다는 말은 없으므로 오답이다.
(b) 고객 서비스 향상을 위해 노력하는 기업이 그렇지 않은 기업에 비해 더 많은 수익을 낼 수 있다고 하였으므로 정답이다.
(c) 경기 침체기에는 기업들이 작은 규모의 소비자 집단이라도 끌기 위해 경쟁하게 되어 고객 서비스의 중요성이 두드러진다고 했으므로 오답이다.
(d) 고객 서비스를 중시하는 회사가 그렇지 않은 회사에 비해 수익이 높을 가능성이 있다고 했으나, 수익을 내는 모든 기업들의 고객 서비스가 훌륭한지는 본문을 통해서는 알 수 없으므로 오답이다.

9. (d)
과달루페 이달고 조약은 멕시코와 미국 간 전쟁의 종결을 나타냈고 1848년 2월 2일에 체결되었다. 멕시코 군이 미국 군대에 결정적으로 패하고 수도인 멕시코 시티가 함락된 후 멕시코 정부는 항복했다. 미국 국무부의 니콜라스 트리스트가 조약을 협상했는데, 이 자리에서 멕시코는 캘리포니아 상부와 뉴멕시코 지역을 미국에 할양했다. 이 결정에는 네바다, 유타와 콜로라도의 일부 지역뿐 아니라 현재의 애리조나와 뉴멕시코 지역까지 포함되어 있었다. 멕시코는 리오 그란데가 자국의 북쪽 국경이라는 것을 인정하는 데 동의했다. 그 대가로 미국은 멕시코에 1,500만 달러를 지불했다. 또한 그 조약에는 할양된 영토에서 사는 모든 멕시코 국민들에 대한 보호 조항도 있었다.

Q. 본문에 따르면, 과달루페 이달고 조약에 대해 추론할 수 있는 것은?

(a) 미국에게 불공정한 조약이었다.

(b) 그 조약 이후에 미국과 멕시코 사이에는 분쟁이 없었다.

(c) 할양된 영토에 사는 멕시코 사람들은 조약에 의거해 추방되었다.

(d) 멕시코는 그 조약에 의거해 그 어떤 영토도 얻지 못했다.

어휘 treaty 조약 / mark 나타내다 / decisive 결정적인, 명확한 / defeat 패배 / surrender 항복하다 / the State Department (미국의) 국무부 / negotiate 협상하다 / cede 양보하다, 할양하다 / recognize 인정하다 / boundary 경계(선) / in return 대가로 / national 국민 / exile 추방하다

해설 (a) 멕시코가 미국과의 전쟁에서 진 후 맺어진 조약이고 그 결과 멕시코의 영토 중의 일부가 미국으로 할양되었기 때문에 미국의 입장에서 불공정한 조약이라고 볼 수 없으므로 오답이다.

(b) 본문의 내용만 가지고는 알 수 없으므로 오답이다.

(c) 할양된 영토에서 사는 모든 멕시코 국민들을 보호하는 조항도 있다고 했으므로 오답이다.

(d) 멕시코 영토의 일부를 미국에 양도한다는 내용의 조약을 맺은 것이므로 멕시코는 조약의 결과 그 어떤 영토도 얻지 못했다.

10. (a)

6개 주에서 운전 중에 휴대전화를 손에 쥐고 사용하는 것을 현재 법률로 금하고 있고, 아울러 18개 주에서는 운전 중 문자 메시지를 보내는 것이 금지되어 있다. (a) 안전벨트를 하지 않은 채 운전하는 것이 사고의 원인이라는 점이 많은 연구 조사에서 밝혀졌다. (b) 2009년 캘리포니아에서 발효된 무선 통신 기기 법률은 최초 위반 시 20달러, 다음 위반부터는 50달러의 벌금이 붙는다. (c) 그러나 일부 사람들은 소형 기기들을 규제하는 법률은 집행하기가 어렵다고 주장했다. (d) 그들은 관련 법규들이 윙하며 지나가는 운전자가 단지 휴대전화 화면을 본 것이 아니라 실제로 문자 메시지를 입력하고 있었는지를 길가에 배치된 경찰관이 어떻게 판단할 수 있겠는가 하는 문제를 제기한다.

어휘 legislation 법률 / outlaw 금지하다, 불법화하다 / hand-held 손에 들고 사용하는; 소형 기기 / text 문자 메시지를 보내다 / ban 금지하다 / wireless 무선의 / go into effect 효력을 발휘하다 / fine 벌금 / offense 위반 / subsequent 이어서 일어나는 / enforce (법을) 집행하다 / station 배치하다 / whizz 윙하며 움직이다

해설 본문은 운전 중 휴대전화를 사용하는 것에 대한 규제와 이러한 법률의 문제점에 대한 글이므로, 안전벨트를 매지 않고 운전하는 것에 대해 언급한 (a)는 글의 흐름에 어긋난다.

Mini TEST 12
p.141-145

1. (c)	2. (d)	3. (d)	4. (c)	5. (c)
6. (d)	7. (b)	8. (c)	9. (b)	10. (d)

1. (c)

과학자들은 방사성 낙진에 노출된 내력이 있는 사람과 동물들을 연구해오고 있다. 1980년대 구소련(USSR) 체르노빌 붕괴와 같은 사건의 와중과 그 이후에 수집된 자료들은 논쟁의 여지가 있는 결과를 낳았다. 새로운 증거에 기초하여, 일부 전문가들은 방사선이 건강에 미치는 위험이 이전에 사람들이 생각했던 것보다는 덜하다고 확신한다. 더 많은 양일수록 방사능 노출과 관련된 위험이 증가한다고 여전히 생각되고 있으나, 최근의 자료를 검토 중인 일부 연구자들은 안전 역치의 존재를 가정했다. 그러한 역치가 확인되고 입증될 수 있다면 그것 미만의 그 어떤 (방사성) 노출도 안전하다고 여겨질 것이다. 이것은 공공 건강 정책에 분명한 시사점을 가질 것이다.

(a) 사람들이 더 많은 방사능에 노출될수록 더 위험하다

(b) 방사능 낙진에 노출되는 것이 사람들에게 전혀 영향을 미치지 않는다

(c) 방사선이 건강에 미치는 위험이 이전에 사람들이 생각했던 것보다는 덜하다

(d) 체르노빌에서의 사고는 피할 수 있었다

어휘 exposure 노출 / radiation 방사능 / fallout 방사성 낙진 / meltdown 붕괴 / yield 낳다, 초래하다 / controversial 논쟁의 여지가 있는 / posit 가정하다, 단정하다 / threshold 경계, 역(자극에 반응하는 분계점) / implication 함축, 암시

해설 빈칸 앞에서 체르노빌 사고의 영향에 대한 꾸준한 연구를 통해 논쟁의 여지가 있는 결과가 도출되었다고 했으며, 빈칸 뒤에서 방사능의 양이 많으면 많을수록 위험한 것은 사실이나 안전 역치가 존재할 수 있다는 사실을 언급했기 때문에 빈칸에는 기존에 생각했던 것보다 그 위험이 덜 할 수도 있다는 내용이 적절하므로 (c)가 정답이다.

2. (d)

전통적으로, 고등 교육 기관들은 기업이나 여타의 영리를 목적으로 하는 조직들에 공통적으로 적용된 것과 같은 사업 모델을 따르지 않아 왔다. 학계와 기업계 사이의 근본적인 차이에 대한 논쟁에서는 후자의 핵심이 되는 경제적 동인이 전자의 성공을 위해서는 덜 중요한 것이라고 간주한다. 일부 평자들은 사업 모델이 학문적 자유와 개방적인 연구 분위기에 위협을 준다고까지 말할 정도이다. 그러나 최근 많은 단과대학이나 종합대학들이 직면한 재정적 어려움은 이러한 관점에 의문을 제기했다. 실제로, 점점 더 많은 고등 교육 기관들이 이익 실현 모델에 기초하여 설립되고 있다. 이런 교육의 민영화가 계속된다면, 그에 반대하는 주장을 펼쳤던 사람들은 주목하지 않을 수 없을 것이다.

(a) 민영화의 가능성에 대해서 회의적이다

(b) 파산 신청에 대해 고려하고 있다

(c) 교육 사업 모델을 무시하고 있다

(d) 이익 실현 모델에 기초하여 설립되고 있다

어휘 institution 기관 / corporation 기업 / for-profit 영리를 목적으로 하는 / fundamental 근본적인 / the latter 후자 / the former 전자 / go so far as to say that ~라고 말하기까지 한다 / inquiry 연구, 탐구 / perspective 관점 / privatization 민영화 / take note 주목하다 / file 신청하다 / bankruptcy 파산

해설 교육 기관은 영리를 목적으로 하지 않는다는 기존의 관점을 언급한 뒤, however 이하에서 최근 재정적 어려움에 직면한 많은 고등교육 기관들이 그러한 관점에 대해 의문을 제기하기 시작했다고 했다. 결정적으로 빈칸 뒤에서 '이러한 교육의 민영화가 지속된다면'이라고 했으므로 정답은 (d)이다.

3. (d)

전 세계 자연보호구역의 양이 줄어들고 있는 것처럼 보이는 시기에, 보다 많은 사람들이 변화에 의해 위협받고 있는 세계 곳곳을 연구하고 보호하는 것에 관심을 갖고 있다. 실제로 새로운 학문 영역들이 출현하고 있는데, 그 중 하나는 생태심리학으로도 알려진 심리생태학 분야이다. 이러한 각 전문 분야의 협력적 접근은 그 명칭이 암시하듯 보다 전통적인 생태학과 심리학 분야의 결합을 나타낸다. 그것의 전제는 환경에 대한 치유는 개인적인 부분에서의 각자의 투자(노력)와 함께 시작되어야 한다는 것이다. 이 새로운 분야의 학자들은 그들 스스로를 자기를 둘러싼 세상을 바꾸기 위해 <u>실제적 방법에 참여할 뿐만 아니라 숙고하는 철학자이면서 행동주의자</u>라고 여긴다.

(a) 행동으로 보여주긴 하지만 요구될 것에 대해 숙고는 하지 않는

(b) 고안된 것에 대해 생각하지도 않고 행동을 취하지도 않는

(c) 새로운 학문 분야를 조직하는 것에 반대하는

(d) 실제적 방법에 참여할 뿐만 아니라 숙고하는

어휘 wilderness 자연보호구역 / shrink 줄어들다, 축소하다 / preserve 보호하다, 보존하다 / psychoecology 심리생태학, 생태심리학 (=ecopsychology) / multidisciplinary 각 전문 분야 협력의 / premise 전제 / heal 치료하다, 치유하다 / activist 행동주의자 / reflect (up)on ~에 대해 숙고하다

해설 심리생태학자들은 자신들을 철학자(philosopher)이면서 행동주의자(activist)라고 생각한다고 하였으므로 이 두 가지의 특성을 모두 포함한 (d)가 정답이다.

4. (c)

'정강사변(靖康事變)' 혹은 '정강의 굴욕'이라 불리는 사건은 1127년에 일어난 것으로, 이 때 북방의 여진족 왕조인 금나라의 군대는 송의 수도인 카이펑을 포위 공격하여 빼앗았다. 도시의 함락 이후, 금나라 군대는 성을 파괴하고 황실의 보물과 족자를 약탈하였으며 관료와 하인들뿐만 아니라 왕족 일가를 살해했고, 심지어 집권 황제인 흠종

과 통치 능력보다는 예술적 재능으로 더 유명했던 그의 아버지 태상황 휘종을 생포하는 데도 성공했다. 그 굴욕은 수년간 군사적 대비에 태만했던 것과 일련의 외교적 실패에서 기인한 것이었으며, 외부 침략자에 의한 그 정도의 파괴는 이전에는 중국인들에 의해 목격된 적이 없었다는 점에서 전례가 없을 정도로 충격적이었다. <u>그 결과</u>, 그 사건은 중국의 국가 정신에 지속적인 영향을 남겼다.

(a) 또한

(b) 그럼에도 불구하고

(c) 그 결과

(d) 한편

어휘 humiliation 굴욕 / besiege 포위 공격하다 / sack 빼앗다 / loot 약탈하다 / scroll 두루마리, 족자 / bureaucrat 관료 / Emperor Emeritus 태상황 (太上皇, 황제의 아버지) / stem 생기다 / unprecedentedly 전례가 없이 / psyche 정신

해설 '정강의 굴욕'이라고 불리는 역사적 사건을 소개하는 내용의 글이다. 빈칸 앞에서 중국인들이 그 정도의 파괴와 굴욕을 당한 적이 없었기 때문에 그 사건이 매우 충격적이었다고 했고 빈칸 뒤에서 앞의 내용에 대한 결과가 되는 말을 했으므로 정답은 (c)이다.

5. (c)

방어 기제 이론은 프로이드와 아동 발달과 정신 분석 분야의 선구자인 딸 안나 프로이드에 의해서 발전되었다. 방어 기제란 이드(본능적 충동의 원천)와 초자아 간의 충돌을 줄이고 그럼으로써 불안으로부터 자아를 보호하고 심리적 도피 장소까지 제공하기 위해 자아에 의해 '무의식적으로' 채택된 전략이다. 몇 가지 중요한 방어 기제에는 부정, 전치, 투사와 승화 등이 포함된다. 부정은 외적 현실의 달갑지 않은 면을 인식하는 것을 무의식적으로 거부하는 것이다. 전치는 '위험한' 대상으로부터 '안전한' 대상으로의 감정의 방향 수정이다. 투사란 자기 자신의 원치 않는 생각이나 감정을 다른 사람들의 탓으로 돌리는 것이다. 마지막으로, 승화는 원치 않는 충동을 보다 덜 파괴적인 무엇으로 변형시키려는 마음의 시도다.

Q. 본문은 주로 무엇에 관한 것인가?

(a) 방어 기제 개념의 창시자들

(b) 방어 기제에 대한 다른 정의들

(c) 방어 기제의 다양한 전략들

(d) 부정, 전치, 투사, 승화의 관계

어휘 defense mechanism 방어 기제 / psychoanalysis 정신 분석 / ego 자아 / conflict 갈등 / id 이드(개인의 본능적 충동의 원천) / superego 초자아(자아를 감시하는 무의식적 양심) / sanctuary 성역, 보호 구역 / denial 부정 / displacement 바꾸어 놓음, 전치 / projection 투사(남의 탓으로 돌리기) / sublimation 승화 / refusal 거부 / attribute ~의 탓으로 하다 / impulse 충동

해설 본문에서는 프로이드와 그의 딸인 안나 프로이드의 방어 기제

이론의 정의와 그 이론에서 말하는 방어 기제의 구체적 전략들에 대해 설명하고 있다. 따라서 정답은 (c)이다.

6. (d)

오늘, 마케팅 그룹의 귀한 일원이자 우리들 다수의 친구인 라집 딜런은 가족 중 한 분이 돌아가셨다는 비극적 사실을 통지 받았습니다. 인도에 살고 계셨던 그의 어머니께서 암과의 싸움에서 패하셨습니다. 비록 한 번도 그와 직접 일한 적이 없을 수도 있지만, 여러분 모두는 어쩌면 라집이 한 일로부터 어떤 식으로든 도움을 받았을 수도 있습니다. 그는 우리 온라인 계약 카탈로그를 위해, 고객 데이터베이스, 우리 회사 웹사이트 마케팅 분야의 업데이트, 월별 매출 보고서, 그리고 여타의 여러 가지 보고서 등의 일을 막후에서 해내는 사람입니다. 저는 우리 모두를 대표하여 우리의 마음과 기도가 그와 함께 한다고 말씀드립니다.

Q. 이 메시지의 주목적은 무엇인가?
(a) 라집 딜런과 그의 어머니에게 심심한 감사를 표하기 위해
(b) 라집 딜런이 인도로 전근가게 된다는 것을 발표하기 위해
(c) 어머니를 잃은 라집 딜런을 위해 모금을 하기 위해
(d) 직원들에게 라집 딜런과 관련된 나쁜 소식을 알리기 위해

어휘 notify ~을 통지하다 / reside ~에 거주하다 / one way or another 어떤 식으로든 / behind the scenes 막후에서 / on behalf of ~를 대표하여[대신하여] / transfer 옮기다, 전임시키다

해설 앞부분에 라집 딜런의 어머니가 돌아가셨다는 내용이 나오고, 라집 딜런에 대해 소개하는 내용이 이어진 것으로 보아 라집 딜런의 모친상 소식을 회사 직원들에게 알리기 위해서 쓰여진 공지글임을 알 수 있다.

7. (b)

뉴질랜드 마오리족이 사용하는 토착어는 사라질 위기에 처한 언어로 여겨진다. 제 2차 세계대전까지 대부분의 마오리인들은 그들의 토착어를 사용했다. 그러나 그때 이후로, 점점 더 적은 수의 사람들이 (마오리 언어를) 유창하게 말하는 것을 배워왔다. 그들의 문화유산에 대한 위협을 인지하여, 마오리 교육자들은 마오리족 아이들이 아주 어린 나이부터 자신들의 언어를 배울 수 있는 프로그램을 마련했다. 전문가들은 또한 상대적으로 소수의 사람만 사용하는 언어는 변화하는 시대에 어울리도록 그 어휘를 새롭게 하지 못하는 위험에 처하게 된다고 경고한다. 그리하여 마오리족은 컴퓨터나 휴대전화와 같은 현대의 물품을 나타내는 새로운 어휘들을 만들어내는 연구회를 개최하기 시작했다. 이런 방법들로 그들은 자신들의 언어를 새로운 세기까지 보존할 수 있기를 희망한다.

Q. 다음 중, 본문의 내용과 일치하는 진술은?
(a) 마오리족 어린이들은 어휘가 한정되어 있는 경향이 있다.
(b) 마오리족 언어에는 컴퓨터에 해당하는 단어가 있다.
(c) 오늘날 마오리족 대다수가 이중 언어를 구사한다.

(d) 마오리족은 제 2차 세계대전 이후 뉴질랜드에 정착했다.

어휘 endangered 멸종 위기에 처한 / fluently 유창하게 / heritage 유산, 전통 / institute 도입하다; 시작하다 / run the risk of ~의 위험을 무릅쓰다 / session 활동, 강습회 / generate 만들어내다 / bilingual 이중 언어를 구사하는

해설 (a) 마오리족 어린이들의 어휘가 한정된 것이 아니라, 일반적으로 소수에 의해 사용되는 언어는 어휘가 한정될 위험이 있다고 했으므로 오답이다.
(b) 마오리족이 현대적 개념이나 물건, 즉 컴퓨터나 휴대전화와 같은 단어에 상응하는 어휘를 만들어냈다고 하였으므로 정답이다.
(c) 마오리족의 이중 언어 구사에 대한 내용은 본문에 언급되지 않았으므로 오답이다.
(d) 2차 세계대전 이후 마오리족이 토착어를 유창하게 구사하지 못하게 되었다는 내용이 나왔을 뿐, 마오리족의 정착 시기에 관한 내용은 언급되지 않았으므로 오답이다.

8. (c)

빌 게이츠는 비록 처음에는 소프트웨어 개발자로 일하기 시작했으나, 마이크로소프트에서 일한 기간 중 대부분 경영과 관리 업무를 맡았다. 한 사람의 경영진으로서 게이츠는 회사의 임원들과 정기적으로 회의를 소집했다. 전하는 바에 따르면, 그는 주로 전략적인 입장을 취했고 임원들이 회사의 최선의 이익을 염두에 두고 행동하지 않는다고 느낄 경우, 그들과 강하게 맞서기를 주저하지 않았다고 한다. 그가 팀 회의 때 팀원 중 하나가 제안한 의견에 대해 "내가 들어본 것 중 최고로 멍청한 생각이군!"이란 말로 반응했다는 일례도 있다. 그러나 그가 가차없다는 평판에도 불구하고, 게이츠와 일했던 많은 사람들은 화를 내지 않았다. 오히려 그들은 성공을 이루기 위해 자신의 개인적 감정을 제쳐놓고 더욱 열심히 일에 집중하는 것을 배웠다.

Q. 본문에 따르면, 빌 게이츠에 대해 옳은 것은?
(a) 그는 그 자신이 어떤 소프트웨어도 개발하지 않았다.
(b) 그는 임원들과 만나지 않았다.
(c) 그는 정면 대결하는 경영 스타일을 가졌다.
(d) 그는 그의 직원들과 가까운 친교를 유지했다.

어휘 assume ~을 맡다 / reportedly 전하는 바에 따르면 / combative 투쟁적인 / stance 태도, 입장 / shy 피하다, 주저하다 / confront 직면하다, 맞서다 (confrontational 정면 대결하는) / quote 인용하다 / take offense 성내다 / set aside 한쪽으로 제쳐놓다 / maintain 유지하다, 지속하다

해설 (a) 처음에는 소프트웨어 개발자로 일했다고 했으므로 오답이다.
(b) 빌 게이츠가 임원들과 정기적인 회의를 가졌다는 내용이 나오므로 오답이다.
(c) 빌 게이츠가 임원들과 회의할 때도 전투적인 입장(combative

stance)을 취하고 잘못된 일에 대해서는 강하게 맞서는 것을 피하지 않았다는 내용이 나오므로 정답이다.

(d) 직원들에게 가차없이 대했다는 것으로 미루어 보아 본문의 내용과 어긋난다.

9. (b)

바구니 엮기는 다양한 문명에 의해 수 세기에 걸쳐 행해진 가장 보편적인 공예 가운데 하나로, 만 2천 년 혹은 그 이상까지 거슬러 올라간다. 고고학자들에 의해 발굴된 증거에 따르면, 가장 오래된 것이라고 알려진 바구니 중 일부는 이집트인들에 의해 엮어진 것들이라고 한다. 그럼에도 불구하고, 주로 사용된 재료의 특성 때문에 바구니를 엮는 기법에 대한 정보는 자세히 알려지지 않고 있다. 예를 들어, 풀이나 나무 같은 재료들은 바구니 엮는 사람들이 손쉽게 구할 수 있는 것이었지만 또한 빨리 썩는다. 각기 다른 지역의 사람들은 무엇이 가장 구하기 쉬운 것이냐에 따라 서로 다른 재료를 사용했다. 그래서 뉴잉글랜드 지역의 아메리카 원주민들은 늪지 물푸레나무와 스위트 그라스로 바구니를 만들었다. 반면, 태평양 북서부에 살던 부족들은 가문비나무 뿌리, 삼나무 껍질, 그리고 늪지 풀을 사용했다.

Q. 본문에 따르면, 일반적으로 바구니 엮기에 무엇이 사용되었는가?
(a) 썩어가는 나무
(b) 지역적으로 발견되는 재료
(c) 자연물의 스케치
(d) 늪지에서 발견되는 재료

어휘 craft 공예 / unearth 발굴하다 / archeologist 고고학자 / weave 짜다, 엮다 (weaver 짜는 사람, 직조공) / sketchy 미완성의, 불완전한 (sketch 스케치) / decay 부식하다, 썩다 / swamp 늪, 습지 / ash 물푸레나무 / spruce 가문비나무 / cedar 삼나무 / bark 나무 껍질

해설 바구니 엮기에 사용된 재료는 지역마다 다르다고 하였고, 그 지역에서 가장 구하기 쉬운 재료가 쓰였다는 내용이 있으므로 정답은 (b)이다.

10. (d)

만일 당신이 고령자이고 당신 자신의 집을 소유하고 있다면, 당신이 여태껏 들어보지 못한 몇 가지 재정적 옵션을 이용할 수 있을 수 있습니다. (a) 이 편지를 쓰는 목적은 당신에게 그런 가능성 중 한 가지에 대해 알려드리고자 함인데, 그것은 점차 대중적 인기를 얻고 있는 장기주택저당대출입니다. (b) 장기주택저당대출이란 당신의 집에 해당하는 가치를 현금으로 전환해 드리는 대출입니다. (c) 장기주택저당대출을 받으면 당신이 수년간 담보대출 상환을 통해 형성해 온 자산을 이용할 수 있고, 그 총액이 다시 단계적으로 지급되도록 할 수 있습니다. (d) 전통적인 2순위 저당은 당신이 충분한 소득이 있을 것을 요구하는데, 매달 담보대출액을 상환할 수 있어야 합니다.

어휘 reverse mortgage 장기 주택 저당 대출 / mortgage 저당,

담보 / loan 대출 / equity 재산 물건(物件)의 순가(純價) / second mortgage 2순위 저당 / income 소득

해설 본문은 장기주택저당대출(reverse mortgage)에 대한 글이므로 2순위 저당(second mortgage)에 대해 언급하고 있는 (d)는 글의 흐름에 어긋난다.

Áctual Tést

정답 및 해설

Grammar

1. (b)	2. (c)	3. (d)	4.(c)	5. (b)
6. (c)	7. (b)	8. (c)	9. (d)	10. (d)
11. (b)	12. (d)	13. (a)	14. (c)	15. (b)
16. (d)	17. (b)	18. (c)	19. (b)	20. (c)
21. (c)	22. (b)	23. (b)	24. (c)	25. (d)
26. (c)	27. (c)	28. (d)	29. (a)	30. (a)
31. (c)	32. (c)	33. (d)	34. (c)	35. (b)
36. (b)	37. (a)	38. (d)	39. (b)	40. (c)

41. (b) to share → sharing   42. (d) would → should   43. (d) such nice a change → such a nice change

44. (c) to get → get   45. (c) until → by   46. (c) which → where[in which]   47. (a) has been living → had been

living   48. (b) Locating → Located   49. (b) to rescue → to be rescued   50. (b) hear them → hear

Reading Comprehension

1. (d)	2. (d)	3. (c)	4. (b)	5. (a)
6. (b)	7. (d)	8. (c)	9. (d)	10. (b)
11. (c)	12. (d)	13. (d)	14. (b)	15. (a)
16. (a)	17. (a)	18. (d)	19. (d)	20. (b)
21. (b)	22. (c)	23. (c)	24. (a)	25. (c)
26. (b)	27. (d)	28. (b)	29. (b)	30. (c)
31. (c)	32. (b)	33. (d)	34. (c)	35. (c)
36. (d)	37. (d)	38. (c)	39. (b)	40. (d)

정답 및 해설

Grammar

Part I

1. (b)

해석 A: 누구를 기다리고 계십니까?

B: 네, 볼드윈씨와 상의해야 할 급한 일이 있습니다.

해설 discuss(~에 대해 상의하다)는 타동사이므로 about과 같은 전치사를 수반하지 않고 목적어를 취한다. 다만, '~에 대해 …와 상의하다'라는 의미를 나타낼 때는 사람 앞에 전치사 with를 써서 나타낸다.

2. (c)

해석 A: 미리 예약하면 그 발레 공연표를 싸게 구할 수 있대.

B: 그러면 금요일밤 공연으로 두 장 예약해 두자.

해설 문맥상 '미리 예약하면 티켓 값이 싸다'는 내용이므로 빈칸에는 조건의 뜻을 나타내는 접속사가 와야 한다. 참고로 조건의 뜻을 나타내는 접속사에는 if이외에도 suppose[supposing], providing[provided], in case 등이 있다.

3. (d)

해석 A: 한국이 현재의 경기 침체에서 빨리 벗어나면 좋을텐데.

B: 나도 그렇게 되기를 바래. 우리 한국인들은 이미 너무 많은 고통을 겪었으니까.

어휘 economic recession 경기 침체

해설 긍정문에 대해 '그러기를 바란다'라고 답할 때에는 I hope so.라고 하고, '그러지 않기를 바란다'라고 표현할 때는 I hope not.이라고 한다. 따라서 빈칸에 알맞은 표현은 (d)hope so이다.

4. (c)

해석 A: 이 영화는 작년에 스캇과 함께 봤을 때가 더 좋았어.

B: 이미 너희 형과 이 영화를 봤다고 왜 진작에 말하지 않은 거야?

해설 B가 왜 (영화를 봤다고) 말하지 않았냐고 과거시제로 묻고 있는데, 영화를 본 것은 그보다 더 앞서 작년에 일어난 일이므로 빈칸에는 대과거, 즉 과거완료시제(had p.p.)가 필요함을 알 수 있다. 따라서 정답은 (d)had seen이 된다.

5. (b)

해석 A: 프랭크, 왜그렇게 안절부절 못하고 있니?

B: 이렇게 많은 사람들 앞에서 이야기하는 건 정말 당황스러워.

해설 find가 5형식 문장에 쓰여 to부정사를 목적어로 취하는 경우 가목적어 it을 쓰고 진목적어인 to부정사는 목적보어 다음에 위치시켜 'find + it(가목적어) + 보어 + to부정사(진목적어)'의 어순으로 쓴다. 또한 목적격 보어자리에 쓸 분사의 형태를 결

정하려면 목적어를 기준으로 능동/수동을 판단해야 하는데, embarrass는 '당황하게 하다'라는 의미의 타동사로 '사람들 앞에서 이야기하는 것'이 embarrass의 주체이므로 능동형인 embarrassing으로 쓰는 것이 적절하다. 따라서 정답은 (b)it quite embarrassing이 된다.

6. (c)

해석 A: 아침 식사로 주로 무엇을 먹니?

B: 나는 보통 토스트 두 장, 시리얼 한 그릇, 그리고 큰 컵으로 주스 한 잔을 마셔.

해설 toast는 물질명사이므로 단수 취급하며, 수량을 나타내는 경우 a slice of라는 단위 표현을 사용한다. 따라서 '토스트 두 장'은 two slices of toast로 쓴다.

7. (b)

해석 A: 이 파일들이 누구 것인지 아는 사람 있나요?

B: 데이브가 파일들을 가지고 있는 걸 봤는데. 아마 그의 것인지도 모르겠어요.

해설 간접의문문의 알맞은 의문사를 고르는 문제로, belong to는 '~에 속하다'는 의미를 나타내므로 빈칸에는 전치사 to의 목적어로 쓰일 수 있는 의문사 whom을 쓰는 것이 적절하다.

8. (c)

해석 A: 그녀가 승진할 가능성이 얼마나 될까?

B: 지금으로선 50대 50이라고 생각해.

해설 '승진시키다'라는 의미의 타동사 promote는 모든 선택지에서 뒤에 목적어 없이 승진 대상을 의미상의 주어로 하고 있으므로 수동형으로 쓰여야 한다. 가능한 선택지 (c)와 (d) 중에서 chances of v-ing 구문은 '~할 가능성'이라는 의미를 나타내며, 동명사의 의미상의 주어는 동명사 앞에 소유격 또는 목적격을 써서 나타내므로 빈칸에 들어갈 적절한 표현은 (c)of her being promoted이다. 참고로 chances of her being promoted는 chances for her to be promoted로도 바꿔 쓸 수 있다.

9. (d)

해석 A: 중국음식을 먹고 싶은데 나가고 싶지는 않아.

B: 나도 그래. 그럼 배달시키자.

해설 food는 불가산 명사이므로 대명사 one으로 받을 수 없으며, B가 특정 요리를 언급하고 있는 상황이 아니므로 대명사 it을 사용하는 것도 적절하지 않다. 가능한 선택지 (c)와 (d) 중에서, 목적어와 목적보어의 관계가 수동이므로 과거분사 delivered가 쓰인 (d)have some delivered가 정답이다.

10. (d)
해석　A: 다른 계획이 없으면, 퇴근 후에 우리와 함께 저녁 먹을래?
　　　B: 고마워. 그런데 실은 오늘밤에 데이트가 있어.
해설　would you 앞의 부사절은 문맥상 '다른 계획이 없다면'의 의미
　　　가 되는 것이 자연스러우므로 빈칸에는 '만약 ~이 없다면'을 뜻
　　　하는 접속사 unless를 쓰는 것이 적절하다.

11. (b)
해석　A: 필요하신 일 중에 제가 도와드릴 일이 있나요?
　　　B: 괜찮아요. 헤이즈양이 돌아오기를 그냥 기다릴 것이라서요.
해설　하나의 선행사 anything이 두 개의 관계사절, 즉 (that) you
　　　need와 that I can help you with의 수식을 동시에 받고 있는
　　　경우이다.

12. (d)
해석　A: 너 설마 또 운전면허시험에 실패한 건 아니겠지!
　　　B: 다른 사람에게 말하지 마.
해설　I'd rather가 이끄는 종속절에 가정법 과거(동사의 과거형)를
　　　쓰면 현재의 사실에 대해 '~하는 것이 좋을텐데'의 의미가 되고,
　　　가정법 과거완료(had p.p.)를 쓰면 과거의 사실에 대해 '~했다
　　　면 좋을텐데'의 의미가 된다. 따라서 빈칸에는 과거형 kept를
　　　쓰는 것이 적합하다.

13. (a)
해석　A: 벌써 성공적으로 협상을 마치고 계약서에 서명하셨나요?
　　　B: 아직요. 그는 설득하기 힘든 인물이네요.
해설　hard, easy, difficult, (im)possible, (un)important 등의
　　　형용사는 일반적으로 사람을 주어로 하지 않고 'It is ~ to부정
　　　사'의 가주어-진주어 구문을 이용하여 쓴다. 다만, 주어진 문장
　　　과 같이 사람이 to부정사의 목적어로 쓰인 경우에는 가주어 It
　　　대신에 그 목적어를 주어로 하는 문장으로도 바꾸어 쓸 수 있다.
　　　따라서 It is hard to persuade him.에서 to부정사의 목적어
　　　인 him을 주어로 전환하고 나머지를 순서대로 나열하면 He is
　　　hard to persuade.가 된다.

14. (c)
해석　A: 올 여름에 나와 같이 스페인으로 여행가지 않을래?
　　　B: 나도 그러고 싶은데, 그럴만한 여유가 정말 없어.
해설　'~하는 게 어때?'라는 의미는 'How about v-ing?', 'Why not
　　　+ 동사원형?'으로 나타내는데, 주어진 문장에는 빈칸 뒤에 동사
　　　원형이 있으므로 (c)Why not을 쓰는 것이 적절하다.

15. (b)
해석　A: 이 판매 수치가 정확한가요?
　　　B: 그럼요. 저희 회계사는 계산하다가 실수하는 일이 거의 없습
　　　니다.
어휘　accountant 회계사 / err 실수를 하다

해설　빈도부사(always, often, sometimes, seldom, hardly
　　　등)는 보통 be동사/조동사 뒤, 일반동사 앞에 위치한다. 또한,
　　　seldom, hardly 등은 부정의 뜻을 포함하고 있기 때문에 not,
　　　never, no 등의 부정어와는 함께 쓰지 않는다. 따라서 이 두 조
　　　건을 만족시키는 (b)seldom errs가 답이 된다.

16. (d)
해석　A: 데이빗은 겨우 38세에 죽었어.
　　　B: 만약 그가 의사의 충고를 따랐다면 그는 아직도 살아있을 텐
　　　데.
해설　혼합가정법 구문을 묻는 문제이다. 문맥상 조건절은 과거의 일
　　　을, 주절은 현재의 일을 나타내고 있으므로 빈칸에는 가정법 과
　　　거완료 시제를 써야 한다.

17. (b)
해석　A: 내가 다락 청소하는 일을 거들어 줘서 정말 고맙구나, 케이
　　　트.
　　　B: 별말씀요, 할아버지. 도울 수 있어서 저도 좋아요.
어휘　attic 다락(방)
해설　타동사 appreciate는 목적어로 동사가 올 경우 동명사 형태
　　　로 써야 하며, 동명사의 의미상의 주어는 소유격으로 나타내므
　　　로 적절한 목적어 형태는 your helping이 된다. 또한 help는
　　　'help + 목적어 + (to) 동사원형'의 어순으로 '~가 …하는 것
　　　을 돕다'는 의미를 나타내므로 정답은 (b)your helping me
　　　clean이 된다.

18. (c)
해석　A: 저녁에 진행되는 영어 수업이 없는 것이 확실한가요?
　　　B: 네. 마지막 저녁 수업은 지난주에 끝났습니다.
해설　'영어 수업이 없다'는 표현은 there is no English class로 나
　　　타낼 수 있는데, 이때 동사 offer가 English class를 수식하려
　　　면 offer(제공하다)를 형용사 역할을 하는 분사 형태로 바꿔주
　　　어야 한다. 영어 수업은 제공하는 주체가 아닌 제공되는 대상이
　　　므로 수동의 의미를 나타내는 과거분사 offered를 써서 나타
　　　내는데, 이때 offered는 in the evening이라는 부사구와 함께
　　　English class를 수식하고 있으므로 수식하는 대상의 뒤에 쓰
　　　는 것이 알맞다.

19. (b)
해석　A: 너는 마지막 학기의 새 평가기준에 만족하니? 나는 그것이
　　　타당하지 않은 것 같아.
　　　B: 음, 내가 보기엔 모든 학생들이 그것에 문제가 좀 있다고 생각
　　　하는 것 같아. 이것과 관련해 선생님들과 상의해 보는 게 어떨
　　　까?
어휘　criterion (판단·평가의) 기준 (pl. criteria)
해설　guess의 목적어로 쓰인 명사절에 적절한 동사를 고르는 문제
　　　로, 해당 명사절의 주어는 all of the students이다. 주어가 'all

of + 복수명사'일 경우 동사는 복수형이어야 하며, 문맥상 학생들이 현재 생각하고 있는 것에 대해 말하고 있는 것이므로 동사는 현재시제로 표현된 (b)think를 쓰는 것이 알맞다. think가 의견이나 생각과 같이 '상태'를 나타낼 때는 진행형으로는 쓰지 않으므로 (d)는 답이 될 수 없다.

20. (c)

해석 A: 존스씨의 옛집을 이렇게 바꿔 놓다니 놀라운 걸.
　　B: 그 오래된 작은 집을 현재 네가 보고 있는 멋진 집으로 바꿔놓는 데에는 상당한 돈과 노력이 들어갔어.

어휘 transform 변형시키다, 완전히 바꿔놓다 / cottage (시골에 있는) 작은 집

해설 적절한 전치사를 고르는 문제이다. 동사 transform은 결과를 나타내는 전치사 into를 동반하여 transform A into B의 형태로 'A를 B로 완전히 바꿔놓다'의 의미를 나타내므로 빈칸에 알맞은 전치사는 into이다.

Part II

21. (c)

해석 몇몇 연구에 따르면 아침을 잘 먹으면 시험 성적이 향상된다고 한다.

해설 제안의 의미가 있는 suggest 다음에 나오는 that절이라고 해서 무조건 '(should) + 동사원형'을 쓰지 않도록 주의한다. 주어진 문장에서 that절의 내용은 그렇게 되었으면 하는 주어의 '의향'과는 관계없는 객관적 정보이므로 빈칸에는 시제와 수 일치에 맞는 동사 형태인 (c)improves를 쓰는 것이 적절하다.

22. (b)

해석 이 와인은 일반적으로 우리 나라에서 생산되는 최고의 제품으로 여겨져 가격이 꽤 비싸다.

어휘 a pretty penny 큰 돈, 꽤 많은 돈

해설 consider는 'consider + 목적어 + (to be) 보어' 구문을 써서 '~을 …라고 여기다'라는 뜻을 나타내는데, 주어진 문장에서는 수동태로 쓰였으므로 'is considered to be ~'의 형태가 되어야 한다. 이때 부사 generally는 be동사 다음에 위치하는 것이 자연스러우므로 정답은 (b)is generally considered to be가 된다.

23. (b)

해석 전국의 상점에서 에어컨 구매 열풍을 일으킨 것은 바로 무더운 여름에 대한 예측이었다.

어휘 trigger ~를 일으키다, 유발하다 / frenzy 광분, 열광

해설 It was ~ that 강조 구문을 사용하여 주어인 the prediction of a hot summer를 강조하고 있는 문장이므로 that 뒤에 주어를 반복하여 쓸 필요가 없다. 따라서 정답은 (b)이다.

24. (c)

해석 어렸을 때 부모님이 자신에게 책을 읽어준 경험이 있는 아버지는 자신의 자녀에게도 책을 읽어 줄 가능성이 높다.

해설 주어진 문장의 주어는 A father이고 whose ~ young에 해당되는 부분은 주어를 수식하는 관계대명사절이므로 동사는 단수형이어야 한다. 또한 'be likely + to부정사'는 '~하는 경향이 있다'는 의미이므로 빈칸에 알맞은 be동사의 형태는 (c)is 이다.

25. (d)

해석 그는 100미터 경주에서 자신의 개인 기록을 깼을 뿐 아니라, 국내 기록 또한 경신했다.

어휘 hundred-meter sprint 100미터 경주

해설 부정어의 강조로 인한 도치를 묻는 문제이다. 주어진 문장은 '~뿐만 아니라, …도'를 나타내는 'not only ~, but also …'의 구문이 적용된 것으로, 부정어 Not only가 문장의 맨 앞에서 강조되면 뒤따르는 주어와 동사가 도치되어야 한다. 이때 break는 일반동사이므로 해당시제(과거)를 반영한 조동사 did를 사용하여 Not only did he break의 형태로 쓰는 것이 알맞다.

26. (c)

해석 과학기술이 환경에 미친 영향이 부정적인가 긍정적인가를 논하는 것은 소용없는 일이다. 두 가지 모두 맞기 때문이다.

해설 It's no use v-ing는 '~해도 소용 없다'는 의미를 나타내는 동명사 관용표현이다.

27. (c)

해석 그들이 이혼한 주된 사유는 그들은 더 이상 서로를 사랑하지 않는다는 것이다.

해설 주어진 문장의 동사는 빈칸 뒤의 is로, is 앞 부분은 문장의 주어부이다. (a)는 접속사 없이 절만 있는 형태이므로 주어부를 완성하기에 적절하지 않고, (b)의 전치사구도 주어의 역할을 할 수 없으므로 정답이 될 수 없으며, 불필요한 동사 is를 포함하고 있는 (d)도 빈칸에 적절하지 않다. 따라서 주어 The primary reason을 why가 이끄는 관계부사절이 수식하는 형태의 (c)가 정답이다.

28. (d)

해석 그녀는 그 도시를 아주 잘 알기 때문에 길을 잃었을 리가 없어!

해설 문맥상 '그녀는 길을 잃었을 리가 없다'의 의미가 되어야 하므로 긍정의 의미를 나타내는 (a)와 (b)는 정답이 될 수 없다. mustn't는 '~해서는 안된다'는 뜻이므로, 정답은 can't have p.p.의 형태로 '~였을 리가 없다'는 과거에 대한 강한 부정적 추측을 나타내는 (d)can't이다.

29. (a)

해석 대학을 졸업한 후, 그들은 외국을 여행하며 일 년을 보냈다.

해설 overseas는 부사이므로 별도의 전치사나 관사를 동반하지 않

는다.

30. (a)
해석 혼자 남겨지면 그는 하루 종일 자기 방에서 컴퓨터를 하며 보낼 것이다.
해설 종속절의 주어가 생략되고 comma(,) 뒤에 완벽한 절이 있는 것으로 보아 분사구문을 묻는 문제이다. 주절의 주어인 he가 종속절의 동사 leave(~을 남겨놓다)의 주체가 아닌 대상이므로 수동의 의미가 있는 과거분사가 쓰인 (a)가 정답이다. 주어진 문장의 분사구문은 If he were left to himself의 부사절이 분사구문으로 변형된 형태이다.

31. (c)
해석 모든 걸 고려해보건대, 나는 네가 전공을 바꾸는 것에 대해 부모님께 말씀드려야 한다고 생각해.
해설 all things considered 또는 everything considered는 '모든 것을 고려해보면'이라는 의미의 관용표현이므로 기억해두도록 한다.

32. (c)
해석 나는 그에게 빚을 너무 많이 져서 또 다른 부탁을 할 수가 없어.
해설 'too ~ to부정사' 구문은 '너무 ~해서 …할 수 없다'는 의미로, 이를 이용하여 주어진 문장을 완성하면 I am too much in his debt to be able to ask him another favor.가 된다.

33. (d)
해석 제보자들은 종종 경찰에게 마약상들의 이름을 알려준다.
해설 'A에게 B를 제공하다'를 뜻하는 표현은 supply A with B이다.

34. (c)
해석 미국에서는 보통 비서실장의 월급이 은행 지점장의 월급보다 더 많다.
어휘 executive secretary 비서실장, 사무국장
해설 higher라는 비교급이 있으므로 빈칸에는 'than + 비교대상'을 써야 하며 비교 대상끼리는 같은 형태가 되어야 한다. 다만, 앞서 언급된 명사가 반복되는 경우에는 that(단수)이나 those(복수)가 대신 쓰이는데, 주어진 문장에서 반복되는 명사는 the salary이므로 빈칸에는 than that of a bank manager를 쓰는 것이 알맞다.

35. (b)
해석 그녀는 지난주에 시험을 마쳤는데 그 이후로는 책을 펴지 않았다.
해설 and 다음의 현재완료시제가 문제풀이의 중요한 단서이다. since는 현재완료와 함께 사용되어 '그 이후 지금까지 계속'의 의미를 나타낸다.

36. (b)
해석 친구들과 함께 노래하는 것과 유료 관람객들을 위해 공연을 하는 것은 별개의 일이다.
해설 'A와 B는 별개이다, 서로 다르다'라는 의미를 나타내는 관용적인 표현은 'A is one thing, B is another'이다.

37. (a)
해석 불행히도 지난 금요일의 폭풍우로 인해 7명이 사망하고 5명이 부상했으며 3명이 실종되었다.
해설 leave는 '~을 …한 상태로 내버려두다'의 의미로 쓰인 5형식 동사이기 때문에 목적어 뒤에 보어를 필요로 한다. 빈칸에는 목적어와 목적보어의 능동/수동 관계에 따라 알맞은 분사 형태를 써야 하는데, missing은 동사 miss(놓치다)의 현재분사가 형용사화된 단어로, 능동의 형태이지만 수동의 의미인 '실종된, 행방불명의'라는 뜻을 나타낸다.

38. (d)
해석 개인적 관심에 따라 소재를 선택하는 사람에게 독서는 더욱 즐겁다.
해설 those who는 '~하는 사람들'이라는 의미로 자주 쓰이는 표현이다. 가능한 선택지 (c)와 (d) 중에서 (c)는 전치사 by가 문맥상 어울리지 않으므로 답이 될 수 없고 (d)for those가 정답이다.

39. (b)
해석 내 생각에 많은 사람들이 도시에 사는 것보다 시골에 사는 것을 선호하는 이유는 바로 교외의 한적함 때문인 것 같다.
해설 prefer A to B는 'B보다 A를 선호하다'의 의미이며, A와 B 자리에 동사를 쓸 경우에는 동명사의 형태로 쓴다. 따라서 빈칸에는 (b)to living in the city를 쓰는 것이 적절하다.

40. (c)
해석 네가 기계를 작동시키기 전에 사용 설명서부터 읽었다면 분명히 기계를 고장내지 않았을 거야.
어휘 manual 소책자, 안내서
해설 문맥상 과거의 사실에 대한 아쉬움을 표현하고 있으므로 if절에는 가정법 과거완료(had p.p.)를 써야 한다. 따라서 선택지 (c)와 (d)가 가능한데, 'stop + to 동사원형'은 '~하기 위해 멈추다'의 의미를, 'stop + v-ing'는 '~하는 것을 멈추다'의 의미를 나타내므로 동명사를 포함하고 있는 (d)는 문맥에 적절하지 않음을 알 수 있다. 따라서 정답은 (c)이다.

Part III

41. (b)
해석 (a) A: 학생도 받으시나요?

(b) B: 물론이죠. 다른 사람과 함께 방을 사용하는 게 괜찮다면, 가능한 방이 하나 있어요.

(c) A: 제가 한 번 둘러볼 수 있을까요?

(d) B: 지금은 외출하는 길이라서요. 한 시간 정도 후에 다시 오실 수 있나요?

어휘 take in 숙박시키다; (하숙인을) 두다

해설 (b)에서 mind(~을 꺼리다)는 동명사를 목적어로 취하는 동사이다. 따라서 mind to share는 mind sharing으로 고쳐 써야 한다.

42. (d)

해석 (a) A: 한국이 일본에게 축구 경기를 패해서 충격 받았어.

(b) B: 나도 그래. 뭐가 잘못되었던 걸까?

(c) A: 잘못된 점이 많지만 가장 중요한 문제는 한국이 공격을 충분히 하지 않았다는 거야.

(d) B: 맞아, 좀더 적극적으로 경기에 임했어야 했는데.

어휘 aggressively 공격적으로; 적극적으로

해설 (d)에서 과거의 일에 대해 후회하는 의미로 '~했어야 했다'라고 할 때는 should have p.p.를 써서 나타낸다. 따라서 would have played를 should have played로 고쳐야 한다.

43. (d)

해석 (a) A: 음, 드디어 비가 그친 것 같아.

(b) B: 정말 다행이야. 비가 절대 안 그칠 것 같았는데 말이지.

(c) A: 날씨도 더 포근해진 것 같아.

(d) B: 실로 기분 좋은 변화야, 그렇지 않니?

해설 '너무나 ~한 …'을 나타내기 위한 표현은 'such + a/an + 형용사 + 명사' 또는 'so + 형용사 + a/an + 명사'의 어순으로 나타낸다. 따라서 (d)의 such nice a change는 such a nice change로 고쳐 써야 한다.

44. (c)

해석 (a) A: 춤추러 가지 않을래? 근처에 공연 중인 재즈밴드가 있대.

(b) B: 그럴 기분이 정말 아니야. 회사에서 피곤한 하루를 보냈거든.

(c) A: 그럼 나가서 외식을 하는 건 어때?

(d) B: 아니야, 됐어. 오늘밤은 기분전환을 위해 집에 있고 싶어.

해설 (c)에서 등위접속사 and로 연결된 병렬구조를 파악해야 한다. why don't we 뒤로 동사 go와 get이 and로 연결되고 있으므로 두 동사 모두 동사원형의 형태를 취해야 한다. 따라서 to get의 to를 제거해야 바른 문장이 된다.

45. (c)

해석 (a) A: 피터슨씨의 생일 파티 케익을 지금 굽고 있는 거니?

(b) B: 응. 몇 분 전에 오븐에 넣었어.

(c) A: 우리 서둘러야 해. 다섯 시까지 배달이 되어야 하잖아.

(d) B: 뭐가 그리 급해? 걱정 마, 늦지는 않을 거야.

우리말의 '~까지'에 해당하는 until과 by의 의미 차이를 묻는 문제이다. until은 특정 시점까지 '계속'되는 의미에 초점을 두고 있고, by는 특정 시점에 '완료'되는 의미에 초점을 두고 있다. 주어진 문장에서는 의미상 '완료의 시점'을 나타내는 것이 적절하므로 (c)의 until을 by로 고쳐 써야 한다.

Part IV

46. (c)

해석 (a) 호스피스는 위엄 있는 죽음이라는 개념에 초점을 맞춘 의료 서비스의 한 형태이다. (b) 이 서비스는 불치병의 물리적인 양상뿐만 아니라 환자의 정서적인 요구에도 세심한 관심을 기울인다. (c) 호스피스라는 용어는 또한 죽어가는 사람들이 이러한 형태의 위안과 보살핌을 받기 위해 찾는 장소를 지칭하기도 한다. (d) 그렇지만 자신의 집에서 생을 마감하기를 바라는 사람들을 위해 고안된 호스피스 프로그램도 존재한다.

어휘 dignity 위엄, 존엄성 / terminal 말기의, 불치의

해설 (c)의 문장을 살펴보면 dying people 이하는 완전한 구조의 절임을 알 수 있다. 따라서 해당 절은 관계대명사절이 아닌 관계부사절로 쓰이는 것이 적절하며, 선행사가 a place와 같이 장소를 나타내는 명사일 때 관계부사는 where를 쓰므로 which를 where로 고쳐 써야 한다. 한편 관계부사는 '전치사 + 관계대명사'로도 표현할 수 있으므로 which 대신 in which를 쓰는 것도 가능하다.

47. (a)

해석 (a) 부서진 창문과 무성한 잔디는 그 낡은 집에 꽤 오랫동안 아무도 살지 않았다는 분명한 표시였다. (b) 페인트는 조각조각 떨어져 그 아래 보이지 않았던 과거의 여러 페인트 색들을 드러내고 있었다. (c) 집안에 들어가자 발을 내디딜 때마다 이는 엄청난 먼지에 숨을 쉴 수도 없는 지경이었다. (d) 방안은 너무나 황폐한데다 으스스해서 거기서 유령 가족을 본다고 해도 놀랍지 않을 정도였다.

어휘 unkempt 헝클어진, 단정치 못한 / in strips 조각나서 / rundown 기진맥진한; 황폐한 / creepy 오싹하게 하는, 으스스한

해설 (a)에서 주절의 시제가 과거(gave)인데 문맥상 그 이전의 시간을 나타내고 있는 that절의 시제는 현재완료진행형(has been living)으로 표현되어 있으므로 시제가 적절하지 않음을 알 수 있다. 따라서 has been living을 과거완료진행형인 had been living으로 고쳐야 한다.

48. (b)

해석 (a) 프랑스에서 가장 유명한 건축물 중 하나인 베르사이유 궁전은 그 시작이 초라했다. (b) 파리시 외곽에 위치한 그 궁전은 원래 사냥을 위한 산장이었다. (c) 그런데 1661년 루이 14세는 이를 개선해서 유럽의 다른 왕실들이 모두 부러워할 호화로운 궁

으로 만들기로 했다. (d) 1682년부터 1790년까지 베르사이유 궁전은 프랑스 역대 왕들의 관저로 이용되었다.

어휘 humble 겸손한; 하찮은 / lodge 오두막, 산장 / residence 주택, 거주지; 거주 / successive 연속하는; 상속의, 계승의

해설 (b)에서 주절의 주어인 it은 앞서 언급된 the Palace of Versailles, 즉 '궁전'을 지칭하고, 궁전은 스스로 위치하는 것이 아닌 위치시켜지는 대상이다. 따라서 분사구문은 Locating이 아닌 Being located로 시작해야 하며, 이때 Being은 생략이 가능하다.

49. (b)

해석 (a) 경찰이 제일 먼저 화재 현장에 도착했으나 소방관들을 기다리는 것 외에는 할 수 있는 일이 아무것도 없었다. (b) 건물 주민 두 명이 지붕 위에 갇혔는데, 그곳에 남아서 구조되기를 기다리라는 지시를 받았다. (c) 몇 분 후에 첫 번째 소방차가 도착해서는 기다란 사다리를 불길 위로 높이 펼쳤다. (d) 곧 주민들은 안전한 곳으로 옮겨졌고 화재는 진화되었다.

어휘 blaze 화염; 화재 / rescue 구조하다 / ladder 사다리

해설 (b)의 동사 rescue는 '구조하다'는 의미로, 의미상의 주체인 they, 즉 residents는 구조의 주체가 아닌 대상이므로 수동형

으로 쓰이는 것이 적절하다. 따라서 능동형으로 쓰인 to rescue를 to be rescued로 고쳐야 한다.

50. (b)

해석 (a) 야생화들의 향기가 오후의 선선한 바람에 실려오는 화창한 날이었다. (b) 머리 위에서 둥지를 짓고 있는 새들의 명랑한 노랫소리가 듣기 좋았다. (c) 화려한 색의 날개를 가진 나비들에서부터 멀리 있는 귀뚜라미들의 울음소리까지 곤충들조차도 즐거운 분위기를 고조시켰다. (d) 기분이 황홀해진 우리들은 신발을 벗고는 부드러운 풀잎이 발가락을 간질이는 것을 느끼며 그 위에서 춤을 추었다.

어휘 add to 증가시키다, 더하다 / chirping (새 · 벌레의) 울음소리 / cricket 귀뚜라미 / ecstatic 황홀한, 무아지경의 / blade 칼날; (벼 · 잔디 등의 칼날 같은) 잎 / tickle 간질이다

해설 (b)는 동사(hear)의 목적어인 The cheerful songs를 주어로 만든 문장이므로 hear의 목적어는 다시 써줄 필요가 없다. 주어진 문장은 가주어 it을 이용하여 It was a pleasure to hear the cheerful songs of the birds building their nests overhead.로도 바꿔 쓸 수 있다.

Reading Comprehension

Part I

1. (d)

전통적인 기업 구조 안에서 최고 관리자의 위치에 오르기 불가능하다고 보는 여성들은 자신의 회사를 창립하는 것으로 그 상황에 대처하는 것을 고려해야 한다. 글래스하우스의 설립자인 주디스 클레그에 따르면, 창업은 직장인 어머니들에게 그들이 일과 집안일의 균형을 이루기 위해 필요한 융통성을 제공한다. 게다가 그녀는 신생 기업의 여러 잠재 투자자들이 직장에서 여성들이 직면하는 장애물들에 대해 익히 알고 있으며, 일반적으로 그런 장애물들을 회사를 운영하는 데 있어 유용한 경험으로 여긴다고 생각한다. 가정과 일 모두를 유지할 수 있다는 사실을 강조함으로써 여성 기업가들은 그들이 능력과 성공적인 기업이 필요로 하는 희생을 기꺼이 하려는 마음을 가지고 있다고 투자자들을 안심시킬 수 있다.

(a) 그들이 관리자로서 남성보다 낫다는 것을 증명하는 것
(b) 더 많은 여성 직원들을 고용하는 것
(c) 자녀를 갖지 않기로 결정하는 것
(d) 자신의 회사를 창립하는 것

어휘 managerial 관리의, 경영의 / entrepreneurship 창업, 기업가 정신(entrepreneur 기업가) / flexibility 융통성, 유연성 / commitment 의무, 책임 / highlight 강조하다 / reassure 신뢰를 주다, 안심시키다 / willingness 기꺼이 하는 마음

해설 빈칸이 있는 첫 문장은 여성들이 전통적인 기업 구조에서 최고 경영자의 위치에 오르기 어려울 경우에 대처할 수 있는 방안을 제시하고 있다. 빈칸의 내용은 그 방안이 어떤 것인지에 대한 것인데, 다음 문장에서부터 여성 기업가인 주디스 클레그의 예를 들어 여성이 직접 창업하여 회사를 꾸려나갈 경우의 장점들에 대해 설명하고 있으므로 빈칸에는 (d)가 들어가는 것이 자연스럽다.

2. (d)

'비스킷과 커피'는 한 명의 여성이 출연하는 희극풍의 90분짜리 연극으로 한 젊은 여성의 커피로 인해 벌어지는 인생 역정을 여섯 명의 특색 있는 등장인물들의 목소리를 통해 묘사한다. 그 여배우의 뛰어난 재능은 아무리 강조해도 지나치지 않은데, 그녀는 의상 변화, 소품이나 무대 장치 변화의 도움 없이도 작고 늙은 할머니에서 괴팍한 삼촌으로, 방랑하는 남자친구로, 노쇠한 늙은 상사로, 속물적인 여자친구

로, 그리고는 다시 이상한 이름의 비스킷으로 매우 효과적으로 형태를 바꾸기 때문이다. 그녀는 목소리와 말씨에만 의존하기보다 자세나 몸짓, 그리고 표정을 사용하여 각 배역을 신체적으로 구별될 수 있게 한다. 그러나 그녀의 연기는 흥미진진한 이야기 전개와 기발하게 짜여진 각본에 의해 더욱 쉬워질 수 있는 것이다. 매 순간, 비스킷의 세계는 예기치 못한, 그러나 타당하게 설명되는 방향으로 확장되고 복잡해지며 꼬여간다.

(a) 보르네오의 황무지에서 생활하는 동안
(b) 여러 독특한 의상을 사용하여
(c) 그녀가 세계 각지를 여행함에 따라
(d) 여섯 명의 특색 있는 등장인물들의 목소리를 통해

어휘 overstate 과장하여 말하다 / morph 형태를 변화시키다 / granny 할머니 / wacky 괴팍한, 별난 / vagrant 방랑하는 / decrepit 노쇠한 / snobby 속물의 / oddly 이상하게 / prop (영화·연극의) 소품 / posture 자세 / compellingly *흥미롭게; 설득력 있게 / craft 정교하게 만들다 / script 각본, 대본 / twist 꼬이다 / soundly 타당하게 / distinctive 특색 있는

해설 빈칸 다음에 나오는 문장에서 이 연극은 주연 여배우 한 명이 할머니, 삼촌, 남자친구, 상사, 여자친구, 그리고 주인공인 비스킷까지 전혀 다른 6인의 역할을 한다고 설명했다. 따라서 정답은 (d)이다.

3. (c)
범죄 프로파일링은 범죄를 저지른 사람의 신원을 확인하기 위하여 특정 범죄 현장에서 발견된 모든 단서와 정보를 분석하는 과학이다. 비록 구체적인 인물의 신원을 밝히지 못할 수도 있지만, 성별, 나이, 민족적 배경, 키와 몸무게 같은 결정적인 정보를 제공함으로써 경찰이 용의자들의 범위를 좁히도록 도와준다. 게다가 범행이 이루어진 방법을 분석함으로써 범죄 프로파일링은 조사관들이 범인의 (범행) 동기와 성격적 특징을 더 잘 이해할 수 있게 도와준다. 결국, 이 모든 정보들이 수집되어 <u>누가 그 프로파일에 일치하는지에 따라</u> 소수의 용의자들을 식별하는 데 사용될 수 있다.

(a) 프로파일을 완성하기 위해
(b) 범죄 현장을 전혀 방문하지 않고
(c) 누가 그 프로파일에 일치하는지에 따라
(d) 자주 무고한 사람들을 체포하게 만들어

어휘 criminal profiling 범죄 프로파일링 / crime scene 범죄 현장 / commit (범행을) 저지르다 / narrow down (범위 등을) 좁히다 / suspect 용의자 / crucial 결정적인, 중요한 / ethnic 민족의 / investigator 조사관 / perpetrator 범인, 가해자 / motive 동기 / trait 특성 / compile 수집하다 / a handful of 소수의 / in the interest of ~을 위하여 / profile 프로파일, 인물 개요

해설 범죄 현장에서 발견된 모든 정보를 종합하여 용의자의 성별, 나이, 인종, 키, 몸무게 등을 분석한 자료를 만드는 것이 범죄 프로파일

링의 역할이라고 빈칸 앞에서 설명했으므로, 경찰은 이러한 프로파일에 일치하는지의 여부에 따라 용의자를 추려낼 수 있을 것이다. 따라서 정답은 (c)이다.

4. (b)
나폴레옹 전쟁은 1803년부터 1815년까지 나폴레옹 보나파르트가 프랑스의 황제로 있는 동안 치른 몇몇의 국제 전쟁을 가리킨다. 뒤이은 기간 동안, 나폴레옹 군대의 군사력과 마주하여 적대적인 유럽 국가들은 전략적으로 연합하여 협정을 맺고는 이를 위반하면서 일시적으로 평화를 이룩하곤 했다. 그러나 다른 유럽 국가들과는 달리, 영국은 그 전쟁 기간 내내 프랑스와 계속 전투를 벌였다. 우위에 있었던 해군(력)으로 영국은 비용이 적게 들고 강도가 낮은 전쟁을 10년 이상 지속할 수 있었다. 영국 해군을 무찌르지 않고서는 혁명 이후의 프랑스 황실이 전 유럽 대륙을 지배하는 것이 <u>성취될 수 없을 것이라는</u> 사실이 이내 명백해지게 되었다.

(a) 유지될 수 있을 것이다
(b) 성취될 수 없을 것이다
(c) 교섭의 여지가 없을 것이다
(d) 명예롭지 않을 것이다

어휘 imperial 황제의, 제국의 / ensuing 뒤이은 / in the face of ~에 직면하여 / might 힘, 세력 / shifting 술책을 부리는 / coalition 연합 / violate 위반하다 / treaty 조약 / sporadically 단발성으로 / naval 해군의 / supremacy 우위 / dominance 지배 / sustainable 유지할 수 있는 / unattainable 성취하기 어려운 / negotiable 교섭의 여지가 있는

해설 나폴레옹 전쟁 기간 동안 유럽의 다른 나라들은 일시적이나마 프랑스와 연합을 형성하여 평화 조약을 맺었으나 영국만은 그렇지 않았다는 내용에 이어, 영국이 오랫동안 프랑스와 전쟁을 지속할 수 있었던 이유는 영국의 해군력이 뛰어났기 때문이라고 했으므로 영국의 해군을 패배시키지 않는 한 프랑스의 전 유럽 지배는 불가능할 것이라는 내용이 문맥상 어울린다.

5. (a)
많은 예술가들이 그들의 분야에서 자신을 다른 예술가들과 차별화하는 특징들을 갖고 있는데, 앤디 워홀은 자신만의 고유한 눈에 띄는 특징을 보여주었다. 1960년대에 전위적인 팝아트를 소개한 예술가로서, 워홀은 기존에 확립된 한계를 완전히 벗어났다. <u>관습에의 불복종</u>은 그의 작품의 핵심 요소였는데, 그는 주류 사회에 반항하면서 관습에서 벗어난 다양한 매체를 통해 자신의 추상적인 사상들을 실현하고자 노력했다. 대중적인 이미지에 대한 그의 해석은 완전히 새로운 예술 영역이 되었고, 이후에 그는 관심을 영화로 돌려 시간, 권태와 같은 개념에 초점을 맞춘 논란의 여지가 있는 실험 영화들을 제작해 현대 사회의 엘리트주의에 대한 공격을 표현했다.

(a) 관습에의 불복종
(b) 사회 사실주의

(c) 자기 모순
(d) 적응성

어휘 distinguishing 특색 있는 / avant-garde 아방가르드의, 전위적인 / deviate 벗어나다, 일탈하다 / core 핵심 / rebel against ~에 반항하다 / mainstream 주류의 / unconventional 관습에서 벗어난 / take 해석, 견해 / realm 영역 / controversial 논란의 여지가 있는 / experimental 실험적인 / boredom 권태 / elitism 엘리트주의 / nonconformity (관습에의) 불복종, 불순응 / self-contradiction 자기 모순 / adaptability 적응성

해설 팝 아티스트인 앤디 워홀에 대한 글로, 빈칸에서는 그의 작품의 핵심 요소를 묻고 있다. 글 전체에 걸쳐 그의 예술을 '기존의 한계를 벗어난', '주류 사회에 반항한', '현대 사회의 엘리트주의에 대한 공격' 등으로 묘사하고 있으므로 그가 사회적 관습을 벗어난 작품 활동을 했음을 알 수 있다. 따라서 정답은 (a)이다.

6. (b)
라틴어는 현대 로망스어의 근원으로, 로마 제국의 공식 언어였다. 거의 유럽 전역에 걸친 (로마) 제국의 멈추지 않는 확장으로 패전국의 시민들에게 라틴어가 도입됐고, 통치와 행정상의 목적으로 그 언어를 사용하도록 강요되었다. 처음에는 동일한 형태의 라틴어가 이 모든 지역에서 사용되었으나, 제국이 무너지면서 각 지역에서 사용되는 언어는 저마다의 특성을 발전시키기 시작했다. 더 이상 공통된 법으로 결합되지 않으면서, 이 지역들은 토착 언어의 영향을 강하게 받아 라틴어를 기반으로 하여 개별적인 언어를 형성했다. 이러한 현대 로망스어에는 이탈리아어, 프랑스어, 스페인어, 포르투갈어, 루마니아어 등이 있다.
(a) 로마인들에게 거부당하다
(b) 저마다의 특성을 발전시키다
(c) 지역 언어를 대체하다
(d) 학문적인 사용에만 국한되다

어휘 vanquish 정복하다, 패배시키다 / governmental 통치의 / administrative 행정상의 / uniform 동일한 / crumble 무너지다, 망하다 / tongue 언어, 방언

해설 로망스어의 기원인 라틴어에 대한 글로, 빈칸에서는 로마 제국의 확장으로 유럽 전역에서 사용되던 동일 형태의 라틴어가 제국의 쇠퇴로 인해 어떻게 변화하게 되었는지를 묻고 있다. 빈칸 다음 문장에서 라틴어를 기반으로 토착어의 영향을 강하게 받으며 각 지역에서 서로 다른 언어를 형성했다는 내용이 나오므로 빈칸에는 (b)가 들어가는 것이 적절하다.

7. (d)
키홀 수술의 발달은 소형 카메라, 초소형 가위, 그리고 스테이플러가 조만간 외과 의사의 칼을 대체하게 되리라는 것을 의미한다. 환자의 신체를 길게 절개하는 대신, 외과의들은 흉터가 거의 남지 않는 작은 구멍으로 수술용 망원경을 통과시키는 것만으로 수술을 할 수 있을 것이다. 현재 완벽하게 하기 위해 상당한 연구가 진행 중에 있는 또 다른 신종 의학 기술은 훨씬 더 상상을 초월한다. 이는 원격 수술이라고 불리며, 의사가 특수 기구와 비디오 화면을 이용해 원격 조종으로 수술할 수 있도록 해준다. 이것은 환자가 수술실에서 멀리 떨어져 있는 외과의들에게 수술을 받을 수 있다는 것을 의미한다.
(a) 그들의 분야에서 전문가인
(b) 환자의 상태를 잘 알지 못하는
(c) 예전보다 기술이 부족한
(d) 수술실에서 멀리 떨어져 있는

어휘 keyhole surgery 키홀 수술(레이저 광선을 이용한 수술) / miniature 소형의 / microscopic 초소형의 / stapler 스테이플러 / incision 절개 / telescope 망원경 / barely 거의 ~않다 / scar 흉터 / underway 진행중인 / telesurgery 원격 수술 / remote control 원격 조종

해설 빈칸 앞 문장에서 원격 수술이 특수 장치와 비디오 화면을 이용해 원격 조종으로 하는 수술이라고 했으므로 의사가 환자와 멀리 떨어진 곳에서도 수술을 할 수 있다는 내용이 빈칸에 들어가는 것이 자연스럽다.

8. (c)
예산 부족을 이유로 미국의 많은 교도소들이 위험도가 낮은 일부 범법자들의 조기 석방을 허용함으로써 비용을 절감해오고 있다. 그 결과 수천 명의 수감자들이 감형을 승인받았다. 예를 들어, 오리건주는 현재 어떤 수감자들의 형기를 최대 30퍼센트까지 줄여주는 것을 허락하고 있는데 예전에는 20퍼센트까지가 그 한계였다. 이와 마찬가지로, 일리노이주는 일부 수감자들을 조기에 석방하기 시작했는데, 그렇게 함으로써 주 정부가 연간 대략 5백만 달러를 절약할 수 있을 것이라는 기대를 가지고 있다. 그러나 그러한 조기 석방은 오직 비폭력적이고 위험도가 낮다고 여겨지는 수감자들에게만 적용된다. 수감 중에 규칙을 위반한 적이 있는 수감자들은, 비록 그것이 단 한 번이라 할지라도 자격이 없다고 여겨진다.
(a) 즉시 집으로 보내진다
(b) 다른 변호사를 구해야 한다
(c) 자격이 없다고 여겨진다
(d) 그들의 시민권이 취소된다

어휘 on the grounds of ~을 이유로 / budget 예산 / shortfall 부족 / expense 경비 / grant 승인하다 / offender 범법자 / release 석방; 석방하다 / inmate 수감자 / sentence 형(刑) / deem ~라고 여기다 / eligible 자격이 있는 / civil rights 시민권 / revoke 취소하다, 폐지하다

해설 예산 절감을 위해 미국의 교도소들이 조기 석방을 승인하고 있

다는 내용의 글이다. 빈칸의 앞에서 조기 석방은 모범적인 수감 생활을 한 수감자들에게만 적용된다고 했으므로 한 번이라도 규칙을 어긴 적이 있는 수감자들은 그 혜택을 적용받을 자격이 없다고 간주될 것이다. 따라서 정답은 (c)이다.

9. (d)

지역 경영에 자치권을 허용하는 것과 주요 경영 기능들을 집중시키는 것 사이의 균형은 국제 기업의 성공을 위한 중요한 의미를 갖는 영역이다. 몇 년 전, 킹 백화점은 7개 지사의 구매, 기획, 마케팅의 운영을 시카고의 단일 사무실로 집중시키기로 결정했다. 이 조치는 5천 개 이상의 일자리 감축과 기타 일반 비용의 통합을 통해 회사가 총 5억 달러의 비용 절감을 달성할 수 있게 해주었다. 그러나, 본사에서 단독으로 구매 결정을 하는 것이 회사가 지역적 요구에 유연하게 대응하는 능력을 저하시킬 것이라는 우려가 즉각 제기되었다. 이 회사는 그 후에 지역 소매점을 관리하기 위해 지역 구매 담당자를 재고용했다.
(a) 전국적으로 지점의 수를 늘렸다
(b) 그 결정에 대해 불만을 제기한 직원들을 해고하기로 결정했다
(c) 독립 법인에게 사기 사건의 조사를 요청하였다
(d) 지역 소매점을 관리하기 위해 지역 구매 담당자를 재고용했다

어휘 autonomy 자치권 / centralize 집중시키다 / implication 암시, 의미 / headquarters 본사 / move 조치, 수단 / consolidate 통합하다 / overhead expenses 일반 비용, 총경비 / solely 단독으로 / flexible 융통성이 있는 / subsequently 그 뒤에 / lay off 해고하다 / fraud 사기 / oversee 관리[감독]하다 / outlet 소매점

해설 첫 문장에서 국제 기업이 지점에 자치권을 부여하는 것과 경영 기능을 본사에 집중시키는 것 사이의 균형을 유지하는 것의 중요성을 설명한 후, 본사로 업무를 집중시킨 킹 백화점의 사례를 설명하고 있다. 빈칸 앞에서는 이러한 조치에 대한 우려가 제기되었다고 했고 빈칸에는 그 결과로 취해진 후속 조치가 설명되어야 하므로, 지점 경영에 자치권을 일부 재허용했다는 내용이 와야 한다. 따라서 정답은 (d)이다.

10. (b)

12세기 이래로 학문의 중심지였던 옥스퍼드 대학은 전통적으로 상류층을 위한 기관이었고, 졸업생들은 정치인, 장교, 기업 임원과 같이 자신의 부모들이 걸었던 길을 계속해서 따랐다. (옥스퍼드 대학의) 학생들은 대다수가 가난하거나 노동자 계급이었던 옥스퍼드 시의 주민들과 너무도 달랐고, 때때로 이는 폭력 사태로 이어졌다. 그러한 갈등은 1355년 '성 스콜라스티카의 날 폭동'에서 절정에 달했는데, 주민들과 학생들 사이에는 활과 화살이 오갔고 이로 인해 62명의 대학 관계자들이 죽게 되었다. 오늘날에는 다행히도 폭력 사건들이 흔한 일이 아니며 학생과 주민들간의 계급의 차이는 희미해졌다.
(a) 잘 지냈다
(b) 너무도 달랐다

(c) 관계가 없었다
(d) 닮았다

어휘 establishment 기관, 시설 / follow in one's footsteps ~와 같은 길을 걷다 / executive 임원, 경영진 / resident 주민 / on occasion 때때로 / culminate 절정에 이르다 / riot 폭동 / incident 사건 / commonplace 흔한, 보통의 / distinction 구별, 차이 / blur 희미하게 만들다

해설 첫 문장에서 옥스퍼드 대학이 상류층 학생들을 위한 학교였다고 한 후, 빈칸이 있는 문장에서는 학생들과는 달리 지역 주민들은 가난하고 노동자 계층이었다고 설명했다. 빈칸 뒤의 내용이 주민과 학생 간에 폭력 사태가 발생했다는 내용이므로 학생과 주민들 사이에 계급 차이로 인한 괴리가 있었다는 내용이 오는 것이 자연스럽다. 따라서 정답은 (b)이다.

11. (c)

영원한 삶, 혹은 적어도 연장된 삶에 대한 가망은 냉동 보존술에 달려 있을 수도 있는데, 이는 불치병을 앓고 있는 환자를 신체의 부패가 본질적으로 멈추는 지점까지 냉각시킴으로써 미래에 진보한 의술이 그들을 건강한 상태로 회복시킬 수 있도록 하는 것이다. 1970년에 냉동 보존술 연구소를 창설한 로버트 에틴저 박사는 이 특이하고 흥미로운 시도의 대부라고 할 수 있다. 그는 과학자들이 냉동 기술에서 진전을 이루는 것을 지켜보면서 최초로 냉동 보존술이라는 발상을 하게 되었는데, 특히 1960년대와 1970년대에 있었던 동물 세포와 정자의 냉동에서의 진보에 주목했다. 미국 내에서 100명 가량의 사람들이 의술이 그들의 병을 치료할 수 있을 때 다시 소생되기를 희망하면서 현재 냉동되어 있는 것으로 추정된다.
(a) 더 많은 연구원들이 관련되었을 때
(b) 만일 냉동 보존술 연구소의 에틴저 박사가 그것을 승인한다면
(c) 의술이 그들의 병을 치료할 수 있을 때
(d) 만일 그들의 가족들이 그것이 일어나도록 허락한다면

어휘 eternal 영원한, 영구적인 / extended 연장된 / cryonics 냉동 보존술 / terminal illness 불치병 / decay 부패 / restore 회복시키다 / godfather 대부 / intriguing 흥미를 자아내는 / sperm 정자

해설 첫 번째 문장에서 냉동 보존술이란 미래에 의술이 진보하여 불치병을 치료할 수 있을 때까지 불치병을 앓고 있는 환자의 신체를 냉동시켜 보존하는 것이라고 하였으므로 정답은 (c)이다.

12. (d)

담당자 분께,
저는 지난주에 귀하의 가게에서 파는 과일 바구니 하나를 주문하여 최근에 결혼한 제 친구에게 배달시켰습니다. 불행히도, 제 친구가 그 당시 신혼여행에서 돌아오지 않았었기 때문에 그 물품은 당신의 가게로

반송되었습니다. 그 사실을 알게 되자마자 저는 환불을 요청했으나, 그 물품이 상하기 쉬운 것이었기 때문에 환불이 불가능하다고 했습니다. 다음으로 저는 그 상품을 대신 제 주소로 보내줄 것을 요청하였고, 추가 배송료를 부담하겠다고 했습니다. 아주 놀랍게도, 이 요청 역시 거절되었는데, 제 주문이 이미 완료되었기 때문이었습니다. 이것은 만족스럽지 않습니다. 당신의 회사는 <u>고객이 이미 그 값을 지불한 상품을 주지 않을</u> 권리가 없습니다.

(a) 고객에게 추가 배송료를 청구하다
(b) 상한 과일에 대해 환불을 거부하다
(c) 잘못된 주소로 보내진 상품값을 청구하다
(d) 고객이 이미 그 값을 지불한 상품을 주지 않다

어휘 perishable 상하기 쉬운 / non-refundable 환불이 안 되는 / bear (비용을) 부담하다 / shipping 배송 / rotten 썩은 / withhold 주지 않고 두다, 보류하다

해설 물건이 판매 회사로 반송되었음에도 상하기 쉬운 과일이라는 이유로 판매 회사가 환불을 거부하고 이미 주문이 완료되었다는 이유로 다른 주소로의 배송을 거절한 상황에 대해 항의하고 있다. 따라서 빈칸에는 고객이 값을 지불한 물건을 회사가 주지 않을 권리가 없다는 내용의 (d)가 들어가는 것이 자연스럽다.

13. (d)
경영진들은 너무 자주 '직감적 본능'에 의존해 사업상의 결정을 내리고는 그들이 원래 생각했던 것보다 더 좋지 않은 결과만을 보게 된다. 사실, 이러한 직감은 종종 단순한 예감이나 일종의 초자연적 현상이라기보다는 그들의 수년 간의 경험의 반영이다. 그러므로 경영진의 직감적 본능은 회사를 위한 귀중한 무형 자산으로 여겨질 수 있다. 그러나 잠재적으로 차선의 사업 결정을 내리는 것을 피하기 위해서는, 유용한 가설과 시나리오를 끌어낼 수 있는 유능한 분석가들이 제공하는 양질의 비즈니스 지능 자료로 경영진의 직감이 보완되어야 한다. 임원진의 직감적 본능에 있어 또 다른 한계는 그것이 대개 사람들로 하여금 익숙한 사고 과정을 따르고 안전지대 안에 머무르게 한다는 것이다. 그러나 비즈니스에서 기회는 종종 사람들이 <u>가장 다니지 않은 길에서</u> 발견되곤 한다.

(a) 가장 익숙한 영역 내에서
(b) 당신 주변의 것들에서
(c) 그 사람의 영향권 내에서
(d) 사람들이 가장 다니지 않은 길에서

어휘 gut 직감의, 본능적인 / instinct 본능 / contemplate 생각하다, 예상하다 / hunch 예감 / supernatural 초자연적인, 불가사의한 / phenomena 현상(phenomenon의 복수형) / intangible 무형의 / asset 자산 / suboptimal 차선(次善)의 / supplement 보충하다 / competent 유능한 / analyst 분석가 / extract 뽑아내다, 끌어내다 / hypotheses 가설(hypothesis의 복수형)

해설 경영진의 직감이 단순한 예감이 아닌 수년 간의 경험에서 나온 것으로 회사에 있어 귀중한 자산이라는 점을 먼저 설명한 후, 그러한 직감에는 한계가 있다고 밝히고 있다. 빈칸 앞 문장에서 직감적 본능의 한계로 사람들이 익숙한 사고 과정을 따르게 되고 안전한 곳에만 머무르려 한다는 내용을 들고 있는데, 빈칸이 있는 문장이 however로 연결되므로 빈칸에는 반대의 내용인 (d)가 들어가는 것이 적절하다.

14. (b)
종이는 기원전 2세기에 중국에서 처음으로 만들어졌으나, 서기 1세기 한 왕조의 관리인 차이룬이 종이의 재료들을 정제하고, 종이를 만드는 최초의 표준화된 방식을 만들어낸 것으로 여겨지고 있다. 종이는 오랫동안 <u>글씨를 쓰기 위해서가 아닌 다른 목적으로 널리 사용되었다.</u> 예를 들면, 당 왕조 시기에는 종이를 접어 종이 가방을 만들어서 차의 풍미를 유지시키는 용도로 사용했고, 최초의 종이 화폐가 11세기경에 중국에서 발행된 것으로 추정된다. 종이는 12세기가 되어서야 비로소 유럽으로 전해졌고, 현대적인 종이 제작 방식은 19세기 초에 발명되었다.

(a) 종이 가방보다는 종이 화폐로 더 흔하게 사용되었다
(b) 글씨를 쓰기 위해서가 아닌 다른 목적으로 널리 사용되었다
(c) 대량 생산이 아닌 가족 구성원들에 의해서 소규모로 만들어졌다
(d) 중국의 특산품으로 유럽 국가들에 수출되었다

어휘 be credited with ~에 공이 있다 / refine 정제하다, 다듬다 / standardized 표준화된 / fold 접다 / mass-produce 대량 생산하다 / specialty 특산품

해설 빈칸 뒤의 문장이 for example로 시작되는 것으로 보아 빈칸에 들어갈 내용의 구체적인 사례가 제시된 것이므로 그 내용과 연관 있는 선택지를 골라야 한다. 예로 제시된 내용은 종이의 용도가 글쓰기가 아닌 가방과 화폐를 만들기 위함이었다는 것이므로 빈칸에는 종이의 다양한 용도와 관련된 내용이 올 것임을 알 수 있다. 따라서 정답은 (b)이다.

15. (a)
인간은 어두운 곳에서 길을 찾기 위해 손전등을 이용할 필요가 있을지도 모르지만, 많은 종류의 생물들은 스스로 빛을 낼 수 있도록 타고났다. 하지만 그들은 이러한 빛을 매우 다른 방식으로 만들어낸다. 손전등에서 대개 발견되는 전구는 고온 발광의 과정을 통해 빛을 만들어내는데, 기본적으로 전구 속의 필라멘트가 뜨거워지면서 빛나기 시작하는 것이다. 이것은 많은 양의 에너지를 필요로 하기 때문에 빛을 만들어내는 데 있어 다소 비효율적인 방법이다. 반면에, 동물은 발광이라고 불리는 과정을 통해 빛을 만들어낸다. 야광봉과 거의 같은 방식으로, 그들은 빛을 내는 것으로 서로에게 반응하는 화학 물질들을 섞는다. 때때로 '냉광'이라고도 알려진 이것은 빛을 만들어내는 데 훨씬 더 에너지 효율적인 방식이다.

(a) 반면에

(b) 그럼에도 불구하고
(c) 불행히도
(d) 예를 들어

어휘 flashlight 손전등 / light bulb 전구 / incandescence 고온 발광, 백열광 / filament (전구·진공관의) 필라멘트 / glow 빛나다 / luminescence 발광, 냉광(=cold light) / compound 화합물 / energy-efficient 에너지 효율이 좋은

해설 빈칸 앞에서는 손전등의 전구가 빛을 내는 경우와 같이 물체의 온도를 높여 빛을 만드는 고온 발광 방식에 대해 설명하였고, 빈칸 뒤에서는 화학 물질이 섞이면서 빛을 내는 동물의 발광 방식을 설명하고 있으므로 빈칸에는 대조의 의미를 지닌 on the other hand가 들어가는 것이 적절하다.

16. (a)
'근대 경제학의 아버지'라고 알려진 아담 스미스는 현대 세계 경제의 거의 모든 측면에서 발견할 수 있고, 자본주의 개념을 장려하기 위해 흔히 사용되는 영향력 있는 개념들을 발전시켰다. 사실, 오늘날 학교에서 일반적으로 가르치는 경제학의 양식은 그 이론의 상당수가 스미스의 저서에서 유래했다고 할 수 있다. 아이러니하게도, 그의 가장 유명한 저서인 〈국부론〉에서 비롯된 경제 패러다임에 반대론을 펼 수 있는 사람은 스미스 자신일 것이다. 그는 시장 집중에 반대하고 소규모 지역 기업의 가치를 믿었다. 그의 저서 전체에 기초했을 때, 스미스가 그를 숭배하는 현대의 경제학자들이 이윤의 극대화와 경제 성장을 과도하게 강조하는 것을 비판하면서 (그들과) 대립한다 해도 놀랍지 않을 것이다.
(a) 아이러니하게도
(b) 다행스럽게도
(c) 결과적으로
(d) 따라서

어휘 capitalism 자본주의 / paradigm 패러다임, 이론적 틀 / trace back (기원을) 거슬러 올라가다 / attribute ~의 것으로 하다, (결과를) ~에 돌리다 / enterprise 기업 / idolize 맹목적으로 숭배하다, 우상화하다 / overemphasis 지나친 강조 / maximization 극대화

해설 빈칸 앞에서는 아담 스미스가 현대 경제학 이론의 기틀을 마련한 인물임을 설명하였고 빈칸 뒤에서는 그의 영향을 받은 현대의 경제학자들이 이윤의 극대화와 경제 성장을 지나치게 강조하는 것은 아담 스미스의 이론과 대립될 수 있다는 내용이 나온다. 즉, 모순된 상황을 설명하고 있으므로 빈칸에는 (a)가 들어가는 것이 자연스럽다.

Part II

17. (a)
전문가들은 언젠가 거대한 소행성이 지구와 충돌하여 인류를 몰살시킬 정도의 파괴를 초래할 것이라고 믿는다. 널리 퍼져있는 이론은 직경 2마일의 소행성이 지구와 충돌하여 환경의 혼란을 야기했고, 이러한 종류의 충돌이 6천5백만 년 전에 공룡을 멸종시켰다는 것이다. 천문학자들은 그러한 충돌이 지구의 긴 역사 동안 계속 일어났다고 추측하며, 따라서 인간이 소행성의 진로를 바꾸는 방법을 고안해내지 못한다면 그 일이 틀림없이 다시 일어날 것이라고 생각한다. 그들이 알지 못하는 것은 그것이 지금으로부터 십 년 뒤에 일어날 것인지, 아니면 천만 년 뒤에 일어날 것인지의 여부이다.

Q. 본문의 요지는?
(a) 지구는 소행성과 충돌할 위험에 계속 놓여 있다.
(b) 거대한 소행성의 충돌이 공룡을 멸종시켰다.
(c) 인류의 멸망을 예방할 적절한 조치가 필요하다.
(d) 우주의 모든 천체들은 잠재적으로 서로 충돌할 수 있다.

어휘 asteroid 소행성 / collide with ~와 충돌하다(collision 충돌) / devastation 파괴, 황폐화 / decimate 대량으로 죽이다, 몰살시키다 / wipe out 완전히 파괴하다, 없애버리다 / diameter 직경 / chaos 혼란 / speculate 추측하다 / inevitable 피할 수 없는, 필연적인 / exterminate 절멸시키다, 모조리 없애버리다 / body 천체 / potentially 잠재적으로

해설 이 글은 과거에 발생한 소행성과 지구의 충돌이 공룡의 멸종을 가져왔으며, 그러한 충돌은 언제든지 다시 일어날 수 있다는 전문가들의 의견을 소개하고 있다. 따라서 지구가 소행성과 충돌할 가능성에 계속 놓여 있다는 것이 본문의 요지로 정답은 (a)이다.

18. (d)
소매점들마다 꽤 관대한 것에서부터 아주 까다로운 것까지 매우 다른 반품 규정을 가지고 있다. 예를 들어, (반품을 할 때) 소비자가 판매 영수증을 지참해야 하는지의 여부와 물건을 반품해야 하는 기간에 관해서 상점들마다 서로 다른 규정을 가지고 있다. 잘 알려져 있는 한 회사가 수천 달러의 손해에도 불구하고 (구입한 지) 20년이 지난 후에 2만 달러짜리 제품의 반품을 해주었다고 밝힌 경우도 있지만, 일반적으로 상점들은 수년에 걸쳐 관대해지기보다는 더 엄격해졌다. 요즘은 전자 제품의 반품에 대해서 업체가 15퍼센트의 재입고 수수료를 부과하는 것이 더 전형적이다. 따라서 소비자들은 상품을 구매할 때 상점의 규정에 대해 세심한 주의를 기울일 필요가 있다.

Q. 본문의 요지는?
(a) 소비자들은 헷갈리고 현혹적인 규정을 가진 상점에서는 상품을 구매하지 말아야 한다.
(b) 소비자들은 손해를 입을 가능성이 있기 때문에 반품을 하지 않는

것이 좋다.

(c) 많은 소매업자들은 반품 규정을 어렵게 만들어서 소비자들을 이용한다.

(d) 소비자들은 구매한 상품을 반품하는 것이 이제 더 어렵다는 것을 알고 있어야 한다.

어휘 retail 소매(상)의(retailer 소매업자) / divergent 다른 / return policy 반품 규정 / restrictive 까다로운, 제한하는 / with respect to ~에 관해 / retain 간직[보유]하다 / lenient 관대한 / restocking fee 재입고 수수료 / deceptive 현혹시키는, 거짓의

해설 본문의 주제는 마지막 문장에 드러나 있는데, 상점들마다 반품 규정이 다르고 점점 까다로워지고 있기 때문에 상품을 구매할 때에는 해당 상점의 반품 규정에 대해서 더 신경을 써야 한다고 결론을 짓고 있다. 따라서 정답은 (d)이다.

19. (d)
인위적인 원인에 의한 환경 파괴는 새로운 것이 아니다. 사실 그것은 몇몇 고대 문명의 멸망을 초래했을 수도 있다. 새로운 정보에 의하면, 환경 파괴가 티그리스 강과 유프라테스 강 사이에 존재했던 고대 메소포타미아 문명의 몰락으로 이어졌을지도 모른다고 한다. 이 초기 제국의 번영의 비결 중 하나는 작물에 물을 대주고 충분한 식량 공급을 확보해 주었던 대규모 관개 시설의 발달이었다. 그러나 이 관개 시설에는 배수 장치가 없었고, 남아 있던 물이 증발할 때 고농도의 염분을 남겨두었다. 시간이 지나면서, 염분이 땅을 불모지로 만들었고 위대한 메소포타미아 문명은 몰락하고 말았다.

Q. 본문의 요지는?
(a) 관개 시설에는 좋은 배수 시설이 필요하다.
(b) 위대한 문명들이 멸망한 것에는 여러 가지 이유가 있다.
(c) 고대 문명이 누렸던 번영은 그들의 농업적 기반과 많은 관계가 있다.
(d) 고대 메소포타미아 문명은 인간이 초래한 환경 파괴에 의해서 멸망했을 수도 있다.

어휘 man-made 인위적인 / demise 몰락, 죽음 / extensive 대규모의, 광범위한 / irrigation system 관개 시설 / sufficient 충분한 / drainage 배수 시설[관] / component (구성) 요소 / evaporate 증발하다 / render (어떤 상태가 되게) 만들다 / infertile 메마른, 불모의 / downfall 몰락, 파멸 / fall into ruin 멸망하다

해설 첫 문장에서 인간의 환경 파괴로 인해 고대 문명이 멸망했을 수도 있다고 밝히며, 그 예로 메소포타미아 문명이 관개 시설로 인해 땅이 메말라서 몰락하게 되었다고 설명하고 있다. 따라서 정답은 (d)이다.

20. (b)
호르몬 대체 요법은 전신에 열이 나며 밤에 땀이 나는 것과 같은 폐경 후에 나타나는 증상들을 완화시키는 것으로 알려져 있다. 일부 연구자들은 이 호르몬 투여에 추가적인 건강상의 이점이 있는지 알아보고자 했다. 1990년대 중반에 그들은 여성 건강에 대한 주도적 연구라는 연구에 자원한 사람들을 추적하기 시작했다. 최종적으로 만 오천 명이상의 폐경기가 지난 여성들이 참여했다. 대략 절반의 여성들에게는 에스트로겐과 프로게스틴의 호르몬 복합체를 주었고 나머지 절반에게는 위약을 주었다. 나중에 밝혀진 결과는 매우 놀라웠다. 명확하게도, 호르몬 요법을 받은 여성들은 심장병 발병률이 22퍼센트 더 높았고 유방암 발병률은 26퍼센트, 뇌졸중 발병률은 41퍼센트 더 높았다.

Q. 본문의 주제는?
(a) 여성 건강에 대한 주도적 연구의 역사
(b) 중년 여성들을 위한 호르몬 대체 요법의 부정적 효과
(c) 호르몬 대체 요법의 무한한 가능성과 잠재성
(d) 다양한 질병을 치료하는 호르몬 대체 요법의 성공 사례

어휘 replacement 대체 / post-menopausal 폐경기 이후의 / hot flash (갱년기 여성에게 나타나는) 전신 열감 / initiative (문제 해결을 위한) 계획, 주도 / ultimately 최종적으로 / placebo (유효 성분이 포함되지 않은) 위약(僞藥) / disclose 드러내다 / incidence 발병률 / breast cancer 유방암 / stroke 뇌졸중 / adverse 부정적인

해설 호르몬 대체 요법에 대한 실험 결과, 호르몬 대체 요법을 받은 여성들이 위약을 복용한 여성들에 비해 심장병, 유방암, 뇌졸중 등의 발병률이 훨씬 더 높게 나타났다는 것이 요지이므로 (b)가 정답이다.

21. (b)
오늘날 많은 학생들은 더 이상 인문학, 즉 역사, 철학, 사회학과 같은 과목을 전공하지 않는다. 학생들은 인문학 학위가 직업을 얻는 데 유용하지 않다고 걱정할지도 모르지만, 그것은 절대로 사실이 아니다. 인문학 과정의 폭넓은 교육은 사실 대부분의 고용주들에게 꽤 매력적인데, 그들 중 다수가 전문 학위를 받은 구직자들의 전문 지식은 그 범위가 너무 좁다는 점을 우려한다. 대신에, 그들은 문제를 여러 관점에서 생각할 수 있는 열린 마음을 가진 직원들을 원한다. 이런 종류의 유연성은 건강한 사회를 위해서 필수적이며, 이것이 바로 인문학 교육과정이 가르치는 것이다.

Q. 본문의 요지는?
(a) 유연성은 대부분의 학생들이 얻고자 하는 자질이다.
(b) 인문학 교육 과정은 직업을 구하는 학생들에게 도움이 될 수 있다.
(c) 최근에 실용 과목들이 고용주들 사이에서 더 많은 인기를 얻고 있다.
(d) 인문학을 공부하는 것은 기술 분야를 공부하는 것보다 더 중요하다.

어휘 liberal arts 인문학 / comprehensive 포괄적인 / scope 범위, 시야 / open-minded 편견이 없는, 열린 마음의 / angle 관점 / vital 필수적인 / instill (사상 등을) 주입시키다, 가르치다

해설 이 글은 대학의 인문학 교육이 직업을 구하는 데 실질적인 도움이 되지 않는다는 것은 사실이 아니며, 고용주들도 인문학이 넓은 시야와 유연한 사고를 기르는 데 필수적이라는 사실을 인정하고 인문학적 지식이 있는 구직자들을 찾고 있기 때문에 인문학 교육 과정은 취업을 준비하는 학생들에게 도움이 된다는 내용이다. 따라서 정답은 (b)이다.

22. (c)

수신: 인사부장 샐리 맨슨 씨
저는 우리 회사의 직원 교육 프로그램에 대한 불만을 표명하고자 편지를 씁니다. 제 직위의 한 부분으로 저는 매년 100시간의 교육을 이수하도록 되어 있습니다. 그런데 저는 관리자의 역할을 해본 경험이 거의 없거나 전혀 없는 신입 직원들을 위해 설계된 것이 분명한 경영 교육 수업에 배정되었습니다. 이 교육 과정이 그들에게는 유익할 것임을 확신하지만, 저는 지난 10년간을 관리자로 근무해 왔습니다. 불행히도, 이 수업을 수강하는 것은 저의 시간과 회사 자원 모두의 낭비입니다. 제가 이수해야 하는 교육을 계속 받고 싶지만, 저의 능력과 경험에 적합한 수업에서 교육을 받고 싶습니다.
제이콥 버드 드림

Q. 이 편지의 목적은?
(a) 회사의 관리직에 지원하기 위해
(b) 직원 채용 시스템의 문제를 바로잡기 위해
(c) 다른 교육 과정으로의 변경을 요청하기 위해
(d) 의무 교육 이수 시간에 대한 불만을 제기하기 위해

어휘 human resources 인사부[과] / dissatisfaction 불만 / supervisory 감독의, 관리의 / managerial 관리의, 경영자의

해설 첫 문장에서 직원 교육 프로그램에 불만이 있음을 밝힌 뒤, 자신이 수강하게 된 교육 과정이 자신의 경력이나 역량에 맞지 않아서 자신에게 좀 더 적합한 교육을 받고 싶다고 설명하고 있으므로 다른 교육 과정으로의 변경을 신청하기 위한 목적으로 편지가 쓰여졌음을 알 수 있다. 따라서 정답은 (c)이다.

23. (c)

라디오는 20세기의 전환기에 발명되었으나 1915년에 진공관 라디오 송신기가 개발되고서야 광범위한 방송이 가능하게 되었다. 1917년에 미국이 제1차 세계대전에 참전했을 때, 라디오 기술은 정보의 전파에 매우 중요하다고 여겨져서 정부는 모든 민영 라디오 방송국을 폐쇄하거나 인수했다. 독일 스파이에 의해 악용될 것을 우려해 민간 라디오 송신기를 소유하는 것조차 불법이었다. 1919년에 민간 라디오에 대한 제한이 해제된 후 방송의 급격한 인기가 전국을 휩쓸었다. 전

국적으로 방송국 수는 1922년에 67개에서 500개 이상으로 증가했다. 방송 프로그램에는 아마추어 장기 자랑, 책 낭독, 라이브 음악 연주, 실황방송 등이 있었다.

Q. 본문에 따르면 옳은 것은?
(a) 진공관 송신기가 라디오의 발명으로 이어졌다.
(b) 1920년대에 라디오의 내용은 정부의 최신 소식으로만 제한되었다.
(c) 제1차 세계대전 기간 중 라디오 기술은 국가 보안의 쟁점이 되었다.
(d) 라디오의 인기는 라디오 송신기의 소유가 금지되면서 쇠퇴했다.

어휘 vacuum-tube 진공관의 / transmitter 송신기 / dissemination 보급, 전파 / take over 인수하다 / civilian 민간(인)의 / lift (금지령을) 해제하다 / sweep 휩쓸다 / commentary (라디오의) 실황 방송

해설 (a) 라디오는 20세기가 되던 무렵에 발명되었고 이후 진공관 송신기가 개발되었다고 했으므로 사실이 아니다.
(b) 1920년대에 라디오 방송 프로그램에는 아마추어 장기 자랑, 책 낭독, 라이브 음악 연주, 실황방송 등이 있었다고 했으므로 사실이 아니다.
(c) 1차 세계대전 당시 적군에게 정보가 유출될 것을 우려하여 라디오 방송국을 폐쇄하거나 정부가 인수하였고, 방송 청취 또한 극히 제한했다고 했으므로 정답이다.
(d) 라디오 송신기의 소유가 금지되었다고는 했으나 이로 인해 인기가 급락했는지는 언급되지 않았다.

24. (a)

벤자민 프랭클린은 1771년에 자서전을 쓰는 일을 시작했다. 그러나 식민지 미국을 영국의 지배로부터 해방시키는 대의를 향한 그의 헌신으로 인해 그 작업은 보류되었다. 13년이 지나고 나서야 그는 그 작업을 다시 시작할 수 있었고, 그것을 통해서 새 나라의 젊은이들에게 노력의 가치와 의미 있고 도덕적인 삶을 사는 것의 중요성을 가르쳐주기를 희망했다. 글에서 친절하고 실용적인 사람이라는 인상을 주는 프랭클린은 종종 많은 유혹에 굴복하면서 그가 추구했던 완벽한 상태에 도달하지는 못했다고 고백했으며, "그러나 나는 노력에 의해서 그것을 시도하지 않았을 경우의 모습보다 더욱 훌륭하고 행복한 사람이 되었다"고 덧붙였다.

Q. 프랭클린의 자서전에 대해 옳지 않은 것은?
(a) 그것은 프랭클린을 주요한 정치적 인물로 상징한다.
(b) 그것은 인생에서 노력의 중요성을 강조한다.
(c) 그것은 젊은이들에게 살아가는 방법을 안내한다.
(d) 완성하는 데 오랜 시간이 걸렸다.

어휘 autobiography 자서전 / dedication 헌신 / colony 식민지

/ put aside (하던 일 등을) 제쳐 놓다 / resume 다시 시작하다 /
come across as (~라는) 인상을 주다 / give in 굴복하다 /
personify 상징하다, ~을 전형적으로 보여주다

해설 (a) 자서전에서 프랭클린이 친절하고 실용적인 사람으로 묘사
되었다고 했을 뿐 그의 정치적인 면은 언급되지 않았으므로 사실이 아
니다.
(b) 프랭클린은 자서전에서 미국의 젊은이들에게 노력의 가치를 가르
쳐주고자 했으며 자신이 노력에 의해 더 나은 삶을 살게 됐다고 언급
했으므로 사실이다.
(c) 프랭클린은 자서전을 통해 젊은이들에게 의미 있고 도덕적인 삶
의 중요성을 가르치길 희망했다고 했으므로 사실이다.
(d) 식민지 미국을 해방시키는 일에 몰두하기 위해서 작업을 보류했
다가 13년 후에 재개했다고 했으므로 사실이다.

25. (c)
길 위에서든 경주로 위에서든, 어떠한 차도 페라로만큼 감탄을 불러
일으키고 상상력을 사로잡을 수는 없을 것입니다. 페라로는 자신만의
길을 고집하며 전통에 얽매이지 않습니다. 〈오토월드〉 잡지의 2008
년 조사에서, 페라로는 가장 뛰어난 자동차 디자인으로 선정되었습니
다. 페라로의 인기 있는 스포츠카 차종 중에서 모델 번호 924가 가
장 유명합니다. 이 차는 거뜬히 시속 127마일로 달리며, 그 신뢰도는
2년간의 품질 보증으로 분명히 나타나고 있습니다. 중고차 시장에서
페라로 제품의 높은 가치는 페라로를 소유한 적이 있는 사람이라면 누
구에게나 알려져 있습니다. 가까운 페라로 센터에서 페라로의 전 차
종을 만나보실 수 있습니다.

Q. 위 광고에 따르면 사실인 것은?
(a) 페라로의 디자인은 고전적이고 격식이 있다.
(b) 페라로 센터에서는 중고 페라로 모델을 낮은 가격에 판매한다.
(c) 924번 모델은 적어도 2년 동안 시속 127마일을 유지할 수 있다.
(d) 페라로의 전 차종은 2년간의 품질 보증 기간을 가지고 있다.

어휘 admiration 감탄 / go one's own way 자기 소신대로 하다 /
heed 주의[조심]하다 / convention 전통 / prestigious 고급의,
일류의 / effortlessly 힘들이지 않고, 손쉽게 / mph(=miles per
hour) 시속 마일수 / reliability 신뢰도 / underline 분명히 나타내
다, 강조하다 / warranty 품질 보증 / secondhand 중고품의

해설 (a) 페라로가 가장 뛰어난 디자인으로 상을 받았다고 했으나 그
디자인이 고전적이고 격식이 있는지에 대해서는 묘사되어 있지 않다.
(b) 페라로 센터에서 판매하는 중고 페라로 모델의 가격에 대해서는
언급되지 않았다.
(c) 모델 번호 924는 시속 127마일의 속도를 낼 수 있는데, 이를 2년
간의 보증 기간 동안 신뢰할 수 있다고 했으므로 구입 후 2년간은 시속
127마일 속도를 유지할 수 있음을 알 수 있다.
(d) 2년간의 보증 기간에 대해서는 모델 번호 924의 경우에만 언급되

어 있으므로 사실이 아니다.

26. (b)
과학자들은 뇌가 최면 마비의 상황, 즉 정신적 암시 아래에 있는 동안
신체의 일부를 움직이는 것이 불가능한 상황에서 뇌가 어떻게 반응을
보이는지를 연구해왔다. 한 집단에게는 정상적인 정신 상태에서 왼손
으로 과업을 수행하도록, 다른 집단에게는 최면에 걸린 후에 과업을
수행하도록, 세 번째 집단에게는 왼손을 움직일 수 없는 척하도록 한
뒤에 그들의 뇌를 촬영했다. 촬영 결과, 쐐기전소엽이라고 불리는 뇌
의 부분이 각 경우에 있어서 다르게 작용하는 것이 드러났다. 우뇌의
운동 피질이 왼손에게 움직이라고 명령할 준비가 되었더라도, 사람이
최면에 걸린 때에는 쐐기전소엽이 그 역할을 대신했다.

Q. 본문에 따르면 옳은 진술은?
(a) 마비는 일반적으로 최면의 결과이다.
(b) 쐐기전소엽은 손의 움직임을 통제할 수 있다.
(c) 최면술사들은 피실험자들에게 영향을 주기 위해 뇌 촬영을 사용
한다.
(d) 우뇌의 운동 피질이 쐐기전소엽보다 빨리 작용한다.

어휘 hypnotic 최면의(hypnotize 최면을 걸다 / hypnotist 최면
술사) / paralysis 마비 / suggestion (최면술의) 암시, 연상 /
scan (엑스레이·전자파 등을 이용한) 정밀 검사 / precuneus
쐐기전소엽 / motor 운동의, 운동과 관련된 / cortex (대뇌) 피질 /
take over 넘겨받다, 대신하다

해설 (a) 마비가 최면의 일반적인 결과라는 내용은 본문에 언급되어
있지 않다.
(b) 정상적인 경우에는 우뇌의 운동 피질이 손의 운동 능력을 통제하
지만 최면 상태에서는 쐐기전소엽이 이를 대신한다고 했으므로 사실
이다.
(c) 뇌 촬영의 용도는 최면 마비의 상황에서 뇌의 반응을 알아보는 실
험을 위한 것이었을 뿐 최면술사가 최면을 위해 사용한다는 것은 사실
이 아니다.
(d) 우뇌의 운동 피질과 쐐기전소엽의 작용 속도의 차이는 언급되지
않았다.

27. (d)
어제 오후 스미스빌에서 그날 일찍 은행 대출을 거부당한 한 남성이
앙갚음을 할 결심으로 돌아왔다. 매튜 아놀드는 자신이 용접공으로
근무 중인 근처 건설 현장에서 훔친 커다란 불도저를 몰고서 그 은행
의 전면 벽을 부수고 지나갔는데, 벽은 완전히 무너졌으며 은행원 한
명과 고객 몇 명이 가벼운 부상을 입었다. 충돌 후, 아놀드는 훔친 차량
을 버리고 걸어서 도주했다. 그는 몇 킬로미터 떨어진 곳에서 런던행
버스에 탑승하려던 중에 지역 경찰에게 체포되었다.

Q. 위 기사에 따르면 옳은 것은?

(a) 남자는 은행 강도 집단의 도주 운전자였다.
(b) 스미스빌의 은행은 한 지역 용접공에 의해 강도를 당했다.
(c) 한 은행원이 불도저를 훔친 죄로 체포되었다.
(d) 남자는 대출을 거부당한 뒤에 복수를 하고 싶어 했다.

어휘 loan 대출(금) / vengeance 복수, 앙갚음(=revenge) / welder 용접공 / smash through ~을 부수고[뚫고] 지나가다 / demolish 무너뜨리다 / make one's getaway 도주[도망]하다 (getaway 도주; 도주 중인) / board (탈것에) 타다

해설 (a) 매튜 아놀드는 단독으로 범행을 저질렀으며 강도질을 한 것은 아니므로 사실이 아니다.
(b) 그 용접공은 불도저로 은행의 벽을 무너뜨리고 도주했으나 은행을 털지는 않았으므로 사실이 아니다.
(c) 불도저를 훔친 사람은 은행에서 대출을 거부당한 고객이었으므로 사실이 아니다.
(d) 그 남성이 대출을 거부당한 뒤에 복수를 하려고 돌아왔다고 했으므로 사실이다.

28. (b)
노르웨이 탐험가 로알 아문센이 1911년에 남극점을 정복한 후에, 아일랜드 탐험가 어니스트 섀클턴 경은 남극점을 통과해 남극 대륙을 횡단하는 최초의 인물이 되기로 결심했다. 1914년 8월, 섀클턴과 그의 선원들은 인듀어런스호에 승선하여 모험을 시작했는데, 배의 이름은 섀클턴가(家)의 가훈인 '인내로써 정복한다'를 따서 지어진 것이었다. 그러나 인듀어런스호는 단단한 얼음에 박히고 말았고, 결국 선원들은 그 배를 버리는 대신 세 척의 작은 보트와 보급품, 식량과 썰매를 가지고 나와서 빙맥의 꼭대기에 막사를 세울 수밖에 없었다. 섀클턴의 계획은 빙산을 걸어서 횡단하고 떠다니는 유빙을 통과함으로써 육지에 가까이 가는 것이었다. 그리고 나서 얼음이 약해지는 지점부터 선원들은 구명선을 저어서 육지까지 갈 수 있을 것이었다.

Q. 본문에 따르면 옳은 것은?
(a) 로알 아문센은 북극에 도달한 최초의 탐험가였다.
(b) 배의 이름은 섀클턴 경의 가훈에서 차용한 것이었다.
(c) 섀클턴 경과 선원들은 구조대원들이 오지 않았기 때문에 인듀어런스호를 떠났다.
(d) 섀클턴 경은 작은 보트를 타고 유빙을 통과해 육지까지 도착할 계획을 세웠다.

어휘 explorer 탐험가 / conquest 정복 / Antarctica 남극 대륙 / aboard 승선하여 / endurance 인내 / motto 좌우명, 표어 / lodge 꽂다, 박아 넣다 / desert 버리다 / supplies 보급품 / provisions 식량 / sled 썰매 / ice ridge 빙맥 / ice floe 유빙 (바다에 떠 있는 얼음) / dry land 육지

해설 (a) 로알 아문센은 남극점을 정복하였다고 했으므로 사실이 아

니다.
(b) 배의 이름이 섀클턴가의 가훈인 '인내로써 정복한다'에서 왔다고 했으므로 사실이다.
(c) 섀클턴의 탐험대는 배가 얼음에 박혀버렸기 때문에 배를 떠날 수밖에 없었다고 했고, 구조대원들에 대한 언급은 없었다.
(d) 구명선은 유빙을 통과한 뒤에 얼음이 약해지는 지점부터 탈 것이라고 했기 때문에 사실이 아니다.

29. (b)
와일드 씨께,
저희는 지난 두 달간의 귀하의 임대료가 연체되었음을 여러 차례 고지해 드렸습니다. 아무런 답변을 받지 못했으므로 50달러의 연체료가 잔액에 추가되어 총 1,250달러가 되었습니다. 4월 3일까지 이 금액 전부를 지불하지 않으면 귀하는 아파트에서 강제 퇴거될 것입니다. 만약 저희가 법적 조치를 취할 수밖에 없게 된다면, 그로 인해 저희 측에서 발생하는 모든 추가 비용은 귀하의 잔고에 추가될 것입니다. 또한, 이 조치는 당신의 신용 등급에 좋지 않은 영향을 미칠 것이며, 향후 대출을 받거나 신용카드를 만들 수 있는 자격에 영향을 줄 것입니다. 이 문제와 관련된 모든 사람들을 위해서 저에게 즉시 연락하시어 가능한 빨리 연체금을 지불할 일정을 정해주시기 바랍니다.
코트니 커닝햄 드림

Q. 위 서신에 따르면 옳은 것은?
(a) 커닝햄 씨는 와일드 씨를 강제 퇴거시키기 위해 고용된 변호사이다.
(b) 법적 조치가 취해진다면 와일드 씨에게 추가 비용이 부과될 것이다.
(c) 와일드 씨는 4월 3일까지 연체금의 지불 일정을 정해야 한다.
(d) 커닝햄 씨는 와일드 씨가 잔액을 지불하지 않으면 그녀의 신용 등급을 내릴 것이다.

어휘 notify 고지하다, 알리다 / overdue 연체된 / balance 잔액 / evict 퇴거시키다 / incur 초래하다 / credit rating 신용 평가 등급 / in the interest of ~을 위해서

해설 (a) 커닝햄 씨의 직업은 언급되지 않았으므로 사실이 아니다.
(b) 법적 조치를 취하게 되면 그로 인해 발생하는 모든 추가 비용이 와일드 씨가 갚아야 할 금액에 추가될 것이라고 했으므로 사실이다.
(c) 4월 3일은 연체금의 지불 기한이며, 지불 일정은 가능한 빨리 정해야 한다고 했으므로 사실이 아니다.
(d) 연체금을 지불하지 않으면 와일드 씨의 신용 등급에 영향이 갈 수 있다고 했을 뿐 커닝햄 씨가 등급을 내리는 사람인지는 알 수 없다.

30. (c)
현대의 많은 의학적 진보 중에서 장기 이식술은 아마도 가장 유익한 것 중 하나일 것이다. 그러나 이 수술로 수많은 생명을 구했음에도 불구하고 여러 윤리적 문제가 남아있다. 가장 큰 문제점 중 하나는 사용

가능한 장기의 숫자가 제한적인 것에 비교하여 새로운 장기에 대한 수요는 매우 많다는 점에서 기인한다. 어떻게든 누가 이식을 받고 누가 받지 않을지를 결정해야만 하며, 그것은 많은 경우에 본질적으로 누가 살고 누가 죽을지를 결정하게 된다. 그리고 또한 장기 이식술의 비용이 매우 높다는 문제점이 있는데, 이로 인해 잠재적으로 많은 사람들이 수술을 할 수 없다. 중국에서는 심장 이식술에 드는 비용이 약 12만 달러이다. 그러나 이것은 동일한 수술의 비용이 86만 달러에 이르는 미국과 비교할 때 매우 싼 것이다.

Q. 본문에 따르면 장기 이식술에 대해 옳은 것은?
(a) 장기 이식술은 미국과 중국에서만 가능하다.
(b) 어떤 사람들은 장기 이식술이 너무 위험하다고 걱정한다.
(c) 장기에 대한 수요가 공급보다 더 많기 때문에 모두가 장기 이식술을 받을 수는 없다.
(d) 장기 이식술은 세계의 다른 어떤 나라에서보다 중국에서 비용이 가장 많이 든다.

어휘 organ transplant 장기 이식 / surgery 수술(=operation) / ethical 윤리적인 / stem from ~에서 기인하다 / essentially 본질적으로 / bargain 싼 물건

해설 (a) 미국과 중국은 수술 비용에 대해 설명하기 위해서 예로 든 것이며, 두 나라에서만 장기 이식술이 가능하다는 언급은 없으므로 사실이 아니다.
(b) 수술의 위험성에 대한 우려가 있다는 내용은 언급되지 않았다.
(c) 장기 이식술의 가장 큰 문제점으로 사용 가능한 장기의 숫자보다 수요가 더 많다고 했으므로 사실이다.
(d) 중국보다 미국의 수술비가 더 비싸다고는 했으나 그 외 다른 나라들은 언급되지 않았으므로 사실이 아니다.

31. (c)
저희 단체의 교육 과정은 사회적으로 혜택을 받지 못하는 사람들을 도와주기 위한 목적으로 만들어졌습니다. 저희는 지역 사회 단체들과 협력하여 새로운 업무 기술을 배우는 데 관심이 있는 실업자들에게 실용적인 학습 기회를 제공합니다. 학교 및 주민 회관과 같은 지역 시설을 이용하여 작년에만 전국에서 천 개 이상의 교육 강좌를 열었습니다. 저희의 강좌들을 가장 필요로 하는 빈곤한 시골 및 도시 지역에 개설함으로써, 수천 명의 사람들이 편리하게 실용적인 교육을 받을 수 있도록 했습니다. 저희는 개인의 취업 가능성을 높일 수 있도록 고안된 다양한 과정을 제공합니다.

Q. 본문에 따르면 옳지 않은 것은?
(a) 이 단체는 다양한 교육 과정을 제공한다.
(b) 사람들은 지역 건물에서 교육을 받는다.
(c) 사람들은 졸업 후에 직업을 얻게 된다.
(d) 시골과 도시 거주자 모두 강좌의 혜택을 받을 수 있다.

어휘 disadvantaged (사회적·경제적으로) 불리한, 혜택을 받지 못한 / a variety of 다양한(=varied) / potential 가능성

해설 (a) 이 단체는 사람들의 취업 가능성을 높이기 위한 다양한 과정을 제공한다고 했으므로 사실이다.
(b) 강좌는 학교와 주민 회관과 같은 지역 시설에서 열린다고 했으므로 사실이다.
(c) 취업 가능성을 높여줄 강좌를 제공한다고 했을 뿐, 졸업이 취업을 보장해준다는 언급은 없었으므로 사실이 아니다.
(d) 시골 및 도시 지역 모두에 강좌가 개설됐다고 했으므로 사실이다.

32. (b)
부자병은 과소비와 함께 우리 사회가 가지고 있는 문제점을 묘사하기 위해 이 책에서 사용된 용어이다. 부자병의 한 가지 증상은 우리가 필요한 것보다 더 많은 재산을 가지고 있음에도 불구하고 전반적으로 불행한 감정을 느끼는 것이다. 오늘날, 사람들은 가족들과 함께 보내는 시간이 점점 적어지고 보다 많은 물건을 계속 구매하는 데 필요한 돈을 벌기 위해 더 많은 시간을 일하는 데 보낸다. 그러나 너무 일을 많이 하기 때문에 그들은 자신의 구매를 즐길 시간을 할애할 수도 없다. 이 책은 부자병의 주된 원인들을 계속해서 설명하는데, 그중에는 물질의 소유에서 행복을 성취할 수 있다는 잘못된 믿음이 있다. 결론적으로, 저자는 부자병을 앓는 것을 피하기 위해서는 우리가 일과 재산보다는 친구와 가족에 초점을 두어야 한다고 제안한다.

Q. 서평에 따르면 사람들이 부유함에도 불구하고 불행한 이유는?
(a) 그들은 열심히 일하는 것의 가치를 알지 못한다.
(b) 그들은 진정한 행복이 어디에서 비롯되는지를 알지 못한다.
(c) 그들은 곧 파산할게 될까 봐 두려워한다.
(d) 그들은 빚을 갚는 것을 끊임없이 염려한다.

어휘 affluenza 부자병(풍요로워질수록 더 많은 것을 추구하는 현대인의 소비 심리) / over-consumption 과소비 / possessions 재산, 소유(물) / spare (시간·돈 등을) 할애하다 / accomplish 성취하다 / material 물질적인 / go bankrupt 파산하다 / constantly 끊임없이

해설 이 책에서는 사람들이 부자병을 겪는 주된 원인으로 물질의 소유에서 행복을 찾을 수 있다는 잘못된 믿음을 꼽고 있다고 했는데, 이는 저자가 진정한 행복이 물질의 소유에서 비롯된다는 잘못된 생각이 불행의 원인이라고 생각하는 것으로 볼 수 있으므로 정답은 (b)이다.

33. (d)
만약 당신이 우리 대학의 컴퓨터 공학과에서 무슨 일이 일어나고 있는지 관심이 있다면, 10월 6일 월요일에 캠퍼스 내의 과학 센터에서 열리는 연례 기술 박람회를 방문하세요. 올해 우리의 주제는 '기술과 교육이 만나는 곳'입니다. 초점은 교실 활동을 개선하기 위해 최신 기술을 사용한 프로젝트들에 맞추어져 있습니다. 7명의 교수진들이 종이

를 사용하지 않는 교과서에서부터 학생 평가 소프트웨어에 이르는 프로젝트들을 소개할 것입니다. 또한 많은 교육 기술 업체들이 참여하여 그들의 다양한 프로젝트와 서비스에 대한 정보를 제공할 것입니다. 올해의 공동 후원사들은 AVI 소프트웨어 주식회사와 총학생회입니다.

Q. 박람회에서 볼 수 있는 전시는?
(a) 혁신적인 공학 프로젝트의 역사
(b) 여러 새로 나온 컴퓨터 공학 교과서
(c) 학생들이 조사를 하는 데 도움이 되는 검색 엔진
(d) 교육적 목적을 위해 설계된 전자 도구

어휘 fair 박람회, 전시회(=exhibit) / faculty 교수진 / showcase 소개하다 / assessment 평가 / on hand 출석[참가]하여 / student council 총학생회, 학생 자치 위원회 / innovative 혁신적인

해설 이번 박람회의 주제가 기술과 교육의 만남에 관한 것이며, 교실 활동의 개선을 목적으로 최신 기술을 사용한 프로젝트들이 박람회의 중점이 될 것이라고 했으므로 이러한 요건을 충족하는 (d)가 정답이다.

34. (c)
'공간 경영'은 상점의 이익을 극대화하기 위해 당신이 슈퍼마켓에서 쇼핑하는 방식에 영향을 주는 매우 정교한 방법이다. 당신이 통로에 들어서면 선택 가능한 다양한 종류의 음식과 음료들을 보게 되지만, 전적으로 예상할 수 있는 방식으로 쇼핑을 할 것이다. 공간 경영팀은 소비자들이 다음의 법칙에 의해서 좌우된다는 사실을 인지하고 있다. 즉, 어떤 제품들은 상점에서 다른 장소에 있을 때보다 특정 장소에 있을 때 더욱 눈에 잘 띄고, 눈높이에 진열되어 있을 때 가장 잘 팔리며, 통로 입구 부분에 진열된 제품들은 잘 팔리지 않는다는 것이다. 당신이 몇 초 이상 멈춰 서 있을 가능성이 있는 장소라면 어디든지 판매에 유리하다.

Q. 본문을 통해 추론할 수 있는 것은?
(a) 대부분의 구매자들은 슈퍼마켓에서 필요 이상으로 구매한다.
(b) 제품의 넓은 선택폭이 판매를 촉진하는 비결이다.
(c) 공간 경영은 제품이 어디에 진열되어 있는지와 관련되어 있다.
(d) 공간 경영은 소비자들이 질 좋은 상품을 재빨리 찾을 수 있도록 도와준다.

어휘 sophisticated 정교한 / maximize 극대화하다 / predictable 예측 가능한 / sway (남의 의견·결심을) 좌우하다 / noticeable 눈에 띄는 / stand still 가만히 서 있다 / display 진열하다

해설 글의 전반부에서 공간 경영이 소비자의 구매 방식을 분석함으로써 상점의 이익을 극대화하는 판매 전략임을 설명하고 있다. 이어 공간 경영의 법칙, 즉 상품이 진열된 장소에 따라 판매량에 차이가 있음을 설명하고 있는 것으로 보아 공간 경영이 상품이 어디에 진열되어 있는지에 관련된 판매 전략이라는 것을 유추할 수 있다.

35. (c)
항공 전문가들은 1950년대에 초음속 대형 정기 여객기에 대한 꿈을 꾸기 시작했고, 1962년에 영국과 프랑스는 초음속 여객기를 함께 개발하기로 결정했다. 샤를 드 골 프랑스 대통령은 이 프로젝트에 '콩코드'라는 이름을 붙였는데, 이는 프랑스어로 '조화'를 의미한다. 1969년 3월에 알루미늄 합금으로 만들어진 기체에 긴 삼각형의 날개와 네 개의 엔진을 장착한 콩코드 001기가 소개되었다. 성공적인 시험 비행 이후에 영국 항공과 에어 프랑스는 마침내 1976년에 콩코드기의 대서양을 횡단하는 상업 운행을 시작했다. 그러나 경제적 효율성의 결여와 여러 기술적 난제 같은 고질적인 문제들이 있었고, 2000년에는 승객 전원이 사망한 끔찍한 사고가 발생했다. 이는 승객의 감소로 이어져 기존에 있었던 재정 문제를 악화시켰고, 콩코드기는 2003년에 비행을 중단하게 되었다.

Q. 본문을 통해 추론할 수 있는 것은?
(a) 콩코드기는 처음에 대통령 전용기로 사용되기 위해 설계되었다.
(b) 영국 정부는 초음속 항공기를 개발할 필요성을 더 크게 느꼈다.
(c) 콩코드기는 결국 고객의 신뢰와 충성심을 얻는 데 실패했다.
(d) 영국과 프랑스는 그들의 콩코드기 실험에 대해 자랑스러워한다.

어휘 aviation 항공, 비행 / supersonic 초음속의 / airliner (대형) 정기 여객기 / fuselage (비행기의) 기체[동체] / alloy 합금 / trans-Atlantic 대서양을 횡단하는 / commercial 상업적인 / chronic 고질적인, 만성의 / horrific 끔찍한 / aggravate 악화시키다 / halt 정지하다

해설 콩코드 여객기가 경제적 비효율성과 기술적 결함 등의 고질적인 문제와 함께 대형 사고가 발생하면서 승객 감소로 인한 재정 상태 악화로 결국 비행을 중단하게 되었다고 설명하고 있다. 따라서 콩코드 여객기가 고객의 신뢰를 얻지 못했음을 추론할 수 있다.

36. (d)
편집자께,
귀하가 2월 8일에 게재한 '시험을 철폐하자'라는 기사가 독자들 사이에서 큰 공감을 불러일으킨 것은 놀라운 일이 아닙니다. 저를 포함해 모든 사람들이 시험이 종종 만족스럽지 못하다는 것을 알고 있습니다. 그럼에도 불구하고, 저는 이것이 프랫 씨가 제안한 것처럼 교사들이 객관적인 학업 성적보다 개인적인 감정과 의견에 근거하여 학생들을 통과시키거나 낙제시켜야 한다는 것을 의미한다고 생각하지 않습니다. 그는 불충분한 외국어 지식을 가진 사람에게 (졸업) 자격이 부여된다고 해서 해가 될 것은 없다고 생각합니다. 그가 과연 비슷한 방식으로 자격증을 취득한 의사에게서 위험을 무릅쓰고 수술을 받으려고

할까요?
존 맥클린 드림

Q. 편지에서 추론할 수 있는 것은?
(a) 프랫 씨의 제안은 대중적 관심을 거의 끌지 못했다.
(b) 프랫 씨는 시험을 철폐하기보다는 개선시키기를 원한다.
(c) 맥클린 씨는 의사 시험이 외국어 시험보다 어려워야 한다고 생각한다.
(d) 맥클린 씨는 시험 제도가 필요악이라고 믿는다.

어휘 down with ~을 타도[철폐]하라 / arouse 불러일으키다, 환기시키다 / sympathetic 마음이 통하는, 찬성하는 / unsatisfactory 만족스럽지 못한, 불충분한 / on the basis of ~에 근거하여 / objective 객관적인 / inadequate 불충분한 / venture to-v 위험을 무릅쓰고 ~하다 / be operated on 수술받다 / necessary evil 필요악

해설 맥클린 씨는 시험 제도가 만족스럽지 않다는 것에는 동의하고 있으나, 교사의 개인적인 평가는 신뢰할 수 없으며 객관적인 학업 성적이 필요하다는 견해를 비추고 있다. 따라서 그가 객관적인 평가를 위해서는 불만족스럽더라도 시험이 필요하다고 생각한다는 것을 알 수 있으므로 정답은 (d)이다.

37. (d)
동종의 다른 구성원들과 다르게, 알비노 동물은 세포에서 멜라닌을 생산해낼 수 없다. 이 때문에, 그들은 흰색이나 분홍색 피부와 털을 가지고 있어 외관상 색이 옅다. 이론상, 이러한 보호색의 결여는 그들을 포식 동물과 먹이의 눈에 모두 잘 띄게 만들 것이다. 예를 들어 알비노 토끼의 경우, 천연색이 흙과 잘 조화되는 다른 토끼들에 비교했을 때, 지나가는 매가 발견하기 더 쉬울 것이다. 그러나 조사 결과에 따르면 비록 알비노 토끼가 인간의 눈에 잘 띄긴 하지만, 이것이 다른 동물들에게도 반드시 해당하는 것은 아니다. 예를 들어 매는 무엇이 먹이이고 무엇이 먹이가 아닌지를 결정할 때 주로 모양과 움직임에 의존한다. 이 경우에 토끼가 흰색인지 갈색인지는 별다른 차이를 만들지 않을 것이다.

Q. 본문을 통해 추론할 수 있는 것은?
(a) 알비노 동물은 매에게는 쉬운 먹잇감이다.
(b) 멜라닌의 결핍은 효과적인 위장 수단이다.
(c) 알비노 동물은 포식 동물인 경우가 거의 없다.
(d) 멜라닌이 생존을 위해 필요한 것은 아니다.

어휘 albino 알비노, 백변종(선천성 색소 결핍증에 걸린 사람·동물) / pale 옅은, 창백한 / protective coloring 보호색 / stand out 눈에 띄다, 두드러지다 / predator 포식[육식] 동물 / prey 먹이 / hawk 매 / spot 발견하다 / coloration (생물의) 천연색 / blend in with ~와 조화되다, 섞이다 / conspicuous 눈에 띄는, 잘 보이는

/ camouflage 위장 (수단)

해설 옅은 색깔 때문에 알비노 동물들이 포식 동물의 눈에 잘 띌 것이라는 예상과 다르게 동물들이 먹이를 꼭 색으로 구분하는 것이 아니기 때문에 실제로는 색이 동물의 생존에 큰 영향을 미치지는 않는다고 했다. 따라서 멜라닌이 동물의 생존에 꼭 필요한 것은 아님을 유추할 수 있다.

Part III

38. (c)
바흐의 음악은 기교적인 어려움으로 유명하다. (a) '이탈리아 협주곡'과 '골드베르크 변주곡'과 같은 건반 악기를 위한 그의 작품들은 오른손과 왼손의 건반 기법 사이의 극적인 대조를 보여주어 듣는 이로 하여금 조화롭게 융화된 독일 음악의 정점을 경험하게 해준다. (b) 그러나 이렇게 높은 수준의 고도의 예술적인 스타일을 위해서는 그 이상이 실제 연주에서 실현될 수 있도록 건반 기법을 최고 수준으로 숙달해야 한다. (c) 독일 전역에서 오르간 연주자로서 존경을 받았으나, 바흐는 동시대 음악가인 헨델과 스카를라티처럼 널리 알려지지는 않았다. (d) 바흐의 성악 작품들 또한 기교에 있어서 그의 피아노 작품들만큼 어렵다고 알려져 있다.

어휘 notorious (나쁜 의미로) 유명한, 악명 높은 / clavier 건반 악기 / concerto 협주곡 / variations 변주곡 / integrated 융화된 / mastery 숙달 / organist 오르간 연주자 / contemporary 같은 시대의 사람 / vocal 성악의 / demanding 힘든, 큰 노력을 요하는

해설 첫 문장에서 바흐의 음악이 기교의 측면에 있어 어렵다고 언급한 후, (a)와 (b)에서는 그의 건반 작품에 대해서, (d)에서는 건반 작품만큼 어려운 그의 성악 작품에 대해 설명하고 있다. 따라서 그가 동시대 음악가들보다 덜 알려져 있었다는 (c)의 내용은 글의 흐름과 어울리지 않는다.

39. (b)
스토킹 범죄는 괴롭힘과 원치 않는 미행을 반복하는 행위로 정의내려진다. (a) 그러나 미국에서는 스토커의 피해자들을 보호하기 위한 법이 존재하지 않았고, 경찰들이 할 수 있는 최선의 일은 스토커를 경범죄로 체포하는 것이었다. (b) 어떤 스토커들은 교도소에 수감되기에는 지나치게 정신적으로 비정상적이고 집착적이다. (c) 1990년에 캘리포니아에서는 최초의 반(反)스토킹 법이 입안되었고 현재 대부분의 주에서 유사한 법을 통과시켰다. (d) 스토커들에 최대 10년에 이르는 복역을 처벌로 내리는 이러한 조치는 입법자들이 마침내 이러한 범죄를 다루는 것을 심각하게 여기고 있다는 것을 보여준다.

어휘 stalking 스토킹(stalker 스토커) / harassment 괴롭힘, 희롱 / unwanted 원치 않는 / minor offense 경범죄 /

deranged 정상이 아닌, 미친 / obsessed 집착하는 / draft 입안하다 / measures 조치 / penalty 형벌 / legislator 입법자

해설 첫 문장에서 스토킹 범죄에 대한 정의를 제시한 후 (a)에서는 과거의 스토킹 처벌 수준을, (c)에서는 스토킹과 관련해 최초로 입안된 법에 대해 설명하고 있으며 (d)는 (c)에서 언급한 법에 대한 부연 설명이다. 반면 스토커의 비정상적인 성향에 대해 언급하고 있는 (b)는 글의 흐름과 어울리지 않는다.

40. (d)
1920년대에 미국이 누렸던 부유함은 그 시기의 문화 작품들에 잘 반영되어 있다. (a) 패션과 건축에서 아르데코 양식은 기하학적 형상과 선으로 된 틀 안에서 과도하게 장식적인 세부 묘사를 통해 풍족한 시기를 상징하였다. (b) 문학은 F. 스콧 피츠제럴드의 작품에서 드러나듯이 자본주의에 대한 강한 자신감과 성공 이면의 어떤 공허한 감정 모두를 보여주었다. (c) 그리고 음향이 들어간 영화가 이 시기에 최초로 제작되었는데, 이것은 20억 달러가 넘는 자본의 투자 덕분이었다. (d) 일부 영화들은 백인들과 소수 인종들이 함께 춤을 추고 음식을 먹는 장면을 보여줌으로써 소수 민족에 대한 평등을 강조했다.

어휘 art deco 아르데코(1920~30년대에 유행한 장식 미술) / affluent 풍족한 / excessively 과도하게 / decorative 장식적인 / geometric 기하학적인 / emptiness 공허(감) / equality 평등 / minority 소수 인종[민족]

해설 첫 문장에서 1920년대에 미국이 누렸던 경제적 풍요로움이 문화적 요소에 반영되었다는 본문의 주제를 제시한 후, (a)에서는 패션과 건축, (b)에서는 문학, (c)에서는 영화의 예를 들고 있다. (d)는 인종 문제가 영화에 등장했다는 것으로 미국의 경제적 부유함과는 거리가 먼 내용이므로 글의 흐름과 어울리지 않는다.

TEPS BY STEP

영어내공지수(NE지수)란?

영어내공지수는 교재, 강좌 등 능률의 교육 서비스를 마스터할 때마다 나의 영어내공
이 어느 수준까지 상승할지를 알려주며, 나의 영어내공에 맞는 교재 및 강좌를 선택할
수 있도록 도와줍니다. 초·중·고 학생들을 위한 영어내공은 NE1.0~
NE3.4까지이며 CH1~5까지는 챌린지 코스로서 매우 높은 난이도를 의미합니다.

- NE1.0 ~ 1.4 중학 이전 초등 수준의 영어내공
- NE2.0 ~ 2.4 중학 수준에 준하는 영어내공
- NE3.0 ~ 3.4 고등 영어 및 수능 영어까지 마스터 가능한 영어내공
- CH1 ~ 5 수능 영어 이상의 콘텐츠를 이해, 학습할 수 있는 영어내공

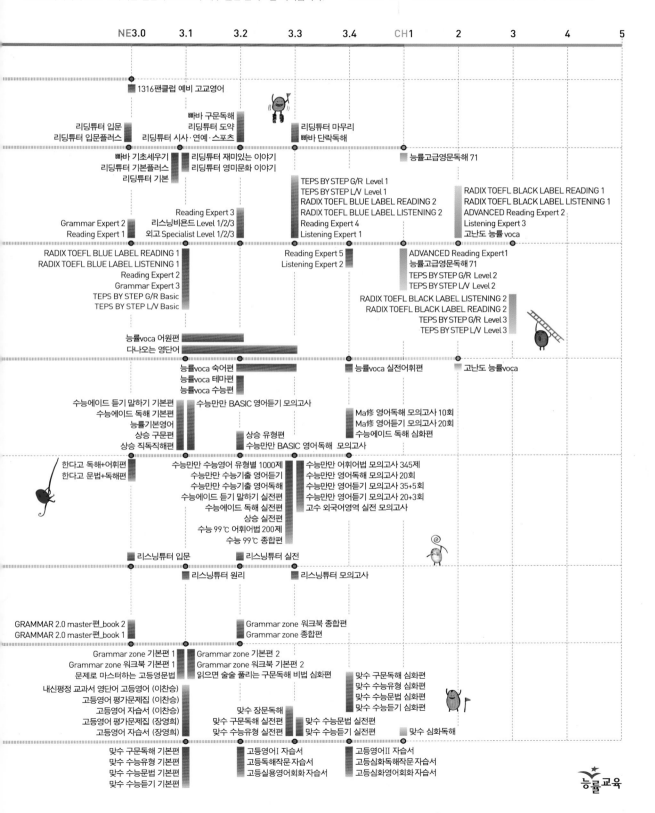

능률교육

수능을 뛰어넘는 독해의 대혁명